ASIATISCHE FORSCHUNGEN

MONOGRAPHIENREIHE
ZUR GESCHICHTE, KULTUR UND SPRACHE
DER VÖLKER OST- UND ZENTRALASIENS

Herausgegeben von
Walther Heissig,
unter Mitwirkung von Herbert Franke und Charles R. Bawden

Band 134

1998

Harrassowitz Verlag · Wiesbaden

Dorothea Heuschert

DIE GESETZGEBUNG DER QING FÜR DIE MONGOLEN IM 17. JAHRHUNDERT

anhand des Mongolischen Gesetzbuches
aus der Kangxi-Zeit (1662–1722)

1998

Harrassowitz Verlag · Wiesbaden

Das Signet zeigt einen mongolischen Fürsten nach einer mongolischen Zeichnung.

Die Deutsche Bibliothek – CIP-Einheitsaufnahme

Heuschert, Dorothea :
Die Gesetzgebung der Qing für die Mongolen im 17. Jahrhundert :
anhand des mongolischen Gesetzbuches aus der Kangxi-Zeit
(1662–1722) / Dorothea Heuschert. –
Wiesbaden : Harrassowitz, 1998
  (Asiatische Forschungen ; Bd. 134)
  ISBN 3-447-04038-6

ISSN 0571-320X
ISBN 3-447-04038-6

INHALT

6

VORWORT

Lange bevor die Mandschuren Peking erobern und unter der Dynastiebezeichnung Qing von 1644 bis 1911 über China herrschen sollten, waren in den ersten Jahrzehnten des 17. Jahrhunderts mongolische Völkerschaften Bündnisse mit ihnen eingegangen. Die politische Situation der Mongolen sollte durch ihren Anschluß an die Mandschuren grundlegend verändert werden: Hatten sie noch in den 1620er Jahren eine Vielzahl unabhängiger kleiner Herrschaftszentren gebildet, die in wechselnden Konstellationen ihre eigene Politik betrieben, so waren die mongolischen Völkerschaften seit dem 18. Jahrhundert fest in das Gefüge des Qing-Staates eingebunden. Die vorliegende Studie will einen Beitrag zum Verständnis der Frage leisten, wie es den Mandschuren gelingen konnte, die mongolischen Völkerschaften unter ihrer Herrschaft zu einen und den Aufbau verwaltungsmäßiger Strukturen in den mongolischen Gebieten voranzutreiben.

Bereits in der Zeit des Hung Taiji (reg. 1627–1643) hatten die Mandschuren damit begonnen, für die Mongolen, die sich ihnen angeschlossen hatten, Gesetze zu verkünden. Hierdurch wurde der Grundstein zu einer mongolischen Gesetzgebung gelegt, die bis ins 20. Jahrhundert hinein als Grundlage der Rechtsprechung in den mongolischen Gebieten dienen sollte: Wie sich anhand von Aktenmaterial belegen läßt, wurden seit dem ausgehenden 18. Jahrhundert Rechtsfälle, die in den mongolischen Gebieten vor Gericht gebracht worden waren, nach den in Peking kompilierten Mongolischen Gesetzbüchern entschieden.

Im folgenden werden die gesetzlichen Bestimmungen untersucht, die von den Mandschuren seit der Zeit der Eingliederung der ersten mongolischen Völkerschaften bis in die Zeit des Kangxi-Kaisers (1662–1722) für die Mongolen erlassen wurden. Die Arbeit konzentriert sich somit auf einen Zeitraum, in dem die Grundlagen für den Aufbau der Qing-Administration in den mongolischen Gebieten gelegt wurden. Das Mongolische Gesetzbuch aus der Kangxi-Zeit stellt die Hauptquelle der vorliegenden Studie dar. Die Gesetzessammlung, die nur in mongolischer Sprache vorliegt, galt in der Wissenschaft lange Zeit als verschollen. Sie enthält die Vorschriften und Bestimmungen, die von den Qing seit den späten 1620er Jahren für die unter ihrer Herrschaft stehenden mongolischen Völkerschaften erlassen wurden. Die Gesetzessammlung ist nicht datiert; da der letzte Artikel dem Jahr 1694 entstammt, ist jedoch von einer Herausgabe frühestens in der zweiten Hälfte der 1690er Jahre auszugehen. Die Gesetze betreffen zum einen das Verhältnis zwischen dem mandschurischen Kaiserhaus und den mongolischen Edelleuten; geregelt werden jedoch auch die Herrschaftsbefugnisse der Edelleute über ihre Untertanen und das Zusammenleben der mongolischen Bevölkerung.

Die Gesetze der Qing für die Mongolen im 17. Jahrhundert werden im folgenden mit Methoden der Geschichtswissenschaft untersucht; rechtsvergleichende Überlegungen treten dagegen in den Hintergrund. Anliegen der Arbeit ist es, über die Interpretation des Gehaltes der Bestimmungen hinaus nach Entstehungsweise, Form und Verbreitung der Qing-Gesetze für die Mongolen zu fragen. Ein wichtiges Ergebnis der Untersuchungen stellt die Erkenntnis dar, daß im Laufe des 17. Jahrhunderts die Art und Weise, in der Recht für die Mongolen gesetzt wurde, einen entscheidenden Wandel erfuhr. Während die frühesten Gesetze der Qing für die Mongolen im Rahmen von Bündnisverträgen mit den mongolischen Edelleuten ausgehandelt worden waren, wurden in der zweiten Hälfte des 17. Jahrhunderts Beamte hauptstädtischer Behörden vom Qing-Kaiser mit dem Entwurf gesetzlicher Bestimmungen für die Mongolen beauftragt. Die Gesetzgebung lag nunmehr vollständig in den Händen einer den Rechtsbeteiligten übergeordneten Autorität.

Ein weiterer Schwerpunkt der Arbeit liegt auf der Frage, welche gesetzlichen Maßnahmen die Qing trafen, um die Mongolen dauerhaft unter ihrer Kontrolle zu halten. Die wichtigste Zielgruppe der Qing-Gesetze waren die mongolischen Edelleute. Anhand der gesetzlichen Bestimmungen läßt sich nachvollziehen, auf welche Weise die Qing versuchten, sie zu disziplinieren und ihre herrschaftlichen Rechte in die Kanäle der sich herausbildenden Qing-Administration einzubetten. Zwar wurden sie in ihrer Stellung gegenüber den eigenen Leuten gestärkt; gleichzeitig wurde ihnen aber die Fähigkeit zu eigenständigem Handeln genommen. Die Qing beschränkten sich dabei nicht auf eine Festlegung der Einflußsphären der einzelnen Edelleute, sondern versuchten auch, regulierend auf die Art und Weise einzuwirken, in der sie Herrschaft über ihre eigenen Untertanen ausübten.

Abschließend sei ein Überblick über die Gliederung der Arbeit gegeben. Unter Punkt 1.–4. sollen die Grundlagen gelegt werden, die für das Verständnis der folgenden Ausführungen notwendig sind: Neben einer Einführung in die Forschungsgeschichte und die Ziele und Methoden der Studie werden die historischen Hintergründe erläutert und die Quellen vorgestellt, auf denen die Untersuchungen basieren. Unter Punkt 5. wird versucht zu ermitteln, welcher Art die Entscheidungsprozesse waren, die zum Entwurf mandschurischer Gesetze für die Mongolen führten. Auch soll nach Geltung und Verbreitung von schriftlich aufgezeichnetem Recht unter den Mongolen im 17. Jahrhundert gefragt werden. Unter Punkt 6. werden einzelne im Mongolischen Gesetzbuch enthaltene Bestimmungen auf ihren Gehalt hin untersucht. Besonderes Augenmerk wird auf solche Artikel gerichtet, an denen sich festmachen läßt, in welcher Form den mongolischen Edelleuten Bestimmungen und Vorschriften übermittelt wurden; auch soll verdeutlicht werden, zu was für Maßnahmen die Qing griffen, um die Mongolen unter Kontrolle zu halten und die Eigenständigkeit der vielen kleinen Einzelherrscher zu brechen. Die Ausführungen unter Punkt 7. gehen über eine Zusammenfassung der gewonnenen Ergebnisse hinaus. Im Rahmen eines Ausblicks auf die Situation im 18. und 19. Jahrhundert wird auf die zunehmende Angleichung der mongolischen Gesetzgebung an die chinesische eingegangen. Es sollen die Ursachen und Folgen dieser Entwicklung erläutert und gefragt werden, inwiefern die Qing eine Vereinheitlichung des in ihrem Reich geltenden Rechts anstrebten. An die Untersuchungen schließen sich Transkription und Übersetzung ausgewählter Artikel des MG (Kangxi) an.

Es ist mir ein Bedürfnis, an dieser Stelle allen Personen meinen Dank auszusprechen, ohne deren Hilfe die Studie nicht in der vorliegenden Form hätte fertiggestellt werden können. An erster Stelle ist hier meine Doktormutter Frau Professor Dr. Veronika Veit zu nennen. In ihr hatte ich stets eine überaus interessierte und kompetente Ansprechpartnerin, die mir in jeder Hinsicht mit Rat und Tat zur Seite stand und zahlreiche wertvolle Hinweise insbesondere zu Gliederung und Fragen der Übersetzung gab. Zu Dank bin ich auch Herrn Professor Dr. Michael Weiers für seine Mitwirkung als Korreferent verpflichtet. Von den vielen Anregungen, die er mir im Rahmen fachlicher Gespräche gab, hat diese Arbeit sehr profitiert. Besonderen Dank möchte ich Herrn Dr. Udo Barkmann aussprechen, der so freundlich war, mir eine Kopie des Mongolischen Gesetzbuches aus der Kangxi-Zeit zur Verfügung zu stellen. Ohne seine großzügige Unterstützung hätte ich mein Vorhaben, die Gesetzgebung der Qing für die Mongolen im 17. Jahrhundert zu untersuchen, nicht durchführen können. Danken möchte ich darüber hinaus allen Personen, die den Fortgang meiner Dissertation in ihren verschiedenen Stadien mit Aufmerksamkeit und Interesse verfolgt haben und durch fachliche Gespräche und sachkundige Hinweise mich zur Weiterführung des einmal eingeschlagenen Weges ermutigten. Namentlich erwähnt seien hier Iwo Amelung, M.A., Professor Nicola Di Cosmo, Dr. Karénina Kollmar-Paulenz, L. Narangoua, M.A. und B. Oyunbilig, M.A. Dem Deutschen Akademischen Austauschdienst bin ich dankbar dafür, daß er mir 1993/94 ein Studienjahr in den USA ermöglichte, in dem ich wichtige

12

Anregungen für die Arbeit erhielt. Nach meiner Rückkehr an die Rheinische Friedrich-Wilhelms-Universität Bonn wurde meine Dissertation durch die Graduiertenförderung Nordrhein-Westfalen und die Chiang Ching-kuo Foundation, Taipei gefördert.

Technische Bemerkungen
Bei der Transkription des Mongolischen habe ich mich an Nicholas POPPE, *Grammar of Written Mongolian* orientiert. Anders als bei POPPE werden die Diphthonge *ai, ei, oi, ui* und *üi* jedoch nicht mit diakritischen Zeichen versehen. Die Umschrift des Mandschurischen erfolgt nach dem System von Erich HAUER, *Handwörterbuch der Mandschusprache*. Zitate aus dem Chinesischen werden mit Pinyin umschrieben. Auf bekannte Ortsnamen wie Peking und das Chingan-Gebirge wird jedoch nicht in Pinyin, sondern in der geläufigen Umschrift verwiesen.

ABKÜRZUNGEN

CD	Regierungsdevise Chongde
JMZD	*Jiu Manzhou dang*
JQ	Regierungsdevise Jiaqing
KGFL	*Huang Qing kaiguo fanglüe*
KX	Regierungsdevise Kangxi
KXHD	*Da Qing huidian* (1690)
LFYZL	*[Qinding] lifanyuan zeli*
MG (Kangxi)	Mongolisches Gesetzbuch aus der Kangxi-Zeit
QL	Regierungsdevise Qianlong
r	rekto
Shilu	*Da Qing lichao shilu*
SZ	Regierungsdevise Shunzhi
TC	Regierungsdevise Tiancong
TM	Regierungsdevise Tianming
v	verso
YZ	Regierungsdevise Yongzheng

REGIERUNGSDEVISEN

Tianming 1616 – 1626
Tiancong 1627 – 1635
Chongde 1636 – 1643
Shunzhi 1644 – 1661
Kangxi 1662 – 1722
Yongzheng 1723 – 1735
Qianlong 1736 – 1795
Jiaqing 1796 – 1820
Daoguang 1821 – 1850
Xianfeng 1851 – 1861
Tongzhi 1862 – 1874
Guangxu 1875 – 1908
Xuantong 1909 – 1912

1. EINLEITUNG

1.1. Gesetzgebung und Recht bei den Mongolen in der Zeit vor der Eingliederung ins Qing-Reich

Die Rechtsgewohnheiten der Mongolen in der Zeit vor der Eingliederung in das Qing-Reich (1644–1911) liegen weitgehend im dunkeln. Zwar ist davon auszugehen, daß unter den mongolischen Völkerschaften zu allen Zeiten klare Vorstellungen davon herrschten, was Recht und was Unrecht war und wie bestimmte Vergehen zu bestrafen waren; da aus der frühen Zeit jedoch keine Zeugnisse vorliegen, wissen wir nicht, in welcher Weise überlieferte Rechtskonzeptionen zur Anwendung kamen.[1]

Im Rahmen der mongolischen Rechtsgeschichte wird im allgemeinen auf die Ĵasaɣ des Činggis Qan als erstes Zeugnis von herrscherlich gesetztem Recht verwiesen.[2] Dieses Werk ist nicht erhalten. Es wird jedoch angenommen, daß die Ĵasaɣ eine Zusammenstellung der Befehle und Weisungen Činggis Qans (gest. 1227) darstellte und die rechtlichen Grundlagen des mongolischen Großreiches beinhaltete. Das Gesetzeswerk soll 1229 bei der Thronbesteigung Ögödei Qans (reg. 1229–1241) feierlich verkündet und schriftlich niedergelegt worden sein.[3] Die Geheime Geschichte berichtet zudem, Činggis Qan habe auf der Reichsversammlung von 1206 seinen Adoptivbruder Šigi Qutuqu aufgefordert, alle von ihm getroffenen Rechtsentscheidungen in ein Buch einzutragen.[4] Über das weitere Schicksal dieser Aufzeichnungen bzw. ihre mögliche Verbreitung und Befolgung ist nichts bekannt; inwieweit sie in einen Zusammenhang mit der Ĵasaɣ gebracht werden können, ist umstritten.[5]

---

1 Die aus dem 13. Jahrhundert überlieferten Weistümer (*bilig*) betreffen in erster Linie das rechte sittliche Handeln und können als „Dichtung mit historisch verpflichtetem Hintergrund" nur sehr bedingt als Quellen zur Rechtsgeschichte herangezogen werden. Vgl. Heissig, „Die Čaɣadai-'*Bilig*'", S. 278. Informationen über mongolische Rechtsvorstellungen im frühen 13. Jahrhundert sind den Berichten chinesischer Gesandter der Südlichen Song-Dynastie (1127–1279) zu den Mongolen zu entnehmen. Vgl. Olbricht u. Pinks, *Meng-Ta pei-lu und Hei-Ta shih-lüeh*.

2 Vgl. z. B. Ratchnevsky, *Činggis-Khan*, S. 164–166.

3 Vgl. Ratchnevsky, *Činggis-Khan*, S. 165 u. de Rachewiltz, „Some Reflections", S. 91/92.

4 Vgl. Haenisch, *Die Geheime Geschichte*, S. 97.

5 Zu dieser Diskussion s. de Rachewiltz, „Some Reflections", S. 98/99.

In der neueren Forschung stellte David MORGAN heraus, daß aus den vorliegenden Quellen nicht eindeutig hervorgeht, ob es sich bei der Ĵasaɣ tatsächlich um ein geschriebenes Gesetzeswerk handelte. MORGAN beruft sich dabei auf das gründliche Studium der relevanten nahöstlichen Quellen durch David AYALON.[6] Igor DE RACHEWILTZ trat dieser Auffassung entgegen und versuchte, anhand von chinesischen Quellen zu belegen, daß die Ĵasaɣ ein „evolving *corpus* of laws" war, das aus rechtsetzenden, bindenden Anordnungen bestand, die jedoch nicht systematisch gegliedert waren.[7]

Auf die Argumente für und wider die Existenz der Ĵasaɣ und die Diskussion ihrer möglichen Form soll nicht weiter eingegangen werden. Unter der Maßgabe, daß es sich bei der Ĵasaɣ um herrscherlich gesetztes Recht gehandelt haben soll, ist im Rahmen der hier behandelten Thematik vielmehr entscheidend, daß wir keinen Hinweis auf die Verbreitung dieses Gesetzeswerkes haben. Im Gegenteil, unter den Gelehrten besteht Einigkeit darüber, daß die geschriebene Ĵasaɣ (so sie existierte) geheimgehalten wurde und nur wenigen Personen – Mitgliedern der herrscherlichen Familie und ausdrücklich dazu befugten Beamten – zugänglich war.[8]

Während sich bei der Untersuchung von überliefertem Recht die Frage nach der Effektivität erübrigt, ist sie für die Beurteilung von Gebotsrecht von entscheidender Bedeutung; dieses kann nur zur Geltung kommen, wenn durch den Aufbau einer Herrschafts- und Gerichtsorganisation und die Schaffung von Publikationsorganen die Voraussetzungen dafür geschaffen sind.[9] Es gibt Anhaltspunkte dafür, daß die Ĵasaɣ mündlich verkündet wurde;[10] durch eine mündliche Bekanntgabe von Rechtssätzen kann jedoch nicht annähernd der Grad der Durchsetzung erreicht werden, der durch die Verteilung eines Gesetzestextes bewirkt werden kann.[11] Ein konsequentes Streben nach Effektivität der Ĵasaɣ hätte als erste Voraussetzung ihre systematische Verbreitung in geschriebener Form unter allen mit richterlichen und administrativen Funktionen betrauten Personen gehabt; davon kann jedoch nicht die Rede sein.

---

6   Vgl. Ayalon, „The Great Yāsa of Chingiz Khān" u. Morgan, „The `Great Yāsā of Chingiz Khān'", S. 168 u. ders., *The Mongols*, S. 98.
7   Vgl. de Rachewiltz, „Some Reflections", S. 102/103.
8   Vgl. z. B. Ratchnevsky, „Die Yasa (Ĵasaq) Činggis-khans", S. 480/481 u. de Rachewiltz, „Some Reflections", S. 103.
9   Vgl. Wieacker, „Zur Effektivität des Gesetzesrechtes in der späten Antike".
10   Vgl. de Rachewiltz, „Some Reflections", S. 103.
11   Vgl. Goody, *The Logic of Writing and the Organization of Society*, S. 135–137.

Als Fazit kann daher gelten: Während der Zeit des mongolischen Groß-
reiches kam es zur Verkündung von Gebotsrecht, das die Führung des
Staates und die Organisation der Armee betraf.[12] Es ist nicht ausgeschlossen,
daß auch Recht gesetzt wurde, durch das Normen für den Ablauf des zivilen
Lebens der Bevölkerung aufgestellt wurden; der Schritt hin zur planmäßigen
Einführung eines einheitlichen Rechtssystems wurde jedoch nicht vollzogen.[13]
Ein solches Unternehmen, das den Anspruch gehabt hätte, lokale Unterschiede in der Rechtspraxis auszugleichen, hätte die systematische Verbrei-
tung eines geschriebenen Gesetzeswerkes zur Voraussetzung gehabt.

In den Teilreichen, in die sich das mongolische Imperium nach dem Tode
Möngke Qans im Jahr 1259 spaltete, wurden mongolische Rechtsgewohnheiten sehr bald von anderen Rechtstraditionen in den Hintergrund gedrängt.
Die Yuan-Kaiser (1279–1368) übernahmen – mit einigen Modifikationen –
das chinesische System der fünf Strafen.[14] Bei den Mongolen in Iran und bei
der Goldenen Horde setzte sich nach dem Übertritt ihrer Herrscher zum
Islam das islamische Recht durch.[15]

Nach der Vertreibung der Mongolen aus China und dem Zerfall auch der
anderen Teilreiche im 15. Jahrhundert befanden sich die mongolischen
Völkerschaften in einem Zustand der Zersplitterung; es gelang keinem
mongolischen Herrscher, seinen Anspruch auf die Großqanwürde dauerhaft
bzw. gegenüber einer größeren Anzahl von Völkerschaften durchzusetzen.
Über das Recht bei den Mongolen, die in der Zeit vom 14. bis zum 16. Jahrhundert in ihre Stammlande zurückgekehrt waren, ist so gut wie nichts
bekannt. Quellen zur mongolischen Rechtsgeschichte liegen erst wieder aus
dem ausgehenden 16. Jahrhundert vor: ein in tibetischer Sprache überlieferter
Rechtstext, der im Vorwort den Anspruch erhebt, auf den Willen des Altan
Qan (1507–82) der Tümed-Mongolen zurückzugehen[16] und der Bericht eines
im Grenzgebiet stationierten chinesischen Beamten, Xiao Daheng

---

12 Hierauf kann anhand der Ausführungen des persischen Historiker Juwaynī
     geschlossen werden. Morgan hebt hervor, daß Juwaynī nicht von einer „großen Ĵasaɣ
     des Činggis Qan" spricht, sondern den Begriff „Ĵasaɣ" im Sinne von „Bestimmungen"
     bzw. „Weisungen" gebraucht. Vgl. Morgan, „The 'Great Yāsā of Chingiz Khān'", S.
     168. Zu den Inhalten der Ĵasaɣ auch de Rachewiltz, a. a. O., S. 102.
13 In diesem Sinne auch Ratchnevsky, *Činggis-Khan*, S. 170/171.
14 Dazu vgl. Ch'en, *Chinese Legal Tradition under the Mongols*, insbes. S. 51 u.
     Ratchnevsky, *Un Code des Yuan*.
15 Vgl. Spuler, *Die Mongolen in Iran*, S. 312 u. ders., *Die Goldene Horde*, S. 363.
16 Vgl. Bira, „A Sixteenth Century Mongol Code" u. Meisezahl, „Die Handschriften in
     den City of Liverpool Museums (I)", S. 230f.

(1532–1612), der detaillierte Angaben auch zum rechtlichen Leben der in diesem Gebiet lebenden Mongolen enthält.[17]

1.2. Die Qing-Gesetzgebung für die Mongolen

Die Qing waren die ersten Herrscher, die eine einheitliche Gesetzgebung für die mongolischen Völkerschaften erstellten und diese systematisch unter den Edelleuten verbreiteten. Durch die Schaffung eines Kommunikationsnetzes und die Einrichtung zentraler Organe der Gerichtsbarkeit versuchten die Qing zudem, die Voraussetzungen dafür zu schaffen, daß die von ihnen gegebenen Vorschriften und Bestimmungen bei den angeschlossenen Völkerschaften auf der Grundlage des von der Zentralregierung erstellten Gesetzestextes befolgt wurden. Ihre Bemühungen waren nicht ohne Erfolg: Anhand von Gerichtsakten aus der zweiten Hälfte des 18. Jahrhunderts läßt sich belegen, daß das Mongolische Gesetzbuch aus der Qianlong-Zeit zu dieser Zeit in den Ämtern der mongolischen Banner vorhanden war und als Grundlage der Rechtsprechung diente.

Im Mongolischen Gesetzbuch aus der Kangxi-Zeit – im folgenden auch als „MG (Kangxi)" bezeichnet – sind die Gesetze zusammengestellt, die von den Qing im Laufe des 17. Jahrhunderts für die zum damaligen Zeitpunkt unter ihrer Herrschaft stehenden mongolischen Völkerschaften erlassen worden waren. Die Bestimmungen sollten nicht in einem bestimmten Gebiet gelten, sondern nach ethnischen Kriterien zur Anwendung kommen. In Fällen, in die Personen unterschiedlicher Volkszugehörigkeit verwickelt waren, sollte die Volkszugehörigkeit des Täters entscheidend sein: So legt ein Artikel des MG (Kangxi) fest, daß „Leute aus dem Äußeren der Großen Mauer", die an einem „Menschen aus dem Inneren der Großen Mauer" eine Straftat begangen hatten, anhand „der Regelungen des Äußeren" – also des MG (Kangxi) – zu bestrafen waren. Umgekehrt sollte mit „Leuten aus dem Inneren der Großen Mauer", die eine Straftat an einem „Menschen aus dem Äußeren der Großen Mauer" begangen hatten, anhand „der Regelungen des Inneren" – also der des Strafministeriums – verfahren werden.[18]

Das MG (Kangxi) wurde nach dem Anschluß der nördlichen Qalqa an die Qing (der im Jahr 1691 feierlich bekräftigt wurde) herausgegeben; trotzdem

---

17 Xiao Daheng, *Beilu fengsu* (Sitten und Gebräuche der nördlichen Barbaren). Übersetzt von Serruys, „Pei-lou fong-sou"
18 Vgl. MG (Kangxi), S. 20v/21r.

haben die in dieser Gesetzessammlung enthaltenen Bestimmungen (sofern sie sich nicht explizit an andere Völkerschaften bzw. deren Herrscher richten) nur für diejenigen Völkerschaften Geltung, die sich bereits in der ersten Hälfte des 17. Jahrhunderts den Mandschuren angeschlossen hatten und deren Siedlungsgebiet heute auch als „Innere Mongolei" bezeichnet wird. Diese Bestimmungen betreffen sowohl den Austausch von Nachrichten zwischen dem mandschurischen Kaiserhaus und den mongolischen Edelleuten wie auch Fragen der Kriegführung, des Zeremoniells und der Rang- und Titelfolge. Gesetzlich geregelt werden jedoch auch Fragen der Prozeßführung und Dinge wie Mord, Körperverletzung, Diebstahl, Grabschändung, Beleidigung und Handel.

Mehrere Bestimmungen, durch die die militärisch-strategischen Interessen der Qing gesichert werden sollten, richten sich explizit an tungusische Völkerschaften wie die Sibe, die Solonen und die Golčin, die im 17. Jahrhundert im Gebiet der heutigen chinesischen Provinz Heilongjiang ansässig waren; ebenso beziehen sich einige Vorschriften auf die mongolische Völkerschaft der Daγuren.[19] Zudem enthält das MG (Kangxi) Bestimmungen, die die Form der Beziehungen und den Gesandtschaftsverkehr der Qing mit (geistlichen und weltlichen) tibetischen und nord- bzw. westmongolischen Würdenträgern und dem russischen Zaren regelten.

1.2.1. Forschungsgeschichte

Bevor auf diejenigen Arbeiten eingegangen wird, die sich speziell mit der Gesetzgebung und Fragen des Rechts befassen, sollen einige grundlegende Studien zur Administration der mongolischen Gebiete während der Qing-Zeit vorgestellt werden. In westlichen Sprachen liegen zwei Werke vor, die – weitgehend auf normative Quellen gestützt – die verwaltungsmäßigen Strukturen während der Qing-Zeit behandeln: David M. FARQUHAR, *The Ch'ing Administration of Mongolia up to the Nineteenth Century*[20] und Jacques LEGRAND, *L'administration dans la domination Sino-Mandchoue en*

---

19 Waren 1654 aus den Einzugsgebieten der Flüsse Schilka und Argun bzw. Amur nach Süden in das Gebiet des Nonni-Flusses umgesiedelt worden. Vgl. Weiers, „Gesetzliche Regelungen", S. 42 Anm. Nr. 26.

20 Farquhar arbeitet mit chinesischen Versionen des Mongolischen Gesetzbuches aus der Qianlong-Zeit und des *Lifanyuan zeli*. Neben einer Vielzahl chinesischsprachiger Materialien, wie z. B. verschiedener Ausgaben des *Da Qing huidian* und den *Da Qing lichao shilu* (zu diesen beiden Werken s. unter Punkt 4.3.1. u. 4.3.2.) legt er seinen Ausführungen aber auch mongolischsprachige Quellen zugrunde.

Mongolie Qalq-a. Version mongole du Lifan Yuan Zeli.[21] Von den verschiedenen administrativen Ebenen ausgehend, erläutern beide Autoren die
Aufgabenbereiche von Funktionsträgern in Bund, Banner und Pfeilschaft. Die
Pflichten und Privilegien der mongolischen Edelleute werden jeweils in einem
gesonderten Kapitel untersucht. Die Strukturen, die FARQUHAR und
LEGRAND in ihren Ausführungen beschreiben, existierten in dieser Form
jedoch erst seit der zweiten Hälfte des 18. Jahrhunderts. Vorangegangen war
eine wechselvolle Epoche mandschu-mongolischer Geschichte, in deren Verlauf die Mongolen immer mehr an politischer und militärischer Eigenständigkeit eingebüßt hatten. In der vorliegenden Arbeit soll daher nicht vom
Aufbau der Verwaltung der Inneren und der Äußeren Mongolei ausgegangen
werden, wie er in den Quellen des späten 18. Jahrhunderts dargestellt wird;
vielmehr sollen (anhand bislang nicht zugänglichen Materials) die gesetzgeberischen Maßnahmen der Qing untersucht werden, die der Ausbildung der
QingAdministration in den mongolischen Gebieten vorangingen und ohne
deren Kenntnis die politische Situation der Mongolen seit dem 18.
Jahrhundert nicht angemessen bewertet werden kann. Auf die Arbeiten von
LEGRAND und FARQUHAR wird jedoch zurückgegriffen. Da die vorliegende Arbeit sich mit dem 17. Jahrhundert befaßt (also mit einem Zeitraum, in dem die Qalqa-mongolischen Edelleute politisch noch weitgehend
unabhängig agierten), kommt der Darstellung von FARQUHAR besondere
Bedeutung zu: Er behandelt neben der Verwaltung des Qalqa-Gebietes auch
die der sogenannten Inneren Mongolei.

Von chinesischen Arbeiten zur Verwaltung der mongolischen Gebiete
während der Qing-Zeit wird im folgenden in erster Linie das Werk von
ZHAO Yuntian herangezogen. In seiner Untersuchung *Qingdai Menggu
zhengjiao zhidu* (Das politische und kirchliche System in der Mongolei
während der Qing-Dynastie) gibt ZHAO einen umfassenden Überblick über
die politische Entwicklung und soziale Veränderungen, die sich in den
mongolischen Gebieten während der Qing-Dynastie vollzogen haben. Er
stützt sich in erster Linie auf offizielle und halboffizielle Quellen zur Qing-
Geschichte, zieht vereinzelt jedoch auch Akten aus dem Ersten Historischen
Archiv in Peking heran.[22]

---

21 Legrand stützt seine Untersuchung auf eine mongolische Version des *Lifanyuan zeli*
    aus dem Jahr 1826. Zu diesem Werk s. die Ausführungen unter Punkt 3.2.

22 Von Zhao liegt auch ein „>Menggu lüli< he >Lifanyuan zeli<" betitelter Aufsatz vor,
    in dem er verschiedene chinesischsprachige Versionen Mongolischer Gesetzbücher
    aus der Qianlong- und der Jiaqing-Zeit sowie verschiedene Ausgaben des *Lifanyuan
    zeli* untersucht. Auf diese Arbeit soll unter Punkt 3.2. Bezug genommen werden.

Bei der Bewertung der politischen Rolle der mongolischen Aristokratie im 17. und 18. Jahrhundert wird auf die Studie von Veronika VEIT zurückgegriffen: *Die vier Qane von Qalqa. Ein Beitrag zur Kenntnis der politischen Bedeutung der nordmongolischen Aristokratie in den Regierungsperioden K'ang-hsi bis Ch'ien-lung (1661–1796) anhand des biographischen Handbuches Iledkel šastir aus dem Jahre 1795.*[23] Die Untersuchung der politischen Bedeutung der Aristokratie ist von großer Wichtigkeit, da die Annahme der mandschurischen Fremdherrschaft durch die Mongolen nur vor dem Hintergrund der engen Anbindung der Edelleute an das mandschurische Kaiserhaus verständlich wird.

Zu den ersten gesetzgeberischen Aktivitäten der Mandschuren für die Mongolen liegen mehrere Studien von Michael WEIERS vor. Zu nennen sind hier seine Artikel „Mandschu-mongolische Strafgesetze aus dem Jahre 1631 und deren Stellung in der Gesetzgebung der Mongolen", „Die Mandschumongolischen Strafgesetze vom 16. November 1632" und „Zur Stellung und Bedeutung des Schriftmongolischen in der ersten Hälfte des 17. Jahrhunderts". Bei den Materialien, auf die WEIERS sich stützt, handelt es sich um mongolisch- und mandschurischsprachige Primärquellen, die in den *Jiu Manzhou Dang*[24] überliefert sind. WEIERS zeigt auf, daß die von den Mandschuren in den frühen 1630er Jahren für die Mongolen gegebenen Bestimmungen sowohl in inhaltlicher wie in formaler Hinsicht große Ähnlichkeit mit den Rechtstexten auf Birkenrinde[25] haben, die aus dem späten 16. und frühen 17. Jahrhundert stammen. Gleichzeitig weist er auf die Kontinuität hin, die diese frühen gesetzgeberischen Aktivitäten der Mandschuren mit Gesetzessammlungen verbindet, die in den folgenden Jahrhunderten von den Qing für die unter ihrer Herrschaft stehenden Mongolen erlassen wurden.

Ebenfalls mit den gesetzgeberischen Aktivitäten der Mandschuren für die Mongolen in der frühen Zeit befassen sich ZHANG Jinfan und GUO Chengkang in ihrer Arbeit *Qing ruguan qian guojia falü zhidu shi* (Geschichte des nationalen Rechtswesens der Qing vor der Eroberung Chinas). Ein Kapitel ihres Werkes ist dem Militärrecht in den mongolischen Gebieten während der Eroberungszeit gewidmet. Als Quellen werden dabei in erster Linie die *Da Qing lichao shilu* (Wahrhafte Aufzeichnungen der

---

23 Bei der Hauptquelle der Arbeit, den *Iledkel šastir*, handelt es sich um Genealogien und res gestae mongolischer Fürsten; diese wurden in den Jahren 1779 bis 1795 auf den Auftrag des Qianlong-Kaisers hin aufgezeichnet.

24 Weiter als JMZD. Zu diesem Werk s. Punkt 4.2.1.

25 Zu diesem Werk s. Punkt 4.1.1.

Qing-Dynastie), die Gesammelten Statuten aus der Kangxi-Zeit und eine chinesische Übersetzung der Ende des 18. Jahrhunderts auf der Grundlage der JMZD kompilierten *Tongki fuka sindaha hergen i dangse* (Mit Punkten und Kreisen versehene Akten) herangezogen. Bei diesen Materialien handelt es sich um z. T. mehrfach redigierte und stark verkürzte Überarbeitungen; der Zusammenhang, in dem die Bestimmungen zur Niederschrift kamen, ist daher oft nicht mehr ersichtlich oder wird sogar verfälscht dargestellt. Das Werk von ZHANG und GUO kann dem Leser einen Überblick über die gesetzgeberischen Maßnahmen der Mandschuren in der ersten Hälfte des 17. Jahrhunderts vermitteln. In Detailfragen vermag es jedoch nur, erste Hinweise zu geben; hier sollten zusätzlich mandschurisch- und mongolischsprachige Aktenmaterialien herangezogen werden.

Von chinesischer Seite liegen mehrere Zeitschriftenaufsätze zum Rechtswesen in den mongolischen Gebieten während der Qing-Zeit vor. Erwähnt seien hier: CHEN Guangguo u. XU Xiaoguang, „Qingdai Menggu xingshi lifa de benzhi he neirong shixi" (Analyse des Charakters und des Inhalts der mongolischen Strafgesetzgebung während der Qing-Zeit) und YANG Xuandi u. LIU Haibin, „Qingchao dui Menggu diqu shixing fazhi tongzhi de ji ge wenti" (Einige Fragen zur Ausübung der Kontrolle über das Rechtssystem in den mongolischen Gebieten durch die Qing). Leider beschränken sich die Autoren in den umfangmäßig relativ knapp gehaltenen Aufsätzen auf eine Zusammenstellung einzelner Artikel des Mongolischen Gesetzbuches aus der Qianlong-Zeit, des LFYZL und verschiedener Editionen der Gesammelten Statuten. Sie versuchen nicht, die Bestimmungen durch das Heranziehen anderer Gattungen von Quellen wie z. B. Archivmaterialien in einen größeren Zusammenhang einzuordnen. Die Frage, ob bzw. in welcher Form das geschriebene Recht zur Anwendung kam, wird von ihnen nicht berührt.

Unter dem Ansatz des vergleichenden Rechts hat sich der japanische Gelehrte SHIMADA Masao eingehend mit dem Mongolischen Gesetzbuch befaßt. In seinem Buch *Shinchō Mōkorei no kenkyū* (Untersuchungen des Qing-zeitlichen *Menggu li*) gliedert SHIMADA die Artikel der chinesischen Version des Mongolischen Gesetzbuches aus der Qianlong-Zeit thematisch und stellt sie entsprechenden Bestimmungen anderer Qing-zeitlicher Kompilationen, wie z. B. des *Da Qing lüli* (Kodex der Qing-Dynastie), des *Libu zeli* (Bestimmungen des Beamtenministeriums) und verschiedener Editionen der Gesammelten Statuten gegenüber. Der Ansatz der vorliegenden Arbeit unterscheidet sich von dem SHIMADAs in mehrfacher Hinsicht: Das MG (Kangxi) lag SHIMADA nicht vor; dieses Werk weicht erheblich von den von ihm herangezogenen (chinesischen) Versionen des Mongolischen Gesetzbuches aus dem 18. und 19. Jahrhundert ab. Anders als bei SHIMADA liegt der Schwerpunkt der vorliegenden Arbeit zudem auf der Fragestellung, unter welchen Umständen die Gesetze zustandekamen und mit welcher Zielsetzung die Mandschuren ihre Niederlegung betrieben.

Das Mongolische Recht (aller Epochen und Provenienzen) wurde in den dreißiger Jahren Gegenstand zweier in westlichen Spachen erschienener Monographien.[26] Curt ALINGE untersucht in *Mongolische Gesetze. Darstellung des geschriebenen mongolischen Rechts (Privatrecht, Strafrecht u. Prozeß)* mongolische Rechtsquellen vom Standpunkt der westlichen Rechtswissenschaft aus. Da wir nicht wissen, in welchem Verhältnis traditionelle mongolische Rechtsaufzeichnungen zur Rechtspraxis standen, muß eine Klassifikation, wie ALINGE sie vornimmt, als fragwürdig angesehen werden. Die Artikel des Mongolischen Gesetzbuches faßt ALINGE anhand der Übersetzung der chinesischen Version des Mongolischen Gesetzbuches aus der Qianlong-Zeit ins Russische[27] zusammen. Insgesamt widmet ALINGE der Qing-Gesetzgebung für die Mongolen (ebenso wie der im folgenden erwähnte RIASANOVSKY) nur wenig Raum. ALINGE begründet dieses damit, daß die in Peking erstellten Gesetzessammlungen im Rahmen einer Abhandlung über das mongolische Recht nur unter dem Gesichtspunkt betrachtet werden können, inwieweit sie mongolische Rechtsvorstellungen rezipieren.[28] V. A. RIASANOVSKY, *Fundamental Principles of Mongol Law* gibt einen Abriß über die Inhalte traditioneller mongolischer Rechtsaufzeichnungen. Ebenso wie ALINGE bezieht er sich auf Übersetzungen und arbeitet nicht mit mongolischen Primärtexten. Interessant ist, daß RIASANOVSKY auch das Recht der Burjaten behandelt, einer mongolischen Völkerschaft, die im 18. und 19. Jahrhundert nicht unter der Herrschaft der Qing stand. Seine Darstellung leidet allerdings darunter, daß er seine Quellen nicht immer kennzeichnet und die Angaben im Literaturverzeichnis unvollständig sind.

Ebenfalls mit den Veränderungen im Bereich des mongolischen Rechts von der Frühzeit bis zum Ende des Qing-Reiches setzt sich Françoise AUBIN in ihrem 1991 erschienenen Artikel „Les Sanctions et les Peines chez les

---

26 Von mongolischer Seite befaßte sich Dendüb, *Mongγol erte edüge-yin qauli ča γajin-u teüke-yin sedüb debter* (Studie der Geschichte mongolischer Bestimmungen und Gesetze von der Frühzeit bis heute) mit dem mongolischen Recht. Dieses 1936 in Ulan Bator erschienene Werk lag der Verfasserin nicht vor.

27 Vgl. Bičurin, *Zapiski o Mongolii*.

28 Vgl. *Mongolische Gesetze*, S. 109.

Mongols" auseinander. Anders als ALINGE und RIASANOVSKY legt sie ihren Untersuchungen die mongolischsprachigen Quellentexte zugrunde. Sehr aufschlußreich sind ihre Erklärungen zu bestimmten juristischen Termini, die in den Rechtsaufzeichnungen gebraucht werden. AUBIN arbeitet mit einem rechtsvergleichenden Ansatz und legt dar, daß im 17. Jahrhundert der Gedanke der Wiedergutmachung, der bis zu dieser Zeit das mongolische Recht geprägt hatte, von der Auffassung verdrängt wurde, daß der Täter für sein Fehlverhalten bestraft werden sollte.

Die vorliegende Arbeit stützt sich vornehmlich auf normative Quellen. Um die Frage zu klären, wie Recht in den mongolischen Gebieten während der Qing-Zeit wirklich gehandhabt wurde, ist es notwendig, zusätzlich auch Akten von Rechtsfällen heranzuziehen. In diesem Zusammenhang kann auf die Arbeiten von Charles BAWDEN[29] und Klaus SAGASTER[30] zurückgegriffen werden, die sich beide mit mongolischen Gerichtsakten aus der Qing-Zeit befaßten. Aus ihren Untersuchungen geht hervor, daß spätestens seit dem ausgehenden 18. Jahrhundert gerichtliche Fälle in der Qalqa-Mongolei tatsächlich auf der Grundlage des Mongolischen Gesetzbuches entschieden wurden und je nach Härte der drohenden Bestrafung durch mehrere Instanzen gingen. BAWDEN legt seinen Studien verschiedene, in Ulan Bator herausgegebene Sammlungen mongolischer Gerichtsakten des späten 18. bis frühen 20. Jahrhunderts zugrunde. Das von SAGASTER herangezogene Aktenmaterial entstammt einem Bannerarchiv im Gebiet des ehemaligen Sečen Qan Aimaγ der Qalqa-Mongolei und wird in der Staatsbibliothek Tübingen aufbewahrt.

Der Überblick über vorliegende Literatur zur mandschurischen Gesetzgebung für die Mongolen wäre unvollständig, wenn nicht auch auf die vorliegenden Übersetzungen der Gesetzestexte eingegangen würde. Die chinesische Version des Mongolischen Gesetzbuches von 1789 wurde von N. BIČURIN im Rahmen seines 1828 erschienenen zweibändigen Werkes *Zapiski o Mongolii* ins Russische übersetzt. C. F. VON DER BORG übertrug die russische Übersetzung ins Deutsche; die Veröffentlichung erfolgte 1832.[31] Auch das LFYZL wurde ins Russische übersetzt: Stepan LIPOVTSOV veröffentlichte seine Übertragung der mandschurischen

---

29 Beispielhaft seien genannt: „A Juridical Document From Nineteenth Century Mongolia", „A Case of Murder in Eighteenth Century Mongolia" und „The Investigation of a Case of Attempted Murder in Eighteenth Century Mongolia".

30 „Zwölf mongolische Strafprozeßakten aus der Khalkha Mongolei (Teil I)".

31 Vgl. Serruys, Rezension von Legrand, *L'Administration*, S. 147.

Version von 1817 im Jahr 1828 unter dem Titel *Uloženie kitajskoj palaty vnešnich snošenii*.

Im folgenden werden einige der Arbeiten vorgestellt, die ihren Ausführungen das *Qalqa ǰirum*[32] zugrundelegen – eine Rechtsaufzeichnung, die im 18. Jahrhundert in der Qalqa-Mongolei weitgehend ohne Zutun der Mandschuren entstanden ist. Das *Qalqa ǰirum* kann Auskunft über den Grad des Eindringens von Qing-Recht in die Rechtsvorstellungen mongolischer Völkerschaften geben, die zwar nominell unter der Herrschaft der Qing standen, deren Anschluß an diese Macht jedoch erst kurze Zeit zurücklag. Der sich aufdrängenden Frage, in welchem Verhältnis das *Qalqa ǰirum* zur Qing-Gesetzgebung steht, geht HAGIHARA Mamoru in seinem Artikel „Jūhasseiki haruha mongoru ni okeru hōritsu no suii" (Der Rechtswandel in der Qalqa-Mongolei im 18. Jahrhundert) nach. Er zeigt auf, daß sich in dem 1746 entstandenen Teil des *Qalqa ǰirum* traditionelle mongolische Elemente finden, der Einfluß des Qing-Rechts jedoch bereits nachweisbar ist. HAGIHARA folgert daraus, daß sich Qing-Gesetze im Qalqa Gebiet nur nach und nach durchsetzten.

Ebenfalls auf der Grundlage des *Qalqa ǰirum* kam Henry SERRUYS zu wichtigen Erkenntnissen über mongolische Rechtspraktiken, deren Herausbildung zwar auf die Zeit vor dem 17. Jahrhundert zurückgeht, die jedoch auch während der Qing-Zeit noch angewandt wurden.[33] In seinem Artikel „Oaths in the Qalqa J̌irum" wirft SERRUYS die Frage auf, ob es bei den Mongolen gerichtliche Eide gab. Diese Problematik wurde von der Verfasserin in ihrem Artikel „Die Entscheidung über schwierige Rechtsfälle bei den Mongolen des 16.–19. Jahrhunderts. Zum Beweismittel des siqaγa(n)" aufgegriffen.

---

32 Zu diesem Werk s. Punkt 4.1.3.

33 Erwähnt seien seine Artikel: „Prisons and Prisoners in Traditional Mongolia", „'Three Affairs'. A Juridical Expression in Mongol" und „Mongol 'qoriγ': Reservation".

1.2.2. Ziel und Methode der vorliegenden Untersuchung

Die vorliegende Studie befaßt sich mit einem Thema aus dem Bereich der Gesetzgebungsgeschichte. Diese stellt ein Teilgebiet der Rechtsgeschichte dar: Ihr Gegenstand sind nicht die in langwährender Übung entstandenen Regeln des Gewohnheitsrechts, sondern durch obrigkeitliches Handeln geformte Regelungen. Was den Gesetzesbegriff anbelangt, so orientiert sich die vorliegende Studie an den methodischen Überlegungen von Reiner SCHULZE und Bernhard DIESTELKAMP. Beide betonen, daß es nicht sinnvoll sei, bei der Untersuchung historischer Gesetzgebungen mit einem am modernen Gesetz ausgerichteten Gesetzesbegriff zu arbeiten. Dieses würde eine Einengung des Begriffes auf abstrakte Rechtsnormen mit genereller Geltung bedeuten; ein solches Verständnis von Gesetz sei aber rechtlichen Gegebenheiten nicht angemessen, in denen die Geltung von Weisungen und Vorschriften zwangsläufig an bestimmte Standesverhältnisse gebunden war und andere Personen als Adressaten ausschloß.[34] SCHULZE will Gesetze daher als „Ergebnisse autoritativer Setzung oder Darstellung von Recht" verstanden wissen; DIESTELKAMP schließt sich dieser Definition an und betont, daß somit auch mündliche Normsetzungen als Gesetze zu akzeptieren seien. In diesem Sinne stellen auch die frühesten mandschurischen Rechtsaufzeichnungen Gesetze dar. Auch wenn es sich nicht um abstrakte Normsetzungen handelt, gehen sie doch auf obrigkeitliches Handeln zurück und sollten für eine unbestimmte Zahl künftiger Fälle gelten.

Die Gesetzgebungsgeschichte ist ein interdisziplinäres Forschungsgebiet, das sowohl die Rechts- wie auch die Geschichtswissenschaft berührt. Aus ihrer Verankerung im geschichtswissenschaftlichen Kontext ergeben sich Konsequenzen für das methodische Vorgehen: Die Interpretation der Quellentexte sollte sich nicht auf juristische Ansätze beschränken, sondern auch nach Stellung und Wirken von Gesetzen im historischen Kontext fragen. Gesetzgebungsgeschichte, so betont SCHULZE in seinem Aufsatz über Aufgaben und Methoden dieses Forschungsgebietes, könne ihrer eigentlichen Zielsetzung, nämlich die geschichtlichen Existenzweisen von Gesetzen zu ergründen, nur dann gerecht werden, wenn sie über die Analyse des Gehaltes von Normen hinausgehe; bei der Untersuchung von Gesetzestexten müsse

---

34 Vgl. Schulze, „Geschichte der neueren vorkonstitutionellen Gesetzgebung. Zu Forschungsstand und Methodenfragen eines rechtshistorischen Arbeitsgebietes", S. 165–167 u. Diestelkamp, „Einige Beobachtungen zur Geschichte des Gesetzes in vorkonstitutioneller Zeit", S. 389–391.

auch nach den Entstehungsbedingungen und Geltungsvoraussetzungen, dem Formwandel und dem tatsächlichen Gebrauch des Gesetzesrechts gefragt werden.[35]

Wie aus den Ausführungen unter Punkt 1.2.1. hervorgegangen sein dürfte, sind die überlieferten historischen Gesetzgebungen für die Mongolen bislang in erster Linie auf ihren Sollensgehalt hin untersucht worden. Fragen nach der Stellung der einzelnen Gesetzgebungen im historischen Kontext wurden demgegenüber vernachlässigt. Durch die vorliegende Arbeit soll versucht werden, diese Lücke zumindest für die Gesetzgebung der Qing im 17. Jahrhundert zu schließen. Ausdrücklich sei gesagt, daß die vorliegende Studie nicht das Ziel verfolgt, bestimmte Delikte und ihre Bestrafungen systematisch aufzulisten und den Vorkehrungen gegenüberzustellen, die im Rahmen dieses oder jenes autochthonen mongolischen Rechtstextes bzw. der chinesischen Qing-Gesetzgebung getroffen worden waren. Eine Untersuchung des MG (Kangxi) unter einem solchen rechtsvergleichenden Ansatz muß späteren Studien vorbehalten bleiben. Hingewiesen sei an dieser Stelle jedoch darauf, daß zwar nicht das Mongolische Gesetzbuch aus der Kangxi-, aber doch das aus der Qianlong-Zeit bereits unter juristischen Fragestellungen ausgewertet worden ist.[36]

In der vorliegenden Arbeit soll zunächst die Entstehung der mandschurischen Gesetze untersucht und gezeigt werden, daß sich im Laufe des 17. Jahrhunderts die Form, in der Gesetze für die Mongolen zustande kamen, grundlegend veränderte: Anfang der 1630er Jahre hatten mandschurische Gesetze für die Mongolen den Charakter von Übereinkünften. Sie wurden bei einem persönlichen Treffen zwischen dem mandschurischen Qan und mongolischen Edelleuten ausgehandelt und im Rahmen von Bündnisverträgen beschworen. Seit der Mitte des 17. Jahrhunderts waren die mongolischen Edelleute von der Mitwirkung an der Legislatur jedoch ausgeschlossen; die Gesetzgebung ging nunmehr von einer den Rechtsbeteiligten übergeordneten Autorität aus.

Was die Frage der Geltung der ersten schriftlich niedergelegten mandschurischen Gesetze in der Rechtswirklichkeit anbelangt, sieht die Studie ihre Aufgabe vornehmlich darin, Fragen aufzuwerfen. Antworten können in

---

35 Vgl. Schulze, „Geschichte der neueren vorkonstitutionellen Gesetzgebung", insbes. S. 172–180.

36 Vgl. Shimada, *Shinchō Mōkorei no kenkyū*, sowie einige Ausführungen bei Alinge, *Mongolische Gesetze*; Aubin, „Les Sanctions et les Peines"; Riasanovsky, *Fundamental Principles*.

28

diesem Punkt nur sehr begrenzt gegeben werden. Zwar gibt es Hinweise darauf, daß die mongolischen Edelleute als Hauptträger der Verwaltung schriftlich über das vom mandschurischen Herrscher gesetzte Recht informiert wurden und die Qing bemüht waren, sie über Gesetzesänderungen auf dem laufenden zu halten. Aus dem 17. Jahrhundert liegen jedoch keine Belege dafür vor, daß *der Wortlaut* eines vom mandschurischen Herrscher als verbindlich sanktionierten Gesetzestextes zitiert worden wäre oder gar die Grundlage für die Entscheidung einer Rechtssache gebildet hätte.

Auch bei der inhaltlichen Auswertung der im MG (Kangxi) enthaltenen Gesetze soll in der vorliegenden Arbeit mit einem geschichtswissenschaftlichen Ansatz gearbeitet werden. Bei einer Untersuchung der Gesetzgebung der Qing für die Mongolen im 17. Jahrhundert stellt sich die Frage nach den politischen Anliegen des Gesetzgebers mit besonderer Dringlichkeit: Die Gesetze waren ein Mittel, durch das sich die Mandschuren Einfluß und Kontrolle über die mongolischen Völkerschaften zu sichern suchten; langfristig sollte hierdurch die Grundlage für die Einbindung der mongolischen Völkerschaften in den Qing-Staat gelegt werden. Aus der Tatsache, daß die Artikel die verschiedensten Lebensbereiche betreffen, ergeben sich Berührungspunkte mit einer Reihe von historischen Teildisziplinen.[37] Das MG (Kangxi) stellt eine Quelle zur mongolischen Verwaltungs-, Militär-, Wirtschafts- und Kirchengeschichte dar: Es enthält Vorschriften, die hinsichtlich des Aufbaus einer hierarchischen Verwaltung in den mongolischen Gebieten und der Sicherung der Wehrfähigkeit bzw. militärischen Disziplin der Mongolen getroffen worden waren; auch wurden Regelungen in das Werk aufgenommen, durch die die Handelskontakte südostmongolischer Völkerschaften zu ihren nördlichen und westlichen Nachbarn eingeschränkt wurden; eine große Anzahl der Bestimmungen betrifft wiederum die Form der Beziehungen zwischen dem mandschurischen Kaiserhaus und mongolischen Einzelherrschern und hohen buddhistischen Geistlichen. Ziel der vorliegenden Studie ist es, zu ermitteln, aus welchen Erwägungen heraus die Qing versuchten, reglementierend in die verschie-

---

37 Zu den notwendigen Berührungspunkten der Gesetzgebungsgeschichte mit anderen historischen Disziplinen vgl. Schulze, „Geschichte der neueren vorkonstitutionellen Gesetzgebung", S. 180/181. Da jede Gesetzgebung das Ergebnis von Handeln politischer Institutionen darstellt, die Formen oder Vorformen von Staatlichkeit im weitesten Sinne sind, betont Schulze die Notwendigkeit eines engen Zusammenwirkens der Gesetzgebungsgeschichte mit der allgemein-historischen Arbeit zur Staatsgeschichte.

denen Bereiche einzugreifen und was mit den einzelnen Vorschriften bewirkt werden sollte.

Die Untersuchung der Gesetze auf ihre politische Relevanz hin wird deutlich machen, daß die wichtigste Zielgruppe des MG (Kangxi) die mongolischen Edelleute waren. Durch die Zuweisung von Weidegebieten wurden ihre Einflußsphären festgelegt und ein Gleichgewicht der Kräfte zwischen den mongolischen Völkerschaften geschaffen und bewahrt. Die Vergabe von Titeln und Ämtern und die Tatsache, daß die Edelleute ihre herrschaftliche Stellung nunmehr aus der Delegation von Macht durch den Qing-Kaiser herleiteten, führte gleichzeitig zu einer Konsolidierung der bestehenden personalen Strukturen. Anhand der Veränderungen, die die Jurisdiktionsgewalt der mongolischen Edelleute nach ihrer Eingliederung ins Qing-Reich erfuhr, soll in der vorliegenden Arbeit gezeigt werden, wie die Mandschuren bei der Beschneidung der herrschaftlichen Rechte der angestammten Machthaber vorgingen. Ein wichtiges Ergebnis der Studie ist die Erkenntnis, daß die Qing die Eigenständigkeit der mongolischen Edelleute weniger durch direkte Eingriffe seitens der Zentralregierung in Frage stellten, als vielmehr dadurch, daß sie die Edelleute zur Kooperation zwangen.

Nachdem im Einleitungsteil auf die Ergebnisse der bisherigen Forschung zur mongolischen Rechtsgeschichte während der Qing-Zeit sowie auf Ziel und Methode der vorliegenden Arbeit eingegangen worden ist, wird unter Punkt 2. die politische Situation erläutert, in deren Rahmen es zur Formulierung mandschurischer Gesetze für die Mongolen kam. Da das Lifanyuan seit der Mitte des 17. Jahrhunderts an der Erstellung der Gesetzgebung der Qing für die Mongolen entscheidenden Anteil hatte, soll auf die Einrichtung dieser Behörde mit besonderer Ausführlichkeit eingegangen werden.

Das Mongolische Gesetzbuch aus der Kangxi-Zeit, das die Hauptquelle der vorliegenden Untersuchung bildet, wird unter Punkt 3. vorgestellt. Obwohl der zeitliche Rahmen auf das 17. Jahrhundert beschränkt ist, wird der Vollständigkeit halber auch auf die Mongolischen Gesetzbücher aus der Qianlong- und der Jiaqing-Zeit eingegangen werden. Diese wurden von der westlichen Forschung bislang zu Unrecht vernachlässigt[38] bzw. sind nicht Gegenstand einer wissenschaftlichen Abhandlung geworden.

Um das vorliegende Corpus entsprechend einordnen zu können, sollen unter Punkt 4. die weiteren Quellen zur mongolischen Rechtsgeschichte im 17. Jahrhundert vorgestellt werden. Um die Veränderungen angemessen zu

---

38 Von japanischer Seite hingegen liegt eine Studie der Gesetzgebung der Qing für die Mongolen seit der Qianlong-Zeit vor. Vgl. Shimada, *Shinchō Mōkorei no kenkyū.*

bewerten, die sich unter der Qing-Herrschaft im Bereich des Rechts für die Mongolen im 17. Jahrhundert vollzogen, ist es notwendig, traditionelle mongolische Rechtsaufzeichnungen als Beispiele einer autochthonen Gesetzgebung heranzuziehen. Nur durch die Kenntnis dieser Texte kann verständlich werden, auf was für mongolische Traditionen die Mandschuren bei der Erstellung von Gesetzen für die Mongolen zurückgreifen konnten und inwiefern die Qing-Gesetzgebung für die Mongolen etwas grundsätzlich Neues darstellte. Die in diesem Zusammenhang zu behandelnden Texte stammen aus der Zeit zwischen dem späten 16. und dem frühen 18. Jahrhundert. Des weiteren soll unter Punkt 4. auf mongolisch- und mandschurischsprachige Archivmaterialen eingegangen werden. Diese sind im Rahmen unserer Fragestellung nach der Gesetzgebung von großem Interesse, weil sie sowohl Auskunft über das Zustandekommen der Gesetze geben wie auch über die Art und Weise, in der sie den mongolischen Edelleuten übermittelt wurden. Offizielle und halboffizielle Quellen zur Qing-Geschichte sollen in der vorliegenden Arbeit herangezogen werden, da sie zusätzliche Informationen insbesondere zur Datierung liefern und somit die Einordnung der Gesetzesartikel in einen größeren historischen Zusammenhang ermöglichen.

Unter Punkt 5. wird die Gesetzgebung der Qing für die Mongolen unter dem Gesichtspunkt ihres Zustandekommens untersucht. Dabei ist ein Zeitraum von ca. 66 Jahren (1628–1694) zu behandeln. Die Gesetze, die in der Zeit des Hung Taiji vom mandschurischen Herrscher (bzw. seinen Vertretern) und den mongolischen Edelleuten gemeinsam abgesprochen und festgesetzt wurden, sind gesondert von denen zu erörtern, die in späterer Zeit entstanden sind. Um die Art und Weise des Zustandekommens der frühesten mandschurischen Gesetze für die Mongolen zu veranschaulichen, werden unter Punkt 5. auch mandschurischsprachige Passagen aus den JMZD in Übersetzung wiedergegeben.[39] Die Diskussion der Entstehung mongolischer Gesetze während der Shunzhi- und der Kangxi-Zeit wird deutlich machen, daß diese in einem Verfahren erstellt worden waren, das unter formalen Gesichtspunkten dem der chinesischen Gesetzgebung entsprach. Im Zusammenhang mit der Entstehung der Gesetze soll auch nach ihrer Bedeutung als *schriftlich gesetztem Recht* gefragt werden. Dabei wird an Überlegungen angeknüpft,

---

39 In diesen wird über richterliche Entscheidungen berichtet, die im November 1628 im Lager des mandschurischen Qans über Mongolen gefällt wurden; auch werden Strafbestimmungen wiedergegeben, die zum damaligen Zeitpunkt den mongolischen Edelleuten bei ihrer Abreise aus dem Feldlager mit auf den Weg gegeben wurden.

die im Rahmen der europäischen Rechtsgeschichte hinsichtlich der Geltung früher germanischer Rechtaufzeichnungen angestellt wurden.

Unter Punkt 6. sollen die Gesetze unter dem Gesichtspunkt ihrer politischen Relevanz ausgewertet werden. Da die Kommunikation zwischen Zentralregierung und mongolischen Edelleuten die Voraussetzung jeglichen Eingreifens darstellte, wird dieser Aspekt unter 6.1. gesondert erläutert. Dabei geht es sowohl um die Ausstattung und Behandlung von Gesandten der Zentralregierung, die in die mongolischen Gebiete geschickt wurden, wie auch – in umgekehrter Richtung – um die Anreise mongolischer Edelleute zum Kaiserhof. Die Untersuchung der Art und Weise des Nachrichtenaustauschs soll Aufschlüsse darüber geben, in welcher Weise in der frühen Kangxi-Zeit neue Gesetze den mongolischen Edelleuten übermittelt wurden. Zudem soll gezeigt werden, daß die wachsende Distanz zwischen den südostmongolischen Edelleuten und dem mandschurischen Kaiser sich auch in den Formen niederschlug, die bei der Pflege der mandschu-mongolischen Kontakte seit der Mitte des 17. Jahrhunderts gewahrt werden mußten.

Unter Punkt 6.2. wird das MG (Kangxi) unter der Fragestellung untersucht, in welche Bereiche der Verwaltung und des öffentlichen Lebens die Mandschuren eingriffen, um ihre Herrschaft über die Mongolen zu sichern. Da die Gesetzessammlung keine innere Ordnung aufweist, stellt ein solches Vorgehen auch einen Versuch dar, die in den mandschurischen Gesetzen behandelten Themen zu systematisieren. Mit besonderer Ausführlichkeit soll auf die Veränderungen eingegangen, die von den Qing im Bereich der rechtlichen Verwaltung eingeleitet wurden. Die Stellung einer Person vor dem Gesetz sollte sich mehr und mehr aus ihrer Nähe zum Qing-Kaiser ergeben. Interessant ist, daß es dabei der Titel (*čola*) und nicht das Amt (regierend oder nicht-regierend) war, das über die Behandlung einer Person entschied. Am Beispiel der Jurisdiktionsgewalt der mongolischen Edelleute soll gezeigt werden, daß die Qing die mongolischen Völkerschaften dadurch unter Kontrolle zu halten suchten, daß sie die Position der Edelleute gegenüber ihren Leuten stärkten, ihre Rechte, eigenständige Entscheidungen zu treffen, auf der anderen Seite aber immer mehr einschränkten. Anhand der Gesetze, die die richterlichen Befugnisse der mongolischen Edelleute betreffen, wird untersucht, durch welche gesetzgeberischen Maßnahmen die Qing versuchten, die Jurisdiktionsgewalt der mongolischen Edelleute einzuschränken. Hierbei wird es vor allem um ihre Rechte gehen, nach eigenem Ermessen Todesurteile zu verhängen und über Strafzahlungen, die sie von ihren Untertanen eingezogen hatten, frei zu verfügen.

Unter Punkt 7. werden die Ergebnisse zusammmengefaßt. Über ein Resümee hinaus soll in diesem Kapitel auch erörtert werden, welche Konsequenzen es hatte, daß die Gesetzgebung für die Mongolen im 17. Jahrhundert in die Hände des Qing-Kaisers bzw. seiner Beamter übergegangen war. Ein Ausblick auf die Entwicklung im 18. und 19. Jahrhundert wird deutlich machen, daß die Qing-Gesetzgebung langfristig auf eine Nivellierung regionaler Eigenheiten der Rechtspraxis hinauslief: Im 18. Jahrhundert sollten mongolische Rechtsfälle, wenn sie einmal in die offiziellen Kanäle gelangt waren, alle in gleicher Weise auf der Grundlage der in der Hauptstadt entworfenen Gesetze entschieden werden. Zudem wurden Beamte anderer hauptstädtischer Behörden als des Lifanyuan zum Entwurf mongolischer Gesetze herangezogen. Dies führte dazu, daß verstärkt Elemente des chinesischen Rechts in die Gesetzgebung für die Mongolen aufgenommen wurden. Sowohl was das Strafensystem wie auch was Prozeßführung und Definition von Verbrechen anging, orientierte man sich beim Entwurf mongolischer Gesetze zunehmend an chinesischen Vorbildern. Im 19. Jahrhundert wurden sogar keine gesonderten Bestimmungen mehr für Mongolen erlassen; Lücken der mongolischen Gesetzgebung sollten vielmehr duch das Heranziehen der Bestimmungen geschlossen werden, die im Rahmen der chinesischen Gesetzgebung niedergelegt worden waren. Die Untersuchung, wie das Nebeneinander von chinesischer und mongolischer Qing-Gesetzgebung sich in der Rechtspraxis auswirkte, muß späteren Studien vorbehalten bleiben; der Ausblick auf die Entwicklung in der späteren Qing-Zeit soll jedoch mit einigen grundsätzlichen Überlegungen hinsichtlich der Kriterien schließen, nach denen entschieden wurde, ob ein Fall nach mongolischen oder chinesischen Qing-Gesetzen entschieden werden sollte.

Transkription und Übersetzung fünfundsiebzig ausgewählter Artikel des MG (Kangxi) finden sich unter Punkt 8. Daran schließen sich Glossar, Quellen- und Literaturverzeichnis und Index an.

2. HISTORISCHER EXKURS

2.1. Die Konsolidierung der mandschurischen Herrschaft

Im Gebiet des Großen Chingan berührt traditionell von Mongolen besiedeltes Territorium das der tungusischen Jusen.[1] Für das 16. Jahrhundert sind zahlreiche Kontakte zwischen mongolischen und tungusischen Völkerschaften belegt; Heiratsverbindungen wurden geschlossen und gemeinsame kriegerische Aktionen unternommen, die sich unter anderem gegen die chinesischen Ming (1368–1644) richteten. Den historischen Exkurs wollen wir Anfang des 17. Jahrhunderts beginnen lassen. Zu diesem Zeitpunkt hatte Nurhaci (1559–1626), der Ahnherr der späteren Qing-Kaiser, bereits zahlreiche tungusische Völkerschaften zum Anschluß gebracht; 1616 hatte er seinen Herrschaftsanspruch durch die Gründung der Dynastie Aisin (1616–1636) kundgetan. Alle Untertanen – jusenische ebenso wie nicht–jusenische – wurden in sogenannte Pfeilschaften (*niru*) eingeteilt. Die Pfeilschaften wurden zu acht Bannern (*jakûn gûsa*) zusammengefaßt. Auf diese Organisation gestützt, unternahm Nurhaci im Gebiet der Halbinsel Liaodong Angriffe auf das chinesische Ming-Reich.

Im Westen geriet Nurhaci zunehmend in einen Interessenkonflikt mit dem ehrgeizigen Qan der Čaqar-Mongolen, Ligdan (gest. 1634).[2] Zu einem offenen Bruch kam es, als die Čaqar im Jahr 1619 die Ming-chinesische Stadt Guangning einnahmen, was von Nurhaci als ein Eingriff in seine Einflußsphäre aufgefaßt wurde.[3] Durch diese Zuspitzung des Gegensatzes gerieten die südostmongolischen Völkerschaften, die sich bislang in Bezug auf die Mandschuren neutral verhalten hatten, unter verstärkten Druck, Partei ergreifen zu müssen. Um ihre Vormachtstellung in der Region zu sichern, galt es für die Mandschuren zum einen, sich der Loyalität der benachbarten Mongolen zu versichern; bei den Feldzügen gegen Ligdan Qan waren sie jedoch auch auf ihre aktive militärische Unterstützung angewiesen. Die

---

1 Nachfahren der Jürčid, die unter der Dynastiebezeichnung „Jin" von 1115 bis 1234 über China herrschten. Der Name „Mandschuren" ist erst seit den 30er Jahren des 17. Jahrhunderts belegt; bis dahin bezeichnete sich diese Völkerschaft als „Jusen". Hierzu vgl. Weiers, „Die Vertragstexte des Mandschu-Khalkha Bundes", S. 119.
2 Beanspruchte aufgrund seiner Abstammung die mongolische Großqanwürde. Zu Ligdan Qan vgl. Heissig, *Die Zeit des letzten mongolischen Großkhans Ligdan*.
3 Vgl. Weiers, „Die Kuang-ning Affäre".

mandschurischen Herrscher versuchten daher, durch die systematische Pflege diplomatischer Kontakte ihre mongolischen Nachbarn nach und nach auf ihre Seite zu bringen. Die mandschurisch-mongolischen Allianzen, die in jener Zeit geschlossen wurden, richteten sich in erster Linie gegen eine dritte Partei, i. e. gegen die Čaqar bzw. das chinesische Ming-Reich. Durch den Tod Ligdan Qans entschied sich das Ringen zwischen Mandschuren und Čaqar um Loyalität der südostmongolischen Völkerschaften 1634 dann endgültig zugunsten der mandschurischen Seite.

Unter Hung Taiji, dem zweiten Herrscher der Aisin-Dynastie, wurden die Fundamente zur Ausbildung des Regierungsapparates gelegt, mit dem die Mandschuren in den folgenden Jahrhunderten über China herrschen sollten. Auf seine Regierungszeit geht die Schaffung von sechs Ministerien im Jahr 1631 und die Einrichtung einer Kanzlei – des sogenannten *wenguan* – zurück, deren Angehörige Schlüsselfunktionen in der Verwaltung übernahmen.[4] Im März 1636 erklärte sich Hung Taiji zum Kaiser und gab seiner Herrschaft die chinesische Dynastiebezeichnung Qing. An dieser Zeremonie sollen neunundvierzig mongolische Edelleute sechzehn verschiedener Völkerschaften teilgenommen haben.[5] Die mongolischen Völkerschaften, die in dieser Weise dem mandschurischen Qan gehuldigt hatten, wurden als dem Qing-Reich zugehörig betrachtet. Ihre Angehörigen erfüllten wichtige Funktionen in der Verwaltung: Beamtenposten wurden in der Gründungszeit des mandschurischen Staates paritätisch mit Mandschuren, Mongolen und Chinesen besetzt.[6]

Nicht zuletzt durch die Unterstützung der Truppen der angeschlossenen Mongolenvölker gelang es den Mandschuren, die Eroberung Ming-chinesischen Territoriums zügig voranzutreiben. Eine wichtige Etappe war mit der Eroberung Pekings im Jahre 1644 erreicht. Zu diesem Zeitpunkt hatte bereits ein Sohn des Hung Taiji den Kaiserthron bestiegen, der von 1644 bis 1661 unter der Regierungsdevise Shunzhi regierte. Da der Shunzhi-Kaiser zum Zeitpunkt seiner Inthronisierung erst fünf Jahre alt war, sollten zunächst verdiente Mitglieder der kaiserlichen Familie für ihn die Regierungsgeschäfte führen. Einem dieser Regenten, Dorgon (1612–50), der ein Sohn des Nurhaci war, gelang es dabei, auf Kosten der anderen Prinzen faktisch alle Macht in

---

4 1636 soll das *wenguan* in die „drei inneren Höfe" *(neisanyuan)* umstrukturiert worden sein. Vgl. Linke, *Zur Entwicklung des mandjurischen Khanats*, S. 47f.
5 Vgl. Hauer, *Huang-Ts'ing K'ai-kuo Fang-lüeh*, S. 396. Zu diesem Werk s. unter Punkt 4.3.4.
6 Vgl. Corradini, „Civil Administration", S. 137/138.

seinen Händen zu konzentrieren. Erst nach seinem Tod konnte der Shunzhi-Kaiser nach und nach die Führung der Regierungsgeschäfte selbst übernehmen. Um seine Position gegenüber den verschiedenen Fraktionen am Hof zu festigen, stützte sich der junge Kaiser auf die Gruppe der Eunuchen und versuchte, Institutionen der Ming-Dynastie neu zu beleben. Dies brachte ihm die Kritik der mandschurischen Elite ein, in deren Augen die Bestrebungen des Shunzhi-Kaisers eine Abkehr von den kriegerischen Idealen der Eroberungszeit darstellten.

Der Sohn des Shunzhi-Kaisers, der unter der Devise Kangxi 1662 die Nachfolge antrat, war bei seinem Regierungsantritt ebenfalls noch ein Kind. Die vier Regenten, die ihn in den Jahren bis 1667 vertreten sollten, leiteten umgehend Schritte ein, um diejenigen Maßnahmen des Shunzhi-Kaisers, die eine Orientierung am Ming-zeitlichen Staatsapparat bedeutet hatten, wieder rückgängig zu machen. Am Hof fungierten die *yizheng wang dachen*,[7] ein Gremium hoher mandschurischer Beamter und Militärs, als Sprachrohr mandschurischer Interessen. Der Kangxi-Kaiser zog die *yizheng wang dachen* zur Bearbeitung militärischer Fragen heran; mit der Koordinierung anderer Regierungsgeschäfte betraute er Beamte des Neiwufu[8] und des Nanshufang,[9] wobei sich letztgenanntes fast ausschließlich aus Chinesen zusammensetzte.[10] Mit Hilfe dieser Gremien war es dem Kaiser möglich, schnell und vertraulich Informationen und Ratschläge von zuverlässigen und kompetenten Beamten zu erhalten. Der Kangxi-Kaiser versuchte, auf diese Weise die schwerfälligen Behördenwege des Äußeren Hofes zu umgehen.

Die Konsolidierung des Qing-Reiches war mit der Einnahme Pekings keineswegs abgeschlossen. Im Gegenteil, die Autorität des jungen Kaisers wurde bald nach seiner Übernahme der Regierungsgeschäfte auf eine harte Probe gestellt: Im Süden Chinas kam es in den 1670er Jahren zu einem

---

7 Im Englischen als „Council of Deliberative Officials". Unter Nurhaci und Hung Taiji als Gegengewicht gegen die Mitglieder des kaiserlichen Clans ctabliert. Zu Beginn der Kangxi-Zeit umfaßte das Gremium ca. vierzig Mitglieder, die fast ausschließlich mandschurischer Volkszugehörigkeit waren; die Ergebnisse seiner Beratungen sollten streng vertraulich behandelt werden. Vgl. Oxnam, *Ruling from Horseback*, S. 30/31 u. S. 70/71.

8 In der englischsprachigen Literatur als „Imperial Household Department", für die persönlichen Einkünfte der kaiserlichen Familie und die Verwaltung ihrer Leibeigenen zuständig.

9 In der englischsprachigen Literatur als „Southern [Imperial] Study", mit im Inneren Hof anfallenden literarischen Aufgaben betraut.

10 Vgl. Bartlett, *Monarchs and Ministers*, S. 110/111.

Aufstand, der zeitweise den Fortbestand der jungen Dynastie gefährden sollte. Mit der Eroberung Südchinas hatten die Qing chinesische Feldherren betraut, die – nachdem sie die Gebiete unter ihre Kontrolle gebracht hatten – seit 1660 dort quasi autonome Herrschaften etabliert hatten. Der mächtigste unter diesen Feldherren war Wu Sangui (1612–1678), dessen Einflußbereich sich auf die Provinzen Yunnan und Guizhou erstreckte. Als der Kangxi-Kaiser im Jahr 1673 entschied, seine Privilegien aufzuheben und ihn aus Yunnan abzukommandieren, widersetzte sich Wu.[11] Es gelang ihm zunächst, die Befehlshaber der Nachbarprovinzen auf seine Seite zu ziehen; ab 1676 jedoch begann sich das Blatt zu seinen Ungunsten zu wenden. Mit dem Selbstmord des Enkels und Nachfolgers von Wu Sangui im Jahr 1681 war die Rebellion endgültig niedergeschlagen.[12]

Die militärischen Aktivitäten der Qing gingen jedoch auch nach der Befriedung Südchinas weiter: Durch die Landung von Qing Truppen auf Taiwan im Jahr 1683 wurde den Piraten, die in den vorangegangenen Jahrzehnten die Südostküste Chinas unsicher gemacht hatten, das Rückzugsgebiet genommen. Auch an der Nordostgrenze ihres Reiches waren die Qing in kriegerische Auseinandersetzungen verwickelt. In der Amur Region kam es immer wieder zu Gefechten mit russischen Truppen, die sich an Uneinigkeiten über den Verlauf der Grenze, Anrechte auf bestimmte Bevölkerungsgruppen und Handelsbeziehungen entzündeten. Angesichts der zunehmenden Bedrohung, die von den Oiraten unter Galdan Qan (gest. 1697) ausging, begann sich in den 1680er Jahren bei den Qing jedoch die Erkenntnis durchzusetzen, daß es sinnvoller war, auf diplomatischem Wege einer russisch-oiratischen Allianz vorzubauen. Im Jahr 1689 kam es zum Abschluß des Vertrages von Nerčinsk. Darin wurde die russisch-chinesische Grenze festgelegt und Regelungen hinsichtlich der Behandlung von Überläufern getroffen. Aus Sicht der Qing konnte so aber vor allen Dingen ein weiteres Vordringen der Russen in die nördliche Mandschurei gestoppt werden.[13]

11 Vgl. Kessler, *K'ang-hsi and the Consolidation*, S. 81.
12 Vgl. Kessler, *K'ang-hsi and the Consolidation*, S. 88/89.
13 Vgl. Mancall, *Russia and China*, S. 141–62. Zum Vertrag von Nerčinsk vgl. Fuchs, „Der Russisch-Chinesische Vertrag von Nertschink" u. Sebes, *Sino-Russian Treaty*, S. 71–75.

2.2. Die Eingliederung der südostmongolischen Völkerschaften

Bereits in der Zeit des Nurhaci wurden Mongolen, die sich freiwillig angeschlossen hatten oder unterworfen worden waren, in das mandschurische Wehrsystem eingegliedert und zu sogenannten Pfeilschaften (mong. *sumun*) zusammengefaßt. Wann es zur Formation der ersten rein mongolischen Banner kam, ist in der Wissenschaft umstritten.[14] Die *Shilu* berichten von der Einrichtung acht mongolischer Banner im Jahr 1635[15] – im Laufe des 17. Jahrhunderts wurde die Anzahl der mongolischen Banner dann kontinuierlich erhöht. Zeitpunkt und Modalitäten der Gründung dieser Banner liegen jedoch weitgehend im dunkeln.

Das mongolische Wort *qosiɣu* (Banner) bezeichnete bis in die zweite Hälfte des 17. Jahrhunderts eine Truppeneinheit.[16] Erst im 18. Jahrhundert wandelte sich mit den politisch-sozialen Gegebenheiten auch die Bedeutung des Wortes; seit dieser Zeit stellte das *qosiɣu* eine territorial-administrative Einheit dar. In Quellen aus der Kangxi-Zeit (und dementsprechend auch im Mongolischen Gesetzbuch) wird regelmäßig auf „die neunundvierzig Banner der Mongolen im Äußeren" (*ɣadaɣ-a-du mongɣol-un döčin yisün qosiɣu*) verwiesen. Der Begriff *ɣadaɣ-a-du* (im Äußeren) darf keinesfalls mit der geläufigen Einteilung in „Innere" und „Äußere" Mongolei in Zusammmenhang gebracht werden. Mit den „Mongolen im Äußeren" waren im 17. Jahrhundert vielmehr Völkerschaften gemeint, die sich den Mandschuren angeschlossen hatten, jedoch außerhalb der engeren Grenzen des Qing-Reiches siedelten. Leider enthält weder das Mongolische Gesetzbuch noch das *Kangxi huidian*[17] eine Aufstellung darüber, welche neunundvierzig Banner unter diesem Begriff zusammengefaßt wurden. Die Anzahl von neun-

---

14 Nach Fang Chaoying, „A Technique for Estimating", S. 193 soll es im Jahr 1631 bereits zwei mongolische Banner gegeben haben, deren Zahl bis zum Jahr 1635 auf acht erhöht wurde. Corradini, „Civil Administration", S. 137 datiert die Einrichtung mongolischer Banner auf das Jahr 1634, während nach Wang Zhonghan, „Qingchu baqi Menggu kao", S. 121 es 1633 bereits mit Sicherheit zwei mongolische Banner gab. Weiers, „Mandschu-mongolische Strafgesetze 1632". S. 93, Anm. Nr. 19 sieht einen möglichen Ausgleich zwischen den Positionen darin, daß es 1634 zwar noch keine eigenen mongolischen Banner im Sinne der Mandschuverwaltung gab, daß aber in den mandschurischen Bannern auch Mongolen lebten.

15 Vgl. Wang Zhonghan, „Qingchu baqi Menggu kao", S. 121–124.

16 Vgl. Vladimircov, *Le régime social*, S. 172 u. Weiers, „Mandschu–mongolische Strafgesetze 1632", S. 110, Anm. Nr. 66.

17 Zu diesem Werk s. unter Punkt 4.3.2. Weiter als KXHD.

undvierzig wurde jedoch erst in den 80er Jahren des 17. Jahrhunderts erreicht. Fest steht zudem, daß diese Einheiten nicht exakt mit den neunundvierzig Bannern übereinstimmten, in die das Gebiet der „Innere Verwaltung" im 18. Jahrhundert gegliedert werden sollte. Dieses ergibt sich allein schon aus der Tatsache, daß das letzte der neunundvierzig Banner der Inneren Verwaltung, das siebte Ordos-Banner, erst im Jahr QL1 (1736) geschaffen wurde.[18] Wenn in den Kangxi-zeitlichen Quellen daher von „den neunundvierzig Bannern" die Rede ist, darf daraus nicht gefolgert werden, daß die Formation von Wehreinheiten unter den südostmongolischen Völkerschaften zum damaligen Zeitpunkt bereits zu einem Abschluß gekommen war.

Neben den neunundvierzig Bannern wird in den Quellen aus dem 17. Jahrhundert auf die „umherziehenden Mongolen der acht Banner" (*naiman qosiɣun-u negükü mongɣol*) verwiesen.[19] So sehen mehrere Artikel des MG (Kangxi) vor, sie strafrechtlich in gleicher Weise zu behandeln wie die Mongolen der neunundvierzig Banner. – Wer waren „die umherziehenden Mongolen der acht Banner"? Gegen die mögliche Interpretation, daß hiermit die Čaqar gemeint waren, spricht, daß „die nomadisierenden Mongolen der acht Banner" und die „Leute der Čaqar" (*čaqar-un arad*) in einer Aufzählung als unterschiedliche Gruppen aufgeführt werden.[20] FARQUHAR identifiziert die Gruppe als „herdsmen serving in the imperial pastures of the eight banners". Er läßt offen, um welche „acht Banner" es sich dabei handelte.[21] SERRUYS berichtet (mit Bezug auf die späte Qing-Zeit) von den kaiserlichen und privaten mandschurischen Herden in der Gegend von Zhangjiakou. Die Mongolen, die mit der Versorgung dieser Herden betraut waren, gliederten sich zum damaligen Zeitpunkt in acht Banner.[22] Die Erklärung, die

---

18 Vgl. *Čing ulus-un üy-e-yin mongɣol qosiɣu či ɣulɣan*, S. 166. Auflistung der neunundvierzig Banner seit der Qianlong-Zeit bei Farquhar, *The Ch'ing Administration*, S. 323–328.

19 Vgl. MG (Kangxi), S. 67r, S. 73r u. S. 90r. S. 20v/21r als *naiman qosiɣun-u ɣadaɣ-a-du mongɣol* „die Mongolen im Äußeren der acht Banner" u. S. 113v als *negükü ɣaǰar-un naiman qosiɣu* „die acht Banner der Siedlungsgebiete".

20 Vgl. MG (Kangxi), S. 90r *naiman qosiɣun-u negükü mongɣol . čaqar . sürüg-ün arad-i mönkü ene yosu ɣar jerge-yi üǰeǰü yalalay-a* „Die nomadisierenden Mongolen der acht Banner, die Čaqar und die Menge der Leute wollen wir in ebendieser Weise, indem wir die Ränge erwägen, bestrafen".

21 Vgl. *The Ch'ing Administration*, S. 203, Anm. Nr. 157. Weiers, „Gesetzliche Regelungen", S. 41, Anm. Nr. 23 verweist in diesem Zusammenhang auf die 1615 durch Nurhaci geschaffenen Ur-Banner.

22 Vgl. „The Čaqar Population", S. 70/71.

FARQUHAR und SERRUYS nahelegen, wonach mit „den umherziehenden Mongolen der acht Bannern" Mongolen gemeint waren, die mit der Betreuung der kaiserlichen Herden betraut waren, stellt in den Augen der Verfasserin die plausibelste dar.

Die innere Struktur der mongolischen Banner entsprach der der ab 1615 durch Nurhaci geschaffenen mandschurischen Banner. An der Spitze stand ein Bannerhauptmann (*qosiɣun-u eǰen*, man. *gûsai eǰen*).[23] Ihm unterstanden – je nach Größe des Banners – ein oder zwei Meiren-ü J̌anggi (man. *meiren-i janggin*), die wiederum J̌alan-u J̌anggi (man. *jalan-i janggin*) unter sich hatten. An die Spitze einer Pfeilschaft wurde ein Sumun-u J̌anggi (man. *nirui janggin*) gestellt. Diesem waren Orolan Kögegči (man. *funde bošokû*) und Kögegči (man. *bošokû*) untergeordnet. Auf unterster Ebene wurde jeweils eine Person als Vorsteher über zehn Haushalte bestimmt. Während die Position des Bannerhauptmanns aller Wahrscheinlichkeit nach auf die frühe Shunzhi-Zeit zurückgeht,[24] begann man bei den angeschlossenen Mongolen die unteren Ränge der Bannerverwaltung erst ab der späten Shunzhi-Zeit einzuführen.[25]

Die mandschurische Politik gegenüber den Mongolen zielte darauf ab, die Loyalität der Edelleute sicherzustellen. Durch die Vergabe von Titeln wurde ihre Treue und Gefolgschaft gegenüber dem mandschurischen Qan ausgezeichnet bzw. weiter angespornt. Unter Anlehnung an die mandschu-rische Nomenklatura wurden dabei neue Titel eingeführt wie z. B. „Wang", „Beile" und „Gung". Traditionelle mongolische Titel wie „Noyan" (Edelmann) und

---

23 Nach 1724 als *qosiɣun-i jakiruɣči sayid* „Würdenträger, der ein Banner verwaltet" oder als *jakiruɣči janggi* „verwaltender J̌anggi" bezeichnet. Zu diesem Amt vgl. die Ausführungen bei Farquhar, *The Ch'ing Administration*, S. 131/132 u. Jagchid, „Jindai Menggu", S. 716/717. Bei der Übernahme von Artikeln des MG (Kangxi) in das Mongolische Gesetzbuch der Qianlong-Zeit wurde der Titel *qosiɣun-u eǰen* in *qosiɣu-yi jakiruɣči janggi* geändert. Vgl. z. B. MG (Kangxi), S. 54v–55v u. *Mongɣol čaɣajin-u bičig*, Kap. V (3), S. 43–46.

24 Vgl. Farquhar, *The Ch'ing Administration*, S. 132. Für nähere Erläuterungen zur Bannerverwaltung seit dem 18. Jahrhundert vgl. Sonomdagva, *Manǰijn zachirgaand bajsan üeijn*, S. 76–84 u. Farquhar, a. a. O., S. 129–138. Dort auch chinesische Äquivalente der Ränge.

25 So wird im KXHD wird ein kaiserlicher Befehl aus dem Jahr SZ16 (1659) zitiert, wonach hundertfünfzig Leute eine Pfeilschaft bilden sollten, der ein Sumun-u J̌anggi vorstand; jeweils sechs Pfeilschaften sollten von einem J̌alan-u J̌anggi geführt werden. Vgl. KXHD, Kap. 142, S. 2r. Diese Weisung findet sich auch im MG (Kangxi), S. 60r.

„Taiji" (Nachfahre Činggis Qans und seiner Brüder) wurden zwar weiter verwendet; sie bekamen jedoch nach und nach eine andere Konnotation.[26]

Die mongolischen Edelleuten verliehenen Titel waren nicht bloße Ehrentitel, sondern Rangbezeichnungen, mit denen auch ein gewisses, von der Qing-Regierung anerkanntes politisches Gewicht einherging.[27] Wir wissen nicht, wann die Qing mit der förmlichen Bestätigung mongolischer Edelleute als *jasaγ-un* „regierende" begannen;[28] diese Politik scheint auf die späten 1630er Jahre zurückzugehen und zum damaligen Zeitpunkt mit der Erhebung in einen hohen Rang einhergegangen zu sein.[29] Die Auszeichnung *jasaγ-un* wurde dem Qing-Titel vorangestellt. Die Regentschaft wurde zunächst nur einer bestimmten Person zugestanden, entwickelte sich jedoch später zu einem erblichen Posten. Dabei bedurfte es aber in jedem einzelnen Fall der kaiserlichen Bestätigung.[30]

Es ist fraglich, ab welchem Zeitpunkt die Regentschaft mongolischer Edelleute mit der Führung eines Banners (*qosiγu*) gleichzusetzen ist. Die Quellen aus dem 17. Jahrhundert weisen den Regenten Aufgaben und Befugnisse in militärischen und gerichtlichen Dingen zu – es geht aus ihnen jedoch nicht hervor, daß jeder Edelmann, der seinem Titel ein *jasaγ-un* voranstellte, somit auch an der Spitze eines Banners stand.

---

26 Hierzu s. unter Punkt 6.2.2. „Die Vergabe von Titeln und die Einsetzung in Ämter".
27 Dieses galt bis in die frühe Kangxi-Zeit. Seit dem Ende des 17. Jahrhunderts gab es auch Inhaber ranghoher Titel, die keinerlei politische Macht besaßen. Hierzu s. Punkt 6.2.2.
28 In der Kangxi-Zeit wurde das attributive *jasaγ* stets mit einem Genitivsuffix versehen; in der Qianlong-Zeit war dieses nicht mehr der Fall.
29 Vgl. Farquhar, *The Ch'ing Administration*, S. 115. Das früheste Zeugnis einer förmlichen Anerkennung der Regentschaft liegt mit der Ernennungsurkunde des Regenten des rechten Banners der (inneren) Qalqa aus dem Jahr 1653 vor. Vgl. Farquhar, a. a. O., S. 116/117.
30 Farquhar, *The Ch'ing Administration*, S. 118 setzt den Wandel hin zur Erblichkeit auf die Shunzhi-Zeit an. Das MG (Kangxi) enthält jedoch – anders als das Mongolische Gesetzbuch der Qianlong-Zeit – keine Regelungen zu Fragen der Nachfolge. Für die Qalqa-Mongolei ist die Erblichkeit des Amtes auf das Jahr 1781 zu datieren. Dazu vgl. Legrand, *L'Administration*, S. 179.

2.3. Die nördlichen Qalqa und die Oiraten

Die nördlichen Qalqa, die in den ersten Jahrzehnten des 17. Jahrhunderts auch als „die sieben Banner Qalqa" bezeichnet wurden, gliederten sich in verschiedene größere und kleinere Machtzentren, die in unterschiedlichen Konstellationen mit- oder gegeneinander arbeiteten. Aus dem Jahr 1636 liegt ein erster Briefwechsel zwischen dem mandschurischen Qan und dem Sečen Qan Šoloi der nördlichen Qalqa vor.[31] Die Mandschuren waren jedoch nicht die einzige Macht, mit der die Edelleute der Qalqa zu dieser Zeit Kontakte pflegten; gleichzeitig bestanden diplomatische Beziehungen zu Rußland – die russische Expansion war 1643 bis an den Baikal See vorgedrungen.

Eine ständige Bedrohung für die Qalqa ging von den verschiedenen oiratischen Völkerschaften aus. Diese werden zusammenfassend auch „Westmongolen" genannt; im Mongolischen Gesetzbuch werden sie als *ögeled* bezeichnet. In der Mitte der 30er Jahre des 17. Jahrhunderts hatten sich in Zentralasien zwei oiratische Reiche formiert: das der Qošod im Gebiet von Köke Noor-Zaidam und im Gebiet des östlichen Tianshan-Gebirges die durch Qotoqočin Erdeni baγatur (gest. 1653/65?) geführte Konföderation der Čoros, Qoid und Dörbed.[32] In die Geschichtsbücher eingegangen sind die Mongolen dieses Zusammenschlusses auch als „Dzungaren". Es war das nordwestliche Oiratenreich, das in den folgenden Jahrzehnten die Qalqa bedrängen sollte. Der Versuch, friedliche Beziehungen zwischen Oiraten und Qalqa durch einen 1640 geschlossenen Bündnisvertrag zu gewährleisten, muß aus heutiger Perspektive als Fehlschlag bewertet werden.[33] Streitigkeiten und kriegerische Auseinandersetzungen gingen in unveränderter Weise weiter.

Zu einer Zuspitzung der Gegensätze kam es, als sich nach 1650 Streitigkeiten um die Nachfolge des Jasaγtu Qan Subadi (gest. 1650) entspannten, in die Galdan Qan, der Sohn des Qotoqočin Erdeni baγatur, eingriff. Galdan, dem es gelungen war, die inneren Streitigkeiten des nordwestlichen Oiratenreiches zu seinen Gunsten zu entscheiden, versuchte auf diese Weise, seinen Einfluß auf die Qalqa auszudehnen. Dieses führte zu einem Interessenkonflikt mit dem Tüsiyetü Qan Čaqundorji (gest. 1699).[34] 1688 fiel Galdan in das Qalqa-Gebiet ein und brachte durch sein Vordringen die Qalqa-

---

31 Vgl. Weiers, „Der erste Schriftwechel".
32 Vgl. Čimeddorji, *Die Briefe des K'ang-hsi-Kaisers*, S. 42f.
33 Hierzu vgl. Veit, *Die vier Qane von Qalqa*, I, S. 31. Zu den im Rahmen dieses Bündnisses aufgezeichneten sogenannten Oiratischen Gesetzen s. Punkt 4.1.2.
34 Vgl. Čimeddorji, *Die Briefe des K'ang-hsi-Kaisers*, S. 52f. Zur Biographie des Čaqundorji vgl. Veit, *Die vier Qane von Qalqa*, II, S. 53–57.

mongolischen Edelleute in eine militärisch so prekäre Situation, daß diese den Kangxi-Kaiser um Schutz ersuchten. Förmlich besiegelt wurde die Unterstellung der Qalqa unter die Qing 1691 auf einer großen Versammlung in Dolonnor. Dem Kangxi-Kaiser gelang es im Frühjahr 1696, die Truppen des Galdan vernichtend zu schlagen.

Bereits im Jahr 1656 hatten die Qing versucht, durch die Schaffung eines achten Banners bei den Qalqa eine gewisse Umstrukturierung vorzunehmen.[35] Nach der Versammlung von Dolonnor und dem Ende des ersten Dzungarenfeldzugs im Jahr 1697 begann man, die nördlichen Qalqa in ähnlicher Weise wie die südlichen Mongolen verwaltungsmäßig zu erfassen. Die Anzahl der Banner wurde erhöht. Seit der Qianlong-Zeit gliederten sich die nördlichen Qalqa in sechsundachtzig Banner.[36]

Der Überblick über die politischen Verhältnisse in Innerasien im 17. Jahrhundert wäre unvollständig, wenn nicht auch die Verhältnisse in Tibet und die Rolle der Dalai Lamas zur Sprache käme. Oben wurde bereits erwähnt, daß die mongolischen Qošod seit 1635/36 ihren Einfluß in Tibet erfolgreich geltend gemacht hatten. Sie unterstützten den fünften Dalai Lama; dieser wiederum versuchte, durch die Zusammenarbeit mit den Qošod der reformierten Schule der dGe lugs pa gegenüber den unreformierten Schulen des tibetischen Buddhismus eine Vorrangstellung zu sichern. So wurde dem Töröbaiqu Nomin (gest. 1656) der Qošod im Jahr 1637 der Titel „Gušri Qan" verliehen. Als die Macht der Westmongolen in Tibet jedoch immer stärker wurde, intensivierte der Dalai Lama seine Beziehungen zu den Qing. Im Januar 1653 unternahm der fünfte Dalai Lama sogar eine Reise nach Peking. Auf diese Weise sollte – in den Augen des Dalai Lama – ein Patronatsverhältnis hergestellt werden, bei dem dem Qing-Kaiser die Rolle eines fürstlichen Gabenherren zukam.[37] Für die Qing ergaben sich aus den Kontakten zu den dGe lugs pa jedoch auch Ansprüche auf die Suzeränität über Tibet. Nachdem es nach 1697 zu Machtverschiebungen zwischen den beiden oiratischen Konföderationen gekommen war – dem Nachfolger des Galdan bei den nordwestlichen Oiraten, Cewang Arabdan (reg. 1697–1727), war es gelungen, große Teile Tibets zu erobern – griffen die Qing auch militärisch in

---

35 Vgl. Veit, *Die vier Qane von Qalqa*, I, S. 32.
36 Vgl. Zhao, *Qingdai Menggu*, S. 81.
37 Vgl. Ahmad, *Sino-Tibetan Relations*, S. 159 u. Ruegg, „mchod yon, yon mchod". S. 450.

Tibet ein: 1720 wurde Lhasa von mandschurischen Truppen besetzt. Bis zum Ende der Dynastie sollte es unter dem Protektorat der Qing stehen.[38]

2.4. Das Lifanyuan

Die Gründung eines Mongolenamtes[39] wird gewöhnlich auf das Jahr 1636 datiert. 1638 wurde es umbenannt in „Amt zur Verwaltung der Außengebiete" (chin. Lifanyuan).[40]

Die Ursprünge des Mongolenamtes sind unklar. Das *Qingshigao* ist der einzige Text, der von der Gründung dieser Behörde im Jahr 1636 berichtet.[41] In den *Shilu* wird das Mongolenamt unter den Einträgen des Jahres CD1 (1636) nur erwähnt;[42] der Zeitpunkt der Gründung geht aus den *Shilu* nicht hervor. Im dunkeln liegen jedoch nicht nur die Modalitäten der Einrichtung dieser Behörde, sondern auch die Art und Weise ihrer Arbeit in den ersten Jahrzehnten ihres Bestehens. In den Jahren bis 1661 wurden zahlreiche Veränderungen in der Struktur des Lifanyuan vorgenommen. Der wichtigste Einschnitt innerhalb dieses Zeitraumes war die vorübergehende Unterstellung des Amtes unter das Ritenministerium in den Jahren 1659–1661.[43] Seit dem Beginn der Periode Kangxi wurde das Lifanyuan wieder als eigenständiges Amt geführt und in vier Abteilungen gegliedert,[44] deren Zuständig-

---

38 Zu den Beziehungen zwischen China und Tibet, vgl. Petech, *China and Tibet.*

39 Chin. *Menggu yamen,* man. *Monggo jurgan,* mong. *Mongγol jurγan.*

40 Der mongolische Name dieser Institution lautete *γadaγadu mongγol-un törö-yi jasaqu yabudal-un yamun* (Amt für die Verwaltung der rechtlichen Ordnung der Mongolen im Äußeren). Die mandschurische Bezeichnung war *tulergi golo-be dasara jurgan* (Amt für die Verwaltung der Äußeren Provinzen). Da 1638 die Verwaltungssprache der Qing das Mandschurische und noch nicht das Chinesische war, ist nicht anzunehmen, daß der Name „Lifanyuan" sich bereits zum damaligen Zeitpunkt durchsetzte. Der Kürze wegen wird in der vorliegenden Arbeit jedoch stets unter dem chinesischen Namen auf dieses Amt verwiesen. Zur Umbenennung des Mongolenamtes im Jahr 1638 vgl. *Shilu*, Taizong, Kap. 42, S. 2r (CD3, 6. Monat, *gengshen* = 8. Aug. 1638).

41 Vgl. *Qingshigao*, Bd. 4, Kap. 122, S. 3283.

42 Zur Quellenlage vgl. die Untersuchungen von Zhao, *Qingdai Menggu*, S. 47–51.

43 Vgl. Zhao, *Qingdai Menggu*, S. 51. Diese Maßnahme muß in Zusammenhang mit den Bestrebungen des Shunzhi-Kaisers gesehen werden, sich an den Institutionen der Ming-Dynastie zu orientieren.

44 Eine entscheidende Änderung der Struktur des Lifanyuan wurde erneut 1691 vorgenommen, als nach dem Anschluß der Qalqa-Mongolen eine fünfte Abteilung

keitsbereiche im *Kangxi huidian* definiert sind: Zwei der Abteilungen des Lifanyuan waren mit der Verwaltung der bereits angeschlossenen mongolischen Völkerschaften befaßt; man unterschied zwischen Aufgaben, die sich aus der Regulierung der lokalen Verwaltung ergaben und solchen, die die Behandlung mongolischer Gesandtschaften am Kaiserhof betrafen. Die dritte Abteilung sollte die Beziehungen zu nicht angeschlossenen Völkern koordinieren; in ihren Aufgabenbereich fielen auch Kontakte zur buddhistischen Geistlichkeit und die Bewirtung von Gesandtschaften des russischen Zaren. Die vierte Abteilung war für die Gerichtsbarkeit zuständig.[45]

Im folgenden soll auf die Bedeutung des Lifanyuan für die dem Qing-Reich angeschlossenen mongolischen Völkerschaften eingegangen werden. Nehmen wir das Jahr 1636 als Gründungsdatum des Mongolenamtes an, so scheint sich mit der feierlichen Proklamation Hung Taijis zum Kaiser der Qing-Dynastie auch das mandschurische Selbstverständnis gegenüber den Mongolen gewandelt zu haben. Waren die Verbindungen bislang auf einer persönlichen Ebene gepflegt worden, so wurde versucht, den mandschu-mongolischen Beziehungen nach und nach einen institutionellen Rahmen zu geben. Es wäre jedoch nicht angemessen, für diesen Wandel einen bestimmten Zeitpunkt (im Sinne von vorher/nachher) ansetzen zu wollen. Eine wachsende Distanz zwischen den mongolischen Edelleuten und dem mandschurischen Qan zeichnete sich schon vor der Gründung des Amtes in den frühen 30er Jahre ab: Legen z. B. die Schwurverträge[46] zwischen Mandschuren und einzelnen mongolischen Völkerschaften bzw. Konföderationen aus den Jahren 1619/20 und 1626 noch nahe, daß hier Bündnisse zwischen gleichberechtigten Partnern geschlossen wurden, so änderte sich dieses mit den ersten gesetzgeberischen Maßnahmen der Mandschuren für die Mongolen. Im Rahmen der mandschu-mongolischen Bestimmungen von 1631/32 wurden nur der mongolischen Seite Vorschriften gemacht und Beschränkungen auferlegt.[47]

Die Tatsache, daß dem Mongolenamt in den Quellen kein hoher Stellenwert eingeräumt wird, ist ein deutliches Zeichen dafür, daß diese

---

geschaffen wurde. Die sechste Abteilung wurde 1761 nach der Unterwerfung der in den Gebieten der späteren Provinz Xinjiang siedelnden Turkvölker eingerichtet. Zur Gliederung des Lifanyuan nach 1761 vgl. Veit, *Die vier Qane von Qalqa*, I, S. 42–48.

45 Für einen genaueren Überblick über die Themen, mit denen die einzelnen Abteilungen befaßt waren, vgl. 4.3.2.

46 Vgl. Weiers, „Die Vertragstexte des Mandschu-Khalkha Bundes" u. ders. „Der Mandschu-Khortsin Bund von 1626".

47 Hierzu s. Punkt 5.1.1.

Behörde zunächst von untergeordneter Bedeutung war. Zwar waren nach 1636 unter den Gesandten, die man zu den Mongolen schickte, um Gesetze auszuhandeln und kaiserliche Befehle zu verkünden, in den meisten Fällen auch Beamte des Mongolenamtes.[48] An den Missionen waren jedoch stets auch andere hohe Beamte beteiligt. Auch wurde, so stellt ZHAO nach der Durchsicht von mongolischsprachigem Aktenmaterial im Ersten Historischen Archiv in Peking fest, erst seit dem Beginn des Jahres 1639 der Schriftverkehr mit den mongolischen Edelleuten regelmäßig mit einem Siegel des Lifanyuan versehen.[49] Es ist daher nicht davon auszugehen, daß das Amt sogleich nach seiner Gründung – wann immer diese anzusetzen ist – mit der allgemeinen Verwaltung der mongolischen Angelegenheiten betraut wurde. Vielmehr scheinen die Kontakte zu den mongolischen Edelleuten erst nach und nach in den Zuständigkeitsbereich dieser Behörde übergegangen zu sein.

Aus den Archivmaterialien des Bayantala-Bundes[50] geht hervor, daß der Spielraum der Beamten des Lifanyuan, eigenständige Entscheidungen zu treffen, außerordentlich begrenzt war. In allen wichtigen Fragen mußte eine Eingabe gemacht werden. Dieses galt auch in Dingen wie z. B. der Amtsenthebung eines *Meiren-ü Janggi*; das Lifanyuan machte KX26 (1687) zunächst eine Eingabe mit einem Vorschlag, wie in dem betreffenden Fall verfahren werden sollte. Nachdem die Eingabe Billigung durch den Kaiser erfahren hatte, wurden dem Bannerverwalter die entsprechenden Anweisungen gegeben. Dabei wurde der Wortlaut der kaiserlichen Entscheidung zitiert.[51]

---

48 Vgl. Zhao, *Qingdai Menggu*, S. 49.
49 Vgl. Zhao, *Qingdai Menggu*, S. 50.
50 Zu dieser Quelle s. Punkt 4.2.2.
51 Vgl. Yates, *Early Historical Materials*, S. 160 u. S. 179/180.

3. DIE GESETZBÜCHER DER QING FÜR DIE MONGOLEN

3.1. Das Mongolische Gesetzbuch aus der Kangxi-Zeit

Das Mongolische Gesetzbuch aus der Kangxi-Zeit – abgekürzt als MG (Kangxi) – liegt der Verfasserin als Xerokopie eines Blockdruckes vor, der in der Staatsbibliothek Ulan Bator aufbewahrt wird. Der Blockdruck umfaßt 114 Doppelseiten, die Seiten sind in chinesischer Doppelblattheftung gebunden. Die Paginierung ist in Chinesisch, der Druckspiegel von Vorder- und Rückseite beträgt jeweils neun Zeilen. Da der Verfasserin nur eine Kopie vorliegt, können zu Größe des Blockdrucks und Papier keine Angaben gemacht werden. Dem Werk sind keine Informationen zu Zeitpunkt und Umständen seiner Herausgabe zu entnehmen; es ist weder ein Vorwort noch ein Kolophon vorhanden.

Die Gesetzessammlung umfaßt 152 Artikel. Dem ersten Artikel sind zwei einleitende Sätze vorangestellt, in denen von der Verteilung eines „großen Gesetzeswerkes" unter den mongolischen Edelleuten berichtet wird. Einige der Artikel sind datiert; sie stammen aus den Jahren KX5 (1666), KX6 (1667), KX10 (1671), KX14 (1675), KX25 (1686), KX28 (1689), KX29 (1690) und KX33 (1694) – das MG (Kangxi) muß also nach 1694 herausgegeben worden sein. Die einzelnen Artikel sind mit einer Birga versehen,[1] mit Ausnahme des ersten beginnen sie mit einer neuen Zeile. Sie werden mit *nigen jüil* (ein Artikel) eingeleitet, tragen jedoch keine Überschrift. Hinsichtlich der Reihenfolge der Bestimmungen läßt sich kein System feststellen; weder eine thematische noch eine chronologische Ordnung wird durchgängig eingehalten. Zwar folgen Artikel, die inhaltlich in engem Zusammenhang stehen, z. T. aufeinander,[2] thematisch verwandte Bestimmungen finden sich gleichwohl auch an anderen Stellen des Korpus.[3] Die letzten fünf Artikel scheinen zu einem späteren Zeitpunkt angefügt worden zu sein: Sie tragen Monats- und Jahresdatierungen[4] und stammen aus der Zeit KX28 (1689), KX28 (1689), KX29 (1690), KX25 (1686) und KX33 (1694).

---

1 Sechs Artikel sind nicht mit einer Birga versehen: MG (Kangxi), S. 10r–11r, S. 36v–38r, S. 112r/v, S. 112v/113r, S. 113r–114r, S. 114r/v.

2 Z. B. vierzehn Artikel, die die Anreise zum Hof betreffen, MG (Kangxi), S. 95r bis S. 107v.

3 Anreise zum Hof, vgl. MG (Kangxi), S. 21r/v und S. 23v.

4 Vier der letzten fünf Artikel tragen sogar Tagesdatierungen.

(Daß dem chronologischen Prinzip kein großer Wert beigemessen wurde, zeigt sich bereits daran, daß eine Bestimmung des Jahres 1686 Artikeln aus den Jahren 1689 und 1690 nachgestellt wurde).

Das Werk liegt nur in mongolischer Sprache vor, es gibt keinen Hinweis darauf, daß es ins Chinesische oder ins Mandschurische übersetzt bzw. parallel in mehreren Sprachen erstellt worden wäre. Unter welchem Titel die Gesetzessammlung veröffentlicht wurde, ist unklar. In der Staatsbibliothek Ulan Bator ist sie unter folgendem Titelvermerk katalogisiert: *Γadaγadu mongγol-un törö-yi jasaqu yabudal-un yamun-un engke amuγulang-un üy-e-dü 1693 on-du keblegsen, dotor-a 1629 on-ača ekileged udaγ-a daraγ-a qaγad-un üy-e-dü jarlaγsan čaγaja-ud-i jasamjilaγsan mongγol-un čaγajan-u bičig.* „Mongolisches Gesetzbuch, in welchem die Gesetze korrigiert sind, die seit dem Jahr 1629 während der aufeinanderfolgenden Regierungsperioden verkündet worden sind und welches im Jahre 1693 veröffentlicht worden ist vom Amt, welches [zuständig ist] für die Regulierung der rechtlichen Ordnung der Mongolen im Äußeren".[5] Da der letzte Artikel des Werkes aus dem Jahr 1694 stammt, muß die Angabe im Titelvermerk, wonach das MG (Kangxi) 1693 veröffentlicht wurde, als unglaubwürdig angesehen werden.

In der Wissenschaft galt das Mongolische Gesetzbuch aus der Kangxi-Zeit lange Zeit als verschollen. Die Informationen, die bislang über das Werk vorlagen, gehen in erster Linie auf den burjatischen Gelehrten Ts. ŽAMTSARANO zurück. ŽAMTSARANO hinterließ jedoch keine eigenen schriftlichen Zeugnisse über die Gesetzessammlung, sondern gab seine Kenntnisse (ob mündlich oder in Briefform ist nicht bekannt) an RIASANOVSKY weiter. Dieser nahm die Informationen, die vor allem die Datierung betreffen, in sein Buch, *Fundamental Principles of Mongol Law* auf.[6] Zu was für einem Exemplar ŽAMTSARANO Zugang hatte, ist unbekannt. Kurz verwiesen wird auf das Mongolische Gesetzbuch aus der Kangxi-Zeit auch von DYLYKOV in seiner Ausgabe des *Qalqa jirum*. Er erwähnt ein in der Akademie der Wissenschaften in St. Petersburg aufbewahrtes Manuskript des Werkes.[7] Bei jeder Diskussion der mandschurischen Gesetzgesetzung für die Mongolen wurde bislang unter Verweis auf RIASANOVSKY, ŽAMTSARANO und DYLYKOV die mögliche Existenz eines Kangxi-zeitlichen Gesetzeswerkes für die Mongolen angedeutet; stets

---

5 Im folgenden wird dieses Amt mit seinem chinesischen Namen „Lifanyuan" bezeichnet.
6 Ebd. S. 63.
7 Vgl. *Xalxa Džrum*, Dylykov [Hrsg.], S. 13 und ders., „'Khalkha Djirum'. A Monument of XVIII Century Mongolian Feudal Law", S. 5, Anm. Nr. 10.

wurde jedoch eingeschränkt, daß genauere Informationen zu dieser Kompilation nicht gegeben werden könnten und ihr Verbleib unbekannt sei.[8]

Nach RIASANOVSKY, der (wie oben dargestellt) seine Angaben ŽAMTSARANO verdankt, soll das Mongolische Gesetzbuch im Jahr 1696 vom Kangxi-Kaiser verkündet worden sein und aus 152 nicht systematisch geordneten Artikeln bestehen, die aus der Zeit zwischen 1629 und 1695 stammen.[9] Die vorliegende Gesetzessammlung besteht in der Tat aus 152 Artikeln; der von RIASANOVSKY angegebene Zeitpunkt der Herausgabe kann aber nicht ohne weiteres übernommen werden. Nach seiner Darstellung stammen die datierten Bestimmungen des Mongolischen Gesetzbuches aus den Jahren 1667, 1668, 1672, 1676, 1687, 1690, 1691 und 1695. RIASANOVSKY scheint sich bei der Umrechnung der chinesischen Datierung jeweils um ein Jahr vertan zu haben, da im vorliegenden Werk Gesetze aus den Jahren 1666, 1667, 1671, 1675, 1686, 1689, 1690 und 1694 datiert sind. Wenn man seinen (bzw. ŽAMTSARANOs) Angaben ansonsten Glauben schenken will, wäre das MG (Kangxi) demnach im Jahr 1695 herausgegeben worden.

Der Blockdruck des MG (Kangxi) der Staatsbibliothek in Ulan Bator stellt das zum gegenwärtigen Zeitpunkt einzige bekannte Exemplar des Werkes dar. S. D. DYLYKOV erwähnt die Existenz eines Manuskriptes des MG (Kangxi) in der Oriental Manuscripts Section des Instituts für Orientstudien der Akademie der Wissenschaften in St. Petersburg.[10] Nach seinen Angaben besteht es aus 152 Artikeln, die aus den Jahren zwischen 1629 und 1695 stammen und ist mit einem Kolophon des Kangxi-Kaisers versehen, der auf das Jahr 1695 datiert ist. Die Bemühungen der Verfasserin, Einsicht in dieses Exemplar zu erhalten, blieben erfolglos: In der Oriental Manuscripts Section gilt es als unauffindbar. Daher muß offen bleiben, ob es sich bei dem St. Petersburger Manuskript um eine Abschrift des vorliegenden Blockdruckes handelt. Dagegen spräche, daß die späteste in das Werk aufgenommene Bestimmung auf das Jahr 1694 datiert und ein Kolophon nicht vorhanden ist.

---

8   So bei Farquhar, *The Ch'ing Administration*, S. 160; Legrand, *L'Administration*, S. 44; Shimada, *Shinchō Mōkorei no kenkyū*, S. 152/153. Erwähnung fand das MG (Kangxi) jedoch bei dem mongolischen Historiker Nacagdorž, *Manžijn ёrchšééld bajsan üeijn*, S. 145 u. in jüngster Zeit bei dem japanischen Gelehrten Futaki, „Haruha jiromu no seiritsukatei ni tsuite", S. 75. Beide nahmen Einsicht in das Exemplar der Staatsbibliothek Ulan Bator, von dem eine Kopie auch der Verfasserin vorliegt.

9   Vgl. *Fundamental Principles of Mongol Law*, S. 62/63.

10   Vgl. *Xalxa Džirum*, Dylykov [Hrsg.], S. 13 und ders., „'Khalkha Djirum'. A Monument of XVIII Century Mongolian Feudal Law", S. 5, Anm. Nr. 10.

Die Artikel des MG (Kangxi) gehen auf gesetzliche Regelungen zurück, die während verschiedener Perioden getroffen wurden; ein großer Teil der Bestimmungen läßt sich auf die Regierungszeit des Hung Taiji zurückführen. In diese Artikel wurde bei der Kompilation des MG (Kangxi) z. T. die Nomenklatura des späten 17. Jahrhunderts eingefügt: Titel werden genannt, die mongolische Edelleute in den 1630er Jahren noch nicht führten; auch werden die südostmongolischen Völkerschaften unter dem Begriff der „neunundvierzig Banner" zusammengefaßt – diese Anzahl von Bannern wurde aber erst in den 1680er Jahren erreicht. Gleichwohl ist nicht davon auszugehen, daß bei der Kompilation des MG (Kangxi) in den 1690er Jahren eine umfassende Neuformulierung des überlieferten Gesetzesbestandes vorgenommen wurde. Das läßt sich aus der Tatsache schließen, daß eine Bestimmung, die allem Anschein nach aus der Anfangszeit der mandschu-mongolischen Beziehungen stammt, mit klärenden Zusätzen versehen, der Wortlaut der ursprünglichen Bestimmung jedoch nicht geändert wurde.[11]

Aus den *Da Qing lichao shilu* (Wahrhafte Aufzeichnungen der Qing-Dynastie)[12] geht hervor, daß es sich beim MG (Kangxi) nicht um die erste Fassung eines Gesetzbuches für die Mongolen handelt. So heißt es in einem Eintrag aus dem Jahr KX6 (1667):

„Eingabe des Lifanyuan. >Das CD8 (1643) bekanntgegebene Mongolische Gesetzbuch stimmt mit den SZ14 (1657) festgesetzten Bestimmungen (*dingli*) nicht überein. Man sollte die Wang und Beile im Äußeren schriftlich benachrichtigen, daß das in früherer Zeit bekanntgegebene Gesetzbuch nicht mehr gültig sei und sie über die nunmehr gültigen Bestimmungen (*tiaoli*) informieren.< [Die Eingabe] wurde gebilligt".[13]

Aus diesem Eintrag geht hervor, daß bereits 1643 unter den mongolischen Edelleuten eine Gesetzessammlung verbreitet wurde. 1657 wurden neue Gesetze erlassen; daher machte das Lifanyuan 1667 in einer Eingabe auf die Notwendigkeit einer Überarbeitung des Werkes aufmerksam. Es liegt nahe, die vorliegende Kompilation als das Ergebnis der Eingabe des Jahres 1667 anzusehen. Diese Annahme wird durch die einleitenden Sätze des vorliegenden Korpus bestätigt. Hierin wird von einer Revision des alten Gesetzbuches im Jahr KX6 (1667) berichtet; das Resultat der Überarbeitung sei an die

---

11 Vgl. MG (Kangxi), S. 47v/48r. Hierzu s. auch unter Punkt 5.1.1.
12 Weiter als „*Shilu*". Zu diesem Werk s. Punkt 4.3.1.
13 *Shilu*, Shengzu, Kap. 24, S. 1r/v (KX6, 9. Monat, *guimao* = 18. Okt. 1667). Vgl. auch Shimada, *Shinchō Mōkorei no kenkyū*, S. 124f.

mongolischen Edelleute, die ein Banner verwalteten, verteilt worden.[14] Obwohl dieses aus der Passage nicht eindeutig hervorgeht, liegt der Schluß doch nahe, daß das vorliegende Werk das Ergebnis der (ab) 1667 vorgenommenen Überarbeitung darstellt.

Welche Funktion dem MG (Kangxi) als Gesetzbuch zukam, kann nicht mit Sicherheit gesagt werden. Zwar geht aus seinen einleitenden Sätzen eindeutig hervor, daß in der Kangxi-Zeit unter den mongolischen Edelleuten Gesetze (die Ergebnisse der Revision von 1667) in geschriebener Form verteilt wurden, und es ist anzunehmen, daß es sich dabei um das vorliegende Korpus handelte. Bereits zuvor, so heißt es, hätten die Qing unter den mongolischen Edelleuten Gesetzbücher ausgeteilt; auch der oben zitierte Eintrag in den *Shilu* spricht von der Verkündung eines Mongolischen Gesetzbuches (*Menggu lüshu*). Es liegt jedoch kein Kangxi-zeitliches Aktenmaterial vor, anhand dessen sich belegen ließe, daß das MG (Kangxi) in der vorliegenden Form tatsächlich in den Ämtern der Verwaltung in den mongolischen Gebieten vorhanden war und seine Gesetzesartikel die Grundlage gerichtlicher Entscheidungen bildeten. Nicht ausgeschlossen werden kann, daß das Werk vorrangig zum internen Gebrauch im Lifanyuan bestimmt war. Hierfür spräche, daß die in ihm enthaltenen Bestimmungen nicht nur die angeschlossenen südostmongolischen Völkerschaften, sondern auch die auswärtigen Beziehungen des Qing-Reiches betreffen; auch enthält es Artikel, die durch Zusätze ungültig gemacht worden waren und somit zum Zeitpunkt der Kompilation keine Geltung mehr besaßen.[15] Anliegen der Kompilatoren kann es daher nicht gewesen sein, ausschließlich alle Rechtssätze aufzulisten, die in den 90er Jahren des 17. Jahrhunderts Gültigkeit besaßen; vielmehr muß das MG (Kangxi) als eine Zusammenstellung der wichtigsten Bestimmungen angesehen werden, die im Laufe von ca. sechzig Jahren erlassen worden waren.

14 Vgl. MG (Kangxi), S. 1r. Der Passage ist nicht zu entnehmen, ob die Revision 1667 begonnen oder abgeschlossen wurde.

15 Auf die Amendements, mit denen seit der Kangxi-Zeit einzelne Artikel des Mongolischen Gesetzbuches versehen wurden, soll unter Punkt 5.2. eingegangen werden. Daß nicht mehr geltende Bestimmungen nicht gestrichen, sondern durch Amendements annulliert wurden, ist sowohl aus der mongolischen wie aus der chinesischen Tradition heraus zu erklären. Auf die chinesische Institution der *lü* soll unter Punkt 5.2. eingegangen werden. Zum Charakter traditioneller mongolischer Rechtsaufzeichnungen vgl. Punkt 4.1.

3.2. Die Mongolischen Gesetzbücher aus der Qianlong-
und der Jiaqing-Zeit und das *Lifanyuan zeli*

In der Qianlong- und der Jiaqing-Zeit wurden mehrere Überarbeitungen des Mongolischen Gesetzbuches vorgenommen. Auch wurde das Werk nunmehr in drei Sprachen abgefaßt, in Mandschurisch, in Chinesisch und in Mongolisch. Der früheste Hinweis auf eine Qianlong-zeitliche Überarbeitung des Mongolischen Gesetzbuches findet sich in den *Shilu*. In diesen wird eine Eingabe des Lifanyuan aus dem Beginn des Jahres 1741 zitiert:[16]

„Eingabe des Lifanyuan. >Wir geben die Fertigstellung des *Menggu lüli*[17] bekannt. Abgesehen von den hohen Beamten, für die man keine Belohnungen festsetzen muß, bitten wir zu veranlassen, daß [die Namen] der leitenden Beamten und Schriftführer des Amtes an das [Beamten]ministerium zur Festsetzung einer Belohnung weitergeleitet werden.< Es erging ein Reskript. >Die [Namen] der hohen Beamten sollen auch an das [Beamten]ministerium zur Festsetzung einer Belohnung weitergeleitet werden<".

Aus diesem Eintrag in den *Shilu* geht hervor, daß zu Beginn des Jahres 1742 ein neues (allem Anschein nach chinesischsprachiges) Mongolisches Gesetzbuch fertiggestellt wurde. Dieses ist – soweit wir wissen – nicht erhalten. Zum Druck einer chinesischen Version der Gesetzessammlung soll es im Jahr QL31 (1766) gekommen sein; nach ZHAO umfaßte dieses Werk 189 Artikel.[18] Nach weiteren Überarbeitungen, bei denen jeweils die Anzahl der Artikel erhöht wurde, wurde die chinesische Version in der Jiaqing-Zeit ein weiteres Mal gedruckt.[19] Ein Nachdruck dieser 232 Artikel umfassenden

---

16 Vgl. *Shilu*, Gaozong, Kap. 156, S. 37r (QL6, 12. Monat, *bingwu* = 21. Jan. 1742).
17 Mongolische Gesetze und Bestimmungen. Chinesischer Titel des Mongolischen Gesetzbuches.
18 Vgl. Zhao, „>Menggu lüli< he >Lifanyuan zeli<", S. 106. Zhao gibt nicht an, wo das Exemplar, in das er Einsicht nahm, aufbewahrt wird.
19 Dabei wurden an die 209 Artikel, die das Mongolische Gesetzbuch nach der Überarbeitung des Jahres 1789 umfaßte, im Rahmen mehrerer Nachträge 23 Artikel in der Reihenfolge ihrer Verkündung angefügt. Auf die aus 209 Artikeln bestehende Fassung des Jahres 1789 wird in einer Eingabe des Jahres 1814 Bezug genommen, in der auf die Notwendigkeit der Kompilation des *Lifanyuan zeli* hingewiesen wird. Vgl. *Γadaγadu Mongγol-un törö-yi jasaqu yabudal-un yamun-u qauli jüil-ün bičig*, S. 4. Aus der Tatsache, daß sich ein 193 Artikel umfassender Blockdruck der chinesischen

(nicht genauer datierten) Ausgabe aus der Jiaqing-Zeit erschien Anfang dieses Jahrhunderts in Peking in der Reihe „Guoxue wenku".[20] Im folgenden angeführte Zitate der chinesischen Version beziehen sich auf diese Ausgabe.

Bei der Untersuchung der mongolischsprachigen Version des Mongolischen Gesetzbuches aus der Qianlong-Zeit bezieht sich die Verfasserin auf ein Manuskript, das in der Bibliothèque Nationale in Paris aufbewahrt wird; sein Titel lautet *Mongɣol čaɣajin-u bičig*.[21] Es enthält 209 Artikel und

Version in der British Library befindet (vgl. Simon u. Nelson, *Manchu Books in London*, S. 105/106), ist zu schließen, daß es zwischen 1766 und 1789 zu einem weiteren Druck der chinesischen Version gekommen war; Simon u. Nelson datieren die ihnen vorliegende Ausgabe auf das Jahr 1773 oder kurze Zeit später. Zu chinesischsprachigen Versionen des Mongolischen Gesetzbuches in chinesischen Bibliotheken s. auch Wang Zhonghan, „Qingdai ge bushu zeli jingyanlu", S. 306 u. *Ґadaɣadu Mongɣol-un törö-yi jasaqu yabudal-un yamun-u qauli jüil-ün bičig*, S. 3/4. Auflistung der in japanischen Bibliotheken aufbewahrten chinesischen Versionen bei Shimada, *Shinchō Mōkorei no kenkyū*, S. 154–174. Shimada nahm Einsicht in ein handschriftliches Exemplar, das aus 184 Artikeln und einen Blockdruck, der aus 193 Artikeln besteht (beide nicht datiert). Bei der frühesten chinesischen Version, die die Verfasserin einsehen konnte, handelt es sich um ein in der Harvard-Yenching Bibliothek aufbewahrtes Manuskript, dessen Vorwort auf das Jahr 1764 datiert ist und das 190 Artikel umfaßt. Unklar ist, warum dieses Werk den Titel *Menggu lü* und nicht *Menggu lüli* trägt und mit 190 Artikeln einen Artikel mehr umfaßt als die von Zhao, „>Menggu lüli< he >Lifanyuan zeli<" beschriebene die Druckausgabe von 1766.

20 Vgl. *Menggu lüli. shi er juan fu zeng li* (Mongolische Gesetze und Bestimmungen. Zwölf Kapitel mit ergänzenden Bestimmungen).

21 Signatur: MS Mongol 132. Weitere (undatierte) mongolischsprachige Manuskripte des Mongolischen Gesetzbuches sollen sich in der Bibliothek der Autonomen Region Innere Mongolei und in der Bibliothek der Akademie für Sprach-, Literatur- und Geschichtswissenschaft der Inneren Mongolei befinden. Die Titel sollen *Mongɣol čaɣaja-yin bičig* und *Mongɣol čaɣajan-u bičig-ün neyite-yin tobči* lauten. (Vgl. *Bükü ulus-un mongɣol qaɣučin nom-un ɣarčaɣ*, S. 167). Zu weiteren mongolischsprachigen „Kopien" aus der Jiaqing-, Daoguang- (1821–1850) und Guangxu-Zeit (1875-1907) in Pekinger und Hohhoter Bibliotheken vgl. *Ґadaɣadu Mongɣol-un törö-yi jasaqu yabudal-un yamun-u qauli jüil-ün bičig*, Vorwort, S. 3/4. In St. Petersburg, in der Oriental Manuscripts Section des Instituts für Orientstudien der Akademie der Wissenschaften, werden zwei unvollständige Manuskripte mongolischsprachiger Versionen des Mongolischen Gesetzbuches aus der Qianlong-Zeit aufbewahrt. Vgl. Sazykin, *Katalog mongol'skich*, S. 142 & 144 u. Pučkovskij, *Mongol'skie, buryat-mongol'skie*, S. 156-160. Legrand, „Sur l'identification d'un manuscrit Mongol" berichtet, daß Professor Nacagdorž ihn darauf aufmerksam gemacht habe, daß sich in der Mongolischen Akademie der Wissenschaften in Ulan Bator eine weitere „copie" des Werkes befinde. Unklar bleibt, ob es sich hierbei um einen Blockdruck handelt.

wurde von LEGRAND als eine Abschrift der 1789er Version des Mongolischen Gesetzbuches identifiziert.[22] Blockdrucke der mongolischsprachigen Version des Mongolischen Gesetzbuches aus der Qianlong- oder Jiaqing-Zeit sind bislang nicht bekannt geworden. Anhand von Aktenmaterial läßt sich jedoch belegen, daß mongolische Bannerregenten beim Fällen gerichtlicher Entscheidungen seit dem späten 18. Jahrhundert auf das Mongolische Gesetz-buch, das ihnen in mongolischer Sprache vorlag, zurückgriffen;[23] es ist daher anzunehmen, daß das Werk in jeder Bannerverwaltung vorhanden war. Das Fehlen mongolischer Blockdrucke legt die Folgerung nahe, daß das Mongolische Gesetzbuch seit der Qianlong-Zeit großenteils handschriftlich verbreitet wurde.

Blockdrucke der mandschurischen Version des Mongolischen Gesetzbuches, des *Monggo fafun-i bithe*, befinden sich in der Bibliothek der Abteilung für Asienwissenschaften der Universität St. Petersburg[24] und der Bibliothèque Nationale in Paris.[25]

Während das Mongolische Gesetzbuch aus der Kangxi-Zeit im oben zitierten *Shilu* Eintrag des Jahres 1667 sehr allgemein als *Menggu lüshu* (Mongolisches Gesetzbuch) bezeichnet wird, weist der Titel der chinesischen Version des Mongolischen Gesetzbuches aus der Qianlong-Zeit, *Menggu lüli*,[26] deutliche Anklänge an den Titel des Kodex der Qing-Dynastie, *Da Qing lüli*, auf.[27] Als eine Annäherung an den Qing-Kodex ist auch die Tatsache zu sehen, daß die erhaltenen Versionen aus der Qianlong-Zeit alle in zwölf Kapitel eingeteilt sind. Diese gliedern sich wie folgt:[28]

22 Vgl. „Sur l'identification d'un manuscrit Mongol".
23 Vgl. z. B. Bawden, „The Investigation of a Case", S. 587 u. Hagihara, „Shindai Mongoru ni okeru".
24 Vgl. Yakhontov, „The Manchu Books in Leningrad", S. 131. Yakhontov datiert die Herausgabe dieses Werkes auf ca. 1773.
25 Vgl. Puyraimond, *Catalogue du fonds mandchoue*, S. 95. Kanda, „Present Stage of Preservation of Manchu Literature", S. 83 datiert dieses Exemplar auf das Jahr 1789.
26 Dazu auch Zhang, *Zhongguo fazhi shi shumu*, I, S. 99/100.
27 Das 1646 fertiggestellte *Da Qing lü* war – unter einigen Auslassungen – eine Kopie des Ming-zeitlichen Kodex, des *Da Ming lü*. Nachdem in den Jahren 1723–1727 bereits Veränderungen am *Da Qing lü* vorgenommen worden waren, wurde 1740 das *Da Qing lüli* fertiggestellt.
28 Die Anzahl der Artikel bezieht sich auf das 209 Artikel umfassende Mongolische Gesetzbuch von 1789. Bei der deutschen Übersetzung wurde die mongolische Version zugrundegelegt.

I   Beamtenränge (mong. *tüsimel ǰerge*, chin. *guanxian*), 24 Artikel

II   Haushalte und Dienstleistungen (mong. *erüke ǰarul γ-a*, chin. *hukou chaiyao*), 23 Artikel

III   Kommen [zum Kaiserhof], um sich zu verneigen und [Tribut] darzubringen (mong. *mörgür-e irekü . barir-a irekü*, chin. *chaogong*), 9 Artikel

IV   Einberufung von Versammlungen und Feldzüge (mong. *či γul γan či γulaqu ba čiriglekü*, chin. *huimeng xingjun*), 13 Artikel

V   Grenzen und Wachposten (mong. *ǰaq-a kiǰa γar . qara γul*, chin. *bianjing kashao*), 17 Artikel

VI   Diebstahl und Lügen (mong. *qula γai qudal*, chin. *daozei*), 35 Artikel

VII   [Gefährdung von] Menschenleben (mong. *kümün-ü amin*, chin. *renming*), 10 Artikel

VIII   Klagen und Zeugenaussagen (mong. *ǰa γalduqu gerečilekü*, chin. *shougao*), 5 Artikel

IX   Niederschlagung [von Aufständen] und Flucht (mong. *bayiqu ba . or γoqu*, chin. *buwang*), 20 Artikel

X   Geringfügige Straftaten (mong. *ba γ-a sa γ-a yal-a*, chin. *zafan*), 18 Artikel

XI   Bestimmungen für die Lamas (mong. *blam-a nar-un qauli*, chin. *lama li*), 6 Artikel

XII   Entscheidung von Rechtsfällen (mong. *ǰar γu sigükü*, chin. *duanyu*) 29 Artikel

Ein großer Teil der Bestimmungen des MG (Kangxi) wurde in die Mongolischen Gesetzbücher der Qianlong- und der Jiaqing-Zeit übernommen. Hierbei wurden aber in jedem einzelnen Fall Veränderungen vorgenommen. Diese erklären sich z. T. aus den gewandelten politischen Verhältnissen; bei anderen handelt es sich um Spezifizierungen oder um sprachliche Glättungen. Im folgenden sollen einige Beispiele dafür gegeben werden, welcher Art die Änderungen sind; die Unterschiede zwischen dem MG (Kangxi) und den Mongolischen Gesetzbüchern späterer Zeit sind jedoch nicht Gegenstand der vorliegenden Arbeit und müssen einer späteren Untersuchung vorbehalten bleiben.

Als Neuerung, die sich aus der veränderten Stellung der mongolischen Edelleute erklärt, ist anzusehen, daß im 18. Jahrhundert hohe Amtsträger grundsätzlich durch die zeitweilige Einstellung ihrer Gehaltszahlung bestraft werden sollten. Im MG (Kangxi) werden Vermögensstrafen hingegen

ausschließlich in Häuptern Vieh definiert.[29] Ein Beispiel für eine Änderung
der Gesetze aufgrund der gewandelten politischen Situation stellt der Artikel
dar, in dem die Pflicht der Bannerregenten, fremde Gesandte durch ihr
Banner zu geleiten, erörtert wird. Ist im MG (Kangxi) von „Gesandten der
Qalqa und der Oiraten" (*qalq-a ögeled-ün elči*) die Rede, so galten diese
Bestimmungen in der Qianlong-Zeit für „die Gesandten der dzungarischen
Oiraten und der Russen" (*jegün γar-un ögeled. oros-un elči*).[30]

Bei anderen Überarbeitungen handelt es sich um Spezifizierungen oder um
Neufestsetzungen des Strafmasses: Wenn sich jemand durch Lügen in den
Besitz eines Schreibens gebracht hatte, das ihm erlaubte, über die Banner-
grenzen hinaus zu reisen (z. B. um Verwandte zu besuchen), würde man, so
setzt das MG (Kangxi) fest, „ihn hart bestrafen" (*kündüde yalalamu*). Im
Mongolischen Gesetzbuch aus der Qianlong-Zeit wird hingegen ausgeführt,
in einem solchen Fall sollte der Anführer mit hundert Peitschenhieben
geschlagen und zu einer Zahlung von 3x9 Stück Großvieh verurteilt werden,
während Mittäter neunzig Peitschenhiebe erhalten und eine Strafzahlung von
2x9 Stück Vieh entrichten sollten.[31] Änderungen wurden auch in gramma-
tischer Hinsicht vorgenommen (Kangxi-Zeit: *qara γul-yin* zu Qianlong-Zeit:
qara γul-un und Kangxi-Zeit: Präsens *öggümü* bzw. *kürgemü* zu Qianlong-
Zeit: Imperativ *öggügtün* bzw. *kürgegtün*). Der mongolische Ortsname
„Bayan Süme" wird im Mongolischen Gesetzbuch aus der Qianlong-Zeit als
jang giya keo wiedergegeben, i. e. in der mongolischen Umschrift der chinesischen Bezeichnung für diesen Ort, Zhangjiakou.[32]

Im Jahre 1811 wurde mit der Kompilation des *[Qinding] lifanyuan zeli*
(Auf kaiserlichen Auftrag erstellte Bestimmungen des Lifanyuan) begonnen.[33]

---

29 Dazu s. Punkt 6.3.1.

30 Vgl. MG (Kangxi), S. 58r/v u. *Mongγol čaγajin-u bičig*, Kap. V (12), S. 61/62.

31 Vgl. MG (Kangxi), S. 54v–55v und *Mongγol čaγajin-u bičig*, Kap. V (3). S. 43–46.

32 Auch anhand des KXHD läßt sich belegen, daß das im MG (Kangxi) erwähnte Bayan
    Süme mit dem chinesischen Zhangjiakou korrespondiert. In seinem Artikel „Bayan
    Süme: Mongol name of Hsüan-fu" vertritt jedoch Serruys, daß der mongolische Ort
    Bayan Süme mit dem von Zhangjiakou ca. 40 km entfernten Ort Xuanfu identisch ist.
    Er belegt dieses auch anhand der in drei Sprachen erstellten *Manzhou Shilu*.
    Möglicherweise wurde der Ortsname Bayan Süme bei der Überarbeitung der mongo-
    lischen Bestimmungen falsch gedeutet oder hiermit konnten sowohl Xuanfu wie auch
    Zhangjiakou gemeint sein. Ebenfalls nicht ausgeschlossen werden kann, daß sich das
    Bedeutungsspektrum des Namens im Laufe der Zeit gewandelt hatte.

33 Im folgenden als LFYZL. Mong. Titel *Jarli γ-iyar toγtaγaγsan γadaγadu Mongγol-
    un törö-yi jasaqu yabudal-un yamun-u qauli jüil-ün bičig*; man. Titel *Hesei toktobuha
    tulergi golo-be dasara jurgan kooli hacin-i bithe*. Die sechs Ministerien und andere

Nachdem 1815 die chinesische Version erstellt war, übersetzte man sie ins Mandschurische und ins Mongolische; 1817 wurde ein Musterdruck aller drei Versionen erstellt.[34]

Das *Lifanyuan zeli* wurde im 19. und frühen 20. Jahrhundert mehrere Male überarbeitet. Nach ZHAO wurden Drucke der chinesischen Version in den Jahren 1827, 1843, 1892 und (unter dem Titel *Lifanbu zeli*) 1908 vorgenommen.[35] FARQUHAR (ohne zwischen chinesischen, mandschurischen und mongolischen Versionen zu unterscheiden) datiert die Ausgaben des *Lifanyuan zeli* auf die Jahre 1817, 1826, 1841 (erst 1843 dem Thron vorgelegt), 1891 und 1908.[36]

Bei der Kompilation des LFYZL wurde auf die Artikel des Mongolischen Gesetzbuches zurückgegriffen. Von den 209 Artikeln, die das Mongolische Gesetzbuch nach der Überarbeitung von 1789 umfaßte, wurden 189 in das LFYZL übernommen; von diesen wurden 178 Artikel überarbeitet und zwei im Rahmen anderer Artikel zusammengefaßt. Zusammen mit 526 neuen Bestimmungen umfaßt das LFYZL 713 Artikel, die in 63 Kapitel gegliedert sind.[37] ZHAO betont, daß es verfehlt wäre, das LFYZL als „Fortsetzung" des Mongolischen Gesetzbuches anzusehen; eine solche Interpretation werde bereits durch die große Anzahl derjenigen Bestimmungen widerlegt, im LFYZL erstmals zusammengestellt wurden. Zudem weist ZHAO darauf hin, daß es in der Jiaqing-Zeit zum Druck einer erweiterten Ausgabe des Mongolischen Gesetzbuches kam; wenn das Mongolische Gesetzbuch mit der Erstellung des LFYZL überholt worden wäre, so argumentiert er, wären erneute Überarbeitung und Druck dieses Werkes nicht notwendig gewesen.[38]

Zusätzlich zu den im Mongolischen Gesetzbuch behandelten Themen enthält das LFYZL Bestimmungen, die den Aufbau und die Arbeit des Lifanyuan betreffen, wie z. B. eine Aufstellung der verschiedenen Abteilungen des Amtes und der dort beschäftigten Beamten, eine Liste der Bünde

Behörden der Zentralregierung hatten mit der Kompilation administrativer Kodizes bereits in der späten Yongzheng (1723–1735) und frühen Qianlong-Zeit begonnen.

34 Vgl. Zhao, „>Menggu lüli< he >Lifanyuan zeli<", S. 109 u. Ma, *Qingdai xingzheng zhidu*, S. 192.

35 Vgl. „>Menggu lüli< he >Lifanyuan zeli<", S. 109/110.

36 Vgl. Farquhar, *The Ch'ing Administration*, S. 206/207. Legrand legte seiner Untersuchung *L'Administration dans la Domination Sino-Mandchoue en Mongolie Qalq-a* eine mongolischsprachige Version des Jahres 1826 zugrunde.

37 Vgl. Zhao, „>Menggu lüli< he >Lifanyuan zeli<", S. 110 u. Legrand, *L'Administration*, S. 56/57.

38 Vgl. Zhao, „>Menggu lüli< he >Lifanyuan zeli<", S. 110.

und Banner, Anweisungen hinsichtlich der Aufgabenbereiche und der Auswahl von Verwaltungsbeamten in den mongolischen Gebieten etc. Einige Kapitel des LFYZL behandeln Fragenkomplexe, die erst durch den Wandel der sozialen und wirtschaftlichen Verhältnisse in den mongolischen Gebieten als solche entstanden waren: So werden Vorschriften hinsichtlich Landnutzung, Ackerbau und dem Anlegen von Getreidespeichern gegeben.

3.3. Inhaltsübersicht über das Mongolische Gesetzbuch aus der Kangxi-Zeit

Vorbemerkung:
Bei der im folgenden gegebenen Übersicht handelt es sich wohlgemerkt nicht um die Titel der Bestimmungen, sondern um von der Verfasserin vorgenommene inhaltliche Zusammenfassungen. Diejenigen Artikel, die unter Punkt 8. übersetzt sind, sind mit einem „Ü" gekennzeichnet. Da aus dem mongolischen Text nicht immer klar hervorgeht, ob es sich um eine Zahlung handelte, die von der Obrigkeit eingezogen werden sollte oder ob eine Wiedergutmachung an den Geschädigten zu geben war, wird im folgenden der neutrale Begriff „Sanktion" (im Sinne von „Zwangsmaßnahme") verwandt. Hiermit können auch Leibes- oder Todesstrafen etc. gemeint sein. Wenn aus dem Text eindeutig hervorgeht, daß eine Wiedergutmachung geleistet werden mußte, ist dieses gekennzeichnet.

1r	Durch die Weisung des heiligen Qaγan wurde unter den mongolischen Völkerschaften ein Gesetzeswerk verteilt, an dem man im Jahr KX6 (1667) Veränderungen vorgenommen hat. Diese hat man unter den Edelleuten, die Bannerverwalter sind, verteilt. Ü
1r–4v	Übermittlung kaiserlicher Weisungen. Zeremonie, mit der kaiserlicher Gesandter empfangen werden soll. Ü
4v	Bei nicht-abgeschlossenen Strafsachen soll Eingabe ans Lifanyuan gemacht werden. Ü
4v/5r	Pflicht, die Truppen rechtzeitig zum vereinbarten Treffpunkt zu führen. Androhung von Sanktionen gegen Edelleute.
5r/v	Verhalten im Falle eines Angriffs. Androhung von Sanktionen gegen Edelleute. Ü

5v/6r	Bei Aufstand eines ganzen Banners sollen andere Banner die Verfolgung aufnehmen. Androhung von Sanktionen gegen Edelleute. Ü
6r/v	Ab welcher Größe eines Aufstandes Edelleute sich gegenseitig helfen sollen. Androhung von Sanktionen gegen Edelleute. Ü
6v/7r	Aufteilung des Besitzes von Aufständischen zwischen ihrem Herrn und demjenigen, der sie verfolgt hat.
7r	Pflicht, bei Einberufung einer Versammlung zu erscheinen. Androhung von Sanktionen gegen Edelleute. Ü
7r/v	Eindringen in Weidegründe, die jemand anders zugeteilt wurden. Androhung von Sanktionen gegen Edelleute und Gemeine. Ü
7v	Wiederholtes Verlassen der zugeteilten Weidegründe. Androhung von Sanktionen gegen Edelleute. Ü
7v/8r	Begrenzung der Höhe der Mitgift. Androhung von Sanktionen, wenn bestimmte Anzahl von Vieh dabei überschritten wird. Vorgehen, falls die Heirat nicht zustande kommt. Ü
8r/v	Vorgehen, wenn mit einem Edelmann Verlobte an einen anderen Edelmann gegeben wird. Wiedergutmachung an ursprünglichen Verlobten.
8v	Vorgehen, wenn Edelleute sich der Frau eines Gemeinen nähern. Androhung von Sanktionen gegen Edelleute.
9r	Vorgehen, wenn Gemeine mit der Frau eines anderen Gemeinen Ehebruch begehen. Wiedergutmachung an Ehemann. Wenn dieser die Frau nicht töten läßt, geht Zahlung an zuständigen Edelmann.
9r	Vorgehen, wenn mit Gemeinem Verlobte an anderen Gemeinen gegeben wird. Androhung von Sanktionen gegen Amtsträger und Gemeine.
9v	Falls bei Viehstrafe Vieh fehlt, ist dieses durch Peitschenhiebe auszugleichen. Ü
9v	Anteil an Vieh, den die Gesandten regierender Edelleute für die Abwicklung von Strafsachen bekommen sollen. Ü

9v/10r	Falls Verurteilter Viehstrafe nicht entrichten kann, soll *siqaγ-a* Eid[39] geleistet werden. Androhung von Sanktionen gegen denjenigen, der falschen Eid leistet.
10r	Vorgehen, wenn jemand durch Diebstahl entwendetes Vieh bei einer anderen Person wiedererkennt.
10r–11r	Vorgehen, wenn Edelleute Diebe verstecken oder Taiji in eigener Person Diebstahl begehen. Androhung von Sanktionen gegen Edelleute. Amendement auf das Jahr KX2 (1663) datiert. Ü
11r	Vorgehen, wenn jemand ein gestohlenes Pferd bei einer anderen Person wiedererkennt.
11r/v	Vorgehen, wenn Edelleute sich an Zeugen rächen. Androhung von Sanktionen gegen Edelleute. Ü
11v/12r	Vorgehen, wenn Edelleute mit Dieben zusammenarbeiten. Androhung von Sanktionen gegen Edelleute. Ü
12r	Pflicht, eine Untersuchung durchzuführen. Androhung von Sanktionen, wenn dies nicht getan wird. Ü
12r	Verfolgung frischer Spuren. Leistung von *siqaγ-a* Eid. Ü
12v	Diebstahl von Hunden, Schweinen und Geflügel. Androhung von Sanktionen. Wiedergutmachung.
12v	Diebstahl von Edelmetallen, Fellen, Stoffen oder Lebensmitteln. Wiedergutmachung.
13r/v	Edelleute, deren Rang höher als der eines Taiji ist, sollen nicht zum *siqaγ-a* Eid herangezogen werden. Entlohnung der Gesandten.
13v	Wenn Menschen im Umkreis der Spuren siedeln, Leistung eines *siqaγ-a* Eides.
13v	Vorgehen bei Sicherung der Spuren. Suche nach Zeugen.
13v/14r	Derjenige, der von Dieben liegengelassenes Fleisch an sich nimmt, muß Wiedergutmachung leisten. Im Zweifelsfall Leistung eines *siqaγ-a* Eides.
14r	Vorgehen, wenn Anschuldigung sich als falsch herausstellt. Der Taiji, der den *siqaγ-a* Eid zu leisten hatte und der fälschlich Beschuldigte sollen sich Wiedergutmachung teilen.

---

39 Zu dieser Praktik vgl. Heuschert, „Die Entscheidung über schwierige Rechtsfälle bei den Mongolen".

60

14r/v	Edelleute, deren Rang höher als der eines Taiǰi ist, soll man in Fällen, in denen es um eine Todesstrafe geht, nicht zum *siqaɣ-a* Eid heranziehen.
14v	Ranghöhe der Person, die *siqaɣ-a* Eid zu leisten hat, richtet sich nach Schwere der drohenden Strafe.
14v/15r	Zeuge soll die Hälfte der Strafzahlung bekommen.
15r	Bei Entrichtung einer Strafzahlung geht eines von neun Stück Vieh an zuständigen Edelmann. Ü
15r	Kinder unter zehn Jahren bleiben bei Diebstahl straffrei.
15r	Androhung von Sanktionen, wenn jemand einen Fall erneut vor Gericht bringt und er in derselben Weise entschieden wird. Ü
15v	Unabsichtliche Brandstiftung. Zahlung geht an denjenigen, der Feuer bemerkt. Wiedergutmachung, falls Mensch oder Vieh im Feuer umkommt.
15v/16r	Körperverletzung oder Mord mit einer Waffe durch Edelleute. Androhung von Sanktionen gegen Edelleute.
16r	Wiedergutmachung bei Körperverletzung oder dem Abschneiden von Zopf oder Troddel.
16v	Wiedergutmachung bei versehentlicher Tötung eines Menschen.
16v	Wiedergutmachung bei Tötung von anderer Leute Vieh.
16v/17r	Pflicht, verirrtes Vieh in Gewahrsam zu nehmen und anzuzeigen. Androhung von Sanktionen. Ü
17r	Verbot, daß Durchreisende verirrtes Vieh fangen. Androhung von Sanktionen. Entlohnung für in Gewahrsam genommene Schafe. Ü
17r/v	Nur Geschädigter darf Fall vor Gericht bringen. Androhung von Sanktionen. Ü
17v/18r	Wenn Straftäter zu unterschiedlichen Bannern gehören, Pflicht, mit dem zuständigen Edelmann Kontakt aufzunehmen. Andernfalls Sanktionen. Verpflegung der Gesandten. Androhung von Sanktionen, falls Strafzahlung nicht entrichtet wird. Ü
18v	Pflicht, Reisenden Unterkunft zu gewähren. Wiedergutmachung, falls Unterkunft nicht gewährt oder Reisendem etwas gestohlen wird. Ü
18v	Androhung von Sanktionen, falls Gast jemanden mit Krankheit ansteckt.

Mitläufer an Geschädigten. Im Zweifelsfall *siqaγ-a* Eid. Amendement auf das Jahr KX14 (1675) datiert.

42v/43r Androhung von Sanktionen gegen Edelleute, die einen Dieb nicht ausliefern. Ü

43r/v Vorgehen, wenn Edelleute für Diebe einen entlastenden *siqaγ-a* Eid geleistet haben und ihre Mitwisserschaft später abstreiten. Wenn ihre Onkel die Leistung eines für die Edelleute entlastenden *siqaγ-a* Eides verweigern, Sanktionen.

43v/44r Belohnung für Finder von gestohlenem Vieh. Im Zweifelsfall *siqaγ-a* Eid.

44r/v Diebe sind zuständigen Edelleuten oder Amtsträgern zu übergeben. Vorsteher einer Zehnjurtenschaft wird für seine Leute mitbestraft bzw. profitiert von Wiedergutmachung. Ü

44v/45r Vorgehen, wenn Amtsträger einen bereits festgenommenen Straftäter entkommen lassen. Wenn Straftäter wieder ergriffen wird, ist Vieh an den Festnehmenden zu geben, sonst an Regierung. Ü

45r/v Androhung von Sanktionen bei gewaltsamer Befreiung eines Straftäters. Ü

45v/46r Vorsätzliche Brandstiftung durch Amtsträger oder Gemeine. Androhung von Sanktionen. Bei Tod eines Menschen Wiedergutmachung.

46r/v Vorsätzliche Körperverletzung von Haussklaven oder Bediensteten durch Edelleute, Amtsträger oder Gemeine. Wiedergutmachung.

47r/v Bei Zweifeln darüber, ob Tötung bzw. Körperverletzung unabsichtlich geschahen, *siqaγ-a* Eid. Sanktionen oder Wiedergutmachung je nachdem, ob Eid geleistet wurde oder nicht.

47v/48r Verbot, unberechtigt Reisende absteigen zu lassen bzw. Reisenden ihre Pferde abzunehmen. Wiedergutmachung. Erstes von zwei Amendements auf das Jahr KX5 (1666) datiert. Ü

48r–51r Festlegung, die Edelleute welcher Banner gemeinsam Straftaten richten sollen und zu wessen Gunsten Zahlungen gehen sollen. Ü

51r Zu Tode Verurteiltem kann Strafe erlassen werden. Weiterhin Wiedergutmachung an Familie des Geschädigten. Ü

64

80r/v	Tümed von Hohhot sollen viermal jährlich Pferde darbringen. Ü
80v–86r	Opferzeremonien, die beim Tod von Edelleuten vorgenommen werden sollen.
86r/v	Gestellung von Reittieren und Futter an Gesandte des Dalai Qan der Oiraten.
86v	Gestellung von Führern, Reittieren und Futter an Gesandte des Dalai Lama.
86v–93v	Im Lifanyuan sollen Aufzeichnungen über Lamas geführt werden. Sanktionen gegen Lamas, wenn sie sich nicht an für sie gültige Regeln halten. Bei Ordinierung nicht-registrierter Lamas auch Sanktionen gegen zuständige Edelleute und Amtsträger.
93v	Flüchtlinge der Qalqa und der Oiraten sollen nicht zur Rückkehr in ihre Heimatgebiete gezwungen werden.
94r/v	Geschenke, die Mitglieder von Gesandtschaften des russischen Zaren erhalten sollen.
94v/95r	Rangabzeichen von Edelleuten.
95r/v	Nur Söhne über achtzehn Jahre sollen anläßlich der Neujahrsglückwünsche an den Kaiserhof reisen.
95v–96v	Größe der Gefolgschaft, die Edelleute bestimmten Ranges bei ihrer Anreise an den Kaiserhof begleiten darf.
97r–99r	Anzahl der Pferde, die Mitglieder von Gesandtschaften bei ihrer Anreise an den Kaiserhof mitbringen dürfen. Versorgung der Pferde durch das Lifanyuan.
99r	Viermal im Jahr sollen neunundvierzig Banner jemanden zur Entgegennahme von Informationen an den Kaiserhof schicken. Ü
99r	Edelleute sollen bei der Verleihung ihres Titels Geschenke erhalten.
99v/100r	Geschenke, die Edelleute ihrem Rang entsprechend erhalten sollen.
100r/v	Kaiserliche Prinzessinnen sollen beim Lifanyuan anfragen, bevor sie an den Kaiserhof reisen.
100v–101v	Aufzählung, wieviel Vieh und Flaschen Milchschnaps einzelne Banner anläßlich der Neujahrsglückwünsche darbringen sollen.
101v–103r	Geschenke, die Edelleute bei der Überbringung der Neujahrsglückwünsche erhalten sollen.

4. WEITERE QUELLEN ZUR MONGOLISCHEN RECHTSGESCHICHTE IM 17. JAHRHUNDERT

4.1. Traditionelle mongolische Rechtsaufzeichnungen

.Um die Veränderungen angemessen zu bewerten, die sich unter der Herrschaft der Qing in gesetzgebungsgeschichtlicher Hinsicht für die Mongolen vollzogen, ist es notwendig, Quellen heranzuziehen, die als Zeugnisse autochthoner mongolischer Gesetzgebung gelten können.

Aus der Zeit zwischen dem späten 16. und dem 18. Jahrhundert liegen verschiedene Rechtsaufzeichnungen vor, die in traditioneller Weise erstellt worden sind: Die Edelleute einer Region waren zusammengekommen und hatten sich auf einen Katalog von Tatbeständen geeinigt, die als strafbar gelten sollten. Keine der vorliegenden Rechtsaufzeichnungen ist in sich geschlossen; vielmehr handelt es sich in allen Fällen um Zusammenstellungen mehrerer Gesetzgebungen, die über einen Zeitraum von z. T. mehr als fünfzig Jahren hinweg in verschiedenen Sitzungen von Personengruppen wechselnder Zusammensetzung niedergelegt worden waren.

4.1.1. Die Rechtstexte auf Birkenrinde

Die sogenannten Rechtstexte auf Birkenrinde gelten als die früheste autochthone mongolische Rechtsaufzeichnung. Die achtzehn Textfragmente stammen aus dem späten 16. und dem frühen 17. Jahrhundert. Sie wurden 1970 im Bulgan Aimaɣ der Qalqa-Mongolei in einem Stupa aufgefunden und 1973 in Abschrift in Ulan Bator veröffentlicht.[1] Es liegen keine Zeugnisse darüber vor, ob bzw. in welcher Form die Rechtstexte auf Birkenrinde zu Zeiten als Grundlage der Rechtsprechung dienten.

---

1 Vgl. „Chalchyn šinė oldson caaz-ėrchėmžijn dursgalt bičig", Pėrlėė [Hrsg.]. Allgemein zu Texten auf Birkenrinde: Chiodo u. Sagaster, „The Tibetan and Mongolian Manuscripts on Birch Bark".

4.1.2. Die Oiratischen Gesetze

Die sogenannten Oiratischen Gesetze,[2] die in Anwesenheit hoher lamaistischer Geistlicher und oiratischer und qalqa-mongolischen Edelleute
niedergelegt wurden, sollten den Frieden zwischen den verfeindeten Mongo-
lenkonföderationen besiegeln.[3] Sie werden gewöhnlich auf das Jahr 1640
datiert;[4] die Zusätze des Galdan Hungtaiǰi stammen aus dem Jahr 1678. Peter
S. PALLAS, der sich in den Jahren 1768 bis 1774 bei den Kalmücken
aufhielt, berichtet über die Oiratischen Gesetze, daß sie das „noch heut zu
Tage allgemein angenommene und vor ohngefähr 150 Jahren geschriebne
Gesezbuch" seien.[5]

4.1.3. Das *Qalqa ǰirum*

Die unter der Bezeichnung *Qalqa ǰirum*[6] zusammengefaßten Bestimmungen
wurden in den Jahren zwischen 1709 und 1770 in zwölf Sitzungen niedergelegt. Die Qalqa-Mongolei stand zum Zeitpunkt der Entstehung des *Qalqa
ǰirum* bereits nominell unter der Herrschaft der Qing; die Tatsache, daß
mongolische Edelleute und lamaistische Geistliche dessen ungeachtet
zusammenkamen und in traditioneller Weise ein Recht aufzeichneten,
verdient daher besondere Beachtung. Oben wurde bereits der Artikel von
HAGIHARA[7] erwähnt, worin aufgezeigt wird, daß in dem 1746 entstandenen
Teil des *Qalqa ǰirum* der Einfluß des Qing-Rechts bereits nachweisbar ist.
Von westlicher Seite liegt noch keine breiter angelegte Studie vor, die das
Qalqa ǰirum auf seine Entstehungsgeschichte und die Einflüsse des Qing-
Rechts hin untersucht.

Auch im Falle des *Qalqa ǰirum* stellt sich die Frage nach der
Wirkungsgeschichte. RIASANOVSKY macht in diesem Zusammenhang

---

2 Erste Ausgabe 1880 besorgt von Golstunskij, *Mongolo-ojratskie zakony 1640 goda*.
 Weitere Ausgaben besorgt von Dylykov, *caaz. (>velikoe ulozenie<)* u. Dorunatib, *Oirad
 čaγaja*. Ein großer Teil der Satzungen findet sich in Pallas, *Sammlungen historischer
 Nachrichten*, I, S. 194–214.
3 Zu den Hintergründen s. Punkt 2.3.
4 Wahrscheinlich wurden sie jedoch bereits in den Jahren 1616/17 niedergelegt. Vgl.
 Schorkowitz, *Die soziale und politische Organisation*, S. 438.
5 Vgl. Pallas, *Sammlungen historischer Nachrichten*, I, S. 194.
6 Ausgaben besorgt von Dylykov, *Xalxa Džrum*; Nasunbaljur, „*Qalq-a ǰirum*"; Dorunatib,
 Qalq-a ǰirum.
7 Vgl. „Jūhasseiki haruha mongoru ni okeru hōritsu no suii".

unterschiedliche Angaben, die in einem gewissen Widerspruch zueinander stehen. So schreibt er zum einen:

> „But in the jurisdiction of the Urga Gegen, where Chinese influence hardly penetrated, in matters relating to the Shabinars (tributaries), the Khalkha Djirom retained its effectiveness until 1924".[8]

An anderer Stelle sagt er jedoch:

> „In accordance with the ancient Mongol custom, the only existing copy of this record was kept in Shanzotbin Yamen (on the Ibingol River not far from Kiakhta), and ordinary mortals were strictly forbidden to make or possess transcriptions of it. From the ancient manuscript kept in the Yamen a copy was made in 1914 by the well known expert on Mongolia, Ts. J. Jamtsarano [...]"[9]

Der Leser stellt sich die Frage, wie gerichtliche Entscheidungen in Urga auf der Grundlage des *Qalqa ǰirum* vorgenommen werden konnten, wenn das einzige existierende Manuskript sich an einem ca. vierhundert Kilometer entfernten Ort befand. Eine Lösung dieses Widerspruches wäre darin zu sehen, daß man sich bei der Rechtsprechung über die *šabinar*, i. e. die Leibeigenen der Klöster, zwar bis ins 20. Jahrhundert hinein auf die Grundsätze des *Qalqa ǰirum* berief, der geschriebene Text hierbei jedoch nicht herangezogen wurde. Das *Qalqa ǰirum* hätte in diesem Fall eine Autorität dargestellt, auf die man sich zur Rechtfertigung einer Entscheidung beziehen konnte ohne den Text zu konsultieren bzw. ihn überhaupt vorliegen zu haben.

4.2. Archivmaterialien

Die im folgenden vorgestellten Archivmaterialien besitzen für den Historiker einen herausragenden Quellenwert. Als Dokumentation politischer und rechtlicher Vorgänge erschöpfte sich der Zweck ihrer Niederschrift nicht in der Überlieferung an die Nachwelt; sie entstanden vielmehr aus den Bedürfnissen der jeweiligen Gegenwart heraus.[10]

---

8 Vgl. Riasanovsky, *Fundamental Principles*, S. 62.
9 Vgl. Riasanovsky, a. a. O., S. 57.
10 Zur Einteilung von Quellen in Überreste und in Quellen der Tradition und den

4.2.1. Die *Jiu Manzhou dang*

Bei den JMZD handelt es sich um urschriftliche Aktensammlungen, die mandschurisches und vereinzelt auch mongolisches Material aus den Jahren 1607 bis 1632 und 1635/1636 enthalten. Aufgrund ihrer zeitlichen Nähe an den Ereignissen besitzen die JMZD einen sehr hohen Quellenwert.[11] Die Dokumente, auf denen sie beruhen, geben die JMZD in Form von Buchtexten wieder. Inwieweit bei ihrer Aufzeichnung auch interpretierend auf die zugrundeliegenden Dokumente eingewirkt wurde, läßt sich nicht sagen.[12]

Für die Untersuchung der Gesetzgebung der Qing für die Mongolen im 17. Jahrhundert stellen die JMZD eine sehr wichtige Quelle dar. Ein großer Teil der im Mongolischen Gesetzbuch aus der Kangxi-Zeit enthaltenen Artikel geht auf Vorschriften und Bestimmungen zurück, die ihren Ursprung in den Jahren der Eingliederung der ersten mongolischen Völkerschaften in den sich herausbildenden mandschurischen Staat haben. Die Gesetze, die in den späten 1620er und frühen 1630er Jahren für die Mongolen niedergelegt wurden und aus denen sich die Artikel des Mongolischen Gesetzbuches speisen, sind z. T. in den JMZD überliefert.[13] Während im MG (Kangxi) jedoch nur Artikel an Artikel gereiht wird, geht aus den in den JMZD wiedergegebenen Fassungen auch die Art und Weise hervor, in der diese Gesetze zustande gekommen waren. Die JMZD sind daher nicht nur für die Rekonstruktion der historischen Zusammenhänge eine wichtige Quelle: Da ihnen z. B. auch zu entnehmen ist, daß einige der Gesetze das Ergebnis von Verhandlungen darstellten, die zwischen dem mandschurischen Herrscher und mongolischen Edelleuten geführt worden waren, ist es auch für das Verständnis der Bedeutung, die der Aufzeichnung von Recht am Anfang des 17. Jahrhunderts zukam, unerläßlich, Rückgriff auf die JMZD zu nehmen.

Klassifikationssystemen von Droysen und Bernheim vgl. von Brandt, *Werkzeug des Historikers*, S. 52f.

11 Der hohe Erkenntniswert der JMZD gegenüber Quellen der Tradition wie z. B. dem KGFL wurde von WEIERS in zahlreichen Publikationen hervorgehoben. Beispielhaft erwähnt seien seine Artikel „Der erste Schriftwechsel zwischen Khalkha und Mandschuren" u. „Die Vertragstexte des Mandschu-Khalkha Bundes"

12 Zu dieser Problematik vgl. Weiers, „Zum Mandschu-Kharatsin Bund", insbes. S. 115/116.

13 Zur Übernahme gesetzlicher Bestimmungen aus den JMZD ins MG (Kangxi) vgl. Punkt 5.1. u. Punkt 5.3. Eine Übersetzung der in den JMZD Überlieferten Bestimmungen und gerichtlichen Entscheidungen des Jahres 1628 findet sich unter Punkt 5.1.3.

4.2.2. Die Akten aus dem Archiv des Bayantala-Bundes

Die Akten aus dem Archiv des Bayantala-Bundes stellen den Niederschlag
des Schriftverkehrs der Verwalter der beiden Tümed-Banner von Hohhot seit
der Kangxi-Zeit dar.[14] Die Akten, die in mongolischer, mandschurischer und
chinesischer Sprache abgefaßt sind, stammen aus dem Zeitraum zwischen
1665 und 1931. 1942 wurden sie in Zhangjiakou als Faksimiletexte
veröffentlicht. 58 Dokumente dieser Sammlung, die in den Jahren zwischen
1665 und 1738 entstanden sind, wurden von L. E. YATES bearbeitet und
teilweise übersetzt. Unter den von ihm bearbeiteten Akten befinden sich
Briefe bzw. Befehlsschreiben (mong. *bičig*), die vom Lifanyuan und vom
Kriegsministerium an die Bannerhauptleute[15] und Meiren-ü J̌anggi[16] der
beiden Tümed-Banner von Hohhot gesandt wurden. Bei anderen
Dokumenten handelt es sich um Schreiben, die bei den Bannerhauptleuten
der Tümed von Hohhot von mongolischen Edelleuten anderer Völkerschaften[17] oder von mandschurischen Generälen[18] eingegangen waren oder
um solche, die von den Bannerhauptleuten der Tümed von Hohhot an
Edelleute anderer mongolischer Völkerschaften gesandt worden waren.[19]

Lawrence E. YATES legt seiner Untersuchung: *Early Historical
Materials of the Bayantala League* die frühesten in der Sammlung
enthaltenen Akten zugrunde; sein zeitlicher Rahmen deckt sich weitgehend
mit dem dieser Arbeit. Die von ihm übersetzten Materialien sind
außerordentlich hilfreich bei der Erhellung der Frage, in welcher Form sich in
der Kangxi- und Yongzheng-Zeit die Kommunikation zwischen Zentralregierung und mongolischen Bannerverwaltungen auf der einen und zwischen
den einzelnen Bannern auf der anderen Seite vollzogen hat. Weitere
Bearbeitungen und Übersetzungen von Teilen der Sammlung liegen von
Michael WEIERS[20] und Walther HEISSIG[21] vor. Bei der von WEIERS

---

14 *Bayantala meng shi ziliao jicheng* (Zusammenstellung historischer Materialien des
    Bayantala-Bundes), Bd. 1.
15 *qosiɣun-u eǰen*. An der Spitze der beiden Tümed Banner von Hohhot stand nicht ein
    regierender Edelmann, sondern ein *qosiɣun-u eǰen*.
16 Hoher Posten in der Bannerverwaltung, rangmäßig unter *qosiɣun-u eǰen*.
17 Vgl. z. B. Yates, *Early Historical Materials*, S. 187/188 u. S. 211–213 u. 216–221.
18 Vgl. Yates, a. a. O., S. 197/198 u. S. 205/207.
19 Vgl. Yates, a. a. O., S. 221–225.
20 Vgl. „Gesetzliche Regelungen für den Außenhandel".
21 Vgl. „Über mongolische Landkarten"; *Die Pekinger lamaistischen Blockdrucke*; „Ein
    mongolischer zeitgenössischer Bericht".

bearbeiteten Akte handelt es sich um eine Weisung des Lifanyuan, deren Inhalt Gegenstand eines Artikels des Mongolischen Gesetzbuches wurde. Das Dokument ist von besonderem Interesse, da es zeigt, in welcher Form eine Bestimmung, die in das Mongolische Gesetzbuch aufgenommen werden sollte, den mongolischen Edelleuten bekannt gegeben wurde.

4.2.3. Akten zu Gerichtsfällen

Aus der Zeit seit dem ausgehenden 18. Jahrhundert liegen in größerer Anzahl Gerichtsakten vor, die über die Rechtspraxis in den mongolischen Gebieten während der Qing-Zeit Auskunft geben. Wenn zwischen dem Zeitraum, der in der vorliegenden Arbeit untersucht wird und der Entstehungszeit dieser Schriftstücke auch mehr als hundert Jahre liegen, so sind die Akten doch ein beredtes Zeugnis dafür, daß die von den Qing kompilierten Gesetzbücher spätestens seit dem Ende des 18. Jahrhunderts tatsächlich als Grundlage der Rechtsprechung in den mongolischen Gebieten dienten.

Seit den 50er Jahren werden in Ulan Bator mongolische Gerichtsakten, die im Staatlichen Zentralarchiv für Geschichte aufbewahrt werden, in edierter Form herausgegeben. Die Akten stammen aus der Zeit zwischen dem späten 18. und dem frühen 20. Jahrhundert. In den Publikationen sind Dokumente zu bestimmten Themengebieten zusammengestellt, z. B.: *Manžijn türėmgijlėgčdijn üe dėch mongolyn ėmėgtėjčüüdiin darlagdal, 1764–1833* (Die Unterdrückung mongolischer Frauen in der Zeit der mandschurischen Vorherrschaft, 1764–1833), *Manžijn darangujllyn üeijn mongolyn surguul', 1776–1911* (Mandschurische Schulen in der Zeit der mandschurischen Unterdrückung, 1776–1911) und *Chuv'sgalyn ömnöch mongol dach' gazryn charilcaa* (Die Grund[besitz]verhältnisse in der Mongolei vor der Revolution). Leider werden in den genannten Publikationen die in uiguro-mongolischer Schrift vorliegenden Akten ins kyrillische Alphabet transkribiert – bei unklaren Stellen bleibt dem Leser somit keine andere Wahl, als sich auf die Deutung der Editoren zu verlassen. Zudem entgehen ihm die äußeren Merkmale der einzelnen Schriftstücke.

Es bleibt zu hoffen, daß in der Zukunft mehr mongolische Akten sowohl aus dem Staatlichen Zentralarchiv für Geschichte in Ulan Bator wie auch aus dem Ersten Historischen Archiv in Peking bearbeitet werden. Aufschlüsse hinsichtlich der Rechtspraxis sind jedoch nicht nur anhand des Materials der Zentralarchive zu erwarten: Auch die einzelnen Banner archivierten die Akten von Gerichtsfällen. Bislang bekannt sind jedoch nur in der Staatsbibliothek Tübingen aufbewahrte mongolische Gerichtsakten aus der zweiten Hälfte des

19. Jahrhunderts, die einem Bannerarchiv im Sečen Qan Aimaγ entstammen.[22]

4.3. Offizielle und halboffizielle Quellen zur Qing-Geschichte

4.3.1. Die *Da Qing lichao shilu* und das *Qingshigao*

Bei den *Da Qing lichao shilu* (Wahrhafte Aufzeichnungen der Qing-Dynastie) handelt es sich um Annalen, die unter einem jeden Kaiser für die Regierungszeit seines Vorgängers kompiliert wurden. Im Rahmen dieser Arbeit werden die *Shilu* herangezogen, die für Hung Taiji,[23] den Kangxi-Kaiser[24] und den Qianlong-Kaiser[25] erstellt wurden. Bei den *Shilu* handelt es sich um eine wichtige Quelle, da alle zur Zeit der Kompilation als bedeutsam erachteten Ereignisse in diesem Werk ihren Niederschlag fanden. Oben wurden aus den *Shilu* bereits Eingaben des Lifanyuan zitiert, die die Kompilation des Mongolischen Gesetzbuches betreffen; da der Verbleib solcher Eingaben heute in den wenigsten Fällen bekannt ist, sind die *Shilu* zu vielen Ereignissen die einzige verfügbare Quelle. Die *Shilu* sind jedoch eine tendenziöse Quelle. Bereits die mehrfachen Revisionen zeigen an, daß die getreue Überlieferung historischer Nachrichten bei ihrer Erstellung keineswegs immer an erster Stelle stand. Gezielte Geschichtsverfälschung wurde vor allem hinsichtlich der ersten Qing-Kaiser und ihrer Ahnen betrieben; von ihnen sollte ein möglichst glanzvolles Bild vermittelt werden, das mit dem Selbstverständnis, das die späteren Qing-Kaiser von ihrer Herrschaft hatten, übereinstimmte.

Das *Qingshigao* (Entwurf der Geschichte der Qing) umfaßt 536 Kapitel. Es wurde 1927 von Zhao Ersun herausgegeben und basiert in weiten Teilen auf den *Shilu*. Was über die Zuverlässigkeit der Nachrichten in den *Shilu* gesagt wurde, gilt daher auch für dieses Werk. Da zudem bei der

---

22 Teilweise bearbeitet von Sagaster, „Zwölf Mongolische Strafprozessakten".

23 Unter Tempelnamen Taizong. Die Abfassungsorder wurde 1652 erteilt, Arbeit 1655 beendet. In der Folgezeit wurden zwei Revisionen unternommen. Konsultiert wurde die aus der zweiten Revision hervorgehende Ausgabe, die 1740 fertiggestellt wurde. Vgl. Fuchs, *Beiträge zur Mandjurischen Bibliographie*, S. 60/61.

24 Unter Tempelnamen Shengzu.

25 Unter Tempelnamen Gaozong.

Kompilation des *Qingshigao* nicht sehr sorgfältig gearbeitet wurde, sind seine Informationen nur mit großem Vorbehalt zu verwenden.[26]

4.3.2. Das *Kangxi huidian*

Eine wichtige Quelle, die über die Gesetzgebung der Qing für die Mongolen im 17. Jahrhundert Auskunft gibt und Schlüsse hinsichtlich der Kompilation des Mongolischen Gesetzbuches zuläßt, ist das im Jahr 1690 veröffentlichte *Da Qing huidian* (Gesammelte Statuten der Qing-Dynastie) aus der Kangxi-Zeit.[27] Oben wurde bereits gesagt, daß die Artikel des MG (Kangxi) bis auf wenige nicht datiert sind. Zu rund zwei Dritteln finden sie ihre (oft allerdings nur teilweise) Entsprechung im KXHD. Dort wird unter Angabe einer Jahresdatierung die Eingabe zitiert, auf die die Artikel zurückgehen. Bei der zeitlichen Einordnung der Artikel des MG (Kangxi) ist das KXHD daher ein wichtiges Hilfsmittel. Einschränkend ist jedoch zu sagen, daß eine Jahresdatierung nur für die Bestimmungen angegeben wird, die seit der Shunzhi-Zeit entstanden sind. Diejenigen Vorschriften, die auf die Zeit des Hung Taiji zurückgehen, sind im KXHD nicht mit einer Datierung versehen, sondern werden mit den Worten „Bei der Gründung des Reiches wurde festgesetzt..." eingeführt. Das KXHD enthält vier Kapitel, die das Lifanyuan betreffen; sie gliedern sich nach den vier Abteilungen des Amtes:

Kapitel 142   „Abteilung für die Aufzeichnung von Verdiensten" (*luxun qinglisi*); Zuständigkeiten: „Titel und Ränge" (*jueji*), „Versammlungen" (*huiji*), „Zensus" (*dingce*), „Kurierdienst" (*yidi*), „Verteidigung und Schutz" (*fangxun*), „Strenge Maßregelung von Flüchtlingen" (*yanjin taoren*) und „Gute Behandlung von Flüchtlingen" (*fuji taoren*).

Kapitel 143   „Abteilung für die Bewirtung von Gästen" (*binke qinglisi*); Zuständigkeiten: „Versammlung bei Hofe" (*chaoji*), „Darbringung von Gaben" (*gongxian*) und „Gewährung von Banketten" (*yanlai*).

---

26   Zum *Qingshigao* vgl. Haenisch, „Das Ts'ing-shi-kao".

27   Im folgenden als KXHD. Für die vorliegende Arbeit wurde ein Blockdruck konsultiert, der sich in der Harvard-Yenching Bibliothek befindet. Auf der Grundlage verschiedener Editionen der Gesammelten Statuten kompilierte Chen Bingguang das 1934 veröffentlichte *Qingdai bianzheng tongkao* (Studie der Verwaltung der Grenzregionen während der Qing-Dynastie).

Kapitel 144 „Abteilung für die Gewinnung entfernter Völkerschaften" (*rou yuan qinglisi*); Zuständigkeiten: „Lamas" (*lama*), „Darbringung von Tribut" (*chaogong*) und „Belohnungen und Geschenke" (*shangji*).

Kapitel 145 „Abteilung für die Gerichtsbarkeit" (*lixing qinglisi*); Zuständigkeiten: „Strafgesetze" (*xingli*), „[Gefährdung von] Menschenleben" (*renming*), „Aufruhr und Diebstahl" (*zeidao*) und Militärrecht (*junfa*).

Die im Mongolischen Gesetzbuch enthaltenen Bestimmungen betreffen nicht, wie man vielleicht meinen könnte, nur die „Abteilung für die Gerichtsbarkeit", sondern vielmehr alle vier Abteilungen.

4.3.3. Enzyklopädien

Das 1725 herausgegebene *Gujin tushu jicheng* (Sammlung von Zeichnungen und Büchern aus Gegenwart und Vergangenheit), eine in der Kangxi-Zeit zusammengestellte, zehntausend Kapitel umfassende Enzyklopädie, enthält in der Sektion *bianyi* (Grenzregionen) eine chronologische Aufstellung der von mandschurischen Herrschern für die Mongolen gegebenen Bestimmungen.[28] Die seit dem Jahr 1632 festgesetzten Vorschriften und Verbote sind datiert. Im MG (Kangxi) nicht datierte Artikel lassen sich somit anhand des *Gujin tushu jicheng* datieren.

Auch enzyklopädische Werke zu Regierung und Verwaltung wie das *Qingchao tongdian*, das *Qingchao tongzhi* und das *Qingchao wenxian tongkao*, die alle den Zeitraum zwischen 1644 und 1785 behandeln, können bei der Datierung von Qing-Gesetzen für die Mongolen hilfreich sein. In den Kapiteln zum Thema *xing* (Strafen) werden in ihnen zwischen Informationen zur chinesischen Rechtsgeschichte auch – in verkürzter Form – die Bestimmungen zitiert, die für die Mongolen erlassen worden waren.

Es wäre verfehlt, auf der Grundlage der Enzyklopädien die Gesetzgebung der Qing für die Mongolen studieren zu wollen. Hierzu bedarf es der mongolischen Gesetzestexte; zudem werden die Gesetze in den Enzyklopädien z. T. in verkürzter Form wiedergegeben. Da die Bestim-mungen in den Enzyklopädien jedoch alle datiert sind, stellen diese Kompilationen – ebenso wie das KXHD – ein Hilfsmittel dar. Auch verweisen die Enzyklo-pädien mitunter auf kaiserliche Entscheidungen bezüglich der Mongolen, die

---

28 Vgl. *Gujin tushu jicheng*, Bd. 26, S. 37–71.

ihren Niederschlag nicht in den Gesetzbüchern gefunden haben. Auffallend ist, daß – während der Kompilation des *Da Qing lü* doch einiger Raum zugestanden wird – die Enzyklopädien keine Informationen zur Erstellung und Verbreitung der Mongolischen Gesetzbücher enthalten.

4.3.4. Das *Huang Qing kaiguo fanglüe*

Das *Huang Qing kaiguo fanglüe* (Operationspläne der Gründung der Qing-Dynastie)[29] behandelt die Geschichte des mandschurischen Kaiserhauses von den 80er Jahren des 16. Jahrhunderts bis zur Einnahme Pekings im Jahr 1644. Die Darstellung des Anschlusses der südostmongolischen Völkerschaften nimmt im KGFL großen Raum ein; auch wird über die ersten gesetzgeberischen Aktivitäten der Mandschuren für die Mongolen berichtet.

Das Werk wurde laut Vorwort 1786 in Auftrag gegeben; zwischen seiner Abfassung und dem behandelten Zeitraum liegen somit mehr als hundertfünfzig Jahre. Das KGFL diente der Verherrlichung des mandschurischen Kaiserhauses: Um dieser Zielsetzung gerecht zu werden, wurden die historischen Ereignisse häufig in einen vollkommen falschen Zusammenhang gestellt. Im Rahmen einer historischen Untersuchung darf das Werk daher nur mit Vorsicht herangezogen werden.[30]

---

29 Weiter als KGFL. Die chinesische Version des in drei Sprachen erstellten Werkes wurde von Hauer ins Deutsche übersetzt: *Huang-Ts'ing K'ai-kuo Fang-lüeh. Die Gründung des Mandschurischen Kaiserhauses.*

30 Vgl. Weiers, „Der erste Schriftwechsel zwischen Khalkha und Mandschuren", S. 129 u. „Die Vertragstexte des Mandschu-Khalkha Bundes", S. 127.

5. DAS ZUSTANDEKOMMEN DER GESETZE DER QING FÜR DIE MONGOLEN

5.1. Die Gesetze aus der Zeit des Hung Taiji

5.1.1. Die Gesetze aus der Zeit des Hung Taiji und ihre Übernahme in das Mongolische Gesetzbuch

Mehr als ein Drittel der Artikel des MG (Kangxi) geht auf Bestimmungen aus der Zeit des Hung Taiji zurück. Die Art und Weise, in der während seiner Regierungszeit Gesetze für die Mongolen zustande kamen, unterscheidet sich erheblich vom Gesetzgebungsverfahren unter den späteren Qing-Kaisern. Aus dem MG (Kangxi) gehen die Modalitäten der Entstehung von Gesetzen in der frühen Zeit jedoch nicht hervor; zur Erhellung dieser Frage ist der Historiker auf die JMZD angewiesen. Diese berichten, daß 1628 mongolische Edelleute der Aoqan, Naiman, Barin und J̌arud an einem Feldzug gegen die Čaqar teilgenommen hatten. Bei ihrer Abreise aus dem Feldlager wurden ihnen Gebote und Verbote mit auf den Weg gegeben, durch die das Töten herbeikommender Flüchtlinge unter Strafe gestellt wurde; außerdem wurden sie unter Androhung von Sanktionen aufgefordert, Grenzwachen aufzustellen.[1] Die Weisungen wurden den mongolischen Edelleuten mündlich erteilt. Dies kann als Hinweis darauf gewertet werden, daß der mandschurischen Gesetzgebung für die Mongolen in Schriftform eine Phase ungeschriebener Gebotspraxis voranging. Hervorzuheben ist, daß die aus dem Jahr 1628 überlieferten Bestimmungen noch nicht die inneren Angelegenheiten der Mongolen betrafen; vielmehr sollte ihre Verteidigungsfähigkeit sichergestellt und verhindert werden, daß sie durch ihr Verhalten gegenüber Angehörigen anderer Völkerschaften den Interessen des mandschurischen Staates schadeten.

Demgegenüber betreffen die Gesetze, die im Jahr 1631 für mongolische Völkerschaften niedergelegt wurden, die sich den Mandschuren angeschlossen hatten, bereits die inneren Angelegenheiten der Mongolen. In seinem Aufsatz „Mandschu-Mongolische Strafgesetze aus dem Jahre 1631 und deren Stellung in der Gesetzgebung der Mongolen" macht WEIERS auf

---

1 Eine Übersetzung des mandschurischsprachigen Eintrags in den JMZD findet sich unter Punkt 5.1.3.

die Übereinstimmungen in sprachlicher, inhaltlicher und formaler Hinsicht zwischen den Gesetzen auf Birkenrinde und den mandschurischen Gesetzen des Jahres 1631 aufmerksam: Die Protokolle dieser Rechtsaufzeichnungen weisen gleichermaßen als Bestandteile Intitulatio, Datierung und die Feststellung der Beteiligten auf, gemeinsam ein Strafgesetz vereinbart zu haben. Bevor auf die Gemeinsamkeiten und Unterschiede der mandschu-mongolischen Gesetze mit traditionellen mongolischen Rechtsaufzeichnungen eingegangen wird, soll jedoch etwas zu der besonderen Form gesagt werden, in der im 17. Jahrhundert unter den Mongolen Recht aufgezeichnet wurde.

Unter Punkt 4.1. wurde bereits darauf hingewiesen, daß traditionelle mongolische Rechtsaufzeichnungen wie die Texte auf Birkenrinde, die Oiratischen Gesetze und das *Qalqa ǰirum* das Ergebnis von Beratungen darstellten. Nachdem die einflußreichen Persönlichkeiten einer Region zusammengekommen waren, hatten sie sich auf einen Katalog von Tatbeständen geeinigt, die als strafbar gelten sollten.[2] Da die Vorschriften und Bestimmungen nicht durch einen Herrscherbefehl zur Geltung gebracht, sondern von einer Gruppe von Personen vereinbart worden waren, können sie – in gesetzgebungsgeschichtlichem Sinne – als Satzungen gelten.[3] Der Wille, der zu ihrer Niederlegung führte, wurde von einer Gemeinschaft getragen; dieses wurde dadurch zum Ausdruck gebracht, daß den Gesetzen die Namen und Titel der Edelleute vorangestellt wurden, denen sie ihre Entstehung verdankten; auch wurde Auskunft darüber gegeben, wann und wo sie zusammengekommen waren. Bei den Urhebern der Gesetze mußte es sich keineswegs immer nur um Edelleute handeln; insbesondere an der Erstellung der Oiratischen Gesetze und des *Qalqa ǰirum* waren auch hohe buddhistische Geistliche maßgeblich beteiligt. Zusammenkünfte, bei denen es zur Aufzeichnung von Recht kam, müssen immer auch als politische Ereignisse gesehen werden: Durch die Nennung von Namen und Titel in der Intitulatio wurde feierlich zum Ausdruck gebracht, daß die Satzungen von den „Großen" einer Region als richtig und gut anerkannt worden waren. Implizit gaben die Beteiligten durch ihre Mitwirkung ihrem Willen Ausdruck, den allgemeinen Frieden zu wahren, von Fehden und gewaltsamen Mitteln der Selbsthilfe abzusehen und die Beilegung von Rechtssachen in der allseits

---

2 Aufgrund der spärlichen Quellensituation kann nicht gesagt werden, ob es sich dabei um die Setzung von Recht oder um die Darstellung bereits allgemein anerkannter Regelungen handelte.

3 Vgl. Schulze, „Satzung (gesetzgebungsgeschichtlich)". Auch Satzungen stellen Ergebnisse autoritativer Setzung oder Darstellung von Recht dar und können deshalb als Formen des Gesetzes betrachtet werden.

als angemessen empfundenen Weise zu betreiben. Der Geltungsgrund der Gesetze lag somit im Einverständnis und in der Selbstunterwerfung ihrer Urheber.[4] Die Form, in der traditionelle mongolische Rechtsaufzeichnungen niedergelegt wurden, weist darauf hin, daß sie den Charakter von Bündnissen hatten.[5] Möglicherweise war das implizite Bekenntnis zum Frieden, dem durch die gemeinsame Aufzeichnung von Recht Ausdruck verliehen wurde, sogar von größerer Bedeutung als der Sollensgehalt der Bestimmungen.

Anhand eines Beispiels aus dem Jahr 1628 wurde oben verdeutlicht, daß die frühesten mandschurischen Bestimmungen den mongolischen Edelleuten mündlich übermittelt worden waren. Bei der schriftlichen Niederlegung von Gesetzen für die Mongolen dienten den Mandschuren Anfang der 1630er Jahre dann traditionelle mongolische Rechtsaufzeichnungen als Vorbild; es wurden Gebote und Verbote aufgestellt, die sich sowohl formal wie auch inhaltlich weitgehend in den Rahmen des überkommenen Rechts einfügten. In gleicher Weise wie in den Rechtstexten auf Birkenrinde werden den Bestimmungen die Namen und Titel derjenigen Personen vorangestellt, die an ihrer Entstehung beteiligt waren. Unter den Urhebern der Gesetze von 1631 wird an erster Stelle der mandschurische Herrscher genannt, dann folgen Namen und Titel der mongolischen Edelleute. Von der Form aus zu urteilen, in der die frühesten mandschurischen Gesetze für die Mongolen niedergelegt sind, erhielten sie ihre Legitimationsgrundlage durch die Zustimmung derjenigen Persönlichkeiten, die an ihrem Entwurf beteiligt waren; hierzu gehörten auch die mongolischen Edelleute.

Zwischen den rein mongolischen und den mandschu-mongolischen Rechtsaufzeichnungen gibt es jedoch einen fundamentalen Unterschied: Im Rahmen der Bestimmungen, die im Mai 1631 vom mandschurischen Herrscher und Edelleuten der Qorčin, Abaγa und Aoqan „abgesprochen" (*kelelče-*) und beschworen wurden, wurden nur der mongolischen Seite Vorschriften gemacht bzw. Sanktionen angedroht.[6] Können bei traditionellen mongolischen Rechtsaufzeichnungen die in der Intitulatio genannten

---

4 Zu solchen Formen der Gesetzgebung vgl. Krause, „Gesetzgebung", Sp. 1608.

5 Der „Bündnischarakter" liegt insbesondere bei den Oiratischen Gesetzen auf der Hand, deren Niederlegung die Auseinandersetzungen zwischen Oiraten und Qalqa-Mongolen zu einem Ende bringen sollte.

6 Überliefert in den JMZD, Fol. 3417/3418, 3420–3423, 3425–3427. Für welche mongolischen Völkerschaften im einzelnen die Bestimmungen Geltung haben sollten, läßt sich nicht genau sagen: So werden in einer Satzung zusätzlich zu den obengenannten Völkerschaften auch die Naiman, Qalqa, Qaračin und Tümed erwähnt. Vgl. JMZD, Fol. 3422.

„Großen" bzw. ihre Untertanen als implizite Empfänger der Bestimmungen angesehen werden, so war die Situation bei den Gesetzen, die in mongolisch-mandschurischer Zusammenarbeit zustande gekommen waren, eine andere: Dadurch, daß weder dem mandschurischen Herrscher noch seinen Untertanen Einschränkungen gemacht oder Pflichten auferlegt wurden, waren die Urheber der Gesetze mit ihren Empfängern nicht mehr bzw. nur noch teilweise identisch.[7]

Die Verschiebung, die sich im Jahr 1631 im Verhältnis zwischen Urhebern und Empfängern der Gesetze abzeichnete, sollte sich in der Folgezeit noch verstärken. Die Bestimmungen, die die JMZD aus dem Jahr 1632 überliefern, wurden nicht mehr im Rahmen einer persönlichen Begegnung zwischen dem mandschurischen Qan und mongolischen Edelleuten festgelegt, wie dieses noch 1631 der Fall gewesen war. Vielmehr wurden zwei hohe mandschurische Würdenträger beauftragt, zu den Mongolen zu reisen, die Grenzen der Weidegründe der einzelnen Völkerschaften festzulegen und ein „Strafgesetz zurechtzumachen" (ǰaɣaǰa eske-).[8] Von der Wiedergabe der 1632er Gesetze in den JMZD zu schließen, wurden die mongolischen Edelleute im Protokoll nicht erwähnt, so daß sie nicht mehr als Mit-Urheber gelten können. Ob ihnen bei der Ausarbeitung der Bestimmungen noch ein gewisses Mitspracherecht blieb, läßt sich nicht sagen.

Die mandschurischen Bestimmungen des Jahres 1632 unterscheiden sich von denen des Jahres 1631 jedoch nicht nur im Protokoll. Auffallend sind auch die technolektisch elaboriertere Sprache[9] und die strengeren administrativen Vorschriften, die sie enthalten. Während die Inhalte der mandschurischen Gesetze von 1631 noch in vielen Punkten mit denen der Rechtstexte auf Birkenrinde übereinstimmen, wurden mit den Gesetzen des Jahres 1632 grundsätzliche Neuerungen eingeführt. So wurden die mongolischen Edelleute z. B. unter Androhung einer Strafe dazu verpflichtet, über jeweils zehn Haushalte einen Vorsteher einzusetzen; Sanktionen drohten ihnen auch, wenn sie über Leute außerhalb ihres Gebietes Recht sprachen.[10] Des weiteren

---

7   Die einzige Bestimmung des Jahres 1631, die auch Mandschuren betraf, besagt, daß die Rechtsprechung nach dem territorialen Prinzip erfolgen sollte, d. h. Mandschuren, die zu den Qorčin oder Abaɣa gingen und dort in eine Straftat verwickelt wurden, nach mongolischem Gesetz zu richten seien und vice versa. Hieraus kann jedoch nicht geschlossen werden, daß Mandschuren unter die vorliegende Gesetzgebung von 1631 fielen.

8   Vgl. JMZD, Fol. 3937–3940.

9   Dazu vgl. Weiers, „Mandschu-mongolische Strafgesetze 1632", S. 90.

10 Vgl. JMZD, Fol. 3938.

muß als große Neuerung angesehen werden, daß der mandschurische Qan nunmehr Anspruch auf den Einzug von Strafzahlungen erhob.[11] An dieser Stelle soll jedoch der Hinweis genügen, daß mit dem Wandel der Form der Gesetze auch inhaltliche Neuerungen verbunden waren.

Viele Verbote und Vorschriften, die in der Zeit des Hung Taiji für die Mongolen gegeben wurden, sind Gegenstand von Artikeln des MG (Kangxi). Um zu verdeutlichen, daß die Artikel sich dabei nicht auf jeweils einen bestimmten gesetzgeberischen Akt zurückführen lassen, sollen im folgenden die verschiedenen Überlieferungen des Verbots, herbeikommende Flüchtlinge zu töten, untersucht werden. Diese Thematik bietet sich zu einem Vergleich an, da sie in Bestimmungen der Jahre 1628, 1631 und 1632 behandelt wird; für keinen anderen Artikel des MG (Kangxi) liegen so viele Vorläufer aus der Zeit des Hung Taiji vor wie für den, in dem Strafen für den Mord an Flüchtlingen festgesetzt werden. Die einzelnen Gesetze sehen folgende Maßregelungen vor:

1628:   Wenn jemand Flüchtlinge tötet und ein Edelmann darum weiß, nimmt man [von dem Edelmann] zehn Haushalte. Wenn es ohne Wissen des Edelmannes geschah, tötet man den Betreffenden; seine Frau und Kinder gehen in die Gruppe der Unfreien über.[12]

1631:   Wenn ein Edelmann Flüchtlinge tötet, nimmt man zehn Haushalte. Wenn ein Gemeiner dieses tut, erhält er eine *anju*-Strafe von dreihundert [Stück Vieh].[13]

1632:   Wenn Edelleute Flüchtlinge töten, nimmt man zehn Haushalte. Wenn Gemeine dieses tun, tötet man sie. Ihre Familie, Haushalt und Vieh gehen in den Besitz des mit dem Fall befaßten Edelmannes über.[14]

MG (Kangxi): Wenn Edelleute Personen decken, die Flüchtlinge getötet haben, nimmt man ihrem Rang entsprechend zwischen zehn

---

11   Vgl. JMZD, Fol. 3940. Aus Pallas, *Sammlungen historischer Nachrichten*, I, S. 204 geht zwar hervor, daß die Abgabe eines Teils des Strafviehs an die Obrigkeit üblich war – die oben vorgestellten autochthonen mongolischen Rechtsaufzeichnungen enthalten jedoch nur sehr vereinzelt Hinweise darauf, daß Vieh des Verurteilten zu einem anderen Zweck als als Wiedergutmachung verwandt werden sollte.

12   Man. *olji arambi*. Vgl. JMZD, Fol. 2845.

13   Vgl. JMZD, Fol. 3422. Zur *anju*-Strafe vgl. Aubin, „Les sanctions et les peines". S. 271–273.

14   Vgl. JMZD, Fol. 3937.

und fünf Haushalten. Wenn Gemeine dieses tun, tötet man den Anführer; von den übrigen nimmt man hohe Viehstrafen, die in den Besitz des mit dem Fall befaßten Edelmannes übergehen.[15]

Für Edelleute, die für die Tötung von Flüchtlingen verantwortlich zu machen waren, scheint die Abgabe von zehn Haushalten im 17. Jahrhundert ein feststehendes Strafmaß dargestellt zu haben. Ihre Verantwortlichkeit wird in den einzelnen Gesetzen jedoch unterschiedlich definiert: In den Bestimmungen des Jahres 1628 und im MG (Kangxi) werden die Sanktionen für den Fall angedroht, daß Edelleute dem Mord an Flüchtlingen Vorschub geleistet oder die Täter nicht zur Rechenschaft gezogen hatten. Der Fall, daß sie dieses in eigener Person getan haben könnten, wird nicht berücksichtigt. Die Gesetze der Jahre 1631 und 1632 scheinen jedoch von eigenhändigem Mord der Edelleute auszugehen. Möglicherweise stand jedoch auch in den Jahren 1631 und 1632 die Abgabe von zehn Haushalten nicht (nur) auf Mord, den die Edelleute eigenhändig begangen hatten, sondern auch auf von ihnen begünstigten Mord. Die Bestrafungen, die die Bestimmungen für Gemeine vorsehen, sind nicht einheitlich. Drei der vier Gesetze schreiben für sie die Todesstrafe vor; die gesetzlichen Bestimmungen der Jahre 1628 und 1632 legen zudem die Konfiskation ihrer Familie bzw. ihres Besitzes fest.

Die aus der Zeit des Hung Taiji überlieferten Vorschriften und Verbote bildeten einen Fundus, der aus Bestimmungen bestand, die zwar in dieselbe Richtung zielten, der aber keineswegs einheitlich war. Die Gesetze der Jahre 1628, 1631 und 1632, in denen das Töten von Flüchtlingen unter Strafe gestellt wird, weisen zwar, da die Strafmaße für Edelleute und Gemeine jeweils gesondert definiert werden, ein ähnliches Gerüst auf; die Gesetzesinhalte weichen gleichwohl stark voneinander ab. Es kann nicht einmal von einer sinngemäßen Übereinstimmung gesprochen werden.

Fest steht, daß bei der Kompilation des MG (Kangxi) auf schriftliche Zeugnisse aus der Zeit des Hung Taiji zurückgegriffen wurde. Dieses läßt sich daraus schließen, daß einige Artikel in einer Sprache gehalten sind, die allem Anschein nach in der frühen Kangxi-Zeit den Beamten des Lifanyuan nicht mehr verständlich war; sie fügten klärende Zusätze an. Ein Beispiel dafür ist die Bestimmung, nach der jemand, der unberechtigt (*endegüber*) Reisende absteigen ließ, mit der Abgabe von fünf Stück Großvieh bestraft

---

15 Vgl. MG (Kangxi), S. 30v–31v.

werden sollte.[16] Bei den zuständigen Beamten herrschte in der frühen Kangxi-Zeit jedoch Unklarheit darüber, was konkret mit „unberechtigt Reisende absteigen lassen" gemeint war. So wurde die Bestimmung KX5 (1666) durch ein Amendement in der Weise neu interpretiert, daß, wenn jemand Diebe und Unruhestifter in der eigenen Jurte übernachten ließ, dieses mit der Abgabe von fünf Stück Vieh geahndet werden sollte. Zu einem späteren Zeitpunkt (eine genaue Datierung ist nicht möglich) wurde diese Interpretation jedoch als nicht passend (*jokiqu ügei*) befunden. „Unberechtigt Reisende absteigen lassen" bedeute vielmehr, so kam man überein, Reisenden die Reitpferde wegzunehmen und zu behaupten, es handele sich hierbei um das eigene Vieh. Der Artikel kann als Beispiel dafür gelten, daß Bestimmungen aus der Zeit des Hung Taiji in späterer Zeit nicht mehr verständlich waren und durch Amendements inhaltlich geklärt werden mußten. Am Wortlaut der vorliegenden Bestimmung wurden jedoch allem Anschein nach keine Veränderungen vorgenommen. Die Zusätze geben gleichwohl Zeugnis davon, daß die Beamten des Lifanyuan das Bedürfnis hatten, die mongolischen Bestimmungen klarer und abstrakter zu formulieren.

In welcher Form die Bestimmungen aus der Zeit des Hung Taiji den Beamten des Lifanyuan aber vorlagen und ob sie z. B. über mehrere Fassungen des Verbotes, herbeikommende Flüchtlinge zu töten, verfügten, läßt sich nicht sagen. Mitunter scheint man bei der Kompilation des MG (Kangxi) verschiedene Einzelbestimmungen aus einer früheren Zeit in Form eines Artikels zusammengezogen zu haben. So werden die Vortäuschung des Gesandtenstatus und die Mißhandlung von Gesandten im Rahmen eines Artikels behandelt; Bestimmungen zu diesen beiden Delikten finden sich im KXHD aber an unterschiedlichen Stellen.[17] Es scheint sich ursprünglich um zwei voneinander unabhängige Bestimmungen gehandelt zu haben, die im MG (Kangxi) ohne eine Überleitung aneinandergereiht und als *nigen jüil* (ein Artikel) bezeichnet wurden. Da wir nicht wissen, zu was für Fassungen mongolischer Bestimmungen aus der Zeit des Hung Taiji die Kompilatoren des MG (Kangxi) Zugang hatten, läßt sich im Einzelfall daher auch nicht nachprüfen, inwiefern (zusätzlich zu der Hinzufügung von Titeln) bei der Zusammenstellung der Gesetzessammlung eine Überarbeitung der überlieferten Rechtsaufzeichnungen vorgenommen wurde.

16 Vgl. MG (Kangxi), S. 47v/48r.
17 Vgl. MG (Kangxi), S. 20r/v u. KXHD, Kap. 144, S. 3v u. Kap. 145, S. 2r.

Im folgenden soll ein Überblick darüber gegeben werden, was für Themen diejenigen Artikel des MG (Kangxi) behandeln, die sich auf Regelungen aus der Zeit des Hung Taiji zurückführen lassen:

a) Diebstahl[18]
b) Mord[19]
c) Versorgung reisender Edelleute mit Schaffleisch und nicht mit Rindfleisch[20]
d) Mißhandlung von Gesandten[21]
e) Mord an Flüchtlingen[22]
f) Betreten von Weidegebiet, das einem anderen Edelmann zugeteilt worden war[23]
g) Einsetzung von Vorstehern über jeweils zehn Jurten[24]
h) Haftung vom Vorsteher einer Zehnjurtenschaft für seine Leute[25]
i) Pflicht, Gesandte, die in einer Strafsache unterwegs waren, mit Verpflegung und Pferden zu versorgen[26]
j) Verbot der Zusammenarbeit von Edelleuten mit Dieben[27]
k) Maßnahmen im Falle eines Angriffs durch den Feind[28]
l) Verfolgung einzelner Aufständischer[29]
m) Verfolgung eines aufständischen Banners[30]
n) Verteilung der Beute, die bei der Ergreifung von Aufständischen gemacht wurde[31]

---

18 Vgl. JMZD, Fol. 3422/3423 (1631) sowie JMZD, Fol. 3938 (1632) u. MG (Kangxi), S. 41r–42v.
19 Vgl. JMZD, Fol. 3937 (1632) u. MG (Kangxi), S. 31v–32v.
20 Vgl. JMZD, Fol. 3421 (1631) u. MG (Kangxi), 19v/20r. Rindfleisch war kostbarer als Schaffleisch und sollte nur bei Festlichkeiten gegessen werden. Reisenden Edelleuten war daher verboten, auf einer Verproviantierung mit Rindfleisch zu bestehen.
21 Vgl. JMZD, Fol. 3421/3422 (1631) u. MG (Kangxi), S. 20r/v.
22 Vgl. JMZD, Fol. 3422 (1631) sowie JMZD, Fol. 3937 (1632) u. MG (Kangxi), S. 30v–31v.
23 Vgl. JMZD, Fol. 3937 (1632) u. MG (Kangxi), S. 7r/v.
24 Vgl. JMZD, Fol. 3938 (1632) u. MG (Kangxi), S. 19v.
25 Vgl. JMZD, Fol. 3938 (1632) u. MG (Kangxi), S. 44r/v.
26 Vgl. JMZD, Fol. 3940 (1632) u. MG (Kangxi), S. 17v/18r.
27 Vgl. JMZD, Fol. 3938 u. Fol. 3939 (1632) u. MG (Kangxi), S. 10r–11r u. S. 11v–12r.
28 Vgl. JMZD, Fol. 3939 (1632) u. MG (Kangxi), S. 5r/v.
29 Vgl. JMZD, Fol. 3939 (1632) u. MG (Kangxi), S. 6r/v.
30 Vgl. JMZD, Fol. 3939 (1632) u. MG (Kangxi), S. 5v/6r.
31 Vgl. JMZD, Fol. 3939/3940 (1632) u. MG (Kangxi), S. 6v/7r.

Von diesen vierzehn Punkten entstammen zwölf den gesetzlichen Bestimmungen aus dem Jahr 1632. Vier Punkte gehen auf Bestimmungen des Jahres
1631 zurück. (Diebstahl und Mord an Flüchtlingen werden sowohl in den
Aufzeichnungen von 1631 wie in denen des Jahres 1632 behandelt). Die
Tatsache, daß sehr viel mehr Bestimmungen des Jahres 1632 als des Jahres
1631 ihre Entsprechung im MG (Kangxi) finden, belegt, daß diese
Gesetzgebung bereits in eine neue Zeit hineinreichte; wie oben dargelegt,
standen die Bestimmungen des Jahres 1631 hingegen noch weitgehend in der
Tradition autochthoner mongolischer Rechtsaufzeichnungen.

In keinem der Fälle erfolgte die Übernahme in das MG (Kangxi) wörtlich.
Es finden sich immer nur Teile der Bestimmungen; diese wurden im MG
(Kangxi) mit Zusätzen versehen. Auch fällt auf, daß in den Bestimmungen
der Jahre 1631/1632 die Edelleute stets kollektiv als *noyan/noyad* bezeichnet
und innerhalb dieser Gruppe keine Differenzierungen vorgenommen werden.
Im MG (Kangxi) hingegen werden bei der Festsetzung des Strafmaßes stets
die Ende des 17. Jahrhunderts existierenden Ränge berücksichtigt.[32] Anhand
der vorliegenden Texte läßt sich nicht sagen, ob die Bestrafungen, die
mandschurische Gesetze für Mongolen vorsahen, im Laufe des 17.
Jahrhunderts härter oder milder wurden. Fünf Beispiele lassen sich dafür
finden, daß die Bestimmungen von 1631/32 strengere Strafen vorsehen
(Punkt a, d, h, k und m) und zwei Beispiele dafür, daß im MG (Kangxi) für
das betreffende Vergehen eine härtere Bestrafung festgelegt wird (Punkt g
und j). In drei Punkten (e, f und l) ist das Strafmaß, das die verschiedenen
Rechtsaufzeichnungen vorschreiben, weitgehend gleich bzw. das Strafmaß
für Noyan der Jahre 1631/1632 entspricht im MG (Kangxi) dem für Wang,
während Inhaber niedriger Ränge mit einem geringeren Strafmaß rechnen
durften. In der Bestimmung zu Punkt n wurde sowohl 1632 wie im MG
(Kangxi) keine Strafe angedroht. Bei Vergehen gegen Punkt c und i sehen die
Vorschriften von 1631/32 keine Strafe vor – im MG (Kangxi) wird jedoch
ein Strafmaß definiert. Die Bestimmungen zu Mord (Punkt b) des Jahres
1632 regeln nur, wie man mit Besitz und Familie des Diebes verfahren sollte
– daß der Mörder getötet werden sollte, verstand sich wohl von selbst; im
MG (Kangxi) wird die Todesstrafe explizit festgesetzt.

Aus den *Shilu* wissen wir, daß in den 30er Jahren des 17. Jahrhunderts in
zahlreichen Einzelaktionen von den Mandschuren Gesetze für bestimmte

---

32 Nur bei der Bestimmung, die die Mißhandlung von Gesandten betrifft (Punkt d), wird
     auch im MG (Kangxi) nur zwischen Edelleuten und Gemeinen unterschieden. Zur
     gewandelten Bedeutung des Noyantitel s. unter Punkt 6.2.2.

mongolische Völkerschaften gegeben wurden.[33] Die *Shilu* geben jedoch nicht den Wortlaut der Bestimmungen wieder, sondern beschränken sich zumeist auf die Information, welche Würdenträger zu den jeweiligen mongolischen Völkerschaften geschickt wurden, um Gesetze aufzustellen. Asidarhan (gest. 1642) wird als – auf mandschurischer Seite – wichtigste Persönlichkeit bei der Formulierung mongolischer Gesetze dargestellt. Aus seiner Biographie im *Guochao qixian leizheng* (Klassifizierte Zeugnisse über berühmte Männer der [Qing]-Dynastie) geht hervor, daß Asidarhan unter Hung Taiji für mongolische Angelegenheiten zuständig war.[34] Im sechsten Monat TC7 (1633) soll er gemeinsam mit den Beile Jirgalang[35] (1599–1655) und Sahaliyen[36] (gest. 1636) eine „Gerichtsverhandlung" bei den Mongolen geleitet haben, bei der zwölf Weisungen des Qans verkündet, Neunerstrafen festgelegt, Würdenträger belangt und „Bestrafungen als Gesetze behandelt wurden".[37] Im elften Monat desselben Jahres, so fährt die Biographie fort, seien den mongolischen Völkerschaften die gesetzlichen Befehle (*lüling*) des Qans bekanntgegeben worden. TC8 (1634) soll Asidarhan ein weiteres Mal aktiv geworden sein: Vor dem Hintergrund der langwierigen Auseinandersetzungen mit den Čaqar wurden auf einer Versammlung in Chunke'er erneut die Territorien der einzelnen Völkerschaften festgelegt, Grenzen gezogen und Gerichtsfälle entschieden.

Es ist anzunehmen, daß, wenn Asidarhan mit den Vertretern einzelner mongolischer Völkerschaften zusammenkam, um (möglicherweise in Absprache mit ihnen) Gesetze zu formulieren, ihm vom mandschurischen Qan nur eine Art von Gerüst vorgegeben war, wie diese Gesetze auszusehen hatten. Ebenso wie die Bestimmungen der Jahre 1628, 1631 und 1632 zu Mord an Flüchtlingen voneinander abweichen, ist auch davon auszugehen, daß diejenigen mandschu-mongolischen Bestimmungen, die nicht überliefert sind, zwar ähnliche Themen (mehr oder minder umfassend) behandelten, aber in vielen Punkten doch verschieden waren. Aus der Zeit des Hung Taiji gibt es keine Belege dafür, daß die Gesetze, die für die einzelnen Völkerschaften gegeben wurden, in exakt der gleichen Formulierung niedergelegt wurden. Es liegt daher der Schluß nahe, daß es für einen jeden Gesetzentwurf zwar einige

---

33 Eine Zusammenstellung der relevanten Passagen der *Shilu* findet sich in Zhang & Guo, *Qing ruguan qian*, S. 356–387. Zu den Inhalten der *Shilu*-Passagen s. auch unter Punkt 5.3.

34 Vgl. Li Huan, *Guochao qixian leizheng*, (chubian), Kap. 41, S. 1r–3v.

35 Vgl. Hummel, *Eminent Chinese*, S. 397/398.

36 Vgl. Hummel, *Eminent Chinese*, S. 631/632.

37 *lun fa ru lü*.

Vorgaben gab, bei der Ausformulierung jedoch ein gewisser Spielraum bestand.[38]

Die Tatsache, daß die mandschurischen Gesetze für die Mongolen in unterschiedlichen Fassungen überliefert sind und kein Beispiel für ein Zitat schriftlich gesetzten Rechts vorliegt, wirft die Frage auf, welche Bedeutung aufgezeichnetem Recht im 17. Jahrhundert zukam. An dieser Stelle sei es erlaubt, einen Blick auf die Forschung zur europäischen Rechtsgeschichte zu werfen. Die Überlegungen, die hinsichtlich der Stellung früher germanischer Rechtsaufzeichnungen in der Rechtswirklichkeit geäußert wurden, können Denkanstöße auch für die mongolische Rechtsgeschichte liefern. Mit Bezug auf die in den ersten Jahren des 6. Jahrhunderts entstandene Lex Salica stellte Peter CLASSEN in einem 1977 veröffentlichten Band *Recht und Schrift im Mittelalter* die provokante Frage, „wie denn der fränkische Richter mit dem Gesetzbuch in der ihm fremden lateinischen Sprache umgegangen sei, ob er, um es drastisch zu sagen, mit der Lex Salica unter dem Arm oder auf dem Tisch zu Gericht gesessen habe."[39] In derselben Publikation stellte Herrmann NEHLSEN heraus, daß die Lex Salica als aufgezeichnetes Recht bis zur Wende vom 8. zum 9. Jahrhundert keine besondere Rolle spielte: Zeitgenössische Verfasser von Formularsammlungen orientierten sich vielmehr an der Rechtspraxis des Alltags, die in einigen Fällen mit der Lex Salica übereinstimmte, in anderen jedoch auch nicht. Die Aufnahme in diese Gesetzessammlung bewahrte keinen Rechtssatz davor, in der Praxis ignoriert zu werden, wenn er den gewandelten wirtschaftlichen und sozialen Gegebenheiten nicht mehr entsprach; die Tatsache, daß eine Vorschrift Bestandteil der Lex Salica war, brachte in der Rechtswirklichkeit keine Steigerung ihrer Effektivität mit sich.[40]

Bei allen Unterschieden zwischen der europäischen und der mongolischen Rechtsgeschichte sollte die Erkenntnis doch zu denken geben, daß die Existenz historischer Gesetzgebungen noch keine Schlußfolgerungen hinsichtlich ihrer Wirkung auf die Rechtspraxis zuläßt. Auch wenn diejenigen, die ihren Entwurf veranlaßt hatten, den Anspruch verlauten ließen, in ihrem Herrschaftsbereich sollten die Gesetze nunmehr befolgt werden, sagt das noch nichts über die Art und Weise aus, in der sie das geschriebene Recht dann

---

38 Ein weiteres Beispiel für den Ermessensspielraum bei der Ausformulierung von Gesetzen liegt mit der mandschurischen Wehrordnung vor. Hierzu s. Punkt 5.1.2.
39 Vgl. Classen, „Zur Einführung", S. 9.
40 Vgl. Nehlsen, „Zur Aktualität und Effektivität germanischer Rechtsaufzeichnungen", S. 463–467.

tatsächlich zur Geltung brachten.[41] Zwar zeugen die vielfältigen legislativen Aktivitäten der Mandschuren dafür, daß sie in den ersten Jahrzehnten des 17. Jahrhunderts bemüht waren, ihre Gesetze unter den Mongolen bekannt zu machen; unklar bleibt jedoch, ab welcher Zeit sie mit Entschiedenheit nach Effektivität des *geschriebenen* Rechts strebten. Es gibt keine Belege dafür, daß die mongolischen Edelleute im 17. Jahrhundert Rechtsfälle unter Bezugnahme auf bestimmte Gesetzespassagen entschieden. Im Gegenteil, die Tatsache, daß die Gesetze in unterschiedlichen Fassungen überliefert sind, legt nahe, daß nicht der Wortlaut der einzelnen Rechtsaufzeichnung entscheidend war, sondern vielmehr die in ihr enthaltenen Rechtsgrundsätze. Diese scheinen den mongolischen Edelleute nicht unbedingt durch eigene Lektüre bekannt gewesen zu sein: Es ist fraglich, bis zu welchem Grad sie überhaupt des Lesens und Schreibens kundig waren. Im ersten Artikel des MG (Kangxi) heißt es, sie sollten, wenn sie ein kaiserliches Weisungsschreiben empfangen hatten, es an einen „Lautlese-Schreiber" weiterreichen, der es ihnen im Stehen vorlesen sollte.[42] Dieses deutet darauf hin, daß man in der Zeit des Hung Taiji nicht davon ausging, die mongolischen Edelleute würden selbst in den Gesetzestexten lesen und in Zweifelsfällen blättern, bis sie die entsprechende Passage gefunden hatten. Ob erwartet wurde, daß sie (wenn sie über ihre eigenen Leute zu Gericht saßen) einen „Lautlese-Schreiber" mit der Suche nach den relevanten Bestimmungen beauftragten, muß offen bleiben.

5.1.2. Die Wehrordnung

Die Wehrordnung, unter die alle mandschurischen und nicht-mandschurischen Krieger fielen, die unter dem Befehl des Qans standen, muß gesondert von der Gesetzgebung behandelt werden, die speziell für die angeschlossenen Mongolenvölker galt. Bei der Wehrordnung handelte es sich um eine Reihe von Bestimmungen, die speziell auf Feldzügen galten. So überliefern die JMZD z. B. in verschiedenen Einträgen des Jahres 1632 Kataloge von Vorschriften und Verboten, durch die das Verhalten der Krieger im Feldlager

---

41 In diesem Zusammenhang vgl. auch die Ausführungen zum *Qalqa jirum* unter Punkt 4.1.3. Angeblich bildete es bis ins 20. Jahrhundert hinein die Grundlage für in Urga getroffene Rechtsentscheidungen. Es exstierte jedoch nur eine Abschrift des *Qalqa jirum*, die an einem ca. 400 km entfernten Ort geheimgehalten wurde.

42 Vgl. MG (Kangxi), S. 2r. Anhand des *Gujin tushu jicheng*, XXVI, S. 40 auf das Jahr CD1 (1636) zu datieren.

und auf Märschen geregelt wurde.[43] Die Inhalte der verschiedenen überlieferten Fassungen der Wehrordnung des Jahres 1632 stimmen jedoch nur
passagenweise überein: Die Reihenfolge, in der die Weisungen gegeben
wurden, weicht ab; einige Bestimmungen finden sich nur in der einen oder in
der anderen Fassung und auch innerhalb der einzelnen Vorschriften gibt es
Unstimmigkeiten.[44] Ebenso wie bei den Gesetzen zum Mord an Flüchtlingen
scheint es für die Wehrordnung ein Gerüst gegeben zu haben; bei der
Ausformulierung bestand jedoch ein gewisser Spielraum.

WEIERS weist in seiner Untersuchung der auf Feldzügen geltenden
Bestimmungen darauf hin, daß die einzelnen Verordnungen der Wehrordnung
von 1632 nicht den Eindruck erwecken, als ob sie zu diesem Zeitpunkt zum
ersten Mal formuliert worden wären.[45] Ein Eintrag der JMZD aus dem Jahr
1628 bestätigt diese Annahme: Nach einem Feldzug gegen die Čaqar wurde
über Personen, die sich während des Feldzuges etwas hatten zuschulden
kommen lassen, zu Gericht gesessen.[46] Aus den Urteilen, die gefällt wurden,
ist zu ersehen, daß über mongolische Krieger, die an Feldzügen der
Mandschuren teilgenommen und dabei eine Straftat verübt hatten, auf der
Grundlage der Wehrordnung im Lager des mandschurischen Herrschers von
mandschurischen Großwürdenträgern Recht gesprochen wurde. Bei der
Schilderung der Gerichtsverhandlung wird zunächst auf einige konkrete Fälle
eingegangen und darüber Auskunft gegeben, wem welche Strafe aus
welchem Grunde auferlegt wurde und zu welcher Pfeilschaft der Verurteilte
gehörte. Dann werden allgemeine Prinzipien für die Bestrafung von Diebstahl
angeführt: Es sollte jeweils das Körperteil verstümmelt werden, das sich – im
weitesten Sinne – mit dem Vergehen in Verbindung bringen ließ. Daß die

43 Die Bestimmungen liegen in mandschurischer und mongolischer Sprache vor, wobei
    nach Weiers davon auszugehen ist, daß die mongolische Version auf die
    mandschurische zurückgeht. Vgl. „Zur Stellung und Bedeutung des
    Schriftmongolischen", S. 48/49.

44 Die Fassung, die in mongolischer Sprache vorliegt, schreibt z. B. vor, zum
    Wassenholen und Brennholz Sammeln Gruppen von mindestens fünf Leuten
    zusammenzustellen, während in der Fassung, die in mandschurischer Sprache
    vorliegt, nur festgesetzt wird, hierfür sollten Gruppen gebildet werden.

45 Vgl. „Zur Stellung und Bedeutung des Schriftmongolischen", S. 46. Eine erste
    mandschurische Wehrverfassung soll im Jahr 1616 niedergelegt worden sein. Vgl.
    Weiers, „Mandschu-mongolische Strafgesetze 1632", S. 112, Anm. Nr. 70.

46 Eine Übersetzung der mandschurischsprachigen Textpassage findet sich unter Punkt
    5.1.3.

Wehrordnung solche Strafen vorsah, wissen wir aus den Fassungen, die aus dem Jahr 1632 überliefert sind.[47]

Die Inhalte der Wehrordnung konnten als bekannt vorausgesetzt werden; der Verweis auf drei modellhafte Bestimmungen war genug, um darüber zu informieren, daß die übrigen Fälle auf der Grundlage der Wehrordnung gerichtet wurden. Zu betonen ist in diesem Zusammenhang jedoch, daß bei der Urteilsbegründung nicht auf die Wehrordnung in schriftlicher Form verwiesen wurde. Ob diese den Richtern vorlag und inwieweit sie zu Rate gezogen wurde, muß offen bleiben.

5.1.3. Textbeispiel: Die richterlichen Entscheidungen und Bestimmungen vom 3./4. November 1628

Am achten der ersten Dekade[48] (3. November 1628): Nachdem man Rast gemacht hatte und nachdem der Qan und die Edelleute zusammengekommen waren, sprach man über alle schuldigen Leute Recht. Nachdem man den Hung Baturu[49] der Naiman, den Jinong[50] und den Dural Hung Baturu[51] der Aoqan und den Seter[52] der Barin sich hatte versammeln lassen, [waren folgendes] die Worte, die [der Qan] sprach, indem er Asidarhan und Dayaci beauftragte: „Wenn ihr sagt, daß ihr in unseren Rechts[bereich] hineinkommt, dann sollt ihr gemäß den Schuld[auffassungen] unseres Staates verfahren. Wenn ihr sagt, daß ihr nicht in unseren Rechts[bereich] hineinkommt, dann geht von jetzt an, wenn ihr auf einen Feldzug oder auf die Jagd geht, andere [Wege]!" Nachdem er so gesprochen hatte, [waren folgendes] die Worte, die

---

47 Vgl. JMZD, Fol. 3744 u. Weiers, „Zur Stellung und Bedeutung des Schrift-mongolischen", S. 46.

48 Jahresdatierung JMZD, Fol. 2793 *suwayan muduri aniya* „gelbes Drachenjahr" = 1628. Monatsdatierung Fol. 2842 *juwan biyai* „des zehnten Monats".

49 Möglicherweise dieselbe Person wie JMZD, Fol. 3917 unter dem Eintrag des zweiten des zweiten Monats (22. März 1632) erwähnter Darqan Qung Bayatur der Naiman. Zu diesem Eintrag vgl. Weiers, „Zur Stellung und Bedeutung des Schrift-mongolischen", S. 52.

50 Im Winter 1627/28 wurde dem Sonom Dureng der Aoqan der Titel „Jinong" ver-liehen. Vgl. KGFL, S. 193.

51 Im Winter 1627/28 wurde dem Secen Joriytu der Aoqan der Titel „Dural Baturu" ver-liehen. Vgl. KGFL, S. 193.

52 Der Seter der Barin soll sich am 28. Mai 1628 den Mandschuren angeschlossen haben. Vgl. KGFL, S. 190.

die mongolischen Edelleute antworteten: „Nachdem der Staat des Qans entstanden ist, wäre es denn da möglich, daß wir gegen das Gesetz handelten?" Nachdem sie so geantwortet hatten, tötete man zwei Leute des Dural Hung Baturu, indem man sagte: „Sie haben Pferde gestohlen." Der Grund, weswegen man zwei Leute der Nancu-Pfeilschaft tötete, wobei man ihnen den Penis abschnitt, besagte: Nachdem eine Frau, eine Ehrengabe für den Herrscher, geflohen war und sie die Ausreißerin getroffen hatten, haben sie sie beschlafen.

Jemandem, der Sattelblätter gestohlen hatte, (Fol. 2844) schnitt man den Rücken auf. Jemandem, der Beinfesseln für Pferde gestohlen hatte, schnitt man die Achillessehnen durch. Jemandem, der Zaumzeug gestohlen hatte, schnitt man die Mund[winkel] auf. Hierüber hinaus verhängte man über solche, die irgend etwas gestohlen hatten, die üblichen Diebesstrafen.[53]...

Am neunten (4. November 1628) machten sich die Edelleute der Aoqan, Naiman, Barin und J̌arud auf den Weg. Als sie sich auf den Weg machten, [waren folgendes] die Worte, die man sprach, indem man [Bestimmungen] festsetzte: „Man sagt, daß ihr Flüchtlinge, die aus allen Richtungen herbeikommen, nachdem ihr ihnen den Weg abgesperrt habt, tötet. Von jetzt ab nimmt man, wenn jemand herbeikommende Flüchtlinge tötet und ein Edelmann darum weiß, [von dem Edelmann] zehn Haushalte. Wenn ein Gemeiner sie ohne Wissen eines Edelmannes tötet, dann tötet man ihn. Seine Frau und seine Kinder gehen in die Gruppe der Unfreien über. Wenn ein Augenzeuge, indem er [eine Straftat] bezeugt, Meldung macht, dann läßt

---

53 *(1) ice jakun-de indefi (2) ◢ han beise isafi geren uilengge niyalma-be beidehe : naiman-i hung baturu : (3) aohan-i jinong: dural hung baturu : barin-i seter esebe isabufi : (4) asidarhan : dayaci-be takurame henduhe gisun : süwe meni šajin-de dosimbi (5) seci : meni gûrun-i uilei songko-i gamaki : meni šajin-de dosiraku seci : (6) ereci amasi dain aba yabuci encu yabu seme henduhe manggi : monggoi beise (7) jabuha gisun : --- han-i gûrun ofi encu šajin-i yabuci ombio seme jabufi (8) dural hung baturu-i jûwe niyalma-be morin hulha-ha seme waha : (9) nancu nirui jûwe niyalma-be coco faitame waha tûrgun : (10) ◢ han deji hehe ukame generebe bahafi deduhe seme waha :: tohoma hulhaha (Fol. 2844, 1) niyalma-be darama secihe : sideri hulhaha niyalma-be borbo secihe : hadala hulhaha (2) niyalma-be angga jayaha : ereci tûlgiyen yay-a jaka hulhaha-be an-i (3) hulhai uile tûhebuhe :* Vgl. JMZD, Fol 2843/2844. In Umschrift des mandschusprachigen Textes werden die noch nicht mit diakritischen Punkten und Kreisen versehenen Buchstaben so umschrieben, als seien sie bereits modifiziert. Eine Schreibung mit *j* anstelle eines zu erwartenden *c* wird mit *c* umschrieben. Eine Schreibung mit *c* anstelle eines zu erwartenden *j* wird mit *j* umschrieben. *u* und *û* werden jeweils so umschrieben, wie sie im Text stehen. Erhöhte Schreibung ist durch ◢ kenntlich gemacht.

man den Bezeugenden [die Strafzahlung] einziehen. Ihr Edelleute sollt, indem ihr einen Ring um eure Staaten zieht, Grenzwachen aufstellen! Wenn jemand, indem er den Worten, die man gesprochen hat, zuwiderhandelt, die Grenzwachen nicht aufstellt, dann nimmt man fünf Rinder. Wenn die Grenzleute, die man abgeordnet hat, zuwiderhandeln und nicht [an ihren Posten] gehen, nimmt man jeweils ein Rind." Nachdem man so sagend Gebote und Verbote aufgestellt hatte, entließ man sie.[54]

5.2. Die Gesetze aus der Shunzhi- und der Kangxi-Zeit

Aus dem MG (Kangxi) geht hervor, daß den Artikeln, die in der Shunzhi- und Kangxi-Zeit entstanden sind, Eingaben von Behörden der Zentralregierung zugrunde liegen. So sind einige Artikel mit Einschüben wie den folgenden versehen: *ayiladqaǰu qauli bolɣaǰuqui* (indem man eine Eingabe eingereicht hat, hat man eine Bestimmung erstellt),[55] *kemen ayiladqaǰu toɣtaɣaǰuqui* (indem man eine so lautende Eingabe eingereicht hat, hat man [dieses] festgesetzt)[56] und *kemen ayiladqaǰu ǰarlaǰuqui* (indem man eine so lautende Eingabe eingereicht hat, hat [der Kaiser] eine Weisung gegeben).[57] Von welchem Amt bzw. welchen Personen die Eingaben stammten, geht aus diesen Passagen nicht hervor.

Für einen Artikel des MG (Kangxi) läßt sich anhand der Archivmaterialien des Bayantala-Bundes[58] belegen, daß die Eingabe, die der Bestimmung zugrunde liegt, vom Lifanyuan eingereicht worden war. So ist ein Schreiben des Lifanyuan aus dem Jahr 1664 überliefert, worin eine kaiserliche Weisung zitiert wird, in der es heißt: *egün-i tan-u yamun yaɣaruu keleičeǰü čingdalan tarqaɣabasu ǰokimu* (Es ist angemessen, daß euer Amt diese [Angelegenheit]

---

54 (2) *ice uyun-de aohan : naiman : barin : jarud-i (3) beise fakcaha : fakcara-de toktobume gisurehe gisun : yay-a ergici (4) jidere ukanju-be : sûwe heturefi wambi sere : ereci amasi jidere ukanju-be : (5) beise same waci juwan boigon gaimbi : beise sarku buya niyalma waci (6) beyebe wambi : sargan jùse-be olji arambi : hetu niyalma gercileme (7) alanjici gerci-be singgebumbi : beise sûweni gùrun-i siurdeme karun sinda : (8) henduhe gisumbe jurceme karun sindarakuci sunja ihan gaimbi : (9) tûcibuhe karun-i niyalma generaku jurceci emte ihan gaimbi seme (10) šajilabi ûnggihe :* Vgl. JMZD, Fol. 2845.
55 Vgl. MG (Kangxi), S. 66r.
56 Vgl. MG (Kangxi), S. 66v–67v.
57 Vgl. MG (Kangxi), S. 67v–68v.
58 Zu dieser Quelle s. unter Punkt 4.2.2.

umgehend diskutiert, streng festlegt und verkündet).[59] Da diese kaiserliche
Weisung vom Lifanyuan als Begründung für die Verkündung des folgenden
Gesetzestextes zitiert wird, ist davon auszugehen, daß der Kaiser in diesem
Fall das Lifanyuan angewiesen hatte, die Angelegenheit zu diskutieren und
ein Gesetz zu formulieren. Wenn im MG (Kangxi) ein Artikel oder ein
Amendement mit den Worten eingeleitet wird *tüsimel man-u kelelčegsen anu*
„unsere Beamten haben (wörtl. Einzahl: unser Beamter hat) folgendes
vereinbart", ist daher anzunehmen, daß es sich bei den Beamten um solche
des Lifanyuan handelte.

Für die Kangxi-Zeit läßt sich nicht sagen, inwieweit am Entwurf
mongolischer Gesetze außer den Beamten des Lifanyuan auch andere hohe
Beamte – z. B. solche des Strafministeriums – beteiligt waren. Diese Möglichkeit muß im Auge behalten werden, da es für die Qianlong-Zeit Belege
gibt, daß für Mongolen geltende Bestimmungen auf Beratungen
zurückgehen, an denen neben Beamten des Lifanyuan auch solche des
Strafministeriums und des sogenannten Grand Council[60] beteiligt waren. Das
Ergebnis der Besprechungen wurde dem Kaiser in Form einer Eingabe
dargelegt; mit seiner Zustimmung konnte aus dem Vorschlag der Beamten
eine gesetzliche Bestimmung werden.[61] Was im Einzelfall der Anlaß für die
kaiserliche Weisung war, die Vertreter der verschiedenen Behörden bzw. des
Grand Council sollten über ein bestimmtes Problem diskutieren, ist in den
meisten Fällen unklar. Aus dem Mongolischen Gesetzbuch aus der Qianlong-
Zeit geht hervor, daß in einigen Fällen Eingaben lokaler Beamter zugrunde

---

59 Vgl. *Bayantala meng shi ziliao jicheng*, S. 6.
60 Zur Gründung u. Arbeitsweise des Grand Council, das aus Großsekretären,
    Präsidenten von Ministerien und anderen hohen Beamten bestand, die vom Kaiser mit
    besonderen Aufgaben betraut worden waren, vgl. Bartlett, *Monarchs and Ministers*.
61 Ein Artikel aus dem mittleren Wintermonat des Jahres QL28 (1763) wird z. B. mit
    folgenden Worten eingeführt: „Bestimmung, die man festgesetzt hat, indem die für das
    Militärische zuständigen Würdenträger (i. e. das Grand Council), das
    Strafministerium und das Lifanyuan, nachdem sie einem kaiserlichen Befehl folgend
    sich untereinander beraten hatten, eine Eingabe einreichten". ◄◄ *jarli γ-i da γaju čirig-
    ün tuqai-yin sayid-ud sigükü yabudal-un yamun γada γadu mong γol-un törö-yi jasaqu
    yabudal-un yamun-u-lu γ-a neyile jü kelelčeged* ◄ *ayiladqaju to γta γa γsan qauli*. Vgl.
    Mong γol čaγajin-u bičig, Kap. X (17), S. 20. In der chinesischen Version heißt es
    nach der Nennung der beteiligten Gremien *yizou dingli* „hat man, indem man sich
    beriet, eine Eingabe eingereicht und eine Bestimmung festgesetzt". Vgl. *Menggu lüli*,
    Kap. X (17), S. 92.

lagen, in denen auf einen Mißstand bzw. einen Regelungsbedarf hingewiesen wurde.[62]

Im MG (Kangxi) finden sich bereits mehrere Artikel, anhand derer sich belegen läßt, daß Entscheidungen des Strafministeriums bereits in der Kangxi-Zeit Auswirkungen auf die Gesetzgebung für die Mongolen haben konnten. Diese Tatsache ist z. B. einem auf den 7. Juni 1689[63] datierten Artikel zu entnehmen.[64] Dem Gesetzentwurf war eine Eingabe des Gouverneurs von Shandong vorangegangen, in der dieser gefordert hatte, Geisteskranke unter die Obhut ihrer Verwandten zu stellen. Nachdem der Kaiser die „drei Gerichtshöfe"[65] aufgefordert hatte, über die Eingabe zu diskutieren und diese ihre Vorschläge wiederum in einer Eingabe dargelegt hatten, erging die Weisung, daß „eine Bestimmung erstellt und allseits in den Pfeilschaften der Acht-Banner-Haushalte, in Zhili und den vielen Provinzen verbreitet und befolgt werden sollte".[66]

Es kann nur konstatiert werden, daß hier eine Bestimmung Aufnahme in das MG (Kangxi) fand, die ihren Ursprung nicht in einem spezifisch mongolischen Kontext hatte: Der dem Artikel zugrundeliegende Fall hatte sich aller Wahrscheinlichkeit nach in Shandong zugetragen; das Lifanyuan scheint an seiner Formulierung keinen Anteil gehabt zu haben. Da die Bestimmung jedoch im gesamten Qing-Reich Gültigkeit haben sollte, kann

---

62   Z. B. Eingabe des Anchashi (mit der Überwachung der gerichtlichen Angelegenheiten einer Provinz betraut) von Shanxi, die QL26 (1761) dazu führte, daß Strafministerium und Lifanyuan in einer gemeinsamen Eingabe vorschlugen, die Rechtsprechung solle in der Folgezeit nach dem territorialen Prinzip (hierzu s. unter Punkt 7.) erfolgen. Vgl. *Mongγol ča γ aǰin-u bičig*, Kap. XII (19), S. 54/55 u. chin. Version *Menggu lüli*, Kap. XII (19), S. 104/105. Die Qianlong-zeitlichen Artikel des Mongolischen Gesetzbuches scheinen somit auf sogenannte „deliberation memorials" (chin. *yifu zouzhe*) zurückzugehen. Zu diesen kam es, wenn der Kaiser eine ihm vorgelegte Palasteingabe aus der Provinz nicht sogleich entschied, sondern an ein oder mehrere Gremien zur Beratung weiterleitete. Im Anschluß an die Beratungen wurde – gewöhnlich unter der Federführung des Grand Council – ein *deliberation memorial* entworfen, in dem die hohen Beamten, die mit dem Problem befaßt gewesen waren, eine Empfehlung für das weitere Vorgehen vorlegten. Vgl. Bartlett, *Monarchs and Ministers*, S. 275/276.

63   KX28, zwanzigster Tag des ersten Sommermonats.

64   Vgl. MG (Kangxi), S. 108r–111v.

65   Chin. *san fasi*, Strafministerium, Zensorat und Revisionshof (*dalisi*). Vgl. auch Bodde, *Law in Imperial China*, S. 132/133. Die Modalitäten der Zusammenarbeit der *san fasi* waren bereits in der Ming-Zeit festgelegt worden.

66   *qauli bolγaǰu naiman qosiγun ger-ün sumu . ǰili . olan muǰi neyite tarqaγaǰu daγaǰu yabuγuluy-a*. Vgl. MG (Kangxi), S. 111v.

diese Textpassage nicht als Hinweis dafür betrachtet werden, daß in der Kangxi-Zeit Beamte des Strafministeriums bereits gezielt herangezogen wurden, um Gesetze für die Mongolen zu entwerfen.

Ein anderer Artikel des MG (Kangxi), der auf den mittleren Frühlingsmonat des Jahres KX29 (1690) datiert ist, legt fest, daß mit Mongolen, die bei einem Viehdiebstahl einen Menschen getötet hatten, anhand der Gesetze des Strafministeriums verfahren werden sollte.[67] Diese Bestimmung kann als das früheste Zeugnis einer Entwicklung gesehen werden, die im 18. und 19. Jahrhundert voll zum Tragen kommen sollte: Wenn im Bereich des für die Mongolen gültigen Rechts ein Regelungsbedarf bestand, kam es nicht zum Entwurf einer neuen Bestimmung; um Lücken in der Gesetzgebung zu füllen, wurde vielmehr auf die Bestimmungen des Qing-Kodex verwiesen. Aus diesem Umstand ist zu schließen, daß den Mongolen innerhalb des Qing-Reiches nicht länger ein besonderer rechtlicher Status zuerkannt wurde. – In einem Ausblick auf die Entwicklung im 18. und 19. Jahrhundert soll unter Punkt 7. auf diese Problematik genauer eingegangen werden.

Neben dem Strafministerium scheint in der Kangxi-Zeit gelegentlich auch das Neiwufu[68] mit rechtlichen Fragen, die Mongolen betrafen, betraut gewesen zu sein. Hierauf läßt ein Artikel des MG (Kangxi) schließen, in dem davon berichtet wird, daß durch eine kaiserliche Weisung Personen, die ursprünglich einem regierenden Wang der Qorčin unterstanden hatten und die – nachdem ihnen die Todesstrafe erlassen worden war – an das Neiwufu überantwortet worden waren, an ihren mongolischen Herren zurückgegeben werden sollten.[69] In dem Artikel wird auf einen bestimmten Fall Bezug genommen, dessen Hintergründe jedoch nicht dargelegt werden. Es muß daher offen bleiben, warum in dieser Angelegenheit das Neiwufu eingeschaltet worden war bzw. ob dieses Amt bei der Behandlung mongolischer Rechtssachen regelmäßig zu Rate gezogen wurde.

Neben Artikeln, die sich auf Beratungen bzw. Eingaben hauptstädtischer Behörden zurückführen lassen, enthält das MG (Kangxi) auch Bestimmungen, die auf explizite Befehle des Kangxi-Kaisers zurückgehen. Ein

---

67 Vgl. MG (Kangxi), S. 112v/113r.

68 In der englischsprachigen Literatur als „Imperial Household Department", für die persönlichen Einkünfte der kaiserlichen Familie und die Verwaltung ihrer Leibeigenen zuständig. Zu diesem Amt vgl. Torbert, *The Ch'ing Imperial Household Department*.

69 Dieser sollte sie als Sklaven an niedrige und arme Leute geben. Vgl. MG (Kangxi), S. 113r–114r, auf den achtzehnten Tag des ersten Sommermonats KX25 (10. Mai 1686) datiert.

Beispiel dafür ist der Artikel, der regelt, daß Wiedergutmachungen, wenn es sich bei dem Geschädigten um einen Lama handelte, vom Staat eingezogen werden sollten.[70] Der Kaiser hatte in diesem Fall die Weisung gegeben, daß „solcherlei Lamaangelegenheiten von jetzt an grundsätzlich in dieser Weise beraten [und entschieden]" werden sollten.[71] Ein anderes Beispiel dafür, daß eine Bestimmung des MG (Kangxi) auf einen ausdrücklichen kaiserlichen Befehl hin entstand, liegt mit der Weisung vor, nach der Geisteskranke unter die Obhut ihrer Verwandten gestellt werden sollten (s. o.).

Die Entscheidungsprozesse, die während der Shunzhi- und der Kangxi-Zeit der Formulierung mongolischer Gesetzesartikel vorausgehen konnten, entsprechen in formaler Hinsicht dem Qing-zeitlichen Gesetzgebungs-verfahren für China.[72] Ebensowenig wie für die chinesischen läßt sich für die mongolischen Gesetze jedoch sagen, welche Kriterien ausschlaggebend dafür waren, daß eine behördlich getroffene (und vom Kaiser abgesegnete) Einzelentscheidung oder eine kaiserliche Willensäußerung in Form eines Artikels Eingang in die Gesetzessammlung fand.

Im Rahmen einer Untersuchung der Gesetzgebung der Qing für die Mongolen ist zu fragen, inwieweit sich die chinesischen Termini *lü* und *li* auf die Gesetzgebung der Qing für die Mongolen anwenden lassen. Bei den *lü* handelte es sich um grundlegende Strafgesetze, die – dem Ideal nach – nicht verändert werden sollten.[73] Ein Großteil der im Qing-Kodex enthaltenen *lü* läßt sich auf den Kodex der Tang-Dynastie (618–907) zurückführen. Der Notwendigkeit neuer gesetzlicher Regelungen wurde man duch die Formulierung von *li* gerecht. Bei diesen handelte es sich um einzelne Edikte oder um vom Strafministerium getroffene Fallentscheidungen, die vom Kaiser gebilligt worden waren.[74] In der Praxis hatten die *li* Vorrang vor den *lü*: Ließ sich auf einen Fall sowohl ein *li* wie ein *lü* anwenden, sollte das *li* heran-

---

70 Der Kangxi-Kaiser hatte den Beamten (wahrscheinlich des Lifanyuan) widersprochen, indem er entschied, daß es unpassend sei, einen Lama, der doch eigentlich seine Besitztümer an andere Leute geben sollte, mit der Familie und dem Vieh des Mannes zu entschädigen, der ihm Vieh gestohlen hatte. Vgl. MG (Kangxi), S. 112r/v. Zur Bedeutung der Wiedergutmachung s. unter Punkt 6.3.

71 *egünče qoyisi ene jerge-yin lam-a-nar-un kereg-i čöm ene metü kelelče.* Vgl. MG (Kangxi), S. 112v.

72 Hierzu vgl. Metzger, *The Internal Organization*, S. 167–232.

73 Metzger, *The Internal Organization*, S. 84 übersetzt *lü* als „statute" und *li* als „regulation". In der englischsprachigen Literatur *li* auch häufig als „sub-statute" oder „codified precedent".

74 Vgl. Bodde, *Law in Imperial China*, S. 64.

gezogen werden.[75] Überholte *lü* wurden keineswegs in allen Fällen aus dem Kodex gestrichen; der Qing-Kodex enthält zahlreiche *lü*, die zum Zeitpunkt der Herausgabe nicht mehr angewandt wurden.

Mit dem chinesischen Terminus *li* (also den „codified precedents") wird gewöhnlich der mongolische Begriff *qauli* gleichgesetzt.[76] Diese Interpretation erscheint schlüssig, da im MG (Kangxi) ein Artikel mit den Worten *kemen ayiladqaju qauli bolyajuqui* (indem man eine so lautende Eingabe einreichte, hat man ein *qauli* erstellt) eingeführt wird.[77] Problematisch ist jedoch, daß das MG (Kangxi) keine Artikel enthält, die man als „alten Bestand" (und somit als *lü*) von den neuen Bestimmungen absetzen könnte: Regelungen aus der Zeit des Hung Taiji werden ebenso als *qauli* bezeichnet wie Bestimmungen aus der Kangxi-Zeit.[78] Auch der Terminus *ǰayaja* bzw. *ǰayaji* (in diesen beiden Schreibungen) scheidet als mögliches Äquivalent zu *lü* aus. Dieser Begriff findet sich in zwei Passagen des MG (Kangxi): Hiermit wird in einem Fall auf „ein großes Gesetzeswerk" (*yeke jasay ǰayaja*)[79] und in einem anderen Fall auf „ein Gesetzbuch" (*ǰayajin-u bičig*)[80] verwiesen. Es ist davon auszugehen, daß mit *ǰayaja/ǰayaji* keine einzelne Bestimmung gemeint war, sondern vielmehr ein größeres Gesetzeswerk, das eine Vielzahl von Bestimmungen enthielt.

Die Gesetzgebung der Qing für die Mongolen konnte nicht auf eine so lange Geschichte zurückblicken wie die chinesische; es gab keine *lü* (und somit auch keine mongolischsprachige Entsprechung dafür). Auch von der äußeren Form her lassen sich die Artikel des MG (Kangxi) nicht in verschiedene Gruppen gliedern. Sofern man sich dieser Termini bedienen will, wäre es daher konsequent, alle Artikel des MG (Kangxi) als *qauli* zu klassifizieren.

75　Vgl. Bodde, a. a. O., S. 67.
76　Vgl. z. B. Bawden, „A Juridical Document from Nineteenth Century Mongolia", S. 251, Anm. Nr. 35.
77　Vgl. MG (Kangxi), S. 66r.
78　Der aus der Zeit des Hung Taiji stammende Artikel, in dem die Strafen für Edelleute festgesetzt werden, die Diebe gedeckt hatten, wurde in späterer Zeit mit einem Zusatz versehen, in dem die Maßregelung nicht-regierender Edelleute festgesetzt wurde: Sie sollten „entsprechend ebendieses *qauli*" (*mön-kü ene qauli yosu yar*) bestraft werden. Vgl. MG (Kangxi), S. 11v/12r. Dieses zeigt, daß auch Gesetze aus der Zeit des Hung Taiji als *qauli* bezeichnet wurden.
79　Vgl. MG (Kangxi), S. 1r.
80　Vgl. MG (Kangxi), S. 112v/113r.

Der Begriff *qauli* ist dann jedoch nicht mehr brauchbar für den Verweis auf Ergänzungen, die an bestehende Artikel angefügt wurden. Diesen wird im MG (Kangxi) keine eigene Bezeichnung zuteil; in dieser Arbeit sollen sie „Amendements" genannt werden. Ein großer Teil der Artikel des MG (Kangxi) ist mit solchen Amendements versehen – die meisten entstanden während der sechziger und siebziger Jahre des 17. Jahrhunderts. Durch die Amendements wurde dem Wandel der gesellschaftlichen Gegebenheiten[81] ebenso Rechnung getragen wie Veränderungen der Politik der Qing gegenüber den Mongolen. Ein Beispiel für einen Artikel, dessen Amendement über eine grundsätzliche Veränderung der Qing-Politik Auskunft gibt, ist der, in dem die Behandlung herbeikommender Flüchtlinge geregelt wird. Die Bestimmung besagt, daß man, wenn Edelleute der Qalqa[82] überliefen, ihnen, je nachdem wieviele Haushalte sie mitgebracht hatten, den Rang von Taiji ersten, zweiten, dritten oder vierten Grades verleihen wollte. Im letzten Satz wird die Bestimmung jedoch unter dem Hinweis annulliert, daß man Flüchtlinge der Qalqa seit dem mittleren Sommermonat des Jahres KX10 (1671) nicht mehr aufnähme.[83] Die politische Situation hatte sich geändert; an einer Entvölkerung des Qalqa-Gebietes waren die Qing nicht interessiert.[84] Interessant ist, daß in einigen Fällen die Hinzufügungen auf eine bloße Verdeutlichung des Sachverhalts abzielten; mitunter waren die Artikel in einer so unklaren Sprache gehalten, daß selbst Beamte des Lifanyuan mit dem Verständnis Schwierigkeiten hatten. Ein Beispiel dafür ist die unter Punkt 5.1.1. bereits diskutierte Bestimmung, nach der jemand, der „unberechtigt" (*endegüber*) Reisende absteigen ließ, mit der Abgabe von fünf Stück Großvieh bestraft werden sollte.[85] Im Rahmen von zwei in der Kangxi-Zeit entstandenen Amendements wurde geklärt, was mit „unberechtigt Reisende absteigen lassen" konkret gemeint war.[86] Der Artikel kann daher als Beispiel dafür gelten, daß Bestimmungen aus der Zeit des Hung Taiji in späterer Zeit

---

81 Z. B. wurden in der mittleren Kangxi-Zeit Ergänzungen vorgenommen, die festlegten, wie mit nicht-regierenden Edelleuten zu verfahren war. Hierzu s. Punkt 6.2.2.

82 Im MG (Kangxi), S. 62r als *qalq-a-yin tayijinar*.

83 Vgl. MG (Kangxi), S. 62r/v.

84 Auch die Bestimmung, wonach Lamas bestraft werden sollten, die sich nicht ihrem geistlichen Stand entsprechend verhalten hatten, wurde durch ein Amendement aufgehoben. Vgl. MG (Kangxi), S. 39v–40v.

85 Vgl. MG (Kangxi), S. 47v/48r.

86 Das zweite Amendement deutete die Bestimmung in der Weise, daß hiermit auf Leute verwiesen wurde, die Reisenden die Reitpferde wegnahmen und dann behaupteten, es handele sich hierbei um das eigene Vieh.

nicht mehr verständlich waren und durch Amendements inhaltlich geklärt werden mußten.

5.3. Der Wandel in der Qing-Gesetzgebung für die Mongolen

Im Rahmen der mandschurischen Gesetzgebung für die Mongolen ist grundsätzlich zu unterscheiden zwischen Rechtsaufzeichnungen aus den 30er Jahren des 17. Jahrhunderts und solchen aus der Shunzhi- und Kangxi-Zeit. Die „frühen" Bestimmungen stammen aus einer Zeit, in der mongolische Gesetze noch den Charakter von Übereinkünften hatten. Die in den JMZD überlieferten Rechtstexte aus dem Jahr 1631 belegen, daß die Mandschuren, um ihren Gesetzen bei den mongolischen Nachbarn Geltung zu verschaffen, sie in der Form traditioneller mongolischer Rechtsaufzeichnungen niederlegten. Ihrer Form nach zu urteilen, erhielten die frühesten mandschurischen Gesetze für die Mongolen ihre Legitimationsgrundlage nicht zuletzt durch die Zustimmung der mongolischen Edelleute.

Werden mongolische Edelleute im Protokoll der frühen Rechtsaufzeichnungen noch als Mit-Urheber genannt, so waren sie seit der zweiten Hälfte des 17. Jahrhunderts an der Niederlegung mongolischer Gesetze nicht mehr beteiligt.[87] Die Bestimmungen wurden nunmehr von Behörden der Zentralregierung entworfen und – bevor sie den Mongolen bekanntgegeben wurden – dem Kaiser zur Billigung vorgelegt.[88] Andere Gesetze sind auf explizite Willensäußerungen des Kaisers zurückzuführen. In allen Fällen lag die Gesetzgebung für die Mongolen jedoch vollständig in den Händen einer den Rechtsbeteiligten übergeordneten Autorität.

In späteren Geschichtsdarstellungen wurde versucht, die Tatsache, daß mongolische Gesetze von den Mandschuren einst bei Zusammenkünften mit mongolischen Edelleuten in traditioneller Weise niedergelegt worden waren, zu vertuschen. So berichten die *Shilu* hinsichtlich der gesetzgeberischen

---

87 Inwieweit mongolische Beamte des Lifanyuan als Vertreter mongolischer Interessen fungierten, bleibt fraglich.

88 Der Begriff *kelelče-* (sich beraten) wird auf beide Formen der Gesetzgebung angewandt: Waren es 1631 jedoch mongolische Edelleute, die gemeinsam mit dem mandschurischen Qan „ein Gesetz vereinbarten" (*ča γaja kelelče-* vgl. JMZD, Fol. 3417 u. Fol. 3420), so wurden die Beratungen in späterer Zeit von hohen Beamten der Zentralregierung und hier insbesondere des Lifanyuan ausgeführt. Vgl. z. B. MG (Kangxi), S. 11r *tüsimel man-u kelelčegsen anu* „unser Beamter/unsere Beamten haben folgendes besprochen".

Aktivitäten für die Mongolen, man habe „kaiserliche Befehle und Edikte verkündet" und „befohlen, daß sich alle an die Ordnung unseres Reiches halten",[89] „auf kaiserlichen Auftrag hin festgesetztes Recht verkündet"[90] und „Recht bekanntgegeben und Unzucht und Raub verboten".[91] Die *Shilu* lassen somit den Eindruck entstehen, Bestimmungen für die Mongolen seien „von oben" erlassen bzw. die mongolischen Edelleute über das vom Qan gemachte Gesetz lediglich informiert worden.

Auch die Art und Weise, in der die mongolischen Edelleute der Aoqan, Naiman, Barin und Ǯarud im Jahr 1628 angewiesen wurden, gegen die Tötung von Flüchtlingen vorzugehen und Grenzwachen aufzustellen, wurde in späterer Zeit anders geschildert als in den zeitgenössischen JMZD. Heißt es in diesen nur, daß man im November 1628 „Gebote und Verbote aufstellte" (*šajilabi*), berichten die rund hundertfünfzig Jahre später auf der Grundlage der JMZD kompilierten *Tongki fuka sindaha hergen i dangse* unter demselben Datum, daß man den mongolischen Edlen „eine kaiserliche Proklamation gab" (*joo bithe bume*) und „Gesetze aufstellte" (*fafulame*).[92]

Bei der Darstellung, wie während der Regierungszeit des Hung Taiji Gesetze für die Mongolen gemacht wurden, werden in den offiziellen und halboffiziellen Quellen zur Qing-Geschichte somit Verhältnisse des späten 18. Jahrhunderts auf das frühe 17. Jahrhundert übertragen. Zum Bild, das Ende des 18. Jahrhunderts vom Qing-Kaiserhaus vermittelt werden sollte, paßte nicht, daß das Zustandekommen der Gesetze in der frühen Zeit von zentralasiatischen bzw. mongolischen Traditionen geprägt war. Die Gesetzgebung der Qing für die Mongolen wird in den Qianlong-zeitlichen Geschichtsdarstellungen vielmehr auch im Hinblick auf die frühe Zeit als ein herrscherlicher Willensakt dargestellt, an dem die mongolischen Edelleute als die Empfänger der Bestimmungen in keiner Weise beteiligt waren. Für die Zeit des Hung Taiji wird dabei ein Vokabular der Qing-Behördensprache verwandt, das in den 30er Jahren noch nicht zur Anwendung gekommen war.

Interessant ist jedoch, daß sich die Mandschuren nicht nur während der Zeit des Hung Taiji des Mittels der traditionellen Rechtsaufzeichnung bedienten, um Einfluß auf die Rechtspraktiken ihrer mongolischen Nachbarn

---

89   *shang ban chiyu* u. *ling xi zun wochao zhidu*. Vgl. *Shilu*, Taizong, Kap. 5, S. 2 (TC3, 1. Monat, *xinwei* = 7. Feb. 1629).

90   *xuanbu qinding falü*. Vgl. *Shilu*, Taizong, Kap. 16, S. 1 (TC7, 10. Monat, *renxu* = 4. Nov. 1633).

91   *ban falü jin jiandao*. Vgl. *Shilu*, Taizong, Kap. 31, S. 16r/v (CD1, 10. Monat, *dinghai* = 13. Nov. 1636).

92   Vgl. *Tongki fuka sindaha hergen i dangse*, IV, S. 179–180.

zu nehmen. Anhand des *Qalqa ǰirum* läßt sich belegen, daß die Qing auch noch während des 18. Jahrhunderts durch die Niederlegung traditioneller Rechtsaufzeichnungen versuchten, die Mongolen mit Qing-Gesetzen vertraut zu machen.

Unter Punkt 4.1.3. wurde beschrieben, daß das *Qalqa ǰirum* zu einer Zeit entstanden ist, in der die Qalqa-Mongolen bereits unter der Herrschaft der Qing standen. Die Rechtsaufzeichnung enthält mehrere Bestimmungen, die im Jahr YZ4 (1726) vom Tüsiyetü Qan Wačirai Batu[93] und anderen mongolischen Edelleuten mit dem Richter (*ǰarγuči*) Rasiyan[94] – einem mandschurischen Beamten, der in Urga residierte – „abgesprochen" worden waren.[95] Die Gesetze betreffen z. B. das Verbot, mit Alkohol zu handeln und reisende Händler in der eigenen Jurte aufzunehmen.[96] Aus der Tatsache, daß das *Qalqa ǰirum* Bestimmungen enthält, die auf „Vereinbarungen" zwischen mongolischen Edelleuten und Vertretern des Qing-Kaisers zurückgehen, ist zu schließen, daß sich die Qing bei der Bekanntmachung ihrer Gesetze unter den Qalqa-Mongolen auch im 18. Jahrhundert noch traditioneller mongolischer Formen der Aufzeichnung von Recht bedienten. Fraglich bleibt jedoch, inwieweit zum damaligen Zeitpunkt die Formulierung der Bestimmungen tatsächlich von der Zustimmung der mongolischen Edelleute abhängig war.

Als Fazit kann gelten: Um Qing-Gesetzen unter den neu angeschlossenen Völkerschaften Geltung zu verschaffen, kam es sowohl im 17. wie auch noch im 18. Jahrhundert in einem ersten Schritt zur Aufzeichnung von Recht, das – unter formalen Gesichtspunkten – den Charakter einer Übereinkunft hatte. Inwieweit die mongolische Seite bei der Niederlegung ein Mitspracherecht hatte, läßt sich nicht sagen. Zumindest für das frühe 17. Jahrhundert ist anzunehmen, daß dem Vertreter des mandschurischen Herrschers, der zu der mongolischen Völkerschaft anreiste, um Gesetze festzulegen, nur ein Gerüst

---

93 Ehrentitel des Tüsiyetü Qan Wangjaldorji (gest. 1732). Vgl. Veit, *Die vier Qane von Qalqa*, II, S. 58.

94 Vgl. Sanjdorj, *Manchu Chinese Colonial Rule*, S. 35.

95 Als *keleldegsen čaγaǰa* „abgesprochenes Gesetz" bezeichnet. Vgl. *Qalqa Dǰirum*, Dylykov [Hrsg.], S. 319f. Zu beachten ist auch die Qing-zeitliche Datierung; andere Abschnitte des *Qalqa ǰirum* sind nach dem traditionellen Tierzyklus datiert.

96 Auch wird das Vorgehen gegen Leute festgesetzt, die ohne vom Lifanyuan eine Erlaubnis dazu zu haben, in den mongolischen Gebieten Handel getrieben hatten. Sanktionen hiergegen werden auch im Mongolischen Gesetzbuches aus der Qianlong-Zeit definiert. Vgl. *Mongγol čaγaǰin-u bičig*, Kap. V (3), S. 43–46.

vorgegeben war – über die genaue Ausformulierung beriet er mit den mongolischen Edelleuten vor Ort.

In der späteren Geschichtsschreibung sollte die Tatsache, daß die frühesten mandschurischen Rechtsaufzeichnungen für die Mongolen das Ergebnis multilateraler Verhandlungen darstellten, vertuscht werden. Die offiziellen und halb-offiziellen Quellen zur Qing-Geschichte berichten schon für die späten 1620er und frühen 1630er Jahre von der Setzung von Recht durch eine übergordnete Autorität. Durch die Verwendung von Termini, die auf die Situation im 18., nicht jedoch auf die im 17. Jahrhundert zutrafen, sollte der Anschein erweckt werden, als seien bereits die frühesten mandschurischen Gesetze für die Mongolen alleine durch einen Herrscherbefehl zur Geltung gebracht worden.

6. AUSWERTUNG DES MONGOLISCHEN GESETZBUCHES AUS DER KANGXI-ZEIT

6.1. Die Kommunikation zwischen der Zentralregierung und den mongolischen Edelleuten

Um die mongolischen Gebiete unter Kontrolle zu halten, mußten die Qing die Voraussetzungen für den regelmäßigen Austausch von Informationen zwischen der Zentralregierung und den mongolischen Edelleuten schaffen. Die Schwierigkeiten, die dabei zu überwinden waren, dürfen nicht unterschätzt werden. Da die mongolischen Territorien in den vorangehenden Jahrhunderten nicht unter einer einheitlichen Herrschaft gestanden hatten, konnten die Qing auf kein bestehendes System der Nachrichtenübermittlung zurückgreifen. Zudem waren die Gebiete von den jahrelangen kriegerischen Auseinandersetzungen ausgeblutet: Nicht alle Völkerschaften hatten sich den Mandschuren freiwillig angeschlossen; der Niederschlagung der Čaqar im Jahr 1634 waren z. B. langwierige Kämpfe zwischen mongolischen Gefolgsleuten des mandschurischen Herrschers und Anhängern des Ligdan Qan vorangegangen.

Darüber hinaus ist zu beachten, daß in dem Zeitabschnitt, der hier behandelt wird, es nicht nur um den Austausch von Informationen ging, die sich aus dem routinemäßigen Ablauf der Verwaltung ergaben; in gleicher Weise mußte die rasche Übermittlung wichtiger militärischer Nachrichten sichergestellt werden. Auch nach ihrer formalen Erklärung der Gefolgschaft kam es unter den mongolischen Völkerschaften zu Aufständen.[1] Zudem waren die Qing auf die Unterstützung durch mongolische Truppen bei kriegerischen Unternehmen in anderen Teilen ihres Reiches angewiesen.

6.1.1. Die Übermittlung kaiserlicher Weisungen und die Betreuung von Gesandten

Bei der Organisation eines geregelten Austausch von Informationen konnte den Qing das Post- und Gesandtenwesens, wie es im 13. Jahrhundert in den mongolischen Gebieten bestanden hatte, als Vorbild dienen. Das Relaispostsystem, das unter dem mongolischen Großqan Ögödei aufgebaut worden

---

1 Zum Aufstand der Sünid 1646–1648 vgl. Zhang Mu, *Menggu youmuji*, Kap. 4, S. 9r/v.

war, verfügte über ein weites Netz schnellster Reise- und Nachrichten-verbindungen.[2] In der Zeit des mongolischen Großreiches bewiesen Gesandte ihre Berechtigung zur Benutzung von Relaispferden durch sogenannte *paiza*, kleine Täfelchen aus Holz, Silber oder Gold. Bei den in regelmäßigen Abständen errichteten Relaisstationen, die von eigens dazu bestimmten Familien unterhalten wurden, konnten sie die Pferde eintauschen und erhielten Verpflegung.

Anhand der traditionellen mongolischen Rechtsaufzeichnungen läßt sich belegen, daß die grundsätzliche Pflicht, Gesandten weiterzuhelfen, auch in der Zeit nach dem Zusammenbruch des mongolischen Großreiches bestanden hatte. Die Bestimmungen der Rechtstexte auf Birkenrinde, der Oiratischen Gesetze und des *Qalqa ǰirum* beschränken sich jedoch auf Strafandrohungen für Leute, die sich fälschlich als Gesandte (*elči*) ausgaben oder berechtigten Gesandten Pferde verweigerten.[3] Einzelheiten über die Art und Weise der Nachrichtenübermittlung, z. B., auf welche Weise Gesandte sich auszuweisen hatten, gehen aus den Rechtsaufzeichnungen nicht hervor. Dank der Untersuchungen von SERRUYS wissen wir, daß bis ins 17. Jahrhundert hinein in besonderer Weise gekennzeichnete Pfeile den Gesandten als Zeugnisse herrscherlich zugewiesener Autorität dienten.[4] Festzuhalten ist daher, daß in der Zeit vor der Eingliederung der Mongolen in den Qing-Staat zwar kein einheitlich organisiertes Postwesen existierte, es aber Gesandte gab, die, wenn sie im Auftrag einer hochgestellten Persönlichkeit unterwegs waren, einen besonderen Status hatten und denen bestimmte Vorrechte zustanden.

ZHAO führt aus, daß die Qing erst im Jahr 1692 in Verbindung mit den Dzungarenkriegen mit dem Aufbau eines Systems staatlicher Poststationen in den mongolischen Gebieten begannen.[5] Die Notwendigkeit der systematischen Einrichtung dauerhaft bemannter Poststationen wurde vom Kangxi-Kaiser im Jahr 1692 folgendermaßen begründet:

2 Zum Relaispostsystem im 13. und 14. Jahrhundert vgl. Olbricht, *Das Postwesen unter der Mongolenherrschaft*.
3 Rechtstexte auf Birkenrinde vgl. z. B. Përlëe, „Chalchyn šinë oldson caaz-ërchëmžijn dursgalt bičig", S. 56; Zusammenstellung der relevanten Passagen der Oiratischen Gesetze bei Riasanovsky, *Fundamental Principles*, S. 95/96.
4 Vgl. Serruys, „A Note on Arrows and Oaths Among the Mongols".
5 Vgl. Zhao, *Qingdai Menggu*, S. 173–175. Erste Ansätze dazu hatte es bereits in den achtziger Jahren gegeben; so soll im Zusammenhang mit den Auseinandersetzungen im Grenzgebiet zu Rußland 1682 eine Poststation im Gebiet der Solonen eingerichtet worden sein.

„In allen auswärtigen Angelegenheiten benutzt man stets die Pferde der Mongolen. So mutet man den Mongolen zuviel zu, und es besteht auch die Gefahr, daß Angelegenheiten verzögert werden. Wenn man jetzt Poststationen einrichtet, so wird man zwar staatliche Gelder dafür aufwenden müssen, in der Folgezeit hat dieses für die Mongolen jedoch viele Vorteile; auch wird es nicht mehr zu Verzögerungen und Versäumnissen kommen, das ist das Allerwichtigste."[6]

Für die Fragestellung der vorliegenden Untersuchung ist von Bedeutung, daß bis zum Ende des 17. Jahrhunderts – und somit in der Zeit, aus der die Artikel des MG (Kangxi) stammen – in den mongolischen Gebieten noch kein Netz von Poststationen bestand. Mongolen, die von einem offiziellen Boten zur Gestellung von Pferden aufgefordert worden waren, mußten, so ist anzunehmen, diese aus ihrem eigenen Bestand geben.

Die Pflicht, Gesandten weiterzuhelfen, bestand jedoch nur, wenn diese im Besitz eines „beglaubigten gesiegelten Schreibens" (*itegeltü temdegtü bičig*)[7] waren. Diese erfüllten während der Qing-Zeit die Funktion der *paiza*. Wenn jemand ohne diese Beglaubigungsschreiben sich als Gesandter ausgab und versuchte, einen Anspruch auf Pferde geltend zu machen, sollte er gefesselt und an das Lifanyuan überführt werden.[8] Wenn anderseits jemand es ablehnte, einem ausgewiesenen Gesandten Pferde zur Verfügung zu stellen, sollte er, so wird im MG (Kangxi) festgesetzt, mit einer hohen Viehstrafe belegt werden.[9]

---

6 Vgl. *Shilu*, KX31, 3. Monat, *bingchen* (22. April 1692). Zitiert nach Zhao, a. a. O., S. 174. 1692 soll mit dem Ausbau der ersten beiden Routen begonnen worden sein: von Xifengkou aus zu den Qorčin und von Shahukou aus zu den Ordos. 1693 wurde die Arbeit an drei weiteren Routen in Angriff genommen: von Gubeikou aus zu den Üjümücin (sechs Stationen), von Dushikou aus zu den Qaγučid (sechs Stationen) und von Zhangjiakou aus nach Hohhot und zu den Dörben Keüked (acht Stationen). Den mongolischen Regenten sollte die Benutzung der Pferde der Poststationen nur erlaubt sein, wenn sie in offizieller Mission unterwegs waren.

7 In der späteren Qing-Zeit als *ulaγ-a unuqu temdeg bičig* oder als *ulaγ-a piyao bičig* bezeichnet. Dazu s. Farquhar, *The Ch'ing Administration*, S. 313, Anm. Nr. 113.

8 Vgl. MG (Kangxi), S. 20r/v. Regelungen, die darauf abzielten, die Versorgung von Reisenden mit Pferden und Verpflegung sicherzustellen, finden sich bereits in den mandschu-mongolischen Gesetzen des Jahres 1632. (JMZD, Fol. 3939). Dort ist allerdings nicht von Gesandten, sondern von „Reisenden" (*ji γulčin kümün*) die Rede.

9 Drohte in diesem Fall die Abgabe von 3x9 Stück Vieh, so sollte die Weigerung, ihn mit Proviant zu versorgen, nur mit der Abgabe eines Rindes geahndet werden. Vgl. MG (Kangxi), S. 20r/v.

Leider liegen keine Quellen vor, die über die genauen Umstände der Versorgung von Gesandten und der Gestellung von Reittieren in der Zeit vor der Einrichtung staatlich organisierter Poststationen Auskunft geben. Die relativ große Anzahl kaiserlicher Weisungen, die während der Shunzhi- und der frühen Kangxi-Zeit hinsichtlich der Berechtigung auf Gestellung von Reitpferden gegeben wurden, deutet jedoch darauf hin, daß in dieser Frage ein sehr großer Regelungsbedarf bestand.[10]

Überraschend an den Bestimmungen des MG (Kangxi) und des KXHD ist, daß Gesandten des Lifanyuan keineswegs in allen Fällen Pferde zugestanden wurden. Ein Artikel, der sich anhand des KXHD auf das Jahr KX9 (1670) datieren läßt, legt fest, daß ein Gesandter nur bei der Überbringung kaiserlicher Dekrete oder Proklamationen, Bekanntgaben des Lifanyuan oder auf militärischen Inspektionsreisen mit einem beglaubigten Schreiben ausgestattet werden sollte. Bei anderen Anlässen (die in dem Artikel nicht näher erläutert werden) sollte die Entfernung, die der Gesandte würde zurücklegen müssen, entscheidend sein: War der Bestimmungsort seiner Mission weit entfernt, sollte er in jedem Fall mit einem begaubigten Schreiben ausgestattet werden; hatte er nicht ganz so weit zu reisen, kam ihm dieses nur im Winter und Frühling zu; Gesandte zu Völkerschaften, deren Siedlungsort relativ nahe an der Hauptstadt gelegen war, hatten (so sie nicht mit einem dringenden Auftrag unterwegs waren) zu keiner Jahreszeit ein Recht auf die Gestellung von Pferden.[11] Von ihnen heißt es in demselben Artikel, man wolle sie „per [Pferde]bein senden" *köl-iyer ǰarumu* bzw. *köl mori-bar ǰarumu*. Das KXHD ist an dieser Stelle deutlicher und sagt, sie sollten *cheng benshen ma* „ihre eigenen Pferde benutzen". – Auch bezüglich der Art und Weise, in der diejenigen Gesandten reisten, die vom Lifanyuan nicht mit einem „beglau-

---

10 Ein Abschnitt im hundertzweiundvierzigsten Kapitel des KXHD ist dem Kurierdienst (*yidi*) gewidmet. In diesem Abschnitt werden neun Eingaben aus der Zeit SZ12 (1655) bis KX25 (1686) zitiert.

11 Vgl. MG (Kangxi), S. 63r–64v u. KXHD, Kap. 142, S. 8v–9v. Gesandte zu den J̌alaid, Dörbed, Gorlos, Sibe, Solonen, Daγuren, Golčin und nach Ningguta sollten zu jeder Jahreszeit mit einem beglaubigten Schreiben ausgestattet werden; Gesandte zu den Qorčin, Üǰümüčin, Qaγučid, Urad und Ordos jedoch nur im Winter und im Frühling. Gesandten zu den Qaračin, Tümed, Aoqan, Naiman, Ongniγud, Baγarin, J̌arud, Čaqar, Kesigten, Aru Qorčin, Dörben Keüked, Muumingγan, den Qalqa vom Inneren Flügel, den Tümed von Hohhot und nach Mukden und Siregetü Küree (im 18. Jh. Teil des J̌osotu-Bundes, vgl. *Mongolische Ortsnamen*, II, Tafel Nr. 87) standen auch im Winter oder Frühling keine beglaubigten Schreiben zu, mit denen sie in den mongolischen Gebieten auf die Gestellung von Reitpferden hätten bestehen können.

bigten, gesiegelten Schreiben" ausgestattet worden waren, bleiben viele Fragen offen. Verfügten sie tatsächlich über eigene Pferde und ritten diese bei der Übermittlung von Nachrichten in die mongolischen Gebiete?

Für hohe Würdenträger, die in die mongolischen Gebiete reisten, galten selbstverständlich andere Vorschriften: Einem *shangshu*,[12] der auf dem Weg zu einer Versammlung war, wurden, so gibt das KXHD Auskunft, im Jahr KX3 (1664) z. B. zwanzig Pferde und sieben Kamele zugestanden – einem Schreiber,[13] der in seinem Gefolge reiste, fünf Pferde.[14] Es ist anzunehmen, daß die reichliche Ausstattung mit Reittieren, die hohen Würdenträgern auf ihrem Weg durch die mongolischen Gebiete zuteil werden sollte, auch politischen Zwecken diente; eine Gesandtschaft, die mit einer großen Anzahl von Reit- und Lasttieren unterwegs war, mußte die mongolischen Edelleute beeindrucken und war dazu angetan, ihnen Ehrfurcht vor dem mandschurischen Kaiserhaus und dem eintreffenden Würdenträger einzuflößen.

Daß es bei der Anreise einer hohen Persönlichkeit nicht nur um den bloßen Austausch von Informationen ging, sondern daß auch Förmlichkeiten damit verbunden waren, geht bereits aus dem ersten Artikel des MG (Kangxi) hervor. In diesem wird in ausführlicher Weise das Zeremoniell beschrieben, mit dem ein angereister kaiserlicher Würdenträger[15] zu empfangen war; es wird festgelegt, wie die kaiserlichen Gaben überreicht werden sollten und was für Ehrfurchtsbezeigungen von den mongolischen Edelleuten bei der Verlesung des kaiserlichen Weisungsschreibens erwartet wurden.[16] Vier Anlässe werden genannt, zu denen ein Würdenträger anreisen konnte:
1) Zu einer Versammlung konnte „ein hoher Würdenträger, der Urteile spricht" (*yal-a sigükü erkin sayid*), zu den Mongolen gesandt werden.

---

12 Stand einer Behörde der Zentralregierung vor.
13 *bitieshi* für man. *bithesi* Schreiber, Sekretär.
14 Vgl. KXHD, Kap. 142, S. 8r/v. Eine andere Eingabe des Jahres 1664 sah jedoch vor, daß Schreiber, die mit einem bestimmten Auftrag, aber unabhängig von einer größeren Gesandtschaft reisten, keine beglaubigten Schreiben erhalten sollten. Vgl. KXHD, Kap. 142, S. 8v.
15 Mong. *sayid*. In späterer Zeit werden anläßlich von Versammlungen zu den Mongolen geschickte Würdenträger als *qinchai dachen* (kaiserlich beauftragte hohe Würdenträger) bezeichnet. Vgl. Jagchid, „Jindai Menggu", S. 731.
16 Vgl. MG (Kangxi), S. 1r–4v. Dieser Artikel hat keinen Niederschlag im KXHD gefunden. Anhand des *Gujin tushu jicheng*, XXVI, S. 40 läßt er sich jedoch auf das Jahr CD1 (1636) datieren.

2) Anläßlich einer Verleihung, der Erweisung einer Wohltat oder ähnlicher Dinge konnten Würdenträger oder Pfauenfeder tragende Leibwächter (*sayid kiy-a-nar*) anreisen.

3) Würdenträger konnten anreisen, um jemandem eine Verleihung oder Wohltat zukommen zu lassen, um die er gebeten hatte.

4) Würdenträger konnten als Überbringer eines kaiserlichen Weisungs-schreibens (*jarlaγ-un bičig*) zu mongolischen Edelleuten geschickt werden.

Das Zeremoniell, mit dem die Würdenträger empfangen werden sollten, war bei jedem Anlaß unterschiedlich. Wenn die Gesandtschaft die Grenze des *ulus*(!)[17] erreicht hatte, sollten die Leute, die im Bereich der Grenze siedelten, sich nach Namen, Titel und Anliegen des Würdenträgers erkundigen und ihm voranreiten, um ihrem Edelmann Bescheid zu geben. Dieser sollte, wenn es sich um einen „hohen Würdenträger, der Urteile spricht" handelte, ihm auf eine Entfernung von ca. zehn km[18] entgegenreiten. In allen anderen Fällen war es ausreichend, wenn er der Gesandtschaft auf dieselbe Entfernung einige Amtsträger entgegenschickte.

Der Artikel besticht durch die genauen Anweisungen darüber, wie sich Empfänger und Überbringer des Weisungsschreibens bzw. der Gaben zu verhalten hatten: Die kaiserlichen Gesandten sollten von den mongolischen Edelleuten oder ihren Untergebenen eingeholt und bei ihrer Ankunft in der Jurte Räucherwerk entzündet werden. Die Edelleute waren gehalten, das kaiserliche Schreiben bzw. die Gaben kniend entgegenzunehmen; sie hatten in dieser Stellung zu verharren, wenn ihnen die Worte des Weisungs-schreibens vorgelesen wurden. Danach sollten sie sich eine bestimmte Anzahl von Malen niederknien und verneigen.[19]

---

17 „Untertanen/Völkerschaft/Staat". Die Verwendung des Begriffes an dieser Stelle ist interessant, da man unter Umständen den Begriff *qosiγu* (Banner, Wehreinheit) erwartet hätte. Zur Zeit der Abfassung des Artikels war demnach die Einheit, in die sich die Mongolen in den Augen der Qing gliederten, der *ulus*. Dieser besaß auch geographische Grenzen. Indirekt läßt sich daraus der Schluß ziehen, daß die systematische Einteilung der Mongolen in Banner im Sinne einer Zivilverwaltung zum Zeitpunkt der Abfassung des Artikels noch nicht vollzogen war.

18 fünf *ber-e*. Zu diesem Längenmaß vgl. *Mongolian-English Dictionary*, Lessing [Hrsg.], S. 99.

19 Das Weisungsschreiben sollte durch einen „Lautlese-Schreiber" (*daγudaqu bičigeči*) verlesen werden. Die Erwähnung des „Lautlese-Schreibers" ist als Hinweis darauf zu deuten, daß die eigentlichen Empfänger des Schreibens, die mongolischen Edelleute, nicht des Lesens und Schreibens kundig waren.

Durch die Vorschriften wurde ein Ritual festgelegt, das bei der Übergabe eines kaiserlichen Schreibens oder einer Gabe vollzogen werden sollte. Die zeremoniellen Anweisungen zielten darauf ab, den mongolischen Edelleuten einzuschärfen, daß alles, was vom Kaiser ausging, besondere Ehrfurchtsbezeigungen erforderte. Dieses galt sowohl für das Weisungsschreiben und die Gaben und Geschenke wie auch für die Person des angereisten Würdenträgers. Daraus ist zu schließen, daß die Qing nicht nur bestrebt waren, die faktische Loyalität der mongolischen Edelleute sicherzustellen, sondern durch zeremonielle Vorschriften sie auch dazu zu bringen suchten, ihrer Achtung gegenüber dem Kaiser sichtbaren Ausdruck zu verleihen.

Aus dem unter 3.1. zitierten *Shilu*-Eintrag des Jahres 1667, in dem vom Lifanyuan auf die Notwendigkeit einer Überarbeitung des Mongolischen Gesetzbuches hingewiesen wird, geht hervor, daß dieses Amt Sorge dafür trug, daß die Bestimmungen der Qing den Edelleuten auch tatsächlich bekanntgegeben wurden. Im folgenden wird gefragt, in welcher Form diese Bekanntgabe vor sich ging. Zeugnisse, die über die Kontakte zwischen der Zentralregierung und den Edelleuten als Trägern der Qing-Verwaltung im 17. Jahrhundert Auskunft geben, liegen mit den Archivmaterialien des Bayantala-Bundes vor, dem Schriftwechsel der Bannerhauptleute und Meiren-ü Janggi der Tümed von Hohhot.[20] Da die frühesten Dokumente dieser Sammlung aus dem Jahr 1665 stammen, dürfte man erwarten, daß Artikel des MG (Kangxi), deren Formulierung auf die Zeit nach 1665 zurückgeht, ihren Niederschlag auch in den Akten des Bayantala-Bundes haben. Unter den Archivmaterialien findet sich jedoch nur ein Beispiel dafür, daß die Verantwortlichen der Tümed-Banner über eine kaiserliche Weisung informiert wurden, die dann in Form eines *qauli* Aufnahme in das MG (Kangxi) fand. Auffallend ist, daß sich der Schriftwechsel zwischen dem Lifanyuan und den Bannerverwaltern der Tümed von Hohhot sonst stets auf Einzelentscheidungen bezog bzw. vom Lifanyuan Anweisungen bezüglich konkreter Situationen gegeben wurden.[21]

Es liegt jedoch ein Beispiel vor, anhand dessen sich zumindest für einen Fall nachvollziehen läßt, in welcher Weise den Verantwortlichen der beiden Tümed Banner von Hohhot in der Kangxi-Zeit neue Bestimmungen der Qing

20 Schriftwechsel, den sie mit Behörden der Zentralregierung, hohen mandschurischen Militärs und einzelnen mongolischen Edelleuten führten. S. auch unter Punkt 4.2.2.
21 Z. B. die Gestellung von Truppen, Bereitstellung von Pferden und Kamelen für Gesandtschaften zu den nördlichen Qalqa und die Begleichung von Strafzahlungen. Vgl. Yates, *Early Historical Materials*, S. 3, S. 4 u. S. 21. Es ist nicht anzunehmen, daß die Überbringer der Briefe mit beglaubigten gesiegelten Schreiben ausgestattet worden waren.

bekanntgegeben wurden: Im Archiv des Bayantala-Bundes ist ein Schreiben des Lifanyuan aus dem Jahr KX19 (1680) überliefert, worin die Bannerverwalter über eine kaiserliche Weisung informiert werden, nach der Handel mit Qalqa, Oiraten, Tanguten und Barɣu unter Strafandrohung verboten war.[22] Im zweiten Teil des Schreibens wird über die Bestrafung eines Taiji der Qaɣučid berichtet, der seine Tochter einem Tabunang[23] der nördlichen Qalqa zur Frau gegeben hatte.

Es ging im Schreiben des Lifanyuan also um die Kontakte zu anderen mongolischen Völkerschaften; die Bannerverwalter wurden darüber in Kenntnis gesetzt, daß Edelleute, die eigenmächtig Heiratsverbindungen mit Angehörigen von den Qing nicht unterstehenden Völkern geknüpft hatten, in Zukunft in derselben Weise wie der Taiji der Qaɣučid bestraft werden sollten. Beide Regelungen – die zum Handel und die bezüglich der Heirats-verbindungen – fanden ihren Niederschlag im KXHD. Sie werden dort auf Eingaben des Jahres KX13 (1674)[24] und des Jahres KX18 (1679)[25] zurückgeführt. In dem vorliegenden Schreiben des Lifanyuan aus dem ersten Sommermonat KX19 (1680) wurden die Verantwortlichen der Banner demnach über zwei Bestimmungen in Kenntnis gesetzt, die sich auf ähnliche Vergehen bezogen – nämlich Kontakte zu den nördlichen Qalqa, Oiraten und Tanguten – aber in verschiedenen Jahren (1674 und 1679) vom Kangxi-Kaiser entschieden worden waren. Es ist auf die zeitliche Verzögerung hinzuweisen: Das Schreiben des Lifanyuan an die Bannerverwalter wurde in einem Fall erst sechs Jahre nach der Billigung der Gesetzesvorlage durch den Kaiser ausgefertigt.

Während die unerlaubten Heiratsverbindungen in der Gesetzessammlung nicht erwähnt werden, ist das Verbot, mit Qalqa, Oiraten, Tanguten oder Barɣu Handel zu treiben, zum Gegenstand eines Artikels des MG (Kangxi) geworden.[26] Zwischen dem Schreiben des Lifanyuan und dem Gesetzesartikel

---

22 Vgl. *Bayantala meng shi ziliao jicheng*, S. 6. Dieses Schriftstück wurde von Weiers, „Gesetzliche Regelungen" bearbeitet.
23 Dem Taiji entsprechender Titel mongolischer Edelleute, die nicht der Linie des Činggis Qan und seiner Brüder entstammten.
24 Vgl. KXHD, Kap. 145, S. 3v/4r.
25 Vgl. KXHD, Kap. 145, 4v/5r.
26 Vgl. MG (Kangxi), S. 55v–58r. Abweichungen zum Schreiben des Lifanyuan: Gramm-matisch (Verben, die im MG (Kangxi) im Präsens auf -*mui*/-*müi* stehen, werden im Schreiben des Lifanyuan im Voluntativ -*y-e*/-*y-e* wiedergegeben), lexikalisch (*sanaɣ-a-bar* im MG (Kangxi), S. 55v zu *joriɣ-iyar* im Schreiben, Z. 14) und orthographisch (*janggin-nar* im MG (Kangxi), S. 56v zu *jangginar* im Schreiben, Z. 23).

gibt es aber doch einige grammatische, lexikalische und orthographische Abweichungen. Daraus ist zu schließen, daß bei der Ausfertigung des Schreibens kein Wert auf die wörtliche Wiedergabe der gesetzlichen Bestimmung gelegt wurde. Denkbar ist auch, daß der Gesetzestext bei der Ausfertigung des Schreibens noch nicht in der Form vorlag, in der wir ihn heute aus dem MG (Kangxi) kennen.

Unter den Archivmaterialien dürfte man eigentlich mehr Beispiele dafür vermuten, daß die Bannerverwalter über Inhalte von Bestimmungen des MG (Kangxi) in Kenntnis gesetzt wurden. Aus dem Fehlen solcher Schreiben ist zu schließen, daß die mongolischen Edelleute über die von den Qing neu erlassenen Bestimmungen nicht in jedem Fall umgehend schriftlich informiert wurden. (Dieses geht auch aus der sechsjährigen Verzögerung hervor, mit denen ihnen das Gesetz zum Handel mit nördlichen Qalqa etc. bekanntgegeben wurde). Daraus kann jedoch nicht gefolgert werden, daß in jüngerer Zeit erteilte Weisungen den Bannerverwaltern nicht bekannt waren; auch die Anreise von Edelleuten oder ihrer Vertreter zum Hof oder Versammlungen stellten Gelegenheiten dar, bei denen es zu einer – dann allerdings mündlichen – Informierung über neue Bestimmungen kommen konnte.

6.1.2. Anreise zum Hof und zeremonielle Pflichten der Edelleute

Die mongolischen Edelleute wurden nicht nur schriftlich und durch Gesandtschaften über Weisungen der Zentralregierung informiert; in regelmäßigen Abständen mußten sie auch in eigener Person an den Hof des Qing-Kaisers reisen bzw. Leute dorthin schicken.

Aus dem KGFL erfahren wir, daß bereits zum Neujahrsfest 1634 „die Stammeshäuptlinge der Korcin, Aohan, Naiman, Karacin, Jarut, Barin, Urat, Aru Korcin, Ongniyot, und Sse-tze zusammen zur Neujahrsgratulation bei Hofe erschienen waren und Kamele, Pferde, Zobelfelle und andere Sachen als Tribut brachten".[27] Durch die Übermittlung von Neujahrsglückwünschen wurde die Treue und die Ehrerbietung der mongolischen Edelleute gegenüber dem mandschurischen Kaiserhaus zum Ausdruck gebracht. Der Neujahrsbesuch wurde in späterer Zeit zu einer festen Institution.

Bereits im Jahr 1634 war die Neujahrsgratulation mit dem Darbringen von Gaben verbunden. Die Überreichung von Geschenken durch die mongolischen Edelleute anläßlich der Übermittlung der Neujahrsglückwünsche wird

---

27 Vgl. Hauer, *Huang-Ts'ing K'ai-kuo Fang-lüeh*, S. 332.

im MG (Kangxi) als *alba kürge-* (Tribut/Abgaben bringen) bezeichnet.[28] Die Mongolen hatten auch während der Ming-Zeit mit dem chinesischen Kaiserhaus in Tributbeziehungen gestanden.[29] Die Darbringung von Tribut hatte während der Qing-Zeit jedoch einen vollkommen anderen Charakter. LEGRAND macht den Unterschied daran fest, daß während der Ming-Zeit die Tributbeziehungen der materielle Ausdruck einer politischen Beziehung waren, während sie in der Qing-Zeit ein Verwaltungsinstrument darstellten, durch das die Loyalität der Edelleute gegenüber dem mandschurischen Herrscherhaus zum Ausdruck gebracht werden sollte.[30] Die Tribut-beziehungen während der Ming-Zeit können als störanfälliger Balanceakt zwischen mongolischen und chinesischen Interessen gesehen werden; ihre Pflege bzw. ihr Abbruch hing vom gegenwärtigen politischen Klima ab. Seit der Mitte des 17. Jahrhunderts waren die Tributbeziehungen jedoch ein streng reglementierter Teil des (was die Südostmongolen anbelangt) inner-staatlichen Zeremoniells.

Die beiden Banner der Tümed von Hohhot waren allem Anschein nach die ersten, die zur regelmäßigen Abgabe von Tribut verpflichtet wurden. Ein Artikel des MG (Kangxi), der sich anhand des KXHD auf „die Gründungszeit des Reiches" zurückführen läßt, besagt, daß die Tümed von Hohhot den Hof mit *šicing*-Steinen (Azurit), Schweinen und Raubvögeln beliefern sollten.[31] Im Jahr SZ2 (1645) wurde weiter angeordnet, daß sie viermal im Jahr hundertdreiundsechzig Pferde bereitzustellen hatten.[32] Erst im Jahr KX13 (1674) wurde die Anzahl von Pferden, Schafen und Flaschen Milchschnaps festgesetzt, die die übrigen mongolischen Banner anläßlich der Neujahrsglückwünsche darzubringen hatten.[33] Die regelmäßige Anreise zum

---

28 Vgl. MG (Kangxi), S. 100v. Der Begriff *alba* wurde nach Farquhar bereits in der frühen Qing-Zeit auch im Sinne von „Abgaben" verwendet. Vgl. Farquhar, *The Ch'ing Administration*, S. 196/197, Anm. Nr. 126.

29 Hierzu vgl. Serruys, *Sino-Mongol Relations II: The Tribute System and Diplomatic Missions*.

30 Vgl. *L'Administration*, S. 184.

31 Vgl. MG (Kangxi), S. 78r–79v.

32 Vgl. MG (Kangxi), S. 80r/v u. KXHD, Kap. 144, S. 3v/4r.

33 Vgl. MG (Kangxi), S. 100v–101v u. KXHD, Kap. 143, S. 3v/4r. In dem Artikel werden fünfundvierzig Banner genannt. Die Bestimmung, die die jährliche Darbrin-gung einer großen Anzahl von Tieren vorsah (die Zahlen gehen bis in die Hunderte), wurde allem Anschein nach im Jahr KX24 (1685) rückgängig gemacht. Eine Bestim-mung des KXHD, Kap. 143, S. 4r aus dem Jahr 1685 legt nämlich fest, daß von nun an jedes Banner nur noch ein Schaf und eine Flasche Milchschnaps darbringen sollte.

Kaiserhof stellte für die mongolischen Edelleute aber nicht nur eine Pflicht dar, sondern war gleichzeitig ein Privileg: Ihre Gaben wurden mit reichen Gegengeschenken erwidert, deren Menge und Kostbarkeit sich nach ihrem Rang richtete.[34] Auch bot sich ihnen die Möglichkeit, in der Hauptstadt und auf dem Weg dorthin Handel zu treiben.

Die Größe und die Häufigkeit, mit der südostmongolische Tributgesandtschaften an den Kaiserhof anreisen durften, war streng reglementiert: Seit der Shunzhi-Zeit waren zahlreiche Weisungen erlassen worden, durch die die Anzahl der südostmongolischen Gäste am Kaiserhof möglichst gering gehalten werden sollte; die Edelleute sollten sich in zwei Gruppen teilen und abwechselnd kommen.[35] Je nach Rang wurde auch die Anzahl der Leute eingegrenzt, die sie mitbringen durften; falls ihr Gefolge doch größer sein sollte, würde das Lifanyuan, so heißt es im MG (Kangxi), nicht für ihre Unterbringung sorgen.[36] Durch diese Regelungen sollten die Kosten, die dem Kaiserhof durch die Bewirtung der Gesandtschaften entstanden, eingedämmt werden.

Das schwindende Gewicht der südostmongolischen Völkerschaften im Qing-Staat brachte es mit sich, daß es den mongolischen Edelleuten verwehrt wurde, nach Belieben an den Kaiser heranzutreten. Dieses galt nicht nur für ihre persönlichen Reisen an den Hof, bei denen sie sich nunmehr an die vorgegebenen Zeiten zu halten hatten; aller Wahrscheinlichkeit nach in den 1640er Jahren erging zudem die Weisung, daß sie ihre Eingaben nicht mehr direkt an den Kaiser, sondern an das Lifanyuan richten sollten.[37] Hatte sich die Loyalität der mongolischen Edelleute einst auf eine persönliche Beziehung zum mandschurischen Herrscher gegründet, so sollte nun eine Behörde zwischen sie und den Kaiser geschaltet werden, die ihre Schreiben zunächst sichtete und dann entschied, ob der Kaiser über diese Angelegenheit informiert werden sollte.

Die Qing empfingen im 17. Jahrhundert auch Tributgesandtschaften der nördlichen Qalqa[38] und der Westmongolen.[39] Die Formalien, mit denen diese

---

34 Vgl. MG (Kangxi), S. 101v–103r.
35 Vgl. MG (Kangxi), S. 23v. Anhand des KXHD, Kap. 143, S. 1v auf SZ8 (1651) zu datieren. 1726 wurden die Edelleute in drei Gruppen geteilt. Vgl. Farquhar, *The Ch'ing Administration*, S. 99.
36 Vgl. MG (Kangxi), S. 95v–99r. Anhand des KXHD, Kap. 143, S. 1r/v auf SZ5 (1648) zu datieren.
37 Vgl. MG (Kangxi), S. 4v. Zur Datierung und der Rolle des Lifanyuan s. auch unter Punkt 6.3.4.
38 Die Edelleute der Qalqa sollten alljährlich den „Tribut der Neun Weißen" (acht

empfangen werden sollten, unterschieden sich grundsätzlich von denen, die beim Empfang von Gesandtschaften angeschlossenen Mongolen zu beachten waren. Hinsichtlich des Umfangs, der Größe und der Häufigkeit der Gesandtschaften von Qalqa und Oiraten gab es (anders als bei den südostmongolischen Völerschaften) keine Vorschriften. In den Erleichterungen, die den Gesandten bei der An- und Abreise zuteil werden sollten, spiegelte sich die Bedeutung, die die auswärtige Macht für die Qing hatte. Während die Gesandtschaften der Qalqa und der Westmongolen in den südostmongolischen Gebieten von Amtsträgern des Banners, in dem sie sich befanden, begleitet werden sollten,[40] sollten die Gesandten aus Tibet in großzügiger Weise mit Reittieren, Wagen und berittenen Führern ausgestattet werden. Den Gesandten der Westmongolen z. B. sollten bei ihrer Rückkehr fünfundzwanzig Pferde und zwölf Pferdegespanne gestellt werden,[41] den Gesandten des Dalai Lama standen zudem noch berittene Führer und Kamele zu.[42] Solange sie noch auf Qing-Gebiet waren, sollten für die Tiere Futter und Unterstände bereitgestellt werden.

Im Fall von Qalqa und Westmongolen sollten die Maßnahmen allem Anschein nach getroffen werden, um die Durchreisenden vor Übergriffen der einheimischen Bevölkerung zu schützen: So werden Anweisungen gegeben, wie man verfahren sollte, wenn Mitgliedern der Gesandtschaft etwas gestohlen wurde. Die großzügige Ausstattung der Gesandten der Westmongolen und des Dalai Lama hatte hingegen mit großer Wahrscheinlichkeit politische Gründe. Die Macht und der Reichtum des Qing-Kaiserhauses sollte in den Außengebieten durch prachtvoll ausgestattete Gesandtschaften demonstriert werden. (Erinnert sei an die große Anzahl von Pferden und

---

weißen Pferden und einem weißen Kamel) entrichten. Zu dieser seit dem Jahr 1638 ständigen Einrichtung vgl. Veit, *Die vier Qane von Qalqa*, I, S. 29.

39 Vgl. z. B. KXHD, Kap. 144, S. 4r Erlaubnis, daß Tributgesandtschaften der Westmongolen auf ihrem Weg Qalqa-Mongolen kaufen und diese Personen auch wieder verkaufen durften. Datiert SZ18 (1661).

40 Vgl. MG (Kangxi), S. 58r/v. Im KXHD, Kap. 144, S. 4v auf das Jahr KX8 (1669) datiert. Dort wird diese Bestimmung mit der Darbringung von Tribut in Zusammenhang gebracht.

41 Vgl. MG (Kangxi), S. 86r/v. Anhand des KXHD auf SZ13 (1656) zu datieren. Vgl. KXHD, Kap. 144, S. 4r. Die Rede ist von einem „Dalai Qan" der Ögeled. Wer hiermit gemeint war (unter Umständen Qotoqočin Erdeni baγatur, der Vater des Galdan Qan?) bleibt unklar. Vgl. Ahmad, *Sino-Tibetan Relations*, S. 193 u. S. 230.

42 Vgl. MG (Kangxi), S. 86v.

Kamelen, die hohen Qing-Würdenträgern bei ihrer Reise in mongolische Gebiete bereitgestellt werden sollte).

Es läßt sich der Schluß ziehen, daß im 17. Jahrhundert die Qing Beziehungen zu zentralasiatischen Völkerschaften in unterschiedlichen Qualitäten pflegten. Vielfalt und Flexibilität waren die wesentlichen Merkmale, die die Beziehungen der Qing zu zentralasiatischen Nachbarn von denen ihrer Hanchinesischen Vorgänger auf dem Kaiserthron unterschieden. Bei der Anreise zum Kaiserhof scheint grundsätzlich den Gesandten derjenigen Macht die beste Behandlung zuteil geworden zu sein, der die Qing einen hohen militärischen und politischen Stellenwert beimaßen und die einer Unterwerfung unter den Qing-Kaiser am fernsten zu stehen schien. Waren die Völkerschaften einmal angeschlossen und die Gefahr einer erneuten Abspaltung weitgehend gebannt, so wurde die Häufigkeit des förmlichen Gesandtenaustausches eingeschränkt. Für die südostmongolischen Völkerschaften war dieser Punkt in der Shunzhi-Zeit erreicht.[43] Seit dieser Zeit stellte die Anreise zum Kaiserhof für sie keine politische Entscheidung mehr dar; sie war vielmehr die Erfüllung einer Pflicht, die sich aus der Gunstbezeigung ergab, die ihnen durch die Verleihung eines Titels oder der Einsetzung in ein Amt zuteil geworden war.

Das MG (Kangxi) schreibt zudem vor, daß „die neunundvierzig Banner der Mongolen im Äußeren" viermal im Jahr eine Person zum Empfang von Informationen an den Hof des mandschurischen Herrschers zu schicken hätten.[44] Im KXHD wird diese Bestimmung auf die Zeit „der Gründung des Reiches" datiert;[45] sie geht demnach auf die Regierungszeit des Hung Taiji zurück. Obwohl die Bestimmung im KXHD unter der Rubrik *gongxian* (Gaben) eingeordnet ist, ist anzunehmen, daß sie weniger in Zusammenhang mit zeremoniellen Fragen zu sehen ist als vielmehr mit der Konsolidierung der mandschurischen Herrschaft und den andauernden Kriegszügen; während dieser war der regelmäßige Informationsaustausch von entscheidender

---

43 Fairbank u. Têng, „On the Ch'ing Tributary System", S. 190–192 stellen fest, daß im *Qingshigao* und im *Donghualu* unter der Kategorie „Tributgesandtschaften" für die Zeit nach 1662 keine Gesandtschaften der Mongolen mehr aufgelistet werden.

44 Vgl. MG (Kangxi), S. 99r.

45 In diesem Werk ist jedoch nicht von den „neunundvierzig Bannern der Mongolen im Äußeren" die Rede, sondern nur von den „Mongolen im Äußeren". Vgl. KXHD, Kap. 143, S. 3v. Wenn der Artikel des MG (Kangxi) in der Zeit des Hung Taiji entstanden ist, muß die Erwähnung der „neunundvierzig Banner" in späterer Zeit hinzugefügt worden sein, denn die Anzahl von neunundvierzig war erst in der mittleren Kangxi-Zeit erreicht worden.

Wichtigkeit. Seitdem die südostmongolischen Gebiete jedoch nicht mehr Kriegsgebiet waren und die Verhältnisse sich dort weitgehend stabilisiert hatten, konnte allem Anschein nach auf diese Form der Kommunikation verzichtet werden. Dieses ist aus der Tatsache zu schließen, daß die Regelung, wonach viermal im Jahr jemand zum Empfang von Informationen an den Hof des mandschurischen Herrschers geschickt werden sollte, nicht in das Mongolische Gesetzbuch der Qianlong-Zeit übernommen worden ist.

6.2. Die Verwaltung der angeschlossenen Mongolenvölker: Bereiche des Eingreifens der Qing

6.2.1. Die Zuweisung von Weidegebieten und die Behandlung von Flüchtlingen

In den späten 20er Jahren des 17. Jahrhunderts begannen die Mandschuren, den mongolischen Völkerschaften, die sich ihnen angeschlossen hatten, Siedlungsgebiete zuzuweisen. Die Demarkation von Weidegebieten scheint in allen Fällen zu den ersten Maßnahmen gehört zu haben, die bezüglich der neu angeschlossenen mongolischen Völkerschaften getroffen wurden. Hatte es hinsichtlich der Weidegründe stets angestammte Rechte sowohl von Völkerschaften wie auch von Familiengruppen gegeben, so wurden die Weidegebiete unter der Herrschaft der Qing jedoch systematisch verteilt und ihre Grenzen schriftlich festgelegt.[46] Gleichwohl ist im Auge zu behalten, daß Grenzen für die mongolischen Völkerschaften im 17. Jahrhundert nicht als Trennungslinien definiert wurden, sondern vielmehr einen gewissen Raum umfaßten; es handelte sich um Begegnungsgrenzen.[47]

Anders als die gesetzlichen Bestimmungen der Jahre 1631/32 enthält das MG (Kangxi) keine Gebietszuweisungen für einzelne Völkerschaften; möglicherweise war die Zuteilung von Weidegründen in den südostmongolischen Gebieten in der zweiten Hälfte des 17. Jahrhunderts bereits abgeschlossen.[48]

---

46 Für Beispiele solcher Demarkationen JMZD, Fol. 3417/3418 u. Fol. 3425/3426. Übersetzt u. bearbeitet von Weiers, „Mandschu-mongolische Strafgesetze 1631", S. 139 u. S. 157. Die Quellenlage läßt keine Schlüsse darüber zu, ob bei der Zuteilung von Weiderechten bestehende Verhältnisse sanktioniert oder neues Recht geschaffen wurde.

47 Grundsätzlich zur nomadischen Konzeption von Siedlungsgebiet vgl. Szynkiewicz, „Settlement and Community".

48 Da auch die *Shilu* der 30er Jahre des 17. Jahrhunderts mehrfach von Weide-

Im MG (Kangxi) finden sich jedoch mehrere Bestimmungen, die die Nichtbeachtung der Grenzen betreffen. Auffallend sind die hohen Strafen, die bei wiederholtem und mutwilligem Verlassen der zugeteilten Weidegründe drohten; die Abgabe von hundert Pferden z. B., mit der Wang in einem solchen Falle gemaßregelt werden sollten,[49] macht die höchste Viehstrafe aus, die das MG (Kangxi) in Aussicht stellt – ansonsten sollten nur Vergehen, durch die Edelleute die militärischen Interessen des Qing-Staates gefährdet hatten, mit einer Vermögensstrafe dieser Höhe belegt werden.[50] Daraus ist zu folgern, daß die Qing der *stabilitas loci* der mongolischen Völkerschaften größte Bedeutung beimaßen.

Durch die Festlegung von Weidegründen wirkten die Mandschuren der Gefahr einer erneuten Abspaltung bereits angeschlossener Völkerschaften entgegen; auch konnte durch die geographische Definition der von den Völkerschaften besiedelten Territorien bzw. der jeweiligen Herrschafts-bereiche auf bessere Weise verhindert werden, daß einzelne mongolische Edelleute ihre Macht ausweiteten oder es zu einem Zusammenschluß verschiedener Völkerschaften kam, die sich unter Umständen gegen die Mandschuren hätten stellen können. Die Zuweisung von Weidegebieten ist somit als ein Mittel anzusehen, durch das die Qing versuchten, die politischen Verhältnisse in den mongolischen Gebieten zu stabilisieren und es nicht zur Entwicklung von Eigendynamik kommen zu lassen.[51]

---

gebietszuweisungen an südostmongolische Völkerschaften berichten, ist anzunehmen, daß sich die diesbezüglichen Aktivitäten der Qing auf jene Jahre konzentrierten. Vgl. Zhao, *Qingdai Menggu*, S. 75. Zu betonen ist, daß die Weidegebiete nicht einzelnen Bannern, sondern Völkerschaften zugewiesen wurden. Dazu vgl. Weiers, „Mandschu-mongolische Strafgesetze 1632", S. 92/93.

49 Vgl. MG (Kangxi), S. 7v.

50 Z. B. Nicht-Erscheinen auf Versammlung im Verteidigungsfall (MG (Kangxi), S. 5r/v), Nicht-Verfolgen aufständischer Banner (MG (Kangxi), S. 5v/6r) und Verkauf von Kriegsgerät an Qalqa oder Oiraten (MG (Kangxi), S. 73r–74v). Durch ein Amendement wurde im Jahr KX13 (1674) die Viehstrafe von hundert Pferden auch für Mord von Wang an den Leuten eines anderen Banners verhängt. Vgl. MG (Kangxi), S. 31v–32v.

51 Zur Zeit der Kompilation des MG (Kangxi) trugen die Bemühungen der Qing, die einzelnen Völkerschaften auf umgrenzte Weidegebiete festzulegen, bereits Früchte. So besagt eine Bestimmung, die allerdings nicht zu datieren ist, daß Leuten, die reisen wollten, um ihre Verwandten zu besuchen, ein Schreiben ausgestellt werden sollte, das über den Grund ihrer Reise Auskunft gab und als eine Art Passierschein fungierte. Derjenige, der das Schreiben ausgestellt hatte (als mögliche Aussteller werden Wang, Noyan, Bannerhauptleute und Meiren-ü J̌anggi genannt), konnte für das Verhalten des

Dreizehn Artikel des MG (Kangxi) betreffen die Behandlung von Flüchtlingen, *bosqaγul*. Hinter dieser Bezeichnung verbergen sich zwei grundsätzlich verschiedene Personengruppen: Zum einen konnten hiermit „davonlaufende" Flüchtlinge gemeint sein, i. e. Leute, die sich der Qing-Herrschaft entziehen wollten oder sich sogar gegen sie auflehnten. Unter *bosqaγul* verstand man aber auch „herbeikommende" Flüchtlinge. Dazu zählten Leute, die sich als Überläufer auf die Seite der Qing geschlagen oder aufgrund von Kriegen oder Hungersnöten die eigenen Gebiete verlassen hatten. Während die erste Gruppe verfolgt und bestraft werden sollte, waren Flüchtlinge der zweiten Gruppe, also die Überläufer, bis in die Kangxi-Zeit hinein willkommen. Sie wurden durch die Qing-Gesetze gegen Angriffe der einheimischen Bevölkerung geschützt, und es wurden materielle Anreize geschaffen, die sie zur Umsiedlung in die Qing-Gebiete bewegen sollten.

Zunächst soll auf diejenigen *bosqaγul* eingegangen werden, die bereits unter Qing-Herrschaft gestanden hatten, jedoch versuchten, sich der neuen Ordnung zu entziehen. Auch innerhalb dieser Gruppe müssen Differenzierungen vorgenommen werden: Die Bestimmungen des MG (Kangxi) beziehen sich sowohl auf Einzelpersonen und Familien, die eigenmächtig „zwischen den Ail umherzogen" (*ayil jaγur-a yabuqu bosqaγul-i*)[52] wie auch auf größere Gruppen bewaffneter Leute.[53] Während letztere mit allen Mitteln verfolgt und zudem eine Eingabe eingereicht werden sollte, sollten Leute, die in kleineren Gruppen unbewaffnet ihre Weidegebiete verlassen hatten, mit hundert Peitschenhieben geschlagen werden; ihr Herr, der nicht für ihren Verbleib am zugewiesenen Ort gesorgt hatte, sollte mit einer Viehstrafe belegt werden.[54]

Der Grund, weswegen gegen davonlaufende Flüchtlinge vorgegangen werden sollte, ergibt sich im Fall der unbewaffneten *bosqaγul* aus der Tatsache, daß sie der angestrebten *stabilitas loci* der Qing entgegenwirkten; auf die Bedeutung, die die Qing der Eingrenzung der mongolischen Völkerschaften auf bestimmte Weidegebiete zumaßen, wurde oben bereits eingegangen. Daß die Gesetze vorsahen, gegen bewaffnete Gruppen von Flüchtlingen, die sich der mandschurischen Herrschaft nicht unterordneten, besonders hart vorzugehen, bedarf keiner weiteren Erläuterung. Auch

---

Reisenden zur Rechenschaft gezogen werden. Vgl. MG (Kangxi), S. 54v–55v. Hieraus ist zu schließen, daß auch die Bewegungsfreiheit der Bevölkerung durch die Qing-Gesetze eingeschränkt wurde.

52 Vgl. MG (Kangxi), S. 30r/v.
53 Vgl. MG (Kangxi), S. 6r/v.
54 Vgl. MG (Kangxi), S. 30r/v.

120

gegen Personen vorschrieben, die diese Flüchtlinge (die man auch als „Aufständische" bezeichnen könnte) unterstützten. Jeder, der Flüchtlingen gewahr wurde, war verpflichtet, sofort gegen sie vorzugehen.[55] Für den Fall, daß jemand ihnen aktiv weitergeholfen hatte, indem er ihnen Pferde zur Verfügung stellte, setzt ein Artikel für Gemeine Enthauptung und für Edelleute den Entzug der Völkerschaft fest;[56] auf dieses Vergehen stand somit die Höchststrafe.

Auf der anderen Seite zielten die Bestimmungen der Qing darauf ab, dem Überlaufen von Leuten, die bislang nicht in mandschurischer Herrschaftssphäre gesiedelt hatten, Vorschub zu leisten. Überläufer erhöhten die eigene Fähigkeit zur Verteidigung und schwächten gleichzeitig die militärische Macht des Gegners. Aller Wahrscheinlichkeit nach spielten jedoch auch Überlegungen anderer Art eine Rolle. Dieses geht aus einem in den *Shilu* überlieferten Erlaß des Jahres QL12 (1747) hervor, in dem der Qianlong-Kaiser das Für und Wider der Aufnahme westmongolischer Flüchtlinge darlegt. Die Aufnahme wird nicht gänzlich untersagt, der Kaiser will sie aber eingeschränkt wissen, da:

„Früher, als wir noch im Kriegszustand waren, waren wir bestrebt, von ihnen Nachrichten zu erhalten. Jetzt aber ruhen die Waffen. Jene verhalten sich friedlich und korrekt. Die Gesandtschaften und der Handel funktionieren reibungslos, Zwischenfälle werden nicht gemeldet. Ob man von den Flüchtlingen Nachrichten bekommt oder nicht, ist nicht übermäßig wichtig."[57]

Aus der Äußerung des Qianlong-Kaisers ist zu schließen, daß über lange Zeit das vorrangige Motiv der Qing, Flüchtlinge aufzunehmen, in der Erwartung lag, auf diese Weise Informationen aus dem Feindeslager zu erhalten. Wenn die Artikel des MG (Kangxi) zur Flüchtlingsfrage sich auch auf eine andere politische Situation beziehen, so ist doch anzunehmen, daß die Diskussion um die Aufnahme von Flüchtlingen von ähnlichen Argumenten geprägt war.

Unter Punkt 5.1. wurde bereits auf die große Anzahl von Bestimmungen aus der Zeit des Hung Taiji hingewiesen, durch die der Mord an Flüchtlingen verhindert werden sollte. Die Tatsache, daß der mandschurische Herrscher so

55 Vgl. MG (Kangxi), S. 29r.
56 Vgl. MG (Kangxi), S. 29v/30r.
57 Vgl. Rosner, „Eine Verfügung des Ch'ien-lung Kaisers", S. 250.

viele Weisungen erließ, in denen der Mord an Flüchtlingen untersagt wurde, deutet darauf hin, daß es sich dabei um ein weit verbreitetes Delikt handelte. Während im Jahr 1628 der Mord an Leuten, die aus den Gebieten der Čaqar übergelaufen waren, zum Anlaß der Strafandrohung wurde,[58] so waren es in späterer Zeit Übergriffe auf Flüchtlinge, die aus dem Herrschaftsbereich der Qalqa und der Westmongolen kamen. – Der betroffene Personenkreis hatte sich gewandelt, die Probleme waren jedoch dieselben geblieben.

Häufig scheinen die Flüchtlinge, wenn sie im Qing-Gebiet ankamen, vollkommen mittellos gewesen zu sein. In diesen Fällen sollte der Person, die sie mit dem Nötigsten versorgt und der Obhut des Lifanyuan übergeben hatte, eine Belohnung in Form von Stoff ausgezahlt werden.[59] Die Flüchtlinge sollten „beim Zurückschicken" (*qoyisi ilegekü-dür*) mit Kleidung, Zaumzeug und – falls sie dieses nicht besaßen – einem Pferd ausgestattet werden.[60] Die Interpretation des „Zurückschickens" ist in diesem Zusammenhang nicht ganz klar: Sollten sie in ihre ursprünglichen Siedlungsgebiete zurückkehren oder sollte es ihnen erlaubt sein, sich in südostmongolischem (Qing)-Gebiet anzusiedeln?[61] Da keine Vergleichsquellen vorliegen, muß diese Frage unbeantwortet bleiben.

Auch die Gruppe der herbeikommenden Flüchtlinge kann keinesfalls als homogen betrachtet werden. Sie umschloß nicht nur Hungernde und Verarmte, die zunächst mit einem Pferd ausgestattet werden mußten; auch größere Bevölkerungseinheiten wechselten mit ihren Edelleuten an der Spitze auf die Seite der Qing. Bis in das Jahr KX10 (1671) hinein wurden an Taiji, die aus dem Qalqa-Gebiet in den Herrschaftsbereich der Qing umsiedelten, Ränge verliehen. Ein Taiji z. B., der mit mehr als vierhundert Haushalten sich den Qing unterstellte, sollte zu einem Taiji ersten Grades erhoben werden. Auch wird in einem Artikel des MG (Kangxi) dem Fall Rechnung getragen, daß leibliche Brüder oder Kinder von Qalqa-Qanen mit ihren Leuten in Qing-Gebiet übersiedelten; ihnen sollten Ränge nicht entsprechend der Anzahl der

---

58 Vgl. JMZD, Fol. 2843–2845.

59 Vgl. MG (Kangxi), S. 72r/v u. S. 68v/69r.

60 Dazu vgl. MG (Kangxi), S. 71v/72r u. ebd. S. 72r/v. Während im ersten Artikel nicht spezifiziert wird, um was für Flüchtlinge es sich handelte, regelt der Artikel S. 72r/v die Ausstattung von Flüchtlingen der Qalqa oder Westmongolen, die von einem Unglück oder einer Krankheit heimgesucht worden waren oder die ihren gesamten Besitz verloren hatten.

61 Zum Wandel der Qing-Politik bezüglich herbeikommender Flüchtlinge im Jahr 1671 s. u. Wann die beiden Artikel, die ein „Zurückschicken" vorschreiben, entstanden sind, ist unklar.

mitgebrachten Haushalte verliehen werden, sondern es sollte in einer Eingabe um eine kaiserliche Weisung gebeten werden.[62]

Das Amendement des Artikels, in dem die Vergabe von Rängen an Taiǰi der Qalqa und die Behandlung von Verwandten der Qane festsetzt werden, gibt Auskunft über einen bedeutungsvollen Wandel in der Qing-Politik: So wurde der Artikel mit der Begründung annulliert, daß man seit dem mittleren Sommermonat KX10 (1671) keine Flüchtlinge aus dem Qalqa-Gebiet mehr aufnähme.[63] Als Motive für diesen Wandel lassen sich verschiedene Gründe vermuten: Zum einen ist anzunehmen, daß der konstante Zuzug größerer Gruppen von Qalqa-Mongolen zu Spannungen mit der alteingesessenen Bevölkerung führte: Im MG (Kangxi) ist die Rede von Einheiten, die mehr als vierhundert Haushalte umfaßten; andere Quellen sprechen von 20 000 bzw. 100 000 Personen, die mit dem Tüsiyetü Qan und dem J̌asaɣtu Qan in südostmongolische Gebiete geflohen sein sollen.[64] Wenn den Neuankömmlingen Weidegebiete zugewiesen wurden, mußten sich südostmongolische Edelleute, die bislang in den betreffenden Gebieten nomadisiert waren, in ihren angestammten Rechten beschnitten fühlen.

Aller Wahrscheinlichkeit nach erging die Weisung, in Zukunft keine Flüchtlinge mehr aufzunehmen, aber nicht nur mit Blick auf die Zustände in den südostmongolischen Gebieten. Die Weisung des Jahres 1671 bezieht sich nur auf Flüchtlinge aus dem Qalqa-Gebiet; Flüchtlinge der Westmongolen wurden in der Folgezeit allem Anschein nach weiterhin aufgenommen. Mit den Qalqa-Mongolen unterhielten die Mandschuren seit dem Jahr 1636 diplomatische Beziehungen.[65] Wie VEIT anhand ihrer Untersuchung der *Iledkel šastir* darstellt, war es seit der zweiten Hälfte der 1650er Jahre zu einer steten Annäherung zwischen den Qing und dem Sečen Qan und dem Tüsiyetü Qan der Qalqa gekommen.[66] Durch die Schaffung eines neuen Banners hatte der Shunzhi-Kaiser im Jahr 1656 sogar versucht, ordnend in die Verwaltungsstrukturen des Qalqa-Gebietes einzugreifen. Bei den herbeikommenden Qalqa-Mongolen handelte es sich demnach in der zweiten Hälfte des 17. Jahrhunderts nicht mehr um Leute, die aus einem feindlichen Territorium

---

62 Vgl. MG (Kangxi), S. 62r/v.
63 Die Bestimmungen, die festsetzen, was für materielle Anreize für Flüchtlinge der Qalqa geschaffen werden sollten (und die somit vor der Annullierung des Jahres 1671 entstanden sein müssen), wurden in allen späteren Qing-Kompilationen gestrichen – auch im 1690 veröffentlichten KXHD finden sie sich nicht.
64 Vgl. Veit, *Die vier Qane von Qalqa*, I, S. 36/37.
65 Vgl. Weiers, „Der erste Schriftwechsel".
66 Vgl. Veit, *Die vier Qane von Qalqa*, I, S. 31/32.

kamen. Im Gegenteil, die Qalqa hatten für die Qing die Funktion eines Schutzschildes, durch den ein weiteres Vordringen Rußlands in Sibirien verhindert werden sollte. – Rußland und Qing-China sicherten beide ihre territorialen Ansprüche durch Bündnisse mit den jeweils ansässigen Völkerschaften. Waren Überläufer einer feindlichen Macht stets willkommen, da die Stärke des Gegners auf diese Weise untergraben wurde und die Flüchtlinge Informationen über ihn mitbrachten, so konnte den Qing in der zweiten Hälfte des 17. Jahrhunderts an einer Schwächung der Qalqa-Qane und der Entstehung eines Machtvakuums im Qalqa-Gebiet nicht mehr gelegen sein. Langfristig lag eine Entvölkerung des Qalqa-Gebietes auch im Hinblick auf die Westmongolen, gegen deren Herrscher Galdan die Mandschuren ab 1690 mehrere Kriegszüge unternehmen sollten, nicht im Interesse der Qing. Allerdings hatte Galdan 1671 gerade erst die Nachfolge seines Bruders Sengge angetreten,[67] und es war noch nicht zu offenen Aggressionen der Westmongolen gegen die Qalqa gekommen. Es ist daher fraglich, ob der Weisung des Kangxi-Kaisers, keine Flüchtlinge aus dem Qalqa-Gebiet mehr aufzunehmen, die Überlegung zugrunde lag, daß die Qalqa gegenüber den Westmongolen gestärkt werden sollten; näherliegender ist die Erklärung, daß es wegen der wachsenden Annäherung der Qalqa an die Qing 1671 keinen Grund mehr *für* eine Aufnahme von Flüchtlingen aus dem Qalqa-Gebiet gab.

6.2.2. Die Vergabe von Titeln und die Einsetzung in Ämter

Bereits sehr früh hatten die Mandschuren begonnen, mongolischen Edelleuten Titel zu verleihen. Die Titel wurden den Betreffenden als Anerkennung ihrer Loyalität gegenüber den Qing zuerkannt; sie waren Ausdruck der Nähe der Person zum mandschurischen Qan. Die Titel waren aber auch dazu angetan, die Stellung einer Person innerhalb der eigenen Völkerschaft zu festigen. Aus diesem Grunde wurden sie mehr und mehr zu einer begehrten Auszeichnung. Die Anfänge der Titelvergabe an mongolische Edelleute durch die Qing liegen im dunkeln. Das KXHD legt dar, daß man „anfangs den Angehörigen der neunundvierzig Banner im Äußeren – weil sie sich Verdienste erworben hatten, Verwandtschaftsverhältnisse bestanden oder sie sich dem Reich unterstellt hatten – Ränge verliehen und sie zu Qin

---

67   Vgl. Čimeddorji, *Die Briefe des K'ang-hsi-Kaisers*, S. 48/49.

124

Wang, Jun Wang, Beile, Beise, Zhenguo Gung[68] und Fuguo Gung[69] gemacht hätte". Des weiteren habe man Taiji und Tabunang Ränge verliehen.[70]

Das KXHD stellt die Rangordnung der mongolischen Edelleute somit in der Form dar, wie sie uns in den Quellen aus dem 18. und 19. Jahrhundert entgegentritt. Das MG (Kangxi) – obwohl es nach dem KXHD herausgegeben wurde – nennt jedoch andere Titel. Die meisten Artikel dieses Werkes differenzieren zwischen Wang, Noyan, Bannertaiji, Gung, Taiji und Tabunang. Nur in den Bestimmungen, die zeremonielle Fragen regeln, wird zudem zwischen Qin Wang und Jun Wang und zwischen den Graden von Gung und Taiji unterschieden.[71] Bei der Maßregelung von Vergehen werden innerhalb der Gruppe der Wang, Gung oder Taiji keine Abstufungen vorgenommen. War der Titel einer Person bei der Bemessung des Strafmaßes auch von größter Bedeutung, so wurde unter den Trägern desselben Titels doch nicht weiter differenziert.

Die Ränge „Noyan" und „Bannertaiji" bedürfen einer genaueren Erläuterung. Noyan – Edelmann ist ein traditioneller mongolischer Titel, der bereits in der Geheimen Geschichte Erwähnung findet.[72] Unter den Qing wurde der Titel weiter verwandt – er gewann im Laufe des 17. Jahrhunderts aber eine neue Qualität. So erhielt der Noyantitel nach und nach eine feste Stellung in der Rangabfolge mongolischer Edelleute: Ein Noyan stand, so legen zahlreiche Bestimmungen des MG (Kangxi) nahe, unter einem Wang, jedoch über einem Bannertaiji.[73] Für die zweite Hälfte des 17. Jahrhunderts ist somit von einer „zweigleisigen" Ordnung in den mongolischen Gebieten auszugehen:[74] der der traditionellen Clangesellschaft und der der Qing-Administration. Der Noyantitel existierte sowohl im Sinne der traditionellen Clangesellschaft, gleichzeitig ging jedoch auch im Rahmen der durch die Qing

---

68 Mong. *ulus-un tüsiy-e güng*, „das Reich stützender Gung".

69 Mong. *ulus-tur tusalaγči güng*, „dem Reich helfender Gung".

70 Vgl. KXHD, Kap. 142, S. 1v. Eine Übersicht über das Rangsystem mit den jeweiligen Äquivalenten in chinesischer und mandschurischer Sprache findet sich in Farquhar, *The Ch'ing Administration*, S. 93 u. in Veit, *Die vier Qane von Qalqa*, I, S. 56/57.

71 Diese Artikel stammen aus der zweiten Hälfte des 17. Jahrhunderts. Im KXHD wird zwischen den Graden erstmals in einer Bestimmung des Jahres SZ18 (1661) unterschieden. Vgl. Kap. 142, S. 2r/v.

72 Zur Bedeutung dieses Titels im 12. und 13. Jahrhundert vgl. Vladimircov, *Le régime social*, S. 123–158.

73 Vgl. MG (Kangxi) z. B. S. 22v *jasaγ-un vang . noyad . qosiγun-u tayiji . güng-üd* u. S. 29v *vang-ud . jasaγ-un noyad qosiγun-u tayiji . güng-üd* et saepe.

74 Vgl. auch Weisers, „Gesetzliche Regelungen". S. 40. Anm. Nr. 19.

geschaffenen Verwaltungsordnung ein klar definierter Status mit dem Titel einher.[75] Im MG (Kangxi) wird der Noyantitel häufig mit einem attributiven *jasaγ-un* (regierend) versehen; die Vermutung liegt nahe, daß dadurch zwischen den beiden Kategorien von Noyan unterschieden wurde.[76]

Zu betonen ist, daß der Prozeß, der aus der allgemeinen Bezeichnung von Edelleuten als „Noyan" einen klar definierten Rang werden ließ, bei der Abfassung zahlreicher Bestimmungen des MG (Kangxi) noch keineswegs abgeschlossen war. So wird z. B. in der Bestimmung, in der eine Strafe für denjenigen angedroht wird, der den Gesandten eines regierenden Noyan schlug, nur ein Strafmaß für Gemeine und eines für Noyan, i. e. für Edelleute allgemein, festgesetzt.[77] Andere Bestimmungen des MG (Kangxi) nennen zunächst *aliba noyad* (irgendwelche Noyan) als Oberbegriff und differenzieren dann innerhalb dieser Gruppe zwischen Wang, regierenden Noyan, Bannertaiji und Taiji.[78] Noyan im Sinne von *aliba noyad* ist somit als kollektive Bezeichnung für Edelleute zu verstehen. In späterer Zeit wurde der Noyantitel innerhalb des Qing-zeitlichen Rangsystems von der Bezeichnung „Beile" abgelöst.[79] Im MG (Kangxi) wird der Titel „Beile" jedoch noch nicht erwähnt.

Vieles von dem, was über die zweifache Bedeutung des Noyantitel gesagt wurde, läßt sich auf die Unterscheidung zwischen Taiji und Bannertaiji übertragen. Während Taiji ein Titel war, der sich aus der Abstammung von Činggis Qan und seinen Brüdern ableitete, aber per se keine politische Macht mit sich brachte, handelte es sich bei einem Bannertaiji um eine Rangbezeichnung, die mit militärisch-verwaltungsmäßigen Aufgaben und bestimmten zeremoniellen Pflichten und Privilegien verbunden war. Die Bezeichnung „Bannertaiji" wurde seit dem Ende des 17. Jahrhunderts von dem Titel „Beise" verdrängt.[80]

---

75 In diesem Sinne müßte der Noyantitel im 17. Jahrhundert auch als Rang vom Qing-Kaiser verliehen worden sein können. Leider läßt die Quellenlage keine Schlüsse darüber zu, ob bzw. bis zu welchem Grade die beiden Gruppen mongolischer Noyan identisch waren.

76 Hierfür spricht auch, daß in einem Artikel gesondert auf *jasaγ noyad* (regierende Noyan) und *baγ-a noyad* (kleine Noyan) eingegangen wird. Vgl. MG (Kangxi), S. 30v.

77 Vgl. MG (Kangxi), S. 20r/v.

78 Vgl. MG (Kangxi), S. 5r/v.

79 Bei der Übernahme von Artikeln aus dem MG (Kangxi) ins Mongolische Gesetzbuch der Qianlong-Zeit wurde der Titel „regierender Noyan" durch „Beile" ersetzt.

80 Aus einem (nicht datierten) Artikel des MG (Kangxi) geht hervor, daß die

Bei der Durchsicht des MG (Kangxi) fällt auf, daß an einige Bestimmungen Amendements angefügt sind, die festsetzen, daß regierende und
nicht-regierende Edelleute strafrechtlich in gleicher Weise behandelt werden
sollten.[81] Auch schreibt ein Artikel vor, bei der Maßregelung von Beleidi-
gungen gegen Edelleute keine Unterscheidung zwischen regierenden und
nicht-regierenden Opfern zu treffen.[82] Auch die Pflicht zu bedingungslosem
Gehorsam und der Leistung militärischer Gefolgschaft galten für alle Edelleute gleichermaßen.[83] Es ist jedoch aufschlußreich, daß es sich bei den
Weisungen, nach denen nicht-regierende Edelleute in derselben Weise
behandelt werden sollten wie regierende, in allen Fällen um Amendements
handelt, die auf die Kangxi-Zeit zurückzuführen sind: Bei der ersten Abfassung der betreffenden Artikel war nur auf die Rolle der Edelleute im
allgemeinen eingegangen worden.

Die Tatsache, daß erst in späterer Zeit ein Zusatz erforderlich geworden
war, wie mit nicht-regierenden Edelleuten verfahren werden sollte, deutet
darauf hin, daß vor der Kangxi-Zeit in diesem Punkt keine Unterscheidung
notwendig gewesen war: Qing-Titelträger hatten ihren Rang aufgrund ihrer
herausragenden Stellung innerhalb ihrer Völkerschaft in Verbindung mit
besonderen Verdiensten während der Eroberungszeit erworben; allem
Anschein nach hatte es bis in die Shunzhi-Zeit keine größeren Diskrepanzen
zwischen den Titeln und der tatsächlichen politischen Macht ihrer Inhaber
gegeben. Erst seit der Kangxi-Zeit gab es mehr Edelleute, die Adelstitel inne-
hatten, als Regentschaften. Deshalb war es in dieser Periode notwendig,
Regelungen dafür zu treffen, wie mit nicht-regierenden Noyan, Bannertaiji
oder Gung verfahren werden sollte.

Aus der Tatsache, daß die Amendements stets besagen, daß nicht-
regierende Edelleute genauso behandelt werden sollten wie regierende, kann
aber nicht geschlossen werden, daß Nicht-Regierende Regierenden gleich-

---

mongolischen Bannertaiji rangmäßig schon zu einem früheren Zeitpunkt den Trägern
eines Beisetitels gleichgestellt wurden. So heißt es: *γadaγ-a-du qosiγun-u tayiǰi
bolbasu . dotoγ-a-du beyise-yin otaγ-a* „wenn jemand im Äußeren Bannertaiji ist,
[trägt er] die Pfauenfedern von Beise im Inneren". Vgl. MG (Kangxi), S. 94v.

81 Vgl. z. B. Decken von Dieben, MG (Kangxi), S. 10r–11r u. S. 11v–12r, Rache an
Zeugen, ebd. S. 11r/v, Unterstützung aufständischer Flüchtlinge, ebd. S. 29v/30r,
Unerlaubter Handel, ebd. S. 53v–54v, S. 64v–66r u. S. 73r–74v.

82 Vgl. MG (Kangxi), S. 18v–19v. Ebenso die Weigerung, den vollen Titel des
Edelmannes zu nennen, ebd. S. 22r/v.

83 Vgl. z. B. Versammlungspflicht im Verteidigungsfall, MG (Kangxi), S. 5r/v u.
Verbot, vorzeitig Treibjagd zu verlassen, ebd. S. 21v/22r.

gestellt waren. Im MG (Kangxi) wird auf die Edelleute zwar stets unter ihrem Titel verwiesen und aus dem Text geht manchmal nicht klar hervor, ob in dem betreffenden Artikel regierende oder nicht-regierende Edelleute angesprochen werden; die Tatsache jedoch, daß an die Artikel, die die Rechtsprechung, die Truppeninspektion und den Zensus behandeln, keine Amendements angefügt wurden, die festlegten, wie mit nicht-regierenden Edelleuten verfahren werden sollte, die in diesen Angelegenheiten nachlässig handelten, ist ein sicheres Anzeichen dafür, daß ab einem gewissen Zeitpunkt nicht-regierende Edelleute in diesen Punkten keine Verantwortung mehr trugen. Erstaunlich ist, daß in den Quellen an keiner Stelle die Zuständigkeiten regierender Edelleute von denen nicht-regierender abgegrenzt werden; auch gibt es keine Hinweise darauf, daß es zu Streitigkeiten zwischen regierenden und nicht-regierenden Edelleuten über ihre Kompetenzen kam.

Den regierenden Edelleuten unterstanden Amtsträger, die Aufgaben sowohl der Verwaltung militärischer wie ziviler Angelegenheiten wahrnahmen. Eine Unterscheidung zwischen Amtsträgern, deren Zuständigkeiten entweder mehr im Zivilen oder mehr im Militärischen lagen, läßt sich für das 17. Jahrhundert nicht treffen.[84] Über den Modus ihrer Ernennung und die genauen Kompetenzen, die mit den Ämtern verbunden waren, enthält weder das MG (Kangxi) noch das KXHD Angaben.[85]

Wenn sich auch kaum Unterscheidungen zwischen den einzelnen Rängen treffen lassen, so enthält das MG (Kangxi) doch Angaben über die Zuständigkeitsbereiche der Amtsträger. So trugen alle – vom Bannerhauptmann bis zum Vorsteher einer Zehnjurtenschaft – Verantwortung bei der alle drei Jahre stattfindenden Schätzung der Männer.[86] Es drohten ihnen Strafen, wenn sie nicht oder nicht rechtzeitig bei einer Versammlung erschienen[87] oder im Kriegsfall bzw. auf ihrem Wachposten nachlässig waren.[88] J̌anggi und Kögegči wurden zudem damit betraut, Verbrecher in Gewahrsam zu nehmen[89] und trugen Verantwortung dafür, daß auswärtige Gesandtschaften auf ihrem Weg in die Hauptstadt ohne Komplikationen durch das jeweilige

---

84 Zu den Rängen der Amtsträger vgl. Punkt 2.2. Die Ämterfolge weist eine klare Parallelität zum Aufbau der mandschurischen Banner auf.

85 Im Mongolischen Gesetzbuch aus der Qianlong-Zeit finden sich hingegen Artikel, die festlegen, mit was für Personen der jeweilige Bannerregent die Stellen von J̌anggi zu besetzen hatte. Vgl. *Mongγol čaγajin-u bičig*, Kap. I (4&5), S. 14–18.

86 Vgl. MG (Kangxi), S. 51v–53r.

87 Vgl. MG (Kangxi), S. 66v–67v.

88 Vgl. MG (Kangxi), S. 59r–60r.

89 Vgl. MG (Kangxi), S. 44v/45r.

Banner reisen konnten.[90] Auch wurden sie zur Rechenschaft gezogen, wenn Leute, denen sie gestattet hatten, in Handelsdingen zu reisen, Straftaten begingen.[91]

An diesem Punkt wird ein grundsätzlicher Zug der Art der Qing-Ämter deutlich: Die Kompetenzen der Amtsträger waren nicht im Sinne klar umrissener Zuständigkeiten festgelegt; vielmehr waren sie persönlich für das Verhalten der ihnen unterstehenden Leute haftbar.[92] FARQUHAR stellt fest, man könne von allen Amtsträgern auf Bannerebene sagen, „sie halfen bei der Erledigung der Angelegenheiten des Banners" und von allen Amtsträgern auf Pfeilschaftsebene, „sie halfen bei der Erledigung der Angelegenheiten der Pfeilschaft".[93] Diese Personen „halfen" jedoch nicht nur bei der Verwaltung, sondern wurden persönlich verantwortlich gemacht, wenn einer ihrer Leute sich etwas zuschulden kommen ließ.[94]

---

90 Vgl. MG (Kangxi), S. 58r/58v.

91 Vgl. MG (Kangxi), S. 54v–55v.

92 An dieser Stelle läßt sich eine Übereinstimmung mit chinesischen Rechtstraditionen feststellen, wo die Verantwortlichen für den guten Zustand in ihrem Amtsbereich schlechthin geradezustehen hatten. Vgl. Bünger, „Die normativen Ordnungen", S. 179/180.

93 Vgl. *The Ch'ing Administration*, S. 144.

94 Besonders deutlich wird dieses anhand der Bestimmung, die vorschreibt, daß im Falle eines Diebstahls der Vorsteher der Zehnjurtenschaft, der der Dieb angehörte, ein Pferd als Strafe zu geben hatte. Vgl. MG (Kangxi), S. 44r/v. In Rechtsstreitigkeiten, die nicht eindeutig zu entscheiden waren, wurden die Amtsträger zur Eidesleistung für ihre Leute herangezogen. Hierzu vgl. Heuschert, „Die Entscheidung über schwierige Rechtsfälle".

6.2.3. Versammlungen, Truppen und Krieg

Bei den Versammlungen (*čiɣulɣan*),[95] die von den Qing in den mongolischen Gebieten einberufen wurden, wurden die wehrfähigen Männer gemustert, ihre Waffen und ihr Kriegsgerät auf seine Tauglichkeit geprüft und anstehende gerichtliche Fragen entschieden. An den Treffen nahmen hohe mandschurische Würdenträger teil; anstehende Fragen konnten so geklärt und sichergestellt werden, daß die angeschlossenen Völkerschaften zu militärischer Gefolgschaft sowohl in der Lage wie auch bereit waren.[96] Für die von den Qing geschaffenen Herrschaftsstrukturen hatten die Versammlungen bestätigenden Charakter; im Rahmen einer „face to face situation"[97] wurden die neuen Über- und Unterordnungsverhältnisse bestätigt.

Versammlungen im Sinne von Zusammenkünften der „Großen" einer Region dürfen nicht als Neuschöpfung der Qing angesehen werden; vielmehr wurde eine alte Tradition wiederbelebt. Nach VLADIMIRCOV stellte die Institution der *čiɣulɣan* in früherer Zeit jedoch nicht eine straff organisierte und bis ins kleinste geregelte Zusammenkunft dar: Es handelte sich um ein freiwilliges Treffen, bei dem die Teilnehmer aus eigenem Antrieb ihrem

---

95 Die *čiɣulɣan* des 17. Jahrhunderts dürfen nicht mit den gleichnamigen administrativen Einheiten (Bünden) verwechselt werden, die ab 1728 durch den Yongzheng-Kaiser eingeführt wurden. (Zur Zusammenfassung von Bannern zu Bünden und der Einsetzung von Bundführern vgl. Veit, *Die vier Qane von Qalqa*, I, S. 52–54). In den vorliegenden Quellen finden sich keine Belege für Farquhar's These (vgl. *The Ch'ing Administration*, S. 75), wonach bereits seit 1674 von den Qing Bundführer eingesetzt wurden. Ohne Quellenverweis gibt Zhao (*Qingdai Menggu*, S. 89/90) an, daß im Jahr KX13 (1674) eine Weisung an die mongolischen Bannerregierenden ergangen sei, jedes Jahr im Frühling ihre Truppen zusammenzuziehen und Soldaten und Waffen auf ihre Tauglichkeit zu prüfen, so daß sie der Kontrolle durch den Bundführer (!) standhielten. Eine ähnliche Weisung findet sich in einem Artikel des MG (Kangxi), S. 22v–23v, dessen Amendement sich anhand des KXHD auf das Jahr KX13 (1674) datieren läßt: Die Passage, die die Kontrolle durch den Bundführer vorschreibt, findet sich jedoch weder im MG (Kangxi) noch im KXHD.

96 Eine Versammlung im Verteidigungsfall war von größerer Brisanz als eine, auf der keine akuten militärischen Vorkommnisse zu behandeln waren; bei Nicht-Erscheinen auf einer Versammlung im Verteidigungsfall sollten Edelleute mit Viehstrafen zwischen fünfzig und hundert Pferden gemaßregelt werden, während sie sonst nur mit der Abgabe von zehn bis zwanzig Pferden zu rechnen hatten. Vgl. MG (Kangxi), S. 5r/v u. ebd. S. 7r.

97 Vgl. Goody, *The Logic of Writing and the Organization of Society*, zu „Communication: national ceremonies", S. 108–110.

Herrscher Gefolgschaft zusicherten.[98] Was die Freiwilligkeit anbelangt, so
änderte sich unter der Herrschaft der Qing der Charakter der Zusammenkünfte. Nicht-Erscheinen oder zu spätes Kommen zu einer Versammlung
wurden ebenso unter Strafe gestellt wie eine zu frühe Abreise.[99] Bereits in der
Zeit des Hung Taiji scheint man auch eine Regelmäßigkeit der Treffen
angestrebt zu haben. Hierüber gibt ein Artikel des MG (Kangxi) Auskunft,
der vorschreibt, daß bei den Mongolen im Äußeren regelmäßig alle drei Jahre
eine Versammlung stattfinden solle, auf der Recht gesprochen und die
Männer geschätzt wurden.[100]

Da weder das MG (Kangxi) noch das KXHD Vorschriften darüber
enthalten, wo die Vertreter welcher Völkerschaften bzw. Banner sich
anläßlich einer *ä γul γan* zu versammeln hatten, muß offen bleiben, inwieweit
Einberufungsort und Teilnehmerkreis in der Kangxi-Zeit bereits festgelegt
waren.[101] Ebenso wie die Artikel, die die Zuweisung von Weidegebieten und
die Behandlung von Flüchtlingen betreffen, müssen auch die Bestimmungen,
die die Einberufung von Versammlungen regeln, in Zusammenhang mit den
militärisch-strategischen Interessen der Qing gesehen werden. Es ist davon
auszugehen, daß auf den Versammlungen hauptsächlich eine Koordination
militärischer Dinge stattfand. So gibt es keinen Hinweis darauf, daß die
Schätzung der Männer einem anderen Zweck diente, als der Stellung von
Truppen.[102] Auch ist anzunehmen, daß es bei den Gerichtsverhandlungen, die

---

98 Vgl. Vladimircov, *Le régime social*, S. 227.
99 Strafen für Edelleute, die dem Befehl zu einer Versammlung nicht Folge geleistet
    hatten bzw. zu spät gekommen waren vgl. MG (Kangxi), S. 7r. Strafen für Edelleute,
    die eine Versammlung vor der allgemeinen Auflösung verlassen hatten vgl. MG
    (Kangxi), S. 21v/22r. Diese beiden Artikel finden sich im KXHD und sind dort auf
    die Zeit der Reichsgründung datiert. Nach dem KXHD auf das Jahr 1669 zu datieren
    ist ein Artikel, wonach auch niedere Amtsträger der Bannerverwaltung zur Teilnahme
    an Versammlungen verpflichtet waren, vgl. MG (Kangxi), S. 66v–67v. Der Artikel
    sieht auch Strafen für Janggi der „umherziehenden Mongolen der acht Banner" und
    Häuptlinge (*terigün*) der Solonen vor, die dem Aufruf zu einer Versammlung nicht
    Folge geleistet hatten.
100 Vgl. MG (Kangxi), S. 60v u. KXHD, Kap. 142, S. 4r.
101 In den *Shilu* werden zwar Orte genannt, an denen Versammlungen stattfanden, ein
    System läßt sich jedoch nicht ausmachen. Vgl. Zhang & Guo, *Qing ruguan qian*, S.
    371/372.
102 Es ist (zumindest für das 17. Jahrhundert) fraglich, ob der Zensus Auswirkungen auf
    die Höhe des *alba* (Tribut) hatte, den die mongolischen Edelleute dem Qing-Kaiser
    darzubringen hatten. Eine Ausnahme scheinen in diesem Zusammenhang nur die
    beiden Banner der Tümed von Hohhot dargestellt zu haben: In dem Artikel des MG

bei den Versammlungen stattfanden, insbesondere in der Zeit des Hung Taiji in erster Linie um Verstöße gegen die Gefolgschaftspflicht ging: Die *Shilu* berichten aus den Jahren 1631 bis 1639 von acht Versammlungen, die von hohen mandschurischen Würdenträgern mit Vertretern verschiedener mongolischer Völkerschaften abgehalten wurden.[103] Die Gerichtsfälle, die bei den Treffen verhandelt wurden, so geht aus drei Eintragungen des Jahres 1639 hervor,[104] betrafen die vorangegangenen Feldzüge: gemaßregelt wurde die ungenügende Bereitstellung von Truppen. Mit der schwindenden Bedeutung der mongolischen Truppen für die Qing im 18. Jahrhundert sollte auch die Wichtigkeit der Versammlungen nachlassen. Nach dem Jahr QL16 (1751) nahm kein kaiserlicher Würdenträger mehr an den Zusammenkünften teil.[105] Im 19. Jahrhundert wurden die Versammlungen oft nicht mehr abgehalten.[106]

Der Begriff *ǰuǰulǰan* scheint im 17. Jahrhundert ein weites Spektrum von Zusammenkünften abgedeckt zu haben. Neben den großen Versammlungen, an denen Vertreter des mandschurischen Herrschers teilnahmen, konnten hiermit auch solche kleinerer Art gemeint sein, bei denen benachbarte Bannerregenten über anliegende Fragen rechtlicher Art berieten. Dieses geht aus zwei Artikeln des MG (Kangxi) hervor, die beide aus den 1670er Jahren stammen: Die Edelleute wurden dazu angehalten, gemeinsam über Todesstrafen zu entscheiden und Strafzahlungen, die einer von ihnen eingezogen hatte, untereinander aufzuteilen.[107] Auf diese Bestimmungen soll unter Punkt 6.3.3. genauer eingegangen werden.

Durch ihren Anschluß an die Qing waren die mongolischen Edelleute zu militärischer Gefolgschaft verpflichtet. Die Truppen, die sie als Alliierte dem

---

(Kangxi), der Strafen für die Unterschlagung wehrfähiger Männer festsetzt, werden in einem Amendement, das sich anhand des KXHD auf das Jahr KX13 (1674) datieren läßt, die Strafen für Amtsträger der Tümed von Hohhot gesondert definiert. Sie sollten besonders hoch sein, da „es bei den Mongolen der beiden Tümed Banner von Hohhot keine Wang und Noyan gibt und man die verschiedenen Tributzahlungen alle ins Innere einzieht". Vgl. MG (Kangxi), S. 52v/53r u. KXHD, Kap. 142, S. 6v/7r.

103 Auflistung der Zitate bei Zhang & Guo, *Qing ruguan qian*, S. 370–373.

104 *Shilu*, CD4, fünfter Monat, *wuwu* (2. Juni 1639); achter Monat, *gengyin* (2. Sep. 1639); elfter Monat, *bingyin* (7. Dez. 1639).

105 Vgl. Jagchid, „Jindai Menggu", S. 732.

106 Vgl. Farquhar, *The Ch'ing Administration*, S. 128.

107 Es liegt nahe, in den Gruppen, die richterliche Entscheidungen miteinander abzustimmen hatten, die Vorläufer der seit der Yongzheng-Zeit geschaffenen Bünde zu sehen. Vgl. MG (Kangxi), S. 32v–33v u. S. 48r–51r.

mandschurischen Qan (und späteren Qing-Kaiser) zu stellen hatten, wurden in das straff organisierte mandschurische Wehrsystem eingegliedert und somit der alleinigen Befehlsgewalt ihrer mongolischen Herren entzogen. Die Mandschuren erließen Bestimmungen, die die Edelleute dazu verpflichteten, durch regelmäßige Inspektionen für die Bereitschaft und ordnungsgemäße Ausrüstung ihrer Truppen zu sorgen.[108] Im Angriffsfall hatten sie die Verteidigung zu übernehmen und Aufständische zu verfolgen.[109] Auch wenn ein einzelnes Banner mit der Niederschlagung von Rebellen überfordert war, waren diejenigen Edelleute, die sich in der Nähe befanden, verpflichtet, es mit ihren eigenen Truppen zu unterstützen.[110] Ferner enthält das MG (Kangxi) Vorschriften zum Verhalten während des Kampfes: Tapferkeit sollte belohnt und Feigheit oder vorzeitiges Verlassen des Kampfplatzes bestraft werden;[111] zudem sollte durch die Reglements die Auflösung von Schlachtformationen während des Kampfes verhindert werden.[112]

Die Artikel des MG (Kangxi), die die Kriegsführung und Verteidigungspflicht betreffen, stammen – soweit sie sich anhand des KXHD datieren lassen – aus „der Gründungszeit des Reiches"[113] d. h., sie wurden erstmals in der Zeit des Hung Taiji formuliert. Ein Teil der Bestimmungen läßt sich auf die sogenannte Wehrordnung zurückführen. Hierzu gehören die Vorschriften, wonach Kriegsgerät und Rüstungen der Krieger mit Beschriftungen versehen und den Pferden ein Siegel aufgedrückt werden mußte.[114] Aller Wahrscheinlichkeit nach wurde durch die Aufschriften gekennzeichnet, zu welcher Pfeilschaft und zu welchem Banner eine Person bzw. ihr Kriegsgerät gehörte. Ein anderer Artikel schreibt vor, daß alle Pfeile mit einer Beschriftung

108 Vgl. MG (Kangxi), S. 22v–23v. Wurde dabei festgestellt, daß Kriegsgerät in schlechtem Zustand war, so drohte dem zuständigen Edelmann ebenso eine Strafe wie der Person, der die Waffen gehörten.

109 Vgl. MG (Kangxi), S. 5r/v, S. 5v/6r u. S. 6r/v.

110 Vgl. MG (Kangxi), S. 6r/v.

111 Vgl. MG (Kangxi), S. 23v–29r.

112 In diesem Punkt lassen sich Übereinstimmungen mit chinesischen Konzeptionen der Kriegsführung feststellen: Daß grundsätzlich die Aufrechterhaltung geschlossener Formationen während des Kampfes angestrebt wurde, geht bereits aus chinesischen Militärklassikern hervor und wurde von chinesischen Autoren auch in späterer Zeit immer wieder betont. Dazu vgl. Franke, *Studien und Texte zur Kriegsgeschichte*, S. 41f.

113 Vgl. KXHD, Kap. 142, S. 11v/12r u. Kap. 145, S. 14r.

114 Vgl. MG (Kangxi), S. 22v–23v und JMZD, Fol. 3740 und Fol. 3744/3745. Übersetzt von Weiers, „Zur Stellung und Bedeutung des Schriftmongolischen", S. 48 u. S. 45/46.

versehen werden müßten.[115] Diese Anordnung findet sich nicht in den überlieferten Passagen der Wehrordnung. Wie SERRUYS in seinem Artikel „Arrows and Oaths Among the Mongols" darlegt, handelt es sich bei der Beschriftung von Pfeilen jedoch um einen alten mongolischen Brauch. Bereits Odorico de Pordenone, der in den Jahren 1316–53 eine Reise zu den Mongolen unternahm, berichtet, daß die Pfeile einer jeden Person so markiert waren, daß sie von denen aller anderen zu unterscheiden waren. War man gemeinsam auf die Jagd gegangen, so hatten jeweils die Personen Anrecht auf ein getötetes Tier, die nachweisen konnten, daß es von ihnen getroffen worden war.[116] – Die Markierung von Pfeilen war also für die Verteilung der Beute und die eventuelle Belohnung von besonderem kriegerischen Einsatz unabdingbar.

6.2.4. Handel

Die Artikel des MG (Kangxi), die den Handel betreffen, regeln zum einen den Austausch von Waren, auf die die Qing ein Monopol beanspruchten, i. e. Zobelfelle und Ginsengwurzeln; zum anderen sollte der Handel von dem Qing-Reich eingegliederten Mongolen mit Völkerschaften unterbunden werden, die sich nicht angeschlossen hatten oder mit den Qing im Krieg standen.

Die in den mandschurischen Gebieten wachsende Ginsengwurzel war bereits in der Zeit vor dem 17. Jahrhundert ein sehr begehrtes Erzeugnis; die Vorfahren der Mandschuren handelten dieses Produkt sowohl mit den chinesischen Ming wie auch mit Korea. In der Zeit zwischen 1644 und 1648 sollen die Qing damit begonnen haben, ein Monopol auf das Sammeln und den Handel mit Ginsengwurzeln zu erheben.[117] Den acht Bannern wurden Gebiete zugewiesen, in denen sie nach Ginsengwurzeln graben durften: Der Handel mit diesem Erzeugnis war im 17. Jahrhundert demnach eng mit der Bannerorganisation und der Nutzung der kaiserlichen Besitzungen verknüpft.[118]

Das Monopol der Qing wurde jedoch immer wieder durch illegale Sammler von Ginsengwurzeln in Frage gestellt. Hierdurch wurden nicht nur die Preise verdorben; die übermäßige Ausbeutung führte zudem zu einem

---

115 Vgl. MG (Kangxi), S. 19v.
116 Vgl. Serruys, a. a. O., S. 287.
117 Vgl. Symons, *Ch'ing Ginseng Management*, S. 10/11.
118 Vgl. Torbert, *The Ch'ing Imperial Household Department*, S. 89/90. Ab 1709 soll das Neiwufu die Kontrolle über den gesamten Ginsenghandel übernommen haben.

Rückgang der Vorkommen. Von den Qing wurden daher Gesetze erlassen, durch die das eigenmächtige Ausgraben von Ginsengwurzeln – ebenso wie das Jagen von Zobeln – unter Strafe gestellt wurden. Mongolische Edelleute, die ihre Leute dazu ausschickten, wurden mit hohen Viehstrafen belegt. Die Verbote galten nicht nur für Produkte aus den sogenannten „verbotenen Gebieten" (*ǎɣaǰilaɣsan ɣaǰar-tur*),[119] sondern auch für Handelskontakte in das Gebiet der Qorčin, der Golčin, der Solonen und an den Amur.[120]

Welche Bedeutung die Qing den Handelsbeziehungen der Mongolen im allgemeinen beimaßen, geht daraus hervor, daß im Mongolischen Gesetzbuch aus der Qianlong-Zeit die diesbezüglichen Artikel in das Kapitel V „Grenzen und Wachposten" (*ǰaq-a kiǰa ɣar qaraɣul*) eingeordnet sind. Dieses deutet darauf hin, daß der Handel in den mongolischen Gebieten von den Qing nicht in erster Linie unter wirtschaftlichen Aspekten gesehen wurde, sondern vielmehr als eine potentielle Gefährdung der politischen Stabilität galt.

In diesem Zusammenhang sind auch die Bestimmungen der Qing zu verstehen, die darauf abzielten, den Handel der den Qing angeschlossenen Mongolen mit solchen Völkerschaften zu unterbinden, die sich dem Qing-Kaiser nicht förmlich unterstellt hatten. So wurde den südlichen Mongolen verboten, nach Belieben Leute zu den Qalqa, Oiraten, Tanguten oder Barɣu zu schicken, um mit diesen Handel zu treiben.[121] Handel mit Vertretern dieser Völkerschaften war nur in Hohhot und am Bayan Süme Tor[122] gestattet. Damit sollte allem Anschein nach erreicht werden, daß die Kontakte, die zwischen angeschlossenen und nicht-angeschlossenen Mongolen gepflegt wurden, von den Qing kontrolliert werden konnten. Kontrolle sollte jedoch auch innerhalb des Gebietes bereits angeschlossener mongolischer Völkerschaften ausgeübt werden. In diesem Falle trugen die regierenden Edelleute und die ihnen unterstellten Amtsträger Verantwortung dafür, daß es mit den Leuten, denen sie das Handeltreiben gestattet hatten, zu keinen Zwischenfällen kam.[123]

---

119 Vgl. MG (Kangxi), S. 53v–54v. Es ist anzunehmen, daß damit Gebiete gemeint waren, die vorübergehend abgeriegelt worden waren, um das Nachwachsen der Pflanze zu ermöglichen.

120 Vgl. MG (Kangxi), S. 64v–66r.

121 Vgl. MG (Kangxi), S. 55v–58r. Anhand des KXHD (Kap. 145, S. 3v/4r) läßt sich dieser Artikel auf das Jahr KX13 (1674) datieren.

122 Heutiges Zhangjiakou. Zu diesem Ort vgl. Anmerkung unter Punkt 3.2.

123 Kaufleute sollten in Gruppen von mehr als zehn Leuten zusammengeschlossen und ein J̌anggi zum Anführer der Gruppe gemacht werden. Vgl. MG (Kangxi), S. 54v–55v.

Besondere Bestimmungen wurden zum Handel mit Kriegsgerät erlassen. Es war nicht nur verboten, dieses an Qalqa und Oiraten zu verkaufen, sondern auch bereits angeschlossenen Mongolen war der Ankauf von Waffen untersagt. Allem Anschein nach waren Fälle vorgekommen, daß Mongolen, die nach Peking gereist waren, um Tribut darzubringen oder an den Neujahrszeremonien teilzunehmen, dort Kriegsgerät erworben hatten.[124]

6.2.5. Lamaistische Kirche

Im „Historischen Exkurs" wurde bereits auf die Vorgeschichte der Beziehungen der Qing zur lamaistischen Kirche eingegangen. Was sich in den Augen des Dalai Lama als ein Patronatsverhältnis darstellte, war für die Qing eine Unterordnung, aus der sich ihre Berechtigung zu aktiver politischer Einflußnahme ergab. Durch die Berufung inkarnierter Lamas nach Peking, die Förderung religiöser Zentren außerhalb Tibets (z. B. des Wutaishan) und die Darstellung von Qing-Kaisern als Bodhisattvas versuchten die Qing zudem, zu erreichen, daß die religiöse Orientierung der Mongolen weniger nach Tibet als nach Peking hin erfolgte.[125]

Die Artikel des MG (Kangxi) zur lamaistischen Kirche betreffen sowohl zeremonielle Dinge wie die Behandlung hoher Kirchenfürsten bei der Anreise zum Kaiserhof wie auch Fragen der mönchischen Verwaltung und Disziplin. Auf die Vorschriften, die die förmliche Behandlung hoher lamaistischer Würdenträger betreffen (z. B., daß dem Dalai Lama bzw. seinen Gesandten auf ihrem Weg nach Peking Pferde zur Verfügung gestellt werden sollten),[126] wurde unter Punkt 6.1.2. bereits eingegangen; die zeremoniellen Fragen sollen an dieser Stelle nicht ein weiteres Mal behandelt werden.

Eine wichtige Bestimmung zur Verwaltung der Klöster stellt eine Weisung dar, nach der alle Lamas registriert und im Lifanyuan die Namen sämtlicher berühmter Lamas und ordinierter Mönche festgehalten werden sollten.[127]

124 Vgl. MG (Kangxi), S. 73v–74v.

125 Zu dieser Thematik s. Farquhar, „Emperor As Bodhisattva in the Governance of the Ch'ing Empire".

126 Vgl. MG (Kangxi), S. 62v/63r, S. 74v/75r u. S. 86v. Zum Besuch des Dalai Lama in Peking 1653 vgl. Ahmad, *Sino-Tibetan Relations*, S. 166–183.

127 Vgl. MG (Kangxi), S. 86v–93v. Zu den Prozeduren, die angehende Lamas in der späten Qing-Zeit durchlaufen mußten, um im Lifanyuan registriert zu werden, vgl. Miller, *Monasteries and Culture Change*, S. 122. Miller äußert jedoch Zweifel daran, ob sich alle Lamas auf offiziellem Wege um ihre Registrierung bemühten; ihr Anteil an der männlichen Bevölkerung hätte dann schwerlich 40–60% erreicht.

Anweisungen, Listen mit den Namen derjenigen Personen, die Lamas werden wollten, an das Lifanyuan zu senden, finden sich auch im KXHD; dort sind sie auf die Jahre SZ14 (1657) und KX1 (1662) datiert.[128] Neben dem Wunsch, die Aktivitäten der buddhistischen Geistlichkeit unter Kontrolle zu halten, ist der Grund für diese Vorschrift im Bestreben der Qing zu suchen, nicht zu viele der mongolischen Männer in den geistlichen Stand überwechseln zu lassen; auf diese Weise sollte die Anzahl der wehrfähigen Männer möglichst hoch gehalten werden. Der Forderung, daß alle Lamas sich registrieren lassen müßten, lagen somit nicht zuletzt militärische Überlegungen zugrunde.[129]

Das MG (Kangxi) enthält jedoch auch Bestimmungen darüber, wie Lamas und ordinierte Mönche sich zu verhalten hatten; die Qing-Gesetzgebung sah auch Strafen für sie vor, wenn sie gegen das Keuschheitsgelübde oder die Gehorsamspflicht ihrem vorgesetzten Lama gegenüber verstießen.[130] Die diesbezüglichen Vorschriften des MG (Kangxi) stimmen weitgehend mit denen des Mongolischen Gesetzbuches aus der Qianlong-Zeit überein; diese konnte FARQUHAR auf Regeln der mönchischen Disziplin zurückführen, wie sie in Schriften des buddhistischen Kanons gegeben werden.[131] Daß die Qing-Gesetzgebung Fragen der mönchischen Disziplin regelte und sich dabei an den Schriften des buddhistischen Kanons orientierte, bestätigt die oben getroffene Feststellung, wonach für die Qing-Kaiser die Beziehungen zur lamaistischen Kirche mehr als ein Patronatsverhältnis darstellten.

Interessanterweise richtet sich ein Artikel des MG (Kangxi), der sich jedoch nicht datieren läßt, sowohl an die Gruppe der Lamas wie auch an die Gruppe der Schamanen und Schamaninnen (*lam-a-nar-yin ayimaγ . böge iduγan-u ayimaγ*).[132] Durch ein Amendement, das besagt, daß diese Fragen nunmehr durch eine andere Bestimmung geregelt würden, wurde der Artikel zu einem späteren Zeitpunkt annulliert. In dem Artikel, der allem Anschein nach mit dieser „anderen Bestimmung" gemeint ist,[133] werden aber nur Lamas und ordinierte Mönche angesprochen – die mongolischen Schamanen

---

128 Vgl. KXHD, Kap. 144, S. 1v–2v.
129 In diesem Sinne auch Jagchid, „The Manchu Ch'ing Policy".
130 Vgl. MG (Kangxi), S. 39v–40v.
131 Vgl. *The Ch'ing Adminstration*, S. 226/227 u. S. 256, Anm. Nr. 70 u. 71.
132 Vgl. MG (Kangxi), S. 39v–41r. Strafen werden festgesetzt, wenn sich Angehörige dieser Gruppen „entgegen den Regelungen [verhielten], sich nicht der Ordnung fügten oder ungebührliche Dinge taten" (*jasaγ-aĉa eteged yosun-dur ülü jokiqu samaγun yabudal-iyar yabubasu*).
133 Vgl. MG (Kangxi), S. 86v–93v.

scheinen für die Mandschuren nur in der allerersten Zeit von solcher Bedeutung gewesen sein, daß sie der Erwähnung im Rahmen eines Gesetzes bedurften.

6.3. Gerichtsbarkeit und Recht in den mongolischen Gebieten unter Qing-Herrschaft

6.3.1. Formen der Sanktion

Mit den im folgenden behandelten Sanktionen konnten sowohl Edelleute wie auch ihre Untertanen belegt werden. Die Sanktionen konnten auch im Verbund verhängt werden. Dabei wurden insbesondere solche privatstraflichen Charakters (d. h. Leistungen, die dem Verletzten zugute kamen) mit Maßnahmen verknüpft, durch die die Obrigkeit ihren Anspruch auf Bestrafung geltend machte. Im MG (Kangxi) werden sieben verschiedene Formen der Sanktion erwähnt:

1) Vermögenseinbußen
2) Todesstrafen
3) Leibesstrafen
4) Zerstreuung des Besitzes und der Familie
5) Entzug von Untertanen
6) Verlust des Titels und Enthebung vom Amt
7) Loskauf, Begnadigung und die Austauschbarkeit von Sanktionen

1) Vermögenseinbußen

Buß- bzw. Strafzahlungen werden im MG (Kangxi) in Vieh berechnet, wobei das zu gebende Vieh in Einheiten von fünf oder von neun angegeben wird. Zahlungen, die von Edelleuten zu entrichten waren, bilden im MG (Kangxi) eine Ausnahme; sie werden in der Regel in Einheiten von jeweils zehn Pferden bemessen.

Nach dem MG (Kangxi) umfaßte eine Neunereinheit Vieh zwei Pferde, zwei Stiere, zwei Kühe, zwei dreijährige Rinder und ein zweijähriges Kalb. Ein Stier, eine Kuh, ein dreijähriges Rind und zwei zweijährige Kälber bildeten eine Fünfereinheit.[134] Bei der Zählung von Vieh in Einheiten von

---

134 Vgl. MG (Kangxi), S. 21r.

neun und von fünf handelte es sich um einen mongolischen Brauch; auch in den traditionellen mongolischen Rechtsaufzeichnungen werden Bußzahlungen in Häuptern von neun bzw. von fünf Tieren angegeben. Darüber, wie sich diese zusammensetzen sollten, machen die Rechtstexte jedoch unterschiedliche Angaben. Das *Qalqa jirum* schreibt z. B. vor, daß sich eine „Neun" aus vier Stück Großvieh (Rinder, Pferde, Kamele) und fünf Schafen, eine „Fünf" aus zwei Stück Großvieh und drei Schafen zusammensetzen solle.[135] Daß eine in Häuptern von Vieh berechnete Bußzahlung auch durch Gegenstände beglichen werden konnte, geht aus den Rechtstexten auf Birkenrinde hervor. In einer Satzung aus dem Jahr 1620 wird dort in extenso ausgeführt, durch welche Gegenstände (Schmuck, Felle, Waffen, Zaumzeug u.s.w.) eine Neuner- bzw. eine Fünferstrafe ausgeglichen werden konnte.[136]

Über die Frage, wie festgelegt die Zusammensetzung einer „Neun" bzw. einer „Fünf" in der Rechtspraxis war, lassen sich nur Vermutungen anstellen – möglicherweise gab es in diesem Punkt einen gewissen Spielraum. So ist z. B. denkbar, daß die wirtschaftliche Lage des Gebenden, der Zustand der Tiere und die besonderen Umstände des Falles entscheidend dafür waren, ob eine Bußzahlung, die in einer Einheit von neun oder fünf Stück Vieh verhängt worden war, als angemessen beglichen galt.

2) Todesstrafe

Im MG (Kangxi) wird stets festgesetzt, auf welche Art eine Todesstrafe vollstreckt werden sollte. In dieser Hinsicht unterscheiden sich die Bestimmungen von denen traditioneller mongolischer Rechtsaufzeichnungen, in denen bezüglich der Form der Todesstrafe für gewöhnlich keine Spezifizierungen vorgenommen werden; in diesen Texten wird auf die Todesstrafe in den meisten Fällen nur durch die Aufforderung *alay-a* (wollen wir töten) verwiesen.

Die Bestimmungen des MG (Kangxi) sehen Hinrichtung durch Enthauptung und durch Strangulierung vor. Diese beiden Arten der Tötung waren im

---

135 Vgl. *Xalxa Džirum*, Dylykov [Hrsg.], S. 163/164. Nach der Gesetzessammlung des Altan Qan (1507–1582) sollte sich eine Neun aus zwei Pferden, zwei Ochsen und fünf Schafen bzw. Ziegen und eine Fünf aus einem Pferd, einem Ochsen und drei Schafen zusammensetzen. Vgl. Bira, „A Sixteenth Century Mongol Code", S. 14. Zur Abgabe von Vieh in Einheiten von Neun bzw. Fünf vgl. auch Aubin, „Les sanctions et les peines", S. 274/275.

136 Vgl. „Chalchyn šiné oldson caaz-ėrchėmžijn dursgalt bičig", S. 68/69. Übersetzt von Weiers, „Mandschu-mongolische Strafgesetze 1631", S. 149/150.

China der Qing-Zeit (ebenso wie während vorangegangener Dynastien) die üblichsten Formen der Hinrichtung.[137] Enthauptung galt als die härtere Strafe, da der Körper nicht intakt blieb. Die Unterscheidung zwischen Enthauptung und Strangulierung in der Gesetzgebung für die Mongolen scheint auf die Shunzhi-Zeit zurückzugehen: Der Shunzhi-Kaiser hatte im Jahr SZ15 (1658) an das Lifanyuan folgendes Edikt erlassen:

„Ich habe die Eingabe eures Yamen gelesen. Bei schweren Verbrechen, die mit dem Tode zu bestrafen sind, ist dort jedoch nur von Hinrichtung die Rede, es werden keinerlei Differenzierungen vorgenommen. Zahlreiche Bestimmungen (*tiaoli*) sind mehrdeutig; falls es generell jeweils nur eine Bestimmung (*li*) gibt, wie soll man dann zwischen leichten und schweren [Bestrafungen] unterscheiden?"[138]

Ein Artikel des MG (Kangxi), der sich anhand des KXHD auf das Jahr KX6 (1667) datieren läßt, schreibt für Mord eines Sklaven an seinem Herren den Tod durch Zerstückelung vor.[139] Hinrichtung durch Zerstückelung war die entwürdigenste Strafe, die das chinesische Recht kannte – sie stand auf Delikte wie Verrat und Vatermord. Der Mord eines Sklaven an seinem Herren wurde als besonders schwerwiegend empfunden, da (neben dem Angriff auf das Leben eines Menschen) gegen bestehende hierarchische Strukturen verstoßen worden war. Nach chinesischem Recht zählte eine solche Tat zu den sogenannten „zehn abscheulichen Delikten",[140] die besonders hart bestraft werden sollten und für die es keine Amnestie gab. Mit dem Artikel, der eine besonders strenge Bestrafung eines Sklaven im Fall von Mord an seinem Herren festlegt, wurde somit ein sittlicher Wert, der in China durch Gesetze gesichert war, auch in der Gesetzgebung für die Mongolen verankert.

3) Leibesstrafen

An Leibesstrafen kennt das MG (Kangxi) nur die Auspeitschung. Dabei handelt es sich um eine Form der Sanktion, die nicht nur in den traditionellen

137 Strangulierung und Enthauptung werden bereits im Kodex der Sui-Dynastie (589–618) erwähnt. Vgl. Bodde, *Law in Imperial China*, S. 91/92.
138 Vgl. *Qingchao wenxian tongkao*, Kap. 195, S. 6602.
139 Vgl. MG (Kangxi), S. 66r.
140 Zu den *shi'e* (ten abominations) vgl. MacCormack, *Traditional Chinese Penal Law*, S. 178f u. Rosner, *Die zehn schimpflichen Delikte*.

mongolischen Rechtsaufzeichnungen Erwähnung findet,[141] sondern auch für das mandschurische Recht seit frühesten Zeit belegt ist.[142] Diese Art der Leibesstrafe stellt zudem eine der wenigen Rechtsgewohnheiten dar, die von den Mandschuren nach ihrer Eroberung Chinas beibehalten wurde. Während chinesische Straftäter während der Qing-Zeit (ebenso wie während vorangegangener Dynastien) mit Bambusstäben geschlagen wurden, sollten Mandschuren ausgepeitscht werden.[143] Die Anzahl der Schläge mit leichtem oder schwerem Bambus, die der Qing-Kodex vorschrieb, wurde dabei in Peitschenhiebe umgewandelt. Auch Mongolen sollten während der Qing-Zeit nicht mit Bambusstäben geschlagen, sondern ausgepeitscht werden. Diese Form der Bestrafung sollte jedoch ausschließlich über Gemeine verhängt werden, für Edelleute ist sie im MG (Kangxi) nicht vorgesehen. Allerdings konnten Lamas zu einer bestimmten Anzahl von Peitschenhieben verurteilt werden.[144] Die Anzahl der zu verabreichenden Peitschenhiebe wird im MG (Kangxi) in jedem Fall festgesetzt; die Zahlen reichen von fünfundzwanzig und siebenundzwanzig Hieben bis zu fünfzig, sechzig, achtzig und hundert Peitschenhieben. Die Bestrafung mit hundert Peitschenhieben wird am weitaus häufigsten vorgeschrieben.

Es ist jedoch fraglich, ob die Peitschenhiebe stets in der Anzahl ausgeführt wurden, in der sie das Mongolische Gesetzbuch vorschrieb. Zwar gibt es keine Hinweise darauf, daß ihre Zahl nach festen Regeln reduziert wurde, so wie dieses bei Bambusschlägen in China der Fall war.[145] Aus dem Bericht des James GILMOUR über die Reisen, die er in den siebziger Jahren des 19. Jahrhunderts in südostmongolischem Gebiet unternommen hatte, geht hervor, daß es im Ermessen der anwesenden Amtsträger lag, in welcher Form die

---

141 Zu Auspeitschung in den Oiratischen Gesetzen u. im *Qalqa jirum* vgl. Riasanovsky, *Fundamental Principles*, S. 103 u. S. 121. Auspeitschung wird ebenfalls in zahlreichen Bestimmungen der Gesetzessammlung des Altan Qan angedroht. Dazu vgl. Bira, „A Sixteenth Century Mongol Code".

142 Vgl. Zhang & Guo, *Qing ruguan qian*, S. 530.

143 Vgl. Bodde, *Law in Imperial China*, S. 97.

144 Wenn Lamas, Schamanen oder Schamaninnen sich nicht an die Gesetze hielten, sollten Bestrafungen wie Tötung und Auspeitschen erwogen werden. Vgl. MG (Kangxi), S. 39v–40v.

145 Dort sollten, wenn die Bestimmung z. B. zehn Schläge vorschrieb, nur fünf bzw. ab der Kangxi-Zeit nur vier ausgeführt werden. Vgl. Bodde, *Law in Imperial China*, S. 80/81. Bodde betont jedoch, daß die Verringerung nicht auf humanitäre Überlegungen, sondern vielmehr auf die Tatsache zurückzuführen ist, daß schwerere und größere Stöcke verwandt wurden.

Leibesstrafe ausgeführt wurde;[146] so konnten die Hiebe allem Anschein nach auch mit einem Stab oder einer ledernen Schuhsohle vorgenommen werden. Nach GILMOURs Beobachtungen wurden bei einigen Verurteilten die Peitschenhiebe in einer so nachlässigen Weise ausgeteilt bzw. gezählt, daß die Leibesstrafe kaum als solche bezeichnet werden konnte.

4) Zerstreuung des Besitzes und der Familie

Zahlreiche Bestimmungen des MG (Kangxi) schreiben vor, nach Hinrichtung des Täters seinen „Haushalt und Viehbesitz zu zerstreuen" (*ger mal-i keyiske-*). In besonders schweren Fällen konnten die Frau und die Kinder des Täters ebenfalls der „Zerstreuung" anheimfallen.[147]

Bei dieser Form der Sanktion handelte es sich jedoch nicht um eine wahllose „Zerstreuung", sondern vielmehr um die Überlassung des Besitzes (und unter Umständen der Familie) des Täters an den Geschädigten: Während in den meisten Artikeln des MG (Kangxi) nicht gesagt wird, was mit den zu zerstreuenden Dingen oder Personen geschehen sollte, heißt es in dem Artikel, der die Bestrafung von Mord an Leuten eines anderen Banners regelt, daß Gemeine für dieses Vergehen mit der Todesstrafe durch Enthauptung bestraft und ihr Haushalt und ihr Viehbesitz mit Ausnahme ihrer Frau und ihrer Kinder *zerstreut und an die Frau und die Kinder des Getöteten gegeben werden sollte.*[148] Bei der Zerstreuung des Besitzes handelte es sich demnach um eine Form der Entschädigung.[149]

Daß ein grundsätzlicher Unterschied zwischen dem im Sinne einer Wiedergutmachung verhängten *keyiske-* (Zerstreuen) und *jasaɣ-tur ab-*

---

146 Vgl. Gilmour, *Among the Mongols*, S. 298–307. Gilmour macht keine genauen Angaben darüber, wo die Gerichtssitzung stattfand, sagt jedoch im Vorwort, er sei jeden Sommer im Westen, Norden und Osten von Kalgan gereist.

147 Z. B. im Falle von Gemeinen, die Gräber von Edelleuten geschändet hatten. Vgl. MG (Kangxi), S. 39r.

148 Vgl. MG (Kangxi), S. 31v–32v, insbesondere S. 32r/v.

149 Eine solche Form der Sanktion (d. h. den Besitz und u. U. die Familie nach der Hinrichtung des Täters an den Geschädigten zu geben) läßt sich in dieser Form in den Oiratischen Gesetzen und in den Rechtstexten auf Birkenrinde nicht nachweisen. Es finden sich jedoch Satzungen, die besagen, daß der Besitz eines Täters geplündert werden sollte. Wenn jemand seinen Herren nicht über das Heranrücken eines Feindes informierte, sollte er nach den Oiratischen Gesetzen getötet, seine Nachkommen vertrieben und sein Besitz geplündert werden (*talay-a*). Vgl. *Ix caaz*, Dylykov [Hrsg.], S. 78/79. Zu den Rechtstexten auf Birkenrinde vgl. Weiers, „Mandschu-mongolische Strafgesetze 1631", S. 154/155.

(Nehmen zugunsten der Regierung) bestand, geht auch aus der Bestimmung hervor, die festlegt, daß, wenn es sich bei dem Geschädigten um einen Lama handelte, dieser nicht den Haushalt und den Viehbesitz des Täters erhalten sollte.[150] Diese grundsätzliche Entscheidung läßt sich auf einen konkreten Fall zurückführen, in dem zunächst erwogen worden war, den Besitz eines Viehdiebes *zu zerstreuen* und an das Opfer des Diebstahls, nämlich einen Lama, zu geben. Der Kangxi-Kaiser wird jedoch wörtlich zitiert mit dem Einwand, daß Lamas ihren Besitz an die Leute geben; es sei daher unpassend einen Lama so reich zu entschädigen – das Gut solle besser *zugunsten der Regierung genommen* werden. Der Artikel endet mit der Anweisung, daß – falls es sich bei dem Geschädigten um einen Lama handelte – man in Zukunft grundsätzlich so verfahren sollte.

Die Zerstreuung des Besitzes und der Familie des Täters stellt (da sie dem Verletzten zugute kam) eine Privatstrafe dar. Da in fast allen Fällen der Täter zunächst getötet werden sollte,[151] war die Zerstreuung jedoch stets mit der „nicht-privaten" Vollstreckung einer peinlichen Strafe durch die Obrigkeit verbunden. Durch die Verknüpfung von privater und von der Obrigkeit vollstreckter Strafe wurde daher sowohl der Notwendigkeit einer Wiedergutmachung wie dem obrigkeitlichen Strafanspruch Rechnung getragen. Die Weisung des Kangxi-Kaisers belegt jedoch, daß, falls es sich bei dem Geschädigten um einen Lama handelte, die Zerstreuung von Besitz und Familie ihren Charakter als Privatstrafe auch ohne weiteres verlieren konnte.

5) Entzug von Untertanen

Einige Artikel des MG (Kangxi) sehen vor, Edelleuten bei Vergehen eine bestimmte Anzahl von Untertanen wegzunehmen. Aufschlußreich ist in diesem Zusammenhang die Formulierung, die in den mandschurischen Bestimmungen des Jahres 1632 bezüglich dieser Form der Sanktion gebraucht wird: Dort heißt es, die straffälligen Noyan sollten veranlaßt werden, „sich von ihrer Völkerschaft hinwegzubegeben" (*ulus-ača γarγaqu*).[152] Daraus wird deutlich, in welcher Weise der Entzug von Unter-

---

150 Vgl. MG (Kangxi), S. 112r/v. Zu diesem Artikel s. auch unter Punkt 5.2.

151 Wenn es sich um einen Taiji handelte, sollte der Täter nicht getötet werden (dazu s. u.). Vgl. MG (Kangxi), S. 10r–11r.

152 Vgl. JMZD, Fol. 3939. Übersetzt von Weiers, „Mandschu-mongolische Strafgesetze 1632", S. 110/111.

tanen in jenen Jahren vorgenommen wurde: Es wurde nicht die Bevölkerung umgesiedelt, sondern die Edelleute hatten sich an einen anderen Ort zu begeben.

In den Bestimmungen des MG (Kangxi) werden zu entziehende Untertanen in Einheiten von Haushalten berechnet: Z. B. sollten, wenn ein Edelmann um aufständische Flüchtlinge gewußt hatte, jedoch nicht gegen sie vorgegangen war, ihm – je nach Höhe seines Ranges – zwischen zehn und fünf Haushalte entzogen werden.[153] Falls er den Aufständischen aktiv weitergeholfen hatte, indem er ihnen Pferde gegeben hatte, sollte es nicht bei einer bestimmten Anzahl von Haushalten bleiben; vielmehr sollte ihm „seine Völkerschaft in ihrer Gesamtheit" abgenommen werden (*ulus-i inu bügüde abumu*).[154] In dem Artikel ist weder von „Banner" (*qosiγu*) noch von „regierend" (*jasaγ-un*) die Rede. Es handelte sich daher nicht um die Aberkennung der Führung einer Wehreinheit oder eines Amtes; vielmehr sah diese Art der Sanktion einen Eingriff in die bestehenden Herrschaftsstrukturen unter den Mongolen vor.

Der Entzug von Untertanen drohte mongolischen Edelleuten auch bei Fehlverhalten in der Schlacht. Das MG (Kangxi) enthält einen Artikel, der festlegt, daß Edelleuten, die vor dem Feind davongelaufen waren, ihre Völkerschaft abgenommen werden sollte.[155] Edelleute, die gegen die Wehrordnung verstoßen hatten, indem sie während des Kampfes in ein anderes Banner übergewechselt waren, dort jedoch Verdienste erworben hatten, sollten hingegen milder bestraft werden: Ihnen wollte man „die Untertanen (*ulus*) jeweils einer Pfeilschaft abnehmen."[156] Ein *ulus* umschloß Pfeilschaften und Haushalte und wurde somit als Einheit von Untertanen betrachtet, während das Banner als Kampfeinheit eine bestimmte Anzahl von Truppen umfaßte.

Es ist anzunehmen, daß die Entfernung mongolischer Edelleute von ihrer Völkerschaft eine in der Zeit des Hung Taiji übliche Form der Sanktion war, die in späterer Zeit nicht mehr verhängt wurde. Dafür spricht, daß auf das Vergehen, der Versammlungspflicht im Verteidigungsfall nicht nachgekommen zu sein bzw. ein aufständisches Banner nicht verfolgt zu haben, nach den mandschu-mongolischen Bestimmungen des Jahres 1632 der Entzug von

---

153 Vgl. MG (Kangxi), S. 29r.
154 Vgl. MG (Kangxi), S. 29v–30r. Diese Bestimmungen finden sich nicht im KXHD, so daß keine Datierung vorgenommen werden kann. Es wird nicht deutlich gesagt, in welcher Form der Entzug von Untertanen vor sich gehen sollte.
155 Vgl. MG (Kangxi), S. 23v–29r.
156 *ni jeged sumun-u ulus-i abuγad*. Vgl. MG (Kangxi), S. 24r.

Untertanen stand; im MG (Kangxi) wird dafür jedoch als Strafe die Abgabe von 100 Pferden festgesetzt.[157]

6) Verlust des Titels und Enthebung vom Amt

Scheint man in der Zeit des Hung Taiji bei der Disziplinierung mongolischer Edelleute zu Bußzahlungen und dem Entzug von Untertanen gegriffen zu haben, so wurde in späterer Zeit der Verlust des Titels als Strafe angedroht. Diese Maßnahme konnte selbstverständlich erst zu einer wirksamen Sanktion werden, nachdem Titel regelmäßig vergeben und zu einem Attribut geworden waren, dessen Gewährung bzw. Verlust für die Stellung einer Person von entscheidender Bedeutung war. Daß der Entzug von Titeln und Rängen erst in späterer Zeit als Sanktion eingesetzt wurde, läßt sich anhand der Bestimmung nachvollziehen, die das Verfahren bei der aktiven Unterstützung Aufständischer durch Edelleute festlegt.[158] Wurde zunächst, (wie oben erwähnt) entschieden, man solle den Betreffenden ihre Völkerschaft entziehen, so wurde zu einem späteren Zeitpunkt an die Bestimmung angefügt, daß diese Sanktion nicht ausreiche und man sie zudem ihrer Titel entheben werde (*ergügsen čola-yi ebdejü*).[159]

Beachtung verdient die Tatsache, daß das MG (Kangxi) keine Weisung enthält, die explizit vorschreibt, straffällige Edelleute von ihrer Eigenschaft als Regierende (*jasaɣ-un*) zu entbinden.[160] Es ist anzunehmen, daß, wenn einem Edelmann sein Titel und der damit einhergehende Rang aberkannt wurden, mit seiner gesellschaftlichen Stellung auch seine Befugnisse hinsichtlich der Zählung der Männer und der Gerichtsbarkeit an ein anderes

---

157 Vgl. Artikel zur Verletzung der Versammlungspflicht im Verteidigungsfall MG (Kangxi), S. 5r/v u. Artikel zur Weigerung, ein aufständisches Banner zu verfolgen ebd. S. 5v/6r u. JMZD, Fol. 3939.

158 Vgl. MG (Kangxi), S. 29v–30r. Das unter Punkt 6.3.4. erwähnte Amendement, das im Fall von Diebstahl durch Taiji die Aberkennung des Taiji-Ranges festsetzt, stammt ebenfalls nicht aus „der Anfangszeit des Reiches", sondern vielmehr aus der Kangxi-Zeit. Vgl. MG (Kangxi), S. 10r–11r.

159 Die Formulierung des Artikels im MG (Kangxi) läßt darauf schließen, daß bereits bei der ersten Abfassung der Bestimmung Titelträgern wie Wang, regierenden Noyan, Bannertaiji, Gung und Taiji Rechnung getragen wurde. Es handelt sich hierbei jedoch um einen Anachronismus; anzunehmen ist, daß die Aufzählung der Titel erst in späterer Zeit hinzugefügt wurde.

160 Wie aus den *Iledkel šastir* hervorgeht, wurde die Enthebung vom Amt des Jasaɣ jedoch in der Qianlong-Zeit als Sanktion gegen mongolische Edelleute angewandt. Vgl. Veit, *Die vier Qane von Qalqa*, I, S. 132, S. 147, S. 166 u. S. 181.

männliches Mitglied der Familie übergingen. Eine Aberkennung des *čola* hätte somit einen Verlust der Qualität des *jasaγ-un* impliziert.[161] Nicht nur vom Qing-Kaiser verliehene Titel und Ämter konnten ihren Trägern aberkannt werden; im MG (Kangxi) wird auch festgesetzt, daß Lamas und ordinierte Mönche, die sich nicht ihrem Stand entsprechend verhalten hatten, ihres Status als Geistliche enthoben werden sollten (*lam-a bandi-yi inu ebde jü*).[162] Diese Strafe wurde nicht bei der ersten Abfassung des Artikels festgesetzt, sondern vielmehr in einem Amendement, das sich jedoch nicht datieren läßt.

Auch Gemeinen konnten, wenn sie sich etwas zuschulden kommen ließen, ihre Ämter entzogen werden. Dabei scheint man in der Weise verfahren zu sein, daß, je niedriger das Amt einer Person war, sie desto leichter von ihm auch wieder entbunden werden konnte: Falls sie Männer bei der alle drei Jahre stattfindenden Zählung unterschlagen hatten, sollten Meiren-ü Janggi und Jalan-u Janggi zu einer Viehstrafe verurteilt werden; die Viehstrafe von Sumun-u Janggi und Orolan Kögegči, die im Rang niedriger standen, war zwar geringer; sie sollten zusätzlich jedoch ihres Amtes enthoben werden.[163]

7) Loskauf, Begnadigung und die Austauschbarkeit von Sanktionen

Nach dem KGFL soll Nurhaci im Jahr TM6 (1621) festgelegt haben, daß bei Vergehen, auf die die Todesstrafe stand, es Würdenträgern und Beamten, die sich besondere Verdienste erworben hatten, erlaubt sein sollte, sich loszukaufen.[164]

---

161 Dazu auch unter Punkt 6.3.4. Von der westlichen Forschung wurde die Bedeutung der Beifügung des *jasaγ-un* im Bezug auf das 17. Jahrhundert möglicherweise überschätzt. Farquhar zitiert z. B. im Abschnitt „The Jasaγs and Their Relationship to the Emperor" die „Ernennungsurkunde eines Jasaγ" aus dem Jahre 1653. Tatsächlich jedoch wird der Betreffende in der Urkunde zum *jasaγ-un darqan čin vang* (regierenden Wang ersten Ranges mit dem Ehrentitel Darqan) erhoben. Es ist also eine Frage der Interpretation, ob man den entscheidenden Teil der Erhebung in der Zuerkennung des *jasaγ-un* oder in der Verleihung des Titels *darqan čin vang* sehen möchte. Vgl. *The Ch'ing Administration*, S. 115–118 u. Anm. S. 167/168.

162 Vgl. MG (Kangxi), S. 39v–40v.

163 Vgl. MG (Kangxi), S. 51v–53r.

164 Vgl. Hauer, *Huang-Ts'ing K'ai-kuo Fang-lüeh*, S. 110. Des weiteren konnten Strafzahlungen erlassen und anstelle einer Prügelstrafe nur eine Verwarnung gegeben werden. Diese Weisung steht in einem gewissen Widerspruch zu der Tatsache, daß die

Das MG (Kangxi) enthält einen Artikel, in dem (unter Berufung auf eine Weisung des Hung Taiji) festgesetzt wird, daß jemand, der sich von der Todesstrafe loskaufen wollte, 3x9 Stück Vieh zu geben habe. Beim Loskauf von Frau und Kindern sollte man „nach eigenem Ermessen" (*öber-iyen durabar-iyar*) verfahren.[165] In wessen Ermessen der Loskauf gestellt wurde und wem das Vieh, durch dessen Abgabe die peinliche Strafe abgelöst wurde, gegeben werden sollte, bleibt jedoch offen. Auch ist kaum anzunehmen, daß jeder zum Tode Verurteilte sein Urteil durch die Gabe von 3x9 Stück Vieh abwenden konnte; ob man hier nach dem Grundsatz aus der Zeit des Nurhaci verfuhr, wonach die Verdienste einer Person abzuwägen waren, läßt sich jedoch nicht mit Bestimmtheit sagen.

Ein anderer Artikel des MG (Kangxi) stellt Begnadigung – ohne Loslauf – als ein Privileg dar, worum der Verurteilte unter Umständen bitten konnte. So heißt es, wenn ein zum Tode Verurteilter mit dem Leben davonkommen wolle und an der Grabstätte der Ahnen und dem zuständigen Amt kniee, solle man ihm sein Leben schenken.[166] Diese Bestimmung, die sich nicht datieren läßt, scheint der Niederschlag einer Einzelentscheidung zu sein. Es ist unklar, ob sie regelmäßig angewandt wurde.

Ein weiterer Artikel des MG (Kangxi) aus dem Jahr KX25 (1686) bezüglich der Erlassung der Todesstrafe geht eindeutig auf eine Fallentscheidung zurück:[167] Die Personen, denen die Todesstrafe erlassen worden war, sollten mit hundert Peitschenhieben geschlagen und als Sklaven an besonders arme Untertanen ihres Regierenden gegeben werden.[168] Die Todes-

---

für die Mongolen erstellten Gesetze für Edelleute keine peinlichen Strafen vorsehen. In der Frühzeit konnte wohl doch die Prügelstrafe über sie verhängt werden.

165 Vgl. MG (Kangxi), S. 33r/v.

166 Vgl. MG (Kangxi), S. 51r. Mit den Ahnen sind aller Wahrscheinlichkeit nach die Vorfahren der Qing-Kaiser gemeint. Da der Artikel nicht datiert ist, kann nicht mit Sicherheit gesagt werden, ob es sich bei dem „zuständigen Amt" um das Lifanyuan handelt.

167 Vgl. MG (Kangxi), S. 113r–114r.

168 Im Mongolischen Gesetzbuch aus der Qianlong-Zeit findet sich die Bestimmung in abgewandelter Form und ohne Bezugnahme auf die zugrundeliegende Fallentscheidung: Wenn jemand zum Lifanyuan gekommen und dort kniend um Erlassung der Todesstrafe gebeten hatte, konnte ihm dieses gewährt werden: Er sollte mit hundert Peitschenhieben geschlagen und samt seiner Familie als Sklave an einen Taiji gegeben werden, der sich besondere Verdienste erworben hatte. Bei diesem Artikel scheint es sich um eine Zusammenziehung der beiden Artikel des MG (Kangxi) zu handeln, die die Begnadigung von der Todesstrafe – ohne Loskauf – regeln. Vgl. *Mongγol ča yajin-u bičig*, Kap. XII (22), S. 56/57.

strafe sollte also durch eine andere Form der peinlichen Bestrafung (nämlich Peitschenhiebe) und die Verknechtung der Täter ersetzt werden.

Der Austausch von Sanktionen konnte jedoch nicht nur im Fall von peinlichen Strafen als ein Privileg gewährt werden: In Fällen von Zahlungsunfähigkeit konnten Vermögensstrafen in Leibesstrafen umgewandelt werden. Wenn jemand nicht über ausreichend Vieh verfügte, um die Zahlung, zu der er verurteilt war, zu begleichen, sollten für ein fehlendes Stück Vieh fünfundzwanzig Peitschenhiebe verhängt werden; ausdrücklich wird jedoch festgesetzt, daß nicht mehr als hundert Peitschenhiebe verabreicht werden sollten.[169]

6.3.2. Buße und der obrigkeitliche Strafanspruch

Unter „Buße" versteht man gewöhnlich Sach- und Geldleistungen, die an den Verletzten oder dessen Sippe gingen, um einen eingetretenen Schaden zu beseitigen. Die Buße war somit nicht primär auf die Person des Täters und die Mißbilligung seiner Tat ausgerichtet, sondern bezweckte Heilung und Trost für den Verletzten.[170] Die Verwendung des Begriffes „Buße" und seine Abgrenzung von dem der „Strafe" ist in der Literatur jedoch keineswegs einheitlich; während einige Autoren, wenn die Leistung des Täters in die öffentliche Hand fällt, den Terminus „Strafe" bevorzugen, wird in anderen Arbeiten in solchen Fällen von „öffentlicher Buße", „Buße im weiteren Sinne" oder schlicht von „Buße" gesprochen.[171]

Bußzahlungen im Sinne einer Leistung des Täters an den Geschädigten stellen ein wichtiges Element des mongolischen Rechtsdenkens dar, das sich

---

169 Vgl. MG (Kangxi) S. 9v. Daß Peitschenhiebe eine Alternative zur Abgabe von Vieh darstellten, läßt sich auch aus dem Artikel ersehen, der festlegt, wie Amtsträger gemaßregelt werden sollten, die zu spät zu einer Versammlung gekommen waren. Während alle anderen Amtsträger mit Viehstrafen – je nach Höhe ihres Amtes zwischen vier Pferden und einem dreijährigen Rind – belegt werden sollten, sollten Anführer einer Zehnjurtenschaft (i. e. Amtsträger untersten Ranges) mit siebenundzwanzig Peitschenhieben geschlagen werden. Vgl. MG (Kangxi), S. 66v–67v.

170 Vgl. Nehlsen, „Buße (weltliches Recht)", Sp. 1145. In Europa wurde das Bußsystem durch die Gottes- und Landfriedenbewegung, die eine Stärkung des öffentlichen Strafrechts mit sich brachte, seit dem späten 11. Jahrhundert in den Hintergrund gedrängt.

171 Vgl. Nehlsen, a. a. O., Sp. 1144/1145. Der Begriff der „Strafe" wiederum schließt vielfach den Gesichtspunkt der Buße mit ein: Bis zum Ausgang des Mittelalters stellte die Wiederherstellung des Friedens (im Sinne der Beseitigung oder Beendigung einer Störung) das oberste Ziel der Strafe dar. Vgl. Kaufmann, „Strafe, Strafrecht", S. 2011.

durch die gesamte Rechtsgeschichte zieht. Im MG (Kangxi) wird zwar nicht immer spezifiziert, an wen eine Zahlung fallen sollte;[172] in zahlreichen Artikeln wird jedoch der Bedeutung Rechnung getragen, die die Buße für die Beilegung eines Rechtsstreits unter den Mongolen hatte. Explizit werden Leistungen des Täters an den Verletzten vorgesehen in Angelegenheiten wie der Auflösung eines Verlöbnisses,[173] Ehebruch[174] und der Vorbringung einer falschen Anschuldigung,[175] aber auch in Fällen wie Diebstahl und Raub,[176] Brandstiftung,[177] Tötung von anderer Leute Vieh,[178] Grabschändung,[179] Körperverletzung[180] und Mord.[181]

Die Unrechtsfolgen konnten durch die Abgabe einer bestimmten Anzahl von Vieh wiedergutgemacht werden; bei Mord, Diebstahl[182] und Grabschändung sollte der Schaden zusätzlich jedoch durch die Überlassung des Besitzes bzw. der Familie des Täters an den Verletzten ausgeglichen werden. Der Täter selbst wurde der Todesstrafe unterworfen. Edelleute konnten im Fall von Mord dazu verpflichtet werden, als Wiedergutmachung einen Ersatzmann zu stellen. Beachtung verdient die Tatsache, daß im Falle von Diebstahl der Dieb (bzw. zwei Personen aus einer Gruppe von Dieben) getötet werden sollte, die Buße jedoch nicht an die Obrigkeit fiel, sondern als eine Privatstrafe an den Geschädigten gegeben werden sollte.[183] Die Bestrafung hatte somit gleichzeitig privaten wie „öffentlichen" Charakter.

---

172 Der Begriff *yala*, der im Mongolischen für die Leistungen des Täters (und seine Straftaten) gebraucht wird, läßt offen, an wen die Zahlung fallen sollte. Die Begriffe „Buße" und „Bußzahlung" werden in der vorliegenden Arbeit daher auch in Fällen gebraucht, in denen nicht mit Sicherheit gesagt werden kann, ob die Leistung dem Verletzten zugute kam. *yala* als Zahlung an die Obrigkeit z. B. MG (Kangxi), Artikel S. 36v–38r letzter Satz.

173 Vgl. MG (Kangxi), S. 8r/v.

174 Vgl. MG (Kangxi), S. 9r.

175 Vgl. MG (Kangxi), S. 14r.

176 Vgl. MG (Kangxi), S. 12v, S. 13v/14r, S. 33v–35v u. S. 41r–42v.

177 Vgl. MG (Kangxi), S. 15v u. S. 45v/46r.

178 Vgl. MG (Kangxi), S. 16v.

179 Vgl. MG (Kangxi), S. 38r–39v.

180 Vgl. MG (Kangxi), S. 16r u. S. 46r/v.

181 Vgl. MG (Kangxi), S. 16v, S. 31v–32v u. S. 36r/v.

182 Galt nur für Diebstahl von Großvieh. Bei Diebstahl von Gegenständen oder Kleinvieh sollte nur Vieh abgegeben werden. Vgl. MG (Kangxi), S. 12v.

183 Vgl. MG (Kangxi), S. 41r–42v. Es wird nicht ausdrücklich festgesetzt, daß das gestohlene Vieh an den rechtmäßigen Besitzer zurückzugeben war. Die Buße umfaßte Vieh, Besitz und Familie des (Haupt)täters und Vieh eventueller Mitläufer.

Traditionell waren die Strafen bzw. Bußleistungen, die das mongolische Recht für Viehdiebstahl vorsah, außerordentlich hoch.[184] Dieses ist nicht zuletzt aus der Lebensform der Mongolen zu erklären: Viehbesitz stellte die Lebensgrundlage dar – Viehdiebstahl war anderseits sehr leicht zu begehen, da es unmöglich war, die Herden, die in der Weite des Landes weideten, unter ständiger Beaufsichtigung zu halten. Um die Tiere fremder Herden davonzutreiben, bedurfte es keiner besonderen Geschicklichkeit oder Gewaltanwendung – es konnte dadurch jedoch ganzen Familien die Lebensgrundlage entzogen werden.

Bezüglich der Höhe der Leistungen, mit denen der Täter die Unrechtsfolgen ausgleichen sollte, geben die Satzungen der autochthonen mongolischen Rechtsaufzeichnungen durch die Festlegung kasuistisch abgestufter Bußtaxen gewisse Grundsätze an die Hand. Die Texte enthalten jedoch kaum Informationen darüber, ob ein Teil der Buße als eine Art von „Friedensgeld"[185] an die Obrigkeit zu geben war. Die Oiratischen Gesetze schreiben zwar in einem Fall vor, daß von der Bußzahlung (in Form von Vieh), die für Viehdiebstahl geleistet worden war, der Eigentümer mit der doppelten Anzahl von Tieren entschädigt und die übrigen an den Fürsten fallen sollten;[186] inwieweit aber während der verschiedenen Epochen der mongolischen Geschichte die Zahlung eines solchen „Friedensgeldes" üblich war, läßt sich nicht sagen. Demgegenüber legt das MG (Kangxi) jedoch fest, welcher Teil einer Bußleistung Edelleuten bei der Beilegung eines Rechtsstreites zwischen ihren Leuten zustand. So besagt ein Artikel des MG (Kangxi), daß die jeweiligen Noyan (öber-ün noyad) aus neun Stück Vieh jeweils eines für sich nehmen sollten.[187] Dieser Anteil an der Bußzahlung kann als eine Art von Friedensgeld gedeutet werden.

---

184 Die Oiratischen Gesetze sehen zwar nicht die Todesstrafe vor, dafür aber die Abgabe von Vieh in sehr großer Zahl. Vgl. Alinge, *Mongolische Gesetze*, S. 86, der feststellt, daß die Viehstrafen für Diebstahl lebenden Viehs „ungemein hoch" seien. Zu den Passagen der Rechtstexte auf Birkenrinde, die in einigen Fällen für Diebstahl die Todesstrafe vorschreiben, vgl. Weiers, „Mandschu-mongolische Strafgesetze 1631", S. 154/155. Weiers kann den Brauch, Diebe mit dem Tode zu bestrafen, auf das 13.–14. Jahrhundert zurückführen.

185 Im europäischen Mittelalter Teil der Buße, die an König oder civitas fiel. Auch als „Vermittlungsgebühr mit pönalem Charakter" bezeichnet. Vgl. Kaufmann, „Friedensgeld".

186 Vgl. Pallas, *Sammlungen historischer Nachrichten*, I, S. 204.

187 Vgl. MG (Kangxi), S. 15r.

Abgesehen davon, daß ein Teil des vom Täter gegebenen Viehs an den zuständigen mongolischen Edelmann fallen konnte, schreiben die Bestimmungen des MG (Kangxi) in einigen Fällen auch vor, daß Vieh „zugunsten der Regierung genommen" werden sollte (*jasaɣ-tur ab-*). Verwandt wird dieser Begriff im Zusammenhang mit Vergehen, durch die dem Qing-Staat Schaden zugefügt worden war,[188] in denen der zuständige Edelmann nicht in angemessener Weise um die Aufklärung des Falles bemüht gewesen war,[189] dem Geschädigten das Recht auf Wiedergutmachung nicht zugestanden wurde[190] oder es keinen Geschädigten gab.[191]

Dem Einzug durch die Zentralregierung anheimfallen konnte jedoch nicht nur Vieh, sondern auch Personen: Männer, die bei der alle drei Jahre stattfindenden Volkszählung unterschlagen worden waren, sollten ebenso „zugunsten der Regierung" genommen werden[192] wie nicht-registrierte Lamas.[193] Der Text gibt keine Auskunft darüber, was mit diesen Personen geschehen sollte.

Ein Hinweis darauf, daß die Mandschuren in gewissen Fällen einen Anspruch auf Strafzahlungen, die von Mongolen geleistet worden waren, geltend machten, findet sich bereits in den Bestimmungen von 1632. Dort heißt es, daß Vieh, welches mongolischen Edelleuten zur Strafe abgenommen worden war, der mandschurische Herrscher einziehen werde.[194] (Jedoch

---

188 Unterschlagung von Männern beim Zensus, vgl. MG (Kangxi), S. 51v–53r, Jagen in verbotenem Gebiet ebd. S. 53v–54v, unerlaubter Handel mit Qalqa, Oiraten, Tanguten oder Barɣu ebd. S. 55v–58r, schlechte Ausrüstung von Wachleuten ebd. S. 59r–60r, unerlaubter Handel mit Zobelfellen ebd. S. 64v–66r, Verkauf von Kriegsgerät an Qalqa und Oiraten ebd. S. 73r–74v u. Ordinierung nicht-registrierten Lamas ebd. S. 86v–93v.

189 Vgl. Mord an Flüchtlingen, MG (Kangxi), S. 30v–31v. Wenn der zuständige Edelmann den Fall aufklärte, sollte er die Zahlung erhalten.

190 Falls eine Frau, die von ihrem Ehemann ermordet worden war, sich zuvor schuldig gemacht hatte vgl. MG (Kangxi), S. 36r/v oder die Todesfolge bei der Mißhandlung eines Untertan oder Sklaven durch seinen Herren nicht beabsichtigt (!) gewesen war vgl. MG (Kangxi), S. 36v–38r.

191 Verstoß gegen das Verbot, eine zu hohe Mitgift zu geben vgl. MG (Kangxi), S. 7v/8r.

192 Vgl. MG (Kangxi), S. 51v. Im KXHD wird diese Bestimmung auf „die Zeit der Reichsgründung" datiert.

193 Vgl. MG (Kangxi), S. 86v–93v.

194 *ene jasaɣ-iyar abuɣsan-i qaɣan abqu bolba* (Dieses durch die Regierung Genommene wird der Qan einziehen). Vgl. JMZD, Fol. 3940. Es geht um Vergehen wie die Zusammenarbeit mit Dieben, das Nicht-Einsetzen von Vorstehern über zehn Haushalte oder das Bezeugen von Straftaten außerhalb des eigenen Herrschafts-

scheinen auch in der frühen Zeit keineswegs alle Strafzahlungen mongolischer Edelleute an die mandschurische Zentralregierung gefallen zu sein: Aus dem KGFL geht hervor, daß Hung Taiji an anderer Stelle die Anweisung gab, daß bei den Mongolen eingezogenes Vieh unter den mongolischen Edelleuten verteilt werden sollte).[195]

In späterer Zeit wurden neue Regelungen darüber getroffen, in welchen Anteilen das Vieh, das man *jasaɣ-tur* (zugunsten der Regierung) genommen hatte, zwischen der Zentralregierung und den mongolischen Edelleuten aufgeteilt werden sollte. Leistungen, die vom Tüsiyetü Čin Wang und vom J̌oriɣtu Čin Wang der Qorčin erbracht worden waren, sollten in ihrer Gesamtheit von der Zentralregierung eingezogen werden; sie stellten jedoch eine Ausnahme dar. Bei anderen von Qorčin begangenen Vergehen sollte in folgender Weise verfahren werden:[196]

Von Edelleuten der Qorčin geleistete Strafzahlungen

1/9 bzw. 1/10 an Tüsiyetü Čin Wang oder J̌oriɣtu Čin Wang der Qorčin, je nachdem ob Täter dem rechten Flügel oder dem linken Flügel angehörte.

8/9 bzw. 9/10 sollten sich die regierenden Edelleute des jeweiligen Flügels der Qorčin teilen.

Von rangniedrigen Taiǰi der Qorčin geleistete Strafzahlungen

1/9 bzw. 1/10 an die Regierung. (Aus dem Text geht nicht hervor, ob in diesem Fall die mandschurische Zentralregierung oder der J̌oriɣtu Čin Wang bzw. der Tüsiyetü Čin Wang gemeint waren).

8/9 bzw. 9/10 sollten sich die regierenden Edelleute des jeweiligen Flügels der Qorčin teilen.

bereiches: Vergehen, durch die die Interessen des mandschurischen Staates beeinträchtigt wurden. Vgl. Weiers, „Mandschu-mongolische Strafgesetze 1632", S.115.

195 Vgl. Hauer, *Huang-Ts'ing K'ai-kuo Fang-lüeh*, S. 361.

196 Vgl. MG (Kangxi), S. 48r–51r. Diese Bestimmung findet sich nicht im KXHD; sie läßt sich anhand der erwähnten Personen aber auf die zweite Hälfte der siebziger Jahre des 17. Jahrhunderts datieren.

Von Gemeinen der Qorčin geleistete Strafzahlungen

1/9 bzw. 1/10 an die Regierung.	4/9 bzw. 5/10 (oder 4/10) an den regierenden Edelmann des Banners.	4/9 bzw. 4/10 (oder 5/10) an den Herrn des Täters.

In dem Artikel wird des weiteren festgelegt, in welchen Gruppen von jeweils zwei, drei oder vier die Regenten der übrigen mongolischen Banner sich zusammentun sollten, um gemeinsam über Straftaten zu Gericht zu sitzen. Für sie galt, daß vom eingezogenen Vieh ein Teil an die Regierung zu geben war und der Rest unter den gemeinschaftlich Recht sprechenden Edelleuten verteilt werden sollte. Eine Ausnahme bildeten lediglich die beiden Banner der Tümed von Hohhot, die Solonen und die Daγuren; in ihrem Fall erhob die Qing-Regierung Anspruch auf die gesamte Strafzahlung.[197]

Hinsichtlich der Politik der Qing-Regierung lassen sich anhand dieser Bestimmung mehrere wichtige Schlüsse ziehen. Zunächst fällt die Sonderstellung der Qorčin[198] auf, insbesondere des Tüsiyetü Čin Wang und des Joriγtu Čin Wang. Die Tatsache, daß sie, falls Edelleute ihres Flügels eine Straftat begingen, ein Anrecht auf das *jasaγ-tur abuγsan*, i. e. den Anteil der Regierung, hatten, läßt auf ihre starke Stellung schließen – die Edelleute ihres Flügels unterstanden ihnen und erst in zweiter Linie dem mandschurischen Kaiser. Für die exponierte Stellung des Tüsiyetü Čin Wang und des Joriγtu Čin Wang der Qorčin spricht auch, daß von ihnen entrichtete Strafzahlungen in ihrer Gesamtheit an die mandschurische Regierung gegeben werden sollten. Sie sollten somit nicht, wie dieses bei den übrigen Bannerregenten der Fall war, unter den regierenden Edelleuten der Region aufgeteilt werden: Mit diesen standen der Tüsiyetü Čin Wang und der Joriγtu Čin Wang der Qorčin nicht auf einer Stufe. Es ist zu konstatieren,

---

197 Vgl. MG (Kangxi), S. 50v.

198 In dem Artikel wird stets von den zehn Bannern der Qorčin gesprochen; aus späterer Zeit kennen wir nur sechs Qorčin-Banner. Auffallend ist, daß die beiden Banner der Gorlos, das der Jalaid und das der Dörbed (die seit dem 18. Jahrhundert gemeinsam mit den Qorčin den Jirim-Bund bilden sollten) in dem Artikel nicht erwähnt werden. Möglicherweise wurden sie Ende des 17. Jahrhunderts noch zu den Qorčin gerechnet.

daß sich die Qing auf die Tümed,[199] Solonen und Dayuren einen besonderen Zugriff sicherten: Bei ihnen eingezogene Strafzahlungen sollten ebenfalls in ihrer Gesamtheit an die Regierung gehen.

Von großer Bedeutung ist nicht in erster Linie, daß die Zentralregierung mit dieser Bestimmung auf ein Neuntel bzw. Zehntel aller in den mongolischen Gebieten eingezogenen Strafen (oder sogar die Gesamtheit der Zahlungen) Anspruch erhob; entscheidend ist vielmehr, daß nunmehr kein Edelmann über eine Vermögensstrafe seiner Leute frei verfügen konnte; durch diese Bestimmung der Qing war er gehalten, die Zahlung mit den anderen Edelleuten zu teilen. Die Bestimmung muß daher als eine Maßnahme gewertet werden, die dazu angetan war, die Jurisdiktionsgewalt der einzelnen Edelleuten über ihre Untertanen zu brechen.

Anhand einer von YATES bearbeiteten Akte aus dem Archiv des Bayantala-Bundes läßt sich belegen, daß die Qing-Regierung in der Kangxi-Zeit ihren Anspruch auf Strafzahlungen in Form von Vieh tatsächlich geltend machte und Tiere aus den mongolischen Gebieten nach Peking einzog.[200] So liegt ein Schreiben aus dem Jahr 1692 vor, in dem das Lifanyuan den Bannerhauptmann der Tümed von Hohhot aufforderte, das Vieh, das im Laufe eines Jahres einzelnen Personen der Tümed von Hohhot zur Abgabe an die Regierung auferlegt worden war, gesammelt an das Lifanyuan zu senden. (Wie oben dargestellt, erhoben die Qing im Falle der Tümed Anspruch auf die gesamte Strafzahlung). Aus dem Brief geht hervor, daß das Vieh der Tümed einmal im Jahr – und zwar im Herbst – nach Peking zu überführen war. Das Lifanyuan war genauestens darüber informiert, wem eine Fünfer-bzw. eine Neunerstrafe auferlegt worden war. Diese Personen werden namentlich genannt; es handelt sich ausnahmslos um Amtsträger, ihre Ränge reichen von Bannerhauptleuten über Jalan-u Janggi zu Sumun-u Janggi. Zwar regelt der oben zitierte Artikel des MG (Kangxi) ausdrücklich auch, wie im Fall von Strafzahlungen zu verfahren war, die von Gemeinen der Qorčin eingezogen worden waren. Es bleibt aber fraglich, ob sich der Anspruch der Qing auf Strafzahlungen (bzw. die Forderung, daß solche Zahlungen auf-zuteilen waren) im 17. Jahrhundert tatsächlich auf Leistungen von Gemeinen erstreckte.

Oben wurde bereits gesagt, daß aus den Bestimmungen nicht immer klar hervorgeht, an wen das Vieh des Täters fallen sollte. Die Interpretation der

---

199 Auf die Sonderstellung der Tümed bei der Darbringung von Tribut wurde unter Punkt 6.1.2. hingewiesen.
200 Vgl. Yates, *Early Historical Materials*, S. 192/193.

Gesetzesartikel wird weiter dadurch erschwert, daß abgesehen vom Geschädigten und der Regierung auch Zeugen (*gereči*) einen Anteil der vom Täter geleisteten Zahlung erhalten sollten. Ein Artikel des MG (Kangxi) legt fest, daß der Zeuge stets die Hälfte der Bußzahlung erhalten sollte.[201] Da auch andere Gesetze eine Entlohnung des Zeugen in dieser Größenordnung vorsehen,[202] ist anzunehmen, daß es sich dabei um einen Grundsatz handelte. Dieser läßt sich bis ins Jahr 1632 zurückverfolgen: Damals wurde festgelegt, daß Diebstahl mit dem Tode bestraft werden sollte und der Geschädigte und der Zeuge Frau, Kinder, Hausstand und Vieh des Diebes zu gleichen Teilen unter sich aufteilen sollten.[203]

Bei dem Zeugen, so wie er in der mandschurischen Gesetzgebung für die Mongolen erwähnt wird, scheint es sich in vielen Fällen um eine Person gehandelt zu haben, die gegen ihren eigenen Herren aussagte. Im MG (Kangxi) wird dem Zeugen nicht nur eine Entlohung zugestanden, sondern ihm wird auch gestattet, sich an einen Ort seiner eigenen Wahl zu begeben.[204] Vorschriften hinsichtlich der Behandlung des *gereči* (Zeugen) finden sich stets in den Bestimmungen, in denen das Zeugnis über Vergehen behandelt wird, die von Edelleuten begangen worden waren; in einem Artikel wird sogar explizit gesagt, daß jemand, der gegen seinen eigenen Herrn aussagte, von diesem entfernt werden sollte.[205] Als Bestätigung dafür, daß ein *gereči* jemand war, der gegen seinen eigenen Herrn aussagte, kann auch die Auflistung der Strafen gelten, mit denen Wang, Noyan, Bannertaiji, Gung und Taiji belegt werden sollten, wenn sie sich an einer Person rächten, die als Zeuge gegen sie aufgetreten war.[206]

---

201 Vgl. MG (Kangxi), S. 14v/15r.
202 Vgl. MG (Kangxi), S. 30v–31v.
203 Vgl. JMZD, Fol. 3937/3938.
204 Das Prinzip, Zeugen aus ihrem Umfeld zu entfernen, läßt sich bis in das Jahr 1631 zurückverfolgen. So soll der Beile Jirgalang (1599–1655), der zu jener Zeit an der Spitze des Strafministeriums stand, im April 1631 Hung Taiji den Vorschlag unterbreitet haben, in Zukunft Leute, welche über einen Gesetzesverstoß Anzeige erstattet hatten, in ein anderes Banner zu versetzen. (Vgl. Hauer, *Huang-Ts'ing K'ai-kuo Fang-lüeh*, S. 248). Möglicherweise ist es auf diesen Vorschlag des Jirgalang zurückzuführen, daß sich in den gesetzlichen Bestimmungen für die Mongolen aus dem Mai desselben Jahres bereits eine Weisung findet, nach der ein Zeuge, der gegen seinen Herren ausgesagt hatte, umzusiedeln war. Vgl. JMZD, Fol. 3422.
205 Vgl. MG (Kangxi), S. 30v–31v u. S. 73r–74v.
206 Vgl. MG (Kangxi), S. 11r/v.

Die Belohnung des Zeugen und sein Recht auf Umsiedlung werden in denjenigen Bestimmungen festgesetzt, die Vergehen betreffen, durch die dem Qing-Staat Schaden zugefügt worden war: der Unterschlagung von Personen beim Zensus,[207] dem Verkauf von Waffen an Oiraten und Qalqa,[208] dem Mord an Flüchtlingen[209] und der Unterstützung nicht-registrierter Lamas.[210] Abgesehen vom Mord an Flüchtlingen gab es in diesen Fällen keinen Geschädigten; es ist daher anzunehmen, daß es sich bei den *gereči* nicht in erster Linie um Personen handelte, die in eigener Sache eine Anklage vorbrachten.[211]

Ein Zeuge, der gegenüber den mandschurischen Behörden Angaben über die Übertretung von Qing-Gesetzen durch seine Herrschaft gemacht hatte, zog selbstverständlich deren Unwillen auf sich und hatte Repressalien zu befürchten. Um Personen trotzdem zu solchem Tun zu bewegen, wurden materielle Anreize geschaffen und eine Schutzgarantie gegeben. Zeugen, die Spuren bestätigen konnten, waren bei der Aufklärung insbesondere von Viehdiebstählen in den mongolischen Gebieten zweifellos immer von großer Bedeutung gewesen; Belohnungen für ihre Mithilfe waren wahrscheinlich üblich.[212] Bei der besonderen Behandlung von Zeugen, wie sie die Qing-Gesetzgebung vorsah, scheint es sich um einen Rückgriff der Mandschuren auf eine mongolische Rechtstradition zu handeln; diese wurde von ihnen jedoch als Mittel eingesetzt, um die Durchsetzung von Qing-Gesetzen in den mongolischen Gebieten zu gewährleisten.[213]

---

207 Vgl. MG (Kangxi), S. 51v–53r.

208 Vgl. MG (Kangxi), S. 73r–74v.

209 Vgl. MG (Kangxi), S. 30v–31v u. S. 73r–74v.

210 Vgl. MG (Kangxi), S. 89v–90v.

211 Daß die Tätigkeit eines *gereči* sich nicht auf eine Aussage vor Gericht beschränken mußte, läßt sich aus dem Artikel zu unerlaubtem Waffenverkauf schließen, in dem es heißt „wenn jemand einen Menschen ergreifend dieses bezeugt" (*kümün bariju gerečilebesü*). Vgl. MG (Kangxi), S. 73r.

212 Zur Entlohnung des Zeugen nach Oiratischen Gesetzen vgl. Alinge, *Mongolische Gesetze*, S. 132.

213 Im *Qalqa ǰirum* finden sich zahlreiche Bestimmungen, die eine Entlohnung des Zeugen vorschreiben. Aufgrund der Bedingungen, unter denen diese Rechtsaufzeichnung entstand, kann dieses aber auch auf den Einfluß von Qing-Recht zurückgeführt werden. Für diese Interpretation spricht auch, daß die Bestimmungen des *Qalqa ǰirum*, die eine reiche Entlohnung des Zeugen vorsehen (i. e. die Hälfte des eingezogenen Viehs) zum großen Teil aus der Yongzheng-Zeit stammen. Vgl. *Xalxa Dǯürum*, Dylykov [Hrsg.], S. 228 (1) u. S. 316–318 (2–4). Mit der Einflußnahme der Qing auf die Gesetzgebung im Qalqa-Gebiet scheint auch dort eine Betonung der

Auffallend ist, daß die Person des Zeugen – seine Belohnung und die Schutzgarantie – vor allem in den Bestimmungen Erwähnung findet, die aus der Zeit des Hung Taiji stammen. Vereinzelt wird in Zusätzen aus der Kangxi-Zeit der Zeuge zwar noch erwähnt,[214] grundsätzlich ist jedoch zu beobachten, daß bei der Formulierung neuer Gesetze seiner Rolle immer weniger Rechnung getragen wurde. In den Bestimmungen, die in der Qianlong-Zeit an das Mongolische Gesetzbuch angefügt wurden, wird die Person des Zeugen nicht erwähnt. Daraus läßt sich der Schluß ziehen, daß die Wertschätzung des Zeugen in den mongolischen Gebieten unter der Herrschaft der Qing immer mehr abnahm: Es ist zu vermuten, daß mit zunehmender Durchsetzung der Qing-Gesetzgebung in den mongolischen Gebieten auch die Notwendigkeit nachließ, die Aussagebereitschaft von Zeugen in besonderer Weise zu fördern.[215]

Ohne die Nennung des Begriffes *gereči* (Zeuge) und ohne das Zugeständnis, diese Person dürfe sich an einen Ort freier Wahl begeben, werden im MG (Kangxi) noch weitere Belohnungen für Leute festgesetzt, die über Verstöße gegen Qing-Gesetze eine Aussage machten. So sollte in Fällen, in denen jemand seine Pfeile nicht mit einer Beschriftung versehen hatte,[216] eine Person gegen die Kleidervorschriften verstoßen hatte[217] oder eine unerlaubte Form der Bestattung[218] vorgenommen worden war, jeweils „derjenige, der es gesehen hatte" (*üjegsen kümün*) die Strafe, die dem Täter auferlegt worden war, zu seinen Gunsten nehmen. Warum in diesen Artikeln nicht der Begriff *gereči* gebraucht wird, ist unklar. Es scheint sich dabei aber um keinen Zufall zu handeln, da, anders als der *gereči*, der *üjegsen kümün* die gesamte Zahlung (und nicht nur die Hälfte) für sich nehmen sollte. Es ist anzunehmen, daß der Terminus *gereči* vorwiegend für solche Zeugen gebraucht wurde, die

---

Rolle des Zeugen einhergegangen zu sein. In traditionellen mongolischen Rechtsaufzeichnungen wird dem Zeugen nicht ein so hoher Stellenwert beigemessen.

214 In einem Artikel, der sich anhand des KXHD auf das Jahr 1666 datieren läßt und in dem geregelt wird, wie Leute zu bestrafen waren, die Kriegsgerät an Qalqa oder Oiraten verkauft hatten, heißt es, der Zeuge solle die Hälfte der Strafzahlung erhalten. Vgl. MG (Kangxi), S. 73r–74v.

215 Dieses ließe sich als eine Angleichung an chinesische Rechtspraktiken interpretieren; dort erhielten Zeugen keine Belohnungen. Sie wurden im Gegenteil keineswegs mit großer Wertschätzung behandelt: Um vorzubeugen, daß sie davonliefen, wurden sie sogar häufig inhaftiert. Vgl. Conner, *The Law of Evidence*, S. 51/52.

216 Vgl. MG (Kangxi), S. 19v.

217 Vgl. MG (Kangxi), S. 20v.

218 Vgl. MG (Kangxi), S. 38r–39v.

über schwerwiegende Vergehen von Edelleuten eine Aussage machten, während ein *üjegsen kümün* über unbedeutendere Gesetzesverstöße von Gemeinen Angaben machte.[219]

6.3.3. Die Jurisdiktionsgewalt der mongolischen Edelleute

Aus den Gerichtsakten, die aus dem späten 18. Jahrhundert vorliegen, geht hervor, daß die Rechtsprechung in den mongolischen Gebieten zu jener Zeit von den Regierenden der Banner ausgeübt wurde. Die einzelnen Schritte, die zu einer Verknüpfung des Amtes des Bannerregenten mit der Rechtsprechung führten, lassen sich nicht genau nachvollziehen. Auch liegt weder aus dem 17. Jahrhundert noch aus späterer Zeit eine Weisung vor, die besagt, daß es nur den regierenden Edelleuten erlaubt war, die Gerichtsbarkeit auszuüben.

In den mandschurischen Bestimmungen für die Mongolen, die aus den Jahren 1631/1632 überliefert sind, wird diejenige Person, die die Rechtsprechung ausübte, als „Noyan" oder als „Noyan, der sich [mit dem Fall] befaßt hat/zuständiger Noyan" (*joriɣsan noyan*) bezeichnet.[220] Auch der Begriff „regierender Noyan" (*jasaɣ-un noyan*) findet sich in einigen Passagen.[221] Daß in Verbindung mit der Gerichtsbarkeit vom *jasaɣ-un noyan* gesprochen wird, deutet darauf hin, daß politische Macht und richterliche Befugnis zusammenfielen. Ungewiß ist jedoch, worauf die Autorität sich gründete: Es ist nicht anzunehmen, daß es sich bei dieser „Regentschaft" im Jahr 1631 bereits um ein vom mandschurischen Herrscher an einen mongolischen Edelmann verliehenes Amt handelte; vielmehr ist davon auszugehen, daß zum damaligen Zeitpunkt durch die Beifügung *jasaɣ-un* von den Mandschuren bestehende Verhältnisse anerkannt wurden.

Ein erster Eingriff der Mandschuren in die judiziellen Befugnisse der mongolischen Edelleute läßt sich in einer Quelle aus dem Jahr 1632 nachweisen. Zum damaligen Zeitpunkt wurde festgelegt, daß ein Edelmann, wenn er „eine Straftat außerhalb bezeugte" (*aliba yala-gi ɣadaɣsi gerečilebe*), mit der Abgabe von zehn Pferden und einem Kamel zu bestrafen

---

219 Die Leistungen vom Täter, die ihm dafür zugute kommen sollten, waren gering und beliefen sich auf ein bis fünf Stück Vieh.

220 Vgl. JMZD, Fol. 3422 u. Fol. 3937. Bei Kriegszügen scheint die Rechtsprechung über mongolische Krieger jedoch beim mandschurischen Herrscher bzw. seinen Vertretern gelegen zu haben. Zu dieser besonderen Situation s. unter Punkt 5.1.2.

221 Vgl. JMZD, Fol. 3421 u. Fol. 3423.

sei.[222] Dieser Versuch der Mandschuren, die richterlichen Befugnisse der mongolischen Edelleute zu reglementieren, muß in Zusammenhang mit ihren Bemühungen gesehen werden, die Weidegebiete der einzelnen Völkerschaften zu demarkieren und die Herrschaftsbereiche der Edelleute festzulegen. Der Gebrauch des Begriffes *ɣadaɣsi* legt nahe, daß die Befugnisse nach territorialen Gesichtspunkten eingegrenzt wurden: Die Jurisdiktionsgrenzen fielen mit den Grenzen der neu definierten Territorien zusammen. Da es aber der mongolischen Bevölkerung nicht erlaubt war, außerhalb der ihrer Völkerschaft zugewiesenen Siedlungsgründe zu nomadisieren, ging mit der Einschränkung der judiziellen Rechte der Edelleute auf ein bestimmtes Territorium auch die Reduzierung auf einen Kreis von Untertanen einher.

Zur Reglementierung der richterlichen Zuständigkeiten der Edelleute gehörte auch, daß Vorschriften darüber erlassen wurden, wie in Rechtsfällen zu verfahren war, die zwischen Leuten ausgetragen wurden, die zu unterschiedlichen Jurisdiktionen gehörten. Im MG (Kangxi) wird festgelegt, daß der regierende Edelmann des Klägers in einem solchen Fall Gesandte an den regierenden Edelmann des Beklagten schicken sollte; dieser war ebenso dazu verpflichtet, Gesandte aufzubieten.[223] Den Gesandten kam die Aufgabe zu, den Rechtsstreit durch Verhandeln (*kelelče-*) beizulegen.[224]

Die Verwendung des Begriffes *kelelče-* macht deutlich, daß Rechtssachen nicht durch die bloße Anwendung eines feststehenden Rechtssatzes entschieden wurden. Vielmehr mußten sich die Gesandten der streitenden Parteien durch Verhandlungen auf eine für beide akzeptable Lösung einigen. Weiter geht aus dem Artikel hervor, daß mit einer Rechtssache, in der Kläger

---

222 Vgl. JMZD, Fol. 3938. Es ist anzunehmen, daß mit „bezeugen" das Fällen einer richterlichen Entscheidung gemeint war.

223 Vgl. MG (Kangxi), S. 17v–18r. In dem Artikel wird der Konflikt zwischen Leuten behandelt, die unterschiedlichen Bannern (*qosiɣu*) angehörten. Da es sich bei den Titeln, die in dem Artikel genannt werden, aller Wahrscheinlichkeit nach um spätere Hinzufügungen handelt, ist nicht ausgeschlossen, daß auch der Begriff „Banner" erst zu einem späteren Zeitpunkt ergänzt worden ist.

224 Der Gesandte, der den Geschädigten vertrat, sollte mit einem Neuntel (bzw. Zehntel) der Viehzahlung, höchstens jedoch mit drei Tieren und der Gesandte, der den Täter vertrat, mit einem dreijährigen Rind vergütet werden. Dabei scheint es sich um eine feste Regel gehandelt zu haben. Dieses läßt sich aus der Tatsache folgern, daß ein weiterer Artikel des MG (Kangxi) die Entlohnung der Gesandten in genau dieser Höhe festsetzt. Vgl. MG (Kangxi), S. 9v, (wo allerdings nicht von Neunereinheiten ausgegangen wird, sondern von Einheiten in Zehn). Es muß offen bleiben, ob der Anteil der Gesandten tatsächlich den Personen der Gesandten zugute kam oder den Edelleuten, die durch sie vertreten wurden.

und Beklagter Untertanen verschiedener Herren waren, ein Fall vorlag, der zwischen Edelleuten ausgetragen wurde. Dieses läßt auf die Herrschaftsgewalt der Edelleute schließen – das Verfügen einer anderen Person über ihren Gefolgsmann wäre als ein Eingriff in ihre Machtsphäre aufgefaßt worden. Die enge Bindung bestand jedoch auch in umgekehrter Richtung: Der Edelmann konnte für seinen Untertan haftbar gemacht werden. Wenn er nicht dafür sorgte, daß sein Mann binnen zehn Tagen die Bußzahlung entrichtete, sollte es der klagenden Partei erlaubt sein, eigenständig aus seiner (wahrscheinlich des Edelmannes) Herde Pferde zu nehmen.[225]

Der Artikel führt weiter aus, daß, wenn eine Partei nicht in angemessener Form Anklage erhob, eine Eingabe eingereicht werden sollte. Der Sinn dieser Vorschrift muß in der Friedenswahrung und in der Verhinderung der Fehde gesehen werden: Um die Stabilität in den mongolischen Gebieten zu sichern, mußte den Mandschuren daran gelegen sein, es nicht zu gewaltsamen Konflikten zwischen einzelnen Edelleuten kommen zu lassen.

Zwar wurde in den 1630er Jahren die herrschaftliche Gewalt der Edelleute über ihre Untertanen zunächst nicht angetastet; Grenzen hatte sie jedoch, wenn es um Personen ging, die sich schwere Verfehlungen hatten zuschulden kommen lassen. Den Edelleuten drohten hohe Strafen (im Fall von Wang die Abgabe von 9x9 Stück Vieh), wenn sie sich weigerten, einen Verbrecher auszuliefern;[226] eine Anzahl von Vieh in der gleichen Höhe hatten sie abzugeben, wenn sie Diebe deckten.[227] (Aus dem Artikel geht nicht hervor, ob von einer Weigerung, sich den Anordnungen des mandschurischen Herrschers zu fügen, ausgegangen wurde oder ob die Disziplinierung auch

---

225 Vgl. MG (Kangxi), S. 17v–18r.
226 Abgabe von Vieh zwischen 9x9 Stück Vieh im Fall von Wang und 5x9 Stück Vieh im Fall von Taiji. Vgl. MG (Kangxi), S. 42v/43r.
227 Vgl. MG (Kangxi), S. 10r–11r u. KXHD, Kap. 145, S. 8r. Ein anderer Artikel legt jedoch fest, wenn Edelleute mit Dieben zusammenarbeiten, sie deckten und die Angelegenheit nicht ans Tageslicht brachten, ihnen zwischen 3x9 und 1x9 Stück Vieh genommen werden sollte. Vgl. MG (Kangxi), S. 11v/12r u. KXHD, Kap. 145, S. 8r. Beide Artikel lassen sich anhand des KXHD auf „die Zeit der Reichsgründung" datieren. Die unterschiedliche Höhe der Zahlung für das (scheinbar) gleiche Delikt muß jedoch nicht Folge mangelnder Systematik sein. So könnte im ersten Fall das bewußte Widersetzen gegen einen Befehl des Qing-Kaisers, eine bestimmte Person festzunehmen und zu richten, gemeint sein, während der zweite Artikel sich auf Fälle beziehen würde, in denen ein Edelmann zwar mit Dieben zusammengearbeitet und sie hatte gewähren lassen, bei der Aufdeckung der Tat jedoch sofort Konsequenzen gezogen hatte.

erfolgen sollte, wenn die Forderung nach Auslieferung von einem anderen Edelmann gestellt worden war).

Die Mandschuren grenzten jedoch nicht nur die Herrschaftsbereiche der einzelnen Edelleute voneinander ab; sie erließen in den 1670er Jahren auch Bestimmungen, durch die die richterlichen Kompetenzen der Edelleute über ihre eigenen Leute eingeschränkt wurden. So wurde festgesetzt, daß Edelleute Todesurteile nicht mehr eigenmächtig fällen durften; vielmehr sollten sie „den benachbarten regierenden Wang und Noyan" (*köndelen*[228] *jasaɣ-un vang noyad-tur*) Bescheid geben und die Bestrafung mit ihnen absprechen.[229] Eine Vollstreckung der Todesstrafe ohne die benachbarten Regierenden benachrichtigt zu haben, sollte als vorsätzlicher Mord geahndet werden. Im Rahmen des Artikels wurden die Edelleute zudem angewiesen, Todesurteile am Ort der gemeinsamen Gerichtsverhandlung zu vollstrecken.[230]

Der Artikel enthält keinen Hinweis darauf, ob bei den Zusammenkünften, bei denen über Rechtssachen beraten wurde, ein Vertreter der Zentralregierung anwesend war. Es stellt sich daher die Frage, ob diese Treffen dreier oder vierer benachbarter Edelleute mit den gleichnamigen Versammlungen (*čiɣulɣan*) identisch sind, die seit der Zeit des Hung Taiji alle drei Jahre in den mongolischen Gebieten einberufen werden sollten.[231] Da

---

228 Kowalewski, *Dictionnaire*, III, S. 2566/2567 gibt *köndelen* als „de côté" wieder.

229 Vgl. MG (Kangxi), S. 32v–33v. Dieser Artikel ist auf den mittleren Herbstmonat KX14 (1675) datiert; es wird sich dabei jedoch auf eine Weisung des Taizong-Kaisers, also des Hung Taiji, berufen (*tayisung quvangdi-yin toɣtaɣaɣsan yosuɣar*). Dieser hatte allem Anschein nach bereits angeordnet, daß mongolische Edelleute Todesstrafen nur in Absprache miteinander vollstrecken sollten. Da 1675 eine Neufestsetzung der Bestimmung als notwendig erachtet wurde, ist anzunehmen, daß die Weisung des Hung Taiji nicht wirksam geworden war; auch ist unklar, ob bzw. in welcher Form seine Anordnung unter den mongolischen Edelleuten verbreitet worden war.

230 *čiɣulɣan neyilejü sigüjü alaqu yal-a-tu kümün bolbasu darui čiɣulɣan neyilegsen ɣajar-a sigügsen yosuɣar alatuɣai*. „Indem man zu einer Versammlung zusammenkommt und Urteile spricht, soll man, wenn da Leute sind, die mit der Todesstrafe [belegt sind], sie sogleich am Ort, an dem man zur Versammlung zusammengekommen ist, auf die Weise, zu der man sie verurteilt hat, töten". Vgl. MG (Kangxi), S. 33r.

231 An diesen nahmen Vertreter der Zentralregierung teil. Neben der Zählung der Männer war die Entscheidung über ausstehende Rechtsfälle einer der wichtigsten Tagesordnungspunkte. Vgl. MG (Kangxi), S. 60v. Der Artikel läßt sich anhand des KXHD auf „die Zeit der Reichsgründung" datieren.

der Artikel nahelegt, daß im Falle einer zu verhängenden Todesstrafe die Benachrichtigung der benachbarten Regenten das entscheidende Moment war und weder von einem mandschurischen Vertreter noch von einer turnusgemäßen Einberufung die Rede ist, ist anzunehmen, daß diese Treffen von einer anderen Natur waren als die regelmäßig von den Qing einberufenen Versammlungen.[232]

Wer als benachbart bzw. „seitlich" (*köndelen*) galt, wird in der Bestimmung nicht näher definiert. Möglicherweise sind hier die Einheiten von zwei, drei, vier oder fünf regierenden Edelleuten gemeint, von denen es in einem anderen Artikel des MG (Kangxi) heißt, sie sollten „gemeinschaftlich Straftaten richten".[233] Für einen engen Zusammenhang zwischen den beiden Weisungen spricht, daß ihre Formulierung auf ungefähr die gleiche Zeit (1675 bzw. zweite Hälfte der 1670er Jahre) zurückgeht: Mit den Zusammenschlüssen benachbarter Edelleute, die gemeinschaftlich Recht sprechen und Strafzahlungen untereinander aufteilen sollten, wären somit bereits in der frühen Kangxi-Zeit die Vorläufer der späteren „Bünde" geschaffen worden.

Es läßt sich die Schlußfolgerung ziehen, daß die Befugnis der Edelleute, eigenständige richterliche Entscheidungen zu treffen, dadurch eingeschränkt werden sollte, daß sie sich untereinander abzusprechen hatten. Im Fall der Hochgerichtsbarkeit stellten die Qing die Eigenständigkeit der einzelnen mongolischen Herrscher demnach nicht (was auch denkbar gewesen wäre) dadurch in Frage, daß sie deren Kompetenzen an mandschurische Beamte übertrugen; die Handlungsfreiheit der Edelleute wurde vielmehr durch den Zwang zur Zusammenarbeit verringert. Erinnert sei daran, daß auch das Recht der mongolischen Herrscher, über Strafzahlungen ihrer Leute zu verfügen, nicht durch den direkten Zugriff der Qing eingeschränkt worden war, sondern durch die Weisung, das Vieh in Zukunft untereinander aufzuteilen.[234] Bei diesen Maßnahmen scheint es sich um eine konsequent verfolgte Politik der Qing gehandelt zu haben, die darauf abzielte, die Eigenständigkeit der Edelleute durch den Zwang zu inner-mongolischer Kooperation zu begrenzen. Scheinen zahlreiche Artikel auf eine

---

232 Die kleineren Versammlungen wären von den *yeke törö-yin či γul γan* „den großen Reichsversammlungen" zu unterscheiden, wie sie im MG (Kangxi), S. 1r erwähnt werden.

233 *neyile jü yal-a-yi sigütügei*. Vgl. MG (Kangxi), S. 48r–51r. In dem Artikel wird nicht gesagt, was für Fälle „gemeinschaftlich" gerichtet werden sollten. Es ist jedoch anzunehmen, daß sich die Weisung auf solche schwererer Art bezog.

234 Dazu s. unter Punkt 6.3.2.

Kooperation zu begrenzen. Scheinen zahlreiche Artikel auf eine Einschränkung der richterlichen Kompetenzen der Edelleute abzuzielen, so finden sich jedoch auch Bestimmungen, die dazu angetan waren, die Stellung der Richter gegenüber ihren eigenen Leuten zu stärken. So wird in einem Artikel, der sich anhand des KXHD auf „die Zeit der Reichsgründung" datieren läßt, unter Strafe gestellt, wenn jemand einen abgeschlossenen Fall ein weiteres Mal vor Gericht brachte und er in derselben Weise entschieden wurde.[235] Zweck dieser Bestimmung war es, die Rechtskraft von Gerichtsurteilen zu zementieren.

Unter den Aufgabenbereichen des Lifanyuan wird stets auch auf die gerichtlichen Funktionen verwiesen, die diese Behörde im 18. und 19. Jahrhundert wahrnahm.[236] Wie oben ausgeführt, war das Lifanyuan eine Einrichtung der späten 1630er Jahre: Im folgenden soll der Frage nachgegangen werden, inwieweit es bereits im 17. Jahrhundert mit der Koordinierung rechtlicher Angelegenheiten der Mongolen betraut war.

In einem Artikel des MG (Kangxi) werden die Mongolen angewiesen, Rechtsfälle, die sie untereinander nicht beilegen konnten, nicht länger nach eigenem Ermessen in Form einer Eingabe dem Kaiser zu unterbreiten (*urida öber-ün joriɣ-iyar deger-e buu ayiladq-a*);[237] stattdessen sollten sie ein Schreiben an das Lifanyuan richten. Dieser Artikel, der nicht datiert ist, ist bedeutsam, da er vorsieht, das Lifanyuan zwischen den Kaiser und die mongolischen Edelleute zu schalten. Diesen sollte es nicht mehr erlaubt sein, sich direkt an den Kaiser zu wenden; ihr Ansprechpartner bei Hofe sollte das Lifanyuan sein.

Ein anderer Artikel des MG (Kangxi), der sich anhand des KXHD auf das Jahr SZ8 (1651) datieren läßt, legt fest, daß die mongolische Bevölkerung sich mit gerichtlichen Klagen nicht an das Lifanyuan, sondern an die Edelleute ihres Banners wenden sollte.[238] Hielt sich jemand nicht hieran und

---

235 Vgl. MG (Kangxi), S. 15r u. KXHD, Kap. 145, S. 1v. Aus dem Artikel geht nicht hervor, bei welcher Instanz die Personen, die mit dem Urteil des zuständigen Edelmannes nicht einverstanden waren, die Klage vorgebracht hatten.

236 Vgl. z. B. Farquhar, *The Ch'ing Administration*, S. 274 u. Legrand, *L'Administration*, S. 163/164.

237 Vgl. MG (Kangxi), S. 4v.

238 Vgl. MG (Kangxi), S. 67v–68r u. KXHD, Kap. 145, S. 2v/3r. Bei der ersten Formulierung dieses Artikels wurde der Begriff *jasaɣ-un* nicht verwandt. Erst im Amendement, das nicht zu datieren ist, heißt es, daß die Leute bei den *regierenden* Edelleuten Klage zu führen hätten. Aus der Tatsache, daß der Begriff *jasaɣ-un* erst im Amendement verwendet wird, ist zu schließen, daß die Verknüpfung richterlicher

brachte die Klage direkt beim Lifanyuan vor, sollte er abgewiesen werden. Das Lifanyuan bearbeitete dementsprechend nur Klagen, die durch mongolische Edelleute an die Behörde geleitet worden waren.[239]

Diese Bestimmung scheint erst durch die Übertragung von Kompetenzen an das Lifanyuan notwendig geworden zu sein: Durch die Vorschrift, daß Rechtssachen, die in den mongolischen Gebieten nicht beigelegt werden konnten, dem Lifanyuan (und nicht dem Kaiser) vorgetragen werden sollten, war aller Wahrscheinlichkeit nach angestrebt worden, die Menge der Eingaben an den Kaiser zu reduzieren. Das Lifanyuan sollte den Schriftverkehr zunächst sichten und gegebenenfalls seinerseits eine in angemessener Form gehaltene Eingabe abfassen. Die Folge dieser Bestimmung scheint jedoch gewesen zu sein, daß sich streitende Parteien nicht mehr an ihren eigenen Herren, sondern an das Lifanyuan wandten. Diesem Mißstand sollte durch die Bestimmung entgegengewirkt werden, ein jeder Mongole habe sich zunächst an seinen eigenen mongolischen Herren zu wenden. – Indirekt läßt sich daraus schließen, daß der oben erwähnte Artikel, durch den das Lifanyuan zwischen die mongolischen Edelleute und den Qing-Kaiser geschaltet wurde, vor 1651 (dem Jahr der Verkündung des Folgeartikels) entstanden sein muß.

Festzuhalten bleibt jedoch, daß aus den Bestimmungen des MG (Kangxi) nicht hervorgeht, daß das Lifanyuan im 17. Jahrhundert bereits mit der regelmäßigen Abwicklung mongolischer Rechtsfälle betraut war: Die Edelleute sollten sich vielmehr in Fällen an dieses Amt wenden, die sie untereinander nicht beilegen konnten und in denen es der Einschaltung einer übergeordneten Autorität bedurfte. Das Lifanyuan war zwar mit der Formulierung und der Verbreitung von Bestimmungen betraut; mongolische Rechtsachen scheinen im 17. Jahrhundert aber nur in Einzelfällen an dieses Amt herangetragen worden zu sein.

6.3.4. Die Stellung der mongolischen Edelleute vor dem Gesetz

Aus den autochthonen mongolischen Rechtsaufzeichnungen geht hervor, daß auch vor dem Eingreifen der Qing für die Behandlung einer Rechtssache die gesellschaftliche Stellung der Beteiligten von entscheidender Bedeutung

---

Zuständigkeiten mit dem Amt des Regenten sich bei den Mongolen unter Qing-Herrschaft erst nach und nach durchsetzte.

239 Die regierenden Edelleute sollten die streitenden Parteien gemeinsam zum Lifanyuan schicken. Vgl. MG (Kangxi), S. 67v/68r.

war.[240] In puncto Leibesstrafen konnten straffällige Edelleute auf eine mildere Behandlung hoffen als Gemeine: Die Oiratischen Gesetze z. B. sehen Leibesstrafen nur für Gemeine vor.[241] Gleichzeitig drohten Edelleuten jedoch (wenn sie z. B. ihren militärischen Pflichten nicht nachgekommen waren) schwerwiegendere Vermögensstrafen.[242] Wenn im MG (Kangxi) unterschiedliche Strafen je nach Titel und Rang von Täter bzw. Geschädigtem vorgeschrieben werden, handelte es sich dabei somit nicht um eine grundsätzliche Neuerung. Die Durchgängigkeit jedoch, mit der im Rahmen der Qing-Gesetzgebung bei der Festsetzung von Sanktionen zwischen Titelträgern verschiedenen Ranges und Gemeinen differenziert wird, unterscheidet diese Bestimmungen sehr wesentlich von denen traditioneller mongolischer Rechtsaufzeichnungen, die solche Vorkehrungen nur vereinzelt treffen.

Bei der Bemessung des Strafmasses von Edelleuten wird in der Kangxizeitlichen Gesetzgebung für die Mongolen zwischen Inhabern von Titeln wie Wang, Noyan, Bannertaiji, Gung, Taiji und Tabunang unterschieden.[243] Für Edelleute werden im MG (Kangxi) grundsätzlich keine Leibes- oder Todesstrafen vorgeschrieben. Wenn sie sich etwas zuschulden kommen ließen, hatten Edelleute jedoch mit einem höheren Strafmaß (bzw. einer höheren Bußleistung) zu rechnen als Inhaber eines Titels niedrigeren Ranges.[244] Im Falle von Vergehen gegen Edelleute wurde ebenfalls sehr genau nach dem Titel des Verletzten unterschieden: Je höher die Stellung des Geschädigten war, desto härter sollte gegen den Täter durchgegriffen

---

240 So wird in den Rechtstexten auf Birkenrinde z. B. unterschieden, ob ein Vergehen von einem *qan kümün* (einer Person von edler Abstammung) oder einem *qaraču kümün* (einem Gemeinen) begangen worden war. Vgl. „Chalchyn šinĕ oldson caazĕrchĕmžijn dursgalt bičig", S. 56. Zu den relevanten Passagen der Oiratischen Gesetze vgl. Krader, *Social Organization*, S. 139/140.

241 Riasanovsky, *Fundamental Principles*, S. 103/104.

242 So z. B. nach den Oiratischen Gesetzen, vgl. Pallas, *Sammlungen historischer Nachrichten*, I, S. 196.

243 Mit einigen Ausnahmen; im Artikel zur Mißhandlung von Gesandten wird z. B. nur zwischen regierenden Noyan und Gemeinen unterschieden. Vgl. MG (Kangxi), S. 20r/v. Bei den Artikeln, deren erste Formulierung auf die Zeit des Hung Taiji zurückgeht, müssen die Titel in späterer Zeit hinzugefügt worden sein.

244 Vermögensstrafen, die über Edelleute verhängt werden sollten, waren grundsätzlich höher als solche für Gemeine: Wang mußten bei Nicht-Erscheinen auf einer Versammlung z. B. mit einer Viehstrafe von zwanzig Pferden rechnen, während Sumun-u Janggi für dasselbe Vergehen nur ein Pferd zu geben hatten. Vgl. MG (Kangxi), S. 7r u. ebd. S. 66v–67v.

werden.[245] Zu betonen ist, daß es der Titel (čola) war, der über die rechtliche Stellung entschied: Zwar gab es Wang, Gung und Taiji verschiedenen Ranges (jerge); in Zusammenhang mit rechtlichen Fragen wird zwischen den unterschiedlichen Rängen, mit denen ein Titel verbunden sein konnte, jedoch nicht differenziert.

Die Tatsache, daß Rechtsangelegenheiten, in die Qing-Titelträger verwickelt waren, nach dem MG (Kangxi) grundsätzlich anders behandelt werden sollten als solche, die Gemeine betrafen, deutet darauf hin, daß die rechtliche Stellung einer Person von ihrer Nähe zum Qing-Kaiserhaus abhing. Die Gunst, die der Qing-Kaiser durch die Verleihung eines Titels bewies, verpflichtete seinen Träger zu besonderer Loyalität – daraus ist zu erklären, daß mit höherem Titel des Straftäters auch die Höhe der von ihm zu leistenden Strafzahlung stieg.[246] Hinzu kam, daß durch Ungehorsam von Edelleuten dem Qing-Staat empfindlicher Schaden zugefügt werden konnte – falls sie die Gefolgschaft und die Gestellung von Truppen im Kriegsfall verweigerten, konnte dieses verheerende Folgen haben.

Wenn oben gesagt wurde, daß Edelleute von peinlichen Strafen ausgenommen waren, so ist jedoch einzuschränken, daß dieses nicht in Fällen galt, in denen sie sich offen gegen die Qing gestellt hatten. So wurden z. B. in den Jahren 1756 und 1757 zwei Edelleute der Qalqa, Erinčindorji und Činggüncab, in Peking hingerichtet, da man sie der Rebellion bezichtigte. Nach der Hinrichtung des Erinčindorji beschwerte sich im Sommer 1756 Čingüncab, der damals noch auf freiem Fuß war, daß Edelleute als Nachkommen des Činggis Qan unter kein Strafgesetz fallen könnten.[247] Wenn dieser Grundsatz von den Qing auch nicht anerkannt wurde, so

---

245 Maßregelung von Beleidigung von Edelleuten vgl. MG (Kangxi), S. 18v–19v; der Weigerung, den vollen Titel des Edelmannes zu nennen ebd. S. 22r/v; Grabschändung ebd. S. 38r–39v. Im MG (Kangxi) findet sich jedoch kein Artikel, in dem sowohl zwischen den möglichen Titeln der Opfer wie der der Täter unterschieden wird.

246 Die Frage, inwieweit Beamte vor dem Recht privilegiert werden sollten, wurde in China kontrovers diskutiert: Die Bereitschaft, Würdenträgern das Erleiden erniedrigender Bestrafungen zu ersparen, stand im Widerspruch zu der Auffassung, daß Fehlverhalten von Personen, die besondere Verantwortung trugen und Vorbildfunktion hatten, besonders hart zu bestrafen war. Diese Position wurde ausdrücklich vom Yongzheng-Kaiser vertreten. Vgl. Metzger, *The Internal Organization*, S. 85/86. Zu dieser Thematik auch MacCormack, *Traditional Chinese Penal Law*, Kap. 6: „The Legal Position of Officials", S. 134–160.

247 Vgl. Bawden, „The Mongol Rebellion", u. Veit, *Die vier Qane von Qalqa*, II, S. 195–200.

scheinen zum Tode verurteilte Edelleute doch häufig im letzten Moment begnadigt worden zu sein.[248] So liegt z. B. aus dem 19. Jahrhundert ein Beispiel für einen Fall vor, in dem ein Todesurteil über einen Edelmann nicht vollstreckt wurde. In ihrem Reisebericht aus den Jahren 1844–1846 schildern Evariste-Régis HUC und Joseph GABET den Fall eines regierenden Edelmannes („king") der Barin, der sich gegen den Kaiser aufgelehnt hatte. HUC und GABET machen keine Angaben dazu, was der Edelmann sich hatte zuschulden kommen lassen; vom „Supreme Tribunal" soll er gleichwohl zu „shortened on both ends" (also einer Abtrennung von Kopf und Füßen) verurteilt worden sein.[249] HUC und GABET berichten, daß, nachdem der betreffende Edelmann kostbare Geschenke an die Personen gemacht hatte, die gesandt worden waren, um das Urteil zu vollstrecken, ihm nur sein Zopf und die Sohlen seiner Stiefel abgeschnitten worden seien. Das Urteil wurde also nur symbolisch vollstreckt. Nach HUC und GABET sollte der Edelmann jedoch nicht in seiner Stellung als Regierender verbleiben – ihm konnte jedoch sein Sohn folgen.

Im Falle von offener Rebellion konnten mongolische Edelleute also doch – obwohl dieses auch im Mongolischen Gesetzbuch aus der Qianlong-Zeit nicht vorgesehen war – zum Tode verurteilt werden. Die ungewöhliche Formulierung des oben wiedergegebenen Urteils zeigt jedoch an, daß es sich dabei um eine Einzelentscheidung handelte. Die leibliche Unversehrtheit der Edelleute sollte trotz der Verhängung der Todesstrafe erhalten bleiben.

Die Trennung zwischen regierenden und nicht-regierenden Edelleuten wird im MG (Kangxi) keineswegs in der Schärfe vorgenommen, wie dieses unter Umständen zu erwarten gewesen wäre. Aus den Gesetzen geht nicht hervor, daß Regierende eine andere rechtliche Stellung hatten als Nicht-Regierende. Zwar wurden in der Kangxi-Zeit an einige Artikel Amendements angefügt, durch die der Gruppe der nicht-regierenden Edelleute Rechnung getragen wurde; die Bestimmungen legen jedoch stets fest, daß sie die gleiche Behandlung erfahren sollten wie regierende Edelleute.[250] Daß nicht das Amt, sondern der Ehrentitel über die rechtliche Stellung einer Person entschied, läßt sich auch aus der Tatsache schließen, daß Gemeine, die Amtsträger waren, in gleicher Weise bestraft werden sollten wie andere

---

248 So z. B. im Falle des regierenden Wang Lamajab, der 1732 im Kampf gegen die Truppen den dzungarischen Herrschers Galdan čering (1727–45) Fahnenflucht begangen hatte. Vgl. Veit, *Die vier Qane von Qalqa*, II, S. 110.

249 Vgl. *Travels in Tartary*, I, S. 214/215.

250 Dazu vgl. unter Punkt 6.2.2.

Gemeine, falls sie sich eines Vergehens schuldig gemacht hatten, das nicht mit ihrem Amt in Verbindung stand.

Unterschiedliche Entscheidungen wurden während der Kangxi-Zeit dazu gefällt, inwieweit Taiji an der Privilegierung der Edelleute teilhaben sollten. Allem Anschein nach war es zu Beginn der 1660er Jahre zu eigenhändigem Diebstahl durch Taiji gekommen. An den Artikel, der festlegt, wie mit Edelleuten verfahren werden sollte, die mit Dieben zusammengearbeitet hatten, wurde daraufhin im Jahr KX2 (1663) ein Amendement angefügt.[251] Dieses besagte, daß Taiji in einem solchen Falle nicht nur ihres Taiji-Ranges verlustig gehen sollten (*tayiǰi-yin ǰerge-yi ebdeǰü*),[252] sondern daß zusätzlich ihr Haushalt und ihr Vieh an den Geschädigten zu geben war. KX13 (1674) wurde diese Strafe durch eine weitere Überarbeitung gemildert; Taiji, die Diebstahl begangen hatten, sollten nur ihr Rang und ihre Gefolgsleute genommen werden, nicht jedoch ihr Haushalt und ihr Vieh.

Daraus läßt sich schließen, daß mit schwindendem politischen Gewicht der Taiji auch eine nachlassende rechtliche Privilegierung einherging.[253] Zwar sollten ihnen peinliche Strafen weiterhin erspart bleiben; es wurde jedoch erwogen, im Fall von eigenhändigem Diebstahl ihr Eigentum und Vieh an den Geschädigten zu geben – eine Maßnahme, die sonst nur bei Gemeinen vorgenommen wurde. Von einer solchen Vorschrift kam man jedoch – wie gesagt – wieder ab. Auch in anderer Hinsicht waren Taiji weniger privilegiert als Inhaber höherer Adelsränge: Falls Edelleute höheren Ranges sich Vergehen zuschulden kommen ließen, durch die die Interessen des Qing-Staates nicht unmittelbar in Frage gestellt wurden (z. B. Diebstahl und Mord), sollten sie nur eine Bußzahlung leisten, nicht jedoch ihrer Titel und Ränge entkleidet werden. Diese Form der Sanktion drohte ihnen nur in Fällen, in denen sie durch einen Gesetzesverstoß die Interessen der Qing

251 Vgl. MG (Kangxi), S. 10r–11r. Dem Fall, daß Wang, regierende Noyan, Bannertaiji oder Gung in eigener Person Diebstahl begehen könnten, wurde nicht Rechnung getragen. Das Verbot der Zusammenarbeit von Edelleuten mit Dieben geht auf die Zeit des Hung Taiji zurück. Vgl. JMZD, Fol. 3938 u. Fol. 3939. Übersetzt von Weiers, „Mandschu-mongolische Strafgesetze 1632", S. 102 u. S. 108.

252 Der Taiji-Status, der sich auf die Abstammung von Činggis Qan bzw. seiner Brüder gründete, konnte nicht aberkannt werden; vielmehr ging es um die vier Ränge, in die Taiji während der Qing-Zeit eingeteilt waren.

253 Farquhar wies bereits darauf hin, daß Taiji, die mit keinen administrativen Aufgaben betraut waren, im Lauf der Qing-Zeit ihre Rechte einbüßten und mitunter verarmten. Vgl. *The Ch'ing Administration*, S. 102/103.

gefährdet hatten; Taiji konnten ihre Ränge jedoch leichter (nämlich auch im Falle von Mord oder Diebstahl) verlieren.

Hinsichtlich der Stellung der Edelleute gegenüber ihren eigenen Leuten trug die Qing-Gesetzgebung bestehenden Strukturen Rechnung. Vergehen, die Edelleute gegen ihre eigenen Leute begangen hatten, sollten sehr viel milder bestraft werden als solche, die sie außerhalb ihres Herrschaftsbereiches verübt hatten: Wenn Edelleute mutwillig ihnen unterstehende Untertanen oder ihre eigenen Haussklaven (*qariy-a-tu albatu ba . ger-ün boγol-yuγan*) töteten, sollte dieses je nach Höhe ihres Ranges mit Viehstrafen zwischen vierzig Pferden und 3x9 Stück Vieh geahndet werden.[254] Im Fall von Mord an den Leuten eines anderen Banners sollten ihnen jedoch zwischen hundert und fünfzig Pferden abgenommen werden.[255] Daraus läßt sich der Schluß ziehen, daß keineswegs alle Edelleute zu allen Gemeinen im gleichen rechtlichen Verhältnis standen. Die Herrschaftsgewalt der mongolischen Edelleute über ihre Untertanen wurde von den Qing zwar erheblich eingeschränkt: Die Tatsache, daß Mord von Edelleuten an den eigenen Untertanen mit geringeren Strafen geahndet werden sollte als solcher an Fremden, zeigt jedoch, daß bestehende Herrschaftsverhältnisse anerkannt wurden.

---

254 Vgl. MG (Kangxi), S. 36v–38r.

255 Das Strafmaß hatte sich zunächst auf fünfzig bzw. zwanzig Pferde belaufen. Im Jahr KX13 (1674) wurde die Anzahl des abzugebenden Viehs jedoch erhöht. Vgl. MG (Kangxi), S. 31v–32v. Amendement anhand des KXHD, Kap. 145, S. 6v/7r auf KX13 (1674) zu datieren. An wen die Pferde gegeben werden sollten (an den Herrn oder an die Familie des Verletzten?), geht aus dem Artikel nicht hervor.

7. ZUSAMMENFASSUNG, SCHLUSSFOLGERUNGEN UND AUSBLICK AUF DIE ENTWICKLUNG IM 18. UND 19. JAHRHUNDERT

Bis in das 17. Jahrhundert hinein hatten die mongolischen Völkerschaften als unabhängige kleine Einheiten agiert, die, indem sie in wechselnden Konstellationen mit- und gegeneinander arbeiteten, ihre eigene Politik betrieben. Vorrangiges Ziel der Qing mußte es daher sein, die Eigenständigkeit der kleinen Herrschaftszentren zu brechen. Die mongolischen Edelleute, die an der Spitze ihrer Völkerschaften standen, bildeten die wichtigste Zielgruppe der Qing-Gesetzgebung im 17. Jahrhundert. Sie nahmen sowohl bei der Sicherstellung der militärischen Interessen der Qing wie bei der Verwaltung der angeschlossenen Mongolenvölker eine Schlüsselposition ein: Um ihre Kontrolle über die Mongolen zu sichern, war es für die Mandschuren notwendig, die Edelleute zu disziplinieren und zur Befolgung der Qing-Gesetze zu bringen. Langfristig sollte ihnen die Befähigung zu eigenständigen Aktionen genommen werden, die sich gegen das Kaiserhaus hätten richten können.

Die große Anzahl von Bestimmungen, die im Laufe des 17. Jahrhunderts erlassen wurde, um den Gesandtenverkehr und die geordnete Abhaltung von Versammlungen bei den angeschlossenen mongolischen Völkerschaften sicherzustellen, läßt darauf schließen, daß der regelmäßige Austausch von Informationen zwischen der Zentralregierung und den lokalen Machthabern noch in der zweiten Hälfte des 17. Jahrhunderts ein Problem darstellte. Neben Anordnungen, durch die die Versorgung der Gesandten gewährleistet werden sollte, wurden schon während der Zeit des Hung Taiji auch Weisungen erteilt, die die Form betrafen, in der die Kommunikation vorgenommen werden sollte. Die mongolischen Edelleute wurden angehalten, beim Empfang mandschurischer Gesandtschaften den Dingen, die vom Kaiser ausgingen (und den Personen, die sie überbrachten), größte Ehrfurcht zu bezeigen. Während das Protokoll der in den 1620er Jahren geschlossenen mandschu-mongolischen Bündnisverträge noch nahelegte, daß die Abkommen zwischen gleichberechtigten Partnern getroffen wurden,[1] hatte sich das Machtverhältnis in den 1630er Jahren eindeutig zugunsten der

---

1 Zu den Bündnisverträgen vgl. Weiers, „Die Vertragstexte des Mandschu-Khalkha Bundes von 1619/20".

Mandschuren verlagert: Den mongolischen Edelleuten wurden genaue Vorschriften gegeben, durch welche rituellen Handlungen sie beim Empfang mandschurischer Gesandtschaften ihrer Ergebenheit gegenüber dem Qing-Kaiserhaus Ausdruck verleihen sollten. Den Qing-Kaisern war demnach daran gelegen, daß die Form, in der sie ihre Beziehungen zu den mongolischen Edelleuten pflegten, erkennen ließ, daß sie mit den ehemaligen Bündnispartnern keineswegs mehr auf einer Stufe standen.

Mit der wachsenden Distanz änderten sich für die mongolischen Edelleute jedoch nicht nur die Regeln des Zeremoniells; der zunehmende Abstand hatte für sie auch sehr konkrete Auswirkungen: So sollte es den Edelleuten seit der Shunzhi-Zeit nicht mehr möglich sein, nach Belieben – schriftlich oder in persona – an den Kaiser heranzutreten. Aller Wahrscheinlichkeit nach in den 1640er Jahren erging die Weisung, daß sie ihre Eingaben nicht mehr direkt an den Qing-Kaiser, sondern vielmehr an das Lifanyuan richten sollten. Auch waren sie keineswegs mehr jederzeit am Hof willkommen; seit der Shunzhi-Zeit durften die Edelleute nur noch „in Schichten" anreisen, wobei sie sich an die vorgegebenen Zeiten zu halten hatten.

Zentrales Anliegen der mandschurischen Mongolenpolitik zu Beginn des 17. Jahrhunderts war die Sicherung der militärischen Präsenz der Mongolen: ihrer Wehrfähigkeit und der gleichzeitigen Unterordnung unter den Befehl des Qing-Kaisers. Von den Mongolen, die sich den Qing angeschlossen hatten, wurde die Gestellung von Truppen erwartet, für deren Aushebung und Ausrüstung die Edelleute verantwortlich waren. Sie hatten auch dafür zu sorgen, daß die militärische Stärke nicht dadurch verringert wurde, daß zu viele Männer in den geistlichen Stand überwechselten. Die Umsetzung der Befehle sollte durch ein neu geschaffenes System von Über- und Unterordnungsverhältnissen gewährleistet werden. Die Verantwortlichkeit beschränkte sich dabei nicht auf das Versehen eines Amtes; vielmehr konnten Leute, die sich in einer leitenden Position befanden, persönlich für Vergehen ihrer Untergebenen haftbar gemacht werden.[2]

Von besonderer Tragweite für die weitere Entwicklung in den mongolischen Gebieten muß die von den Mandschuren systematisch betriebene Zuweisung von Weidegebieten angesehen werden. Durch die Abgrenzung

---

2 Der Vorsteher einer Zehnjurtenschaft sollte z. B. bestraft werden, wenn einer seiner Leute Diebstahl beging. Vgl. MG (Kangxi), S. 44r/v. Auch in China war Verantwortung nicht auf die Zurechenbarkeit einer persönlich schuldhaften Handlung beschränkt, sondern implizierte ein Geradestehen für den guten Zustand im Amtsbereich schlechthin. Vgl. Bünger, „Die normativen Ordnungen in China", S. 180.

von Herrschaftsbereichen sollte verhindert werden, daß ein Edelmann seine Macht auf Kosten seiner Nachbarn erweiterte; es wurde somit ein Gleichgewicht der Kräfte zwischen den einzelnen mongolischen Völkerschaften geschaffen und bewahrt. Die Festlegung auf bestimmte Siedlungsgebiete verhinderte zudem, daß bereits angeschlossene Völkerschaften sich wieder abspalteten. Die Politik der Qing zielte somit darauf ab, der Gefahr vorzubeugen, daß die politischen Verhältnisse in den mongolischen Gebieten eine Eigendynamik entwickelten. Auch hinter den Bestimmungen, die hinsichtlich der Behandlung von Flüchtlingen gegeben wurden, stand das Motiv, die Lage in den südostmongolischen Gebieten zu stabilisieren. Die politischen Umwälzungen des 17. Jahrhunderts hatten viele Menschen heimatlos gemacht: Qalqa und Westmongolen wechselten in größeren und kleineren Gruppen in Qing-Gebiet über, um dort vor den andauernden kriegerischen Auseinandersetzungen in ihren Territorien Schutz zu suchen. Teile der südostmongolischen Bevölkerung hingegen, die bereits unter mandschurischer Herrschaft gestanden hatten, wollten sich der neuen Ordnung nicht fügen und versuchten, sich der Qing-Herrschaft zu entziehen. Während den Flüchtlingen, die herbeikamen, um bei den Qing Schutz zu suchen, bis in die 1670er Jahre Unterstützung zuteil werden sollte, drohten solchen Flüchtlingen, die eigenmächtig die zugewiesenen Weidegebiete verlassen hatten, schwere Strafen.

Um die Verhältnisse in den mongolischen Gebieten dauerhaft zu stabilisieren, bedurfte es nicht nur der Zuweisung von Weidegebieten, sondern auch der Regulierung von unkontrollierten Siedlungsbewegungen. Für die mongolischen Edelleute bedeutete dies, daß ihre Herrschaftsbereiche nicht nur territorial eingegrenzt wurden, sondern auch ihre Verfügungsgewalt über Personen, die sich in ihrer Einflußsphäre niedergelassen hatten, eingeschränkt wurde. Die Ankunft von Flüchtlingen der Qalqa oder der Westmongolen mußten sie dem Lifanyuan melden,[3] während sie solchen, die mit der Qing-Regierung in Konflikt geraten waren, keinen Schutz gewähren durften.[4] Auch ihre Außenbeziehungen durften die mongolischen Edelleute nicht mehr nach Gutdünken pflegen; im MG (Kangxi) finden sich Bestimmungen, durch die es ihnen verboten wurde, eigenständig Handelskontakte zu solchen Völkerschaften zu pflegen, die sich den Qing nicht angeschlossen hatten.[5]

---

3 Vgl. MG (Kangxi), S. 68v/69r u. ebd. S. 72r/v.
4 Vgl. MG (Kangxi), S. 29r u. ebd. S. 29v/30r.
5 Vgl. MG (Kangxi), S. 55v–58r u. Weiers, „Gesetzliche Regelungen".

In gleicher Weise sollten die herrschaftlichen Rechte der Edelleute der angeschlossenen mongolischen Völkerschaften auch über die eigenen Leute Schritt für Schritt eingedämmt und in die Kanäle der sich herausbildenden Qing-Administration eingebettet werden. Anhand ihrer Jurisdiktionsrechte läßt sich nachvollziehen, daß es Politik der Qing war, die einzelnen mongolischen Machthaber nicht durch direkte Einflußnahme von mandschurischer Seite in ihrer Entscheidungs- und Handlungsfreiheit zu beschneiden, sondern sie vielmehr durch den Zwang zur Kooperation zu disziplinieren: Die hohe Gerichtsbarkeit über ihre eigenen Leute wurde den Edelleuten dadurch entzogen, daß sie ihre Entscheidungen seit der Kangxi-Zeit untereinander abstimmen mußten. Die Bestimmungen, die hinsichtlich der Verfügung über eingezogenes Vermögen getroffen wurden, zielten in dieselbe Richtung; die Berechtigung der einzelnen Edelleute, nach eigenem Ermessen über Strafzahlungen zu verfügen, wurde nicht durch den direkten Zugriff der Mandschuren in Frage gestellt, sondern dadurch, daß sie das Vieh nunmehr mit anderen Edelleuten zu teilen hatten. Die Gruppen von zwei oder drei Bannerregierenden, die Strafzahlungen untereinander aufzuteilen hatten, stimmen wahrscheinlich mit den Einheiten überein, die als *köndelen jasaγ-un vang noyad* (benachbarte regierende Wang und Noyan) seit 1675 Todesurteile miteinander absprechen mußten.[6]

Die Erkenntnis, daß die Qing die Herrschaftsansprüche der mongolischen Edelleute gerade dadurch in Frage stellten, daß sie sie zur Zusammenarbeit bewegten, widerlegt die herkömmliche Darstellung, nach der die Mandschuren sich bei der Eingliederung der mongolischen Völkerschaften des Prinzipes *divide et impera* bedienten.[7] Zu Beginn des 17. Jahrhunderts stellten die mongolischen Völkerschaften keine Einheit dar, die man hätte spalten müssen. Im Gegenteil, in effektivster Weise ließ sich den vielen kleinen Einzelherrschaften die Spitze dadurch nehmen, daß man sie zur Kooperation bewegte – wobei diese natürlich in den von den Qing vorgegebenen Bahnen zu erfolgen hatte.

Der Wandel der Stellung der Edelleute und des Selbstverständnisses ihrer Herrschaft muß als eines der wichtigsten Resultate der Qing-Politik gegenüber den Mongolen angesehen werden. Zwar sollte die Freiheit der Edelleute zu eigenständigem Handeln im Verlauf des 17. Jahrhunderts nach und nach eingeschränkt werden – durch die Sanktionierung ihrer im Rahmen

---

6 Vgl. MG (Kangxi), S. 32v–33v u. S. 48r–51r.
7 So beschrieben z. B. bei Dabringhaus, *Das Qing-Imperium*, S. 34–36 u. Michael, *The Origin of Manchu Rule*, 97.

der Qing-Ordnung ausgeübten Herrschaft erhielt ihre Machtbefugnis jedoch gleichzeitig eine neue Qualität.

Um eine Führungsposition zu verteidigen, mußte ein Edelmann in der Zeit vor dem 17. Jahrhundert sich der Loyalität und Anerkennung seiner Leute stets aufs neue versichern. Nur wenn er die Fähigkeit besaß, Beute zu verteilen und Schutz zu geben, persönlichen Erfolg aufweisen konnte und Charisma hatte, war es ihm möglich, eine größere Gruppe von Personen dauerhaft an sich zu binden.[8] Unter der Herrschaft der Qing sollte sich dieses grundlegend ändern. Mehr und mehr waren es die von den Qing als Beweise ihrer Gunst verliehenen Titel, die für die gesellschaftliche Stellung einer Person entscheidend waren. Die Titel und Ämter wurden im Laufe des 17. und des 18. Jahrhunderts erblich;[9] zwar mußte ihre Weitergabe in jedem einzelnen Fall vom Kaiser bestätigt werden; sofern jedoch keine außerordentlichen Umstände dagegen sprachen, wurde die Vererbung an den Sohn ohne weiteres genehmigt. Das Korrektiv, das in früherer Zeit durch einen möglichen Abfall der Gefolgsleute gegeben war, ging somit verloren. Einmal vom Qing-Kaiserhaus als „regierend" bestätigt, konnte sich eine Adelsfamilie ihrer herrschaftlichen Stellung in einer Weise sicher sein, wie dieses noch nie zuvor in der mongolischen Geschichte der Fall gewesen war. Wenn durch die Zuweisung von Weidegebieten durch die Qing die territorialen Ansprüche der einzelnen Völkerschaften dauerhaft festgelegt werden sollten, so wurde durch die Sanktionierung bestimmter personaler Strukturen erreicht, daß es auch innerhalb der Völkerschaften zu keinen grundlegenden Veränderungen mehr kam. Die unter Qing-Herrschaft stehenden Mongolen waren somit sowohl territorial wie auch personal in einer Weise gebunden, die die Entwicklung von Eigendynamik unmöglich machte.

Die Gesetzgebung der Qing für die Mongolen sollte langfristig auf eine Nivellierung der regionalen Besonderheiten in der Rechtspraxis hinauslaufen;[10] Ungeachtet dessen, wo in den mongolischen Gebieten sie vor Gericht gebracht worden waren, wurden mongolische Rechtsfälle – wenn sie einmal in die offiziellen Dienstwege gelangt waren – alle in gleicher Weise auf der Grundlage der Qing-Gesetze entschieden. Es kann nicht eindeutig gesagt

---

8   Zur Begründung von Herrschaft in der traditionellen mongolischen Gesellschaft vgl. Veit, „Von der Clanföderation zur Volksrepublik", S. 163–165.

9   Vgl. Farquhar, *The Ch'ing Administration*, S. 118 u. Legrand, *L'Administration*, S. 179.

10   Janssen, „Zur territorialen Gesetzgebung im späten Mittelalter", S. 39/40 stellt die nivellierende Kraft der ersten territorialen Gesetzgebungen in Europa heraus.

werden, ab wann von den Vorschriften und Bestimmungen, die von den Mandschuren für die Mongolen gegeben worden waren, eine nivellierende Kraft ausging; diese Frage ist eng mit der nach der Effektivität des geschriebenen Rechts verknüpft. Durch zahlreiche gesetzgeberische Einzelaktionen bemühten sich die Mandschuren in den späten 1620er und frühen 1630er Jahren, ihre Vorschriften und Bestimmungen unter den Mongolen bekannt zu machen; welche Rolle die einzelne Rechtsaufzeichnung dabei spielte, ist aber unklar. Belege dafür, daß auf einzelne Gesetzespassagen Bezug genommen wird, liegen erst aus dem 18. Jahrhundert vor.

Oben wurde festgestellt, daß die Qing-Politik in erster Linie auf die Disziplinierung der Gruppe der Edelleute abzielte. Es bedarf daher einer gewissen Erklärung, daß im MG (Kangxi) auch eine Reihe von Bestimmungen enthalten sind, die das Zusammenleben der mongolischen Bevölkerung betreffen. In vielen dieser Artikel wird ein obrigkeitlicher Strafanspruch nicht erkennbar: Es werden vielmehr Grundsätze zur Beilegung von Konflikten zwischen nomadischen Viehzüchtern an die Hand gegeben[11] und festgelegt, durch welche Bußleistungen die Folgen eines Unrechts zwischen den streitenden Parteien ausgeglichen werden sollten.

Die Tatsache, daß es zur Niederlegung solcher Kataloge von Bußtatbeständen kam, ist im Zusammenhang mit der Art und Weise des Zustandekommens der Bestimmungen zu verstehen. In der Zeit nach dem Anschluß der ersten südostmongolischen Völkerschaften, i. e. in den späten 1620er und frühen 1630er Jahren, wurden Vorschriften und Regelungen für die Mongolen in Form von Satzungen in mandschu-mongolischer Zusammenarbeit niedergeschrieben. Daß die frühesten Bestimmungen sowohl in formaler wie in inhaltlicher Hinsicht zahlreiche Ähnlichkeiten mit den Rechtstexten auf Birkenrinde aufweisen, ist daraus zu erklären, daß mongo-

---

11 Z. B. wird festgelegt, welcher Finderlohn für das Wiederfinden entlaufenen oder gestohlenen Viehs gegeben werden sollte (vgl. MG (Kangxi), S. 16v/17r u. ebd. S. 17r), wie mit Leuten verfahren werden sollte, die von Viehdieben liegengelassenes Fleisch gefunden und an sich genommen hatten (vgl. MG (Kangxi), S. 13v/14r) und wie man vorgehen sollte, wenn derjenige, bei dem gestohlenes Vieh aufgefunden worden war, behauptete, er habe es von einem anderen erhalten, dieser jedoch seine Beteiligung abstritt (vgl. MG (Kangxi), S. 10r und Wiederfinden eines einzelnen Pferdes ebd. S. 11r).

lische Vertreter an ihrer Formulierung unmittelbar Anteil gehabt hatten.[12] Die Rechtssätze fügten sich in den Rahmen des überkommenen Rechts ein.

Während diejenigen Artikel, deren erste Formulierung auf die 1620er und 1630er Jahre zurückgeht, eine Vielzahl von Elementen enthalten, die sich auf mongolische Traditionen zurückführen lassen, ist in den Bestimmungen, die seit der Shunzhi-Zeit entstanden sind, verstärkt der Einfluß des chinesischen Rechts nachweisbar. Das Strafensystem änderte sich; aber auch andere Merkmale des chinesischen Rechts, wie z. B. die Festsetzung gesonderter Strafmaße für Anführer und Mitläufer und die Unterscheidung nach Tatwerkzeugen, wurden in der zweiten Hälfte des 17. Jahrhunderts in die Gesetzgebung für die Mongolen übernommen. Ebenso wie der Charakter der Gesetzgebung in der frühen Zeit in Zusammenhang mit der Mitwirkung mongolischer Edelleute gesehen werden muß, ist auch das Hineinbringen von Merkmalen des chinesischen Rechts und die Formulierung der Gesetze in einem eigens dazu entwickelten Technolekt vor dem Hintergrund ihres Zustandekommens zu verstehen: Neue Bestimmungen wurden seit der zweiten Hälfte des 17. Jahrhunderts von Beamten des Lifanyuan entworfen. Die mongolischen Edelleute waren an ihrer Niederlegung nicht mehr beteiligt. Die letzte Entscheidung über neue Gesetze lag beim Kaiser; dieser wies seit der Qianlong-Zeit neben Beamten des Lifanyuan zunehmend auch solche anderer hauptstädtischer Behörden an, über die Formulierung von Bestimmungen für die Mongolen zu beraten.

Im Laufe des 18. Jahrhunderts sollte sich die Tendenz, bei der Festsetzung von Bestimmungen für die Mongolen von Kategorien des chinesischen Rechts auszugehen, noch verstärken. Die Qianlong-Version des Mongolischen Gesetzbuches schreibt z. B. die Verschickung von Straftätern zur Arbeit auf Poststationen im Inneren Chinas bzw. ihre Verbannung in die südlichen Provinzen vor.[13] – Solche Formen der Exilstrafe waren im mongo-

---

12 Zur Ähnlichkeit der mandschu-mongolischen Bestimmungen mit den Rechtstexten auf Birkenrinde vgl. Weiers, „Mandschu-mongolische Strafgesetze 1631", insbesondere S. 160–162.

13 Anders als bei *tu* (penal servitude) im chinesischen Recht wurden Mongolen zur Arbeit auf Poststationen (*jiao yi chongdang kuchai*) in chinesischen Provinzen ohne zeitliche Begrenzung verurteilt. Auch sollten Mongolen in Malariagebiete der Provinzen Yunnan, Guizhou, Guangdong und Guangxi verbannt werden (*faqian yanzhang difang*). Vgl. *Menggu lüli*, Kap. VI (6), S. 52. Daß die Strafe der Verbannung tatsächlich verhängt wurde, läßt sich anhand einer von Bawden bearbeiteten Akte des Jahres 1791 belegen. Aus dieser geht hervor, daß ein Lama, der drei Pferde gestohlen hatte, zur Verbannung nach Hunan oder Fujian verurteilt wurde.

lischen Recht bislang ebenso unbekannt wie die Unterscheidung zwischen *mousha* (geplantem Mord) und *gusha* (vorsätzlichem Mord) – Kategorien, die das chinesische Recht seit der Tang-Zeit kannte.[14] Mit der Übernahme chinesischer Elemente ging auch eine Ethisierung der mongolischen Gesetzgebung einher: Als rechtliche Verankerung eines sittlichen Wertes kann z. B. eine Bestimmung des Jahres JQ10 (1805) angesehen werden, die besagte, daß einem Verurteilten die Todesstrafe erlassen werden sollte, wenn er alte und gebrechliche Eltern zu versorgen hatte.[15]

Die fortschreitende Angleichung an das chinesische Recht wandelte im 18. Jahrhundert auch die Position der Edelleute. Oben wurde dargestellt, daß die Edelleute in der Kangxi-Zeit angewiesen worden waren, Entscheidungen über Todesstrafen gemeinsam zu fällen; in der Qianlong-Zeit wurden ihre Kompetenzen noch weiter beschnitten. Die Hochgerichtsbarkeit wurde ihnen gänzlich entzogen werden: Am Ende des 18. Jahrhunderts waren ihre Kompetenzen mit denen eines chinesischen Distriktsmagistraten zu vergleichen: In Fällen, in denen die Todesstrafe zu erwägen war, durften die mongolischen Edelleute seit dieser Zeit nur noch provisorische Entscheidungen treffen. Sie waren gehalten, zu der Rechtssache einen Bericht zu verfassen und diesen zusammen mit dem von ihnen vorgeschlagenen Urteil an das Amt des Bundes zu leiten.[16] Nachdem die Angelegenheit auf dieser Ebene einer erneuten Prüfung unterzogen worden war, wurde sie an das Lifanyuan weitergereicht; dort entwarf man gemeinsam mit Vertretern der sogenannten drei Gerichtshöfe[17] eine Eingabe, in der dem Kaiser der Hergang der Tat und

---

Vgl. Bawden, „The Investigation of a Case of Attempted Murder", S. 581 u. S. 588. (Das Urteil erfolgte somit nach dem Qianlong-Gesetzbuch, das in einem Artikel aus dem zwölften Monat QL50 (1786) für einen Diebstahl von drei Pferden eine solche Bestrafung vorsah. Vgl. *Mongɣol čaɣajin-u bičig*, Kap. VI (6), S. 93/94).

14 Mong. *jorimaɣ-iyar alaqu* u. *alaɣ-a-bar alaqu*. Vgl. *Mongɣol čaɣajin-u bičig*, Kap. VII, (1), S. 3. MacCormack macht die Unterscheidung zwischen den beiden Kategorien für die Qing-Zeit daran fest, daß bei *gusha* der Vorsatz zur Tat erst unmittelbar in der Situation, bei *mousha* jedoch längere Zeit im voraus getroffen worden war. Vgl. *Traditional Chinese Penal Law*, S. 189/190.

15 Vgl. *Menggu lüli*, Amendement: *zengding Menggu zeli*, S. 119. Zur Tradition dieses Rechtsgrundsatzes vgl. Bodde, *Law in Imperial China*, S. 139. Zur Ethisierung der chinesischen Gesetzgebung seit der Han-Zeit vgl. Bünger, „Entstehen und Wandel des Rechts in China", S. 454.

16 Vgl. Shimada, *Shinchō Mōkorei no kenkyū*, S. 92.

17 Strafministerium, Zensorat und Dalisi (Court of Revision). Dazu vgl. Bodde, *Law in Imperial China*, S. 132/133.

ihre angemessene Bestrafung dargelegt wurden und die von ihm abzu-
zeichnen war.[18]

Mit der Angleichung an chinesisches Recht war auch verbunden, daß in
der mongolischen Gesetzgebung des 18. Jahrhunderts zwischen „sofortiger
Hinrichtung" und „Hinrichtung nach den Herbstgerichtstagen" unterschieden
wurde.[19] In Fällen, in denen zu sofortiger Hinrichtung verurteilt worden war,
wurde die Todesstrafe – sobald die kaiserliche Bestätigung eingetroffen war
– vollstreckt. Der Name einer Person hingegen, die zur „Hinrichtung nach
den Herbstgerichtstagen" verurteilt worden war, erschien (nachdem das
Urteil in allen Instanzen bestätigt worden war) bei den sogenannten
Herbstgerichtstagen auf einer Liste, auf der der Kaiser die Namen derer, die
tatsächlich hingerichtet werden sollten, mit einem Kringel versah. Entging der
Verurteilte in solcher Weise der Hinrichtung in mehreren aufeinanderfolgenden Jahren, wurde das Strafmaß gemildert. Die Chance, nach einer
Verurteilung zu „Hinrichtung nach den Herbstgerichtstagen" mit dem Leben
davonzukommen, war für chinesische Täter sehr hoch: Nur ein Fünftel der
Fälle endete mit der Hinrichtung.[20] SHIMADA geht jedoch davon aus, daß
mongolische Täter in der Regel hingerichtet wurden.[21]

Es wurden jedoch nicht nur einzelne Elemente des chinesischen Rechts in
die Gesetzgebung für die Mongolen eingearbeitet; seit dem späten 17.
Jahrhundert finden sich auch Beispiele dafür, daß chinesische Rechtssätze
ohne Modifikation für die Mongolen Geltung bekommen sollten. So erging
im Jahr 1690 eine Weisung des Kangxi-Kaisers, die besagte, daß mit
Mongolen, die bei einem Viehdiebstahl einen Menschen umgebracht hatten,
anhand der Bestimmungen des Strafministeriums verfahren werden sollte.[22]

---

18 So vorgeschrieben in *Mongγol čaγajin-u bičig*, Kap. XII (20), S. 55. Der Artikel ist
    nicht datiert.
19 *darui deger-e* „sofort", vgl. z. B. *Mongγol čaγajin-u bičig*, Kap. IX (1), S. 29 und
    gindan-dur qoriju küliye- „im Gefängnis sitzend warten", z. B. ebd., Kap. VII (1), S.
    4. Dem *Gujin tushu jicheng*, XXVI, S. 52 ist zu entnehmen, daß nach einer
    Bestimmung des Jahres KX1 (1662) im Falle von Mongolen, die zur Hinrichtung nach
    den Herbstgerichtstagen verurteilt worden waren, eine Eingabe vom Strafministerium
    gemacht werden sollte. Allem Anschein nach wurde diese Strafe vereinzelt auch schon
    im 17. Jahrhundert über Mongolen verhängt.
20 Vgl. Meijer „The Autumn Assizes in Ch'ing Law" u. Lee, „Homicide et peine
    capitale", S. 118.
21 Vgl. „Studies in the Effectivity", S. 440/441.
22 Vgl. MG (Kangxi), S. 112v/113r. Die Bestimmungen des Strafministeriums machen
    einen der sieben Teile des Qing-Kodex *Da Qing lüli* aus.

Der Kaiser hielt es allem Anschein nach nicht für notwendig, eine gesonderte Regelung für Straftäter mongolischer Volkszugehörigkeit erstellen zu lassen. Seine Entscheidung stellt den Beginn einer Entwicklung dar, die in der zweiten Hälfte der Qing-Zeit voll zum Tragen kommen sollte: Rechtsfälle, für die im Mongolischen Gesetzbuch keine Vorkehrungen getroffen worden waren, sollten seit dem Beginn des 19. Jahrhunderts grundsätzlich anhand der Bestimmungen des Strafministeriums entschieden werden.[23]

Ein möglicher Grund für diesen Wandel der Qing-Politik läßt sich darin sehen, daß die Verhältnisse in den mongolischen Gebieten unter Qing-Herrschaft sich an die in China angeglichen hatten und daher nicht länger die Notwendigkeit bestand, spezielle, auf die Mongolen zugeschnittene Bestimmungen zu formulieren. Sicherlich ist diese Begründung nicht ganz von der Hand zu weisen, denn im Laufe des 17. und des 18. Jahrhunderts hatte sich das Leben in den mongolischen Gebieten grundlegend verändert. An diesem Punkt stellt sich die Frage, ob die Qing auf eine Vereinheitlichung des Rechts abzielte. Die zunehmende Angleichung der im 18. Jahrhundert für die Mongolen formulierten Gesetze an die chinesische Gesetzgebung und die Tatsache, daß man im 19. Jahrhundert Lücken der mongolischen Gesetzgebung durch das Heranziehen von Bestimmungen des Strafministeriums gerecht zu werden suchte, legen eine solche Schlußfolgerung nahe. Die Angleichung der mongolischen Gesetze an chinesische scheint jedoch eher eine Folge des Bedürfnisses der mandschurischen Gesetzgeber gewesen zu sein, die Gesetze für die Mongolen zu formalisieren.[24] Als der Shunzhi-Kaiser 1658 das Lifanyuan anwies, die Form, in der eine Todesstrafe vollstreckt werden sollte, in den mongolischen Gesetzen zu spezifizieren, forderte er nicht eine Einführung chinesischer Hinrichtungsweisen.[25] Die Beamten des Lifanyuan hatten aber keine anderen Anhaltspunkte als das chinesische Strafsystem. Mit der Forderung konfrontiert, die Formen der Todesstrafe zu differenzieren, entwarfen sie Gesetze, in denen zwischen Enthauptung und

---

23 Nach Farquhar wurde ein dementsprechender Befehl im Jahr 1817 gegeben. Vgl. *The Ch'ing Administration*, S. 163. Aus einer von Bawden bearbeiteten Akte geht jedoch hervor, daß die Bestimmungen des Strafministeriums bereits 1790 bei Gerichtsurteilen in den mongolischen Gebieten herangezogen wurden. Vgl. „A Case of Murder in Eighteenth-Century Mongolia", S. 86/87.

24 Der Wunsch nach Formalisierung läßt sich nicht nur in der Gesetzgebung für die Mongolen ausmachen. Dazu vgl. Crossley, „*Manzhou yuanliu kao*", insbesondere S. 779–781.

25 Vgl. *Qingchao wenxian tongkao*, Kap. 195, S. 6602. Vgl. auch unter Punkt 6.3.1.

Strangulierung unterschieden wurde, den beiden üblichsten Formen der Hinrichtung in China.

Durch ihre zunehmende Angleichung an die chinesische Gesetzgebung wurde die Daseinsberechtigung einer mongolischen Gesetzgebung in Frage gestellt. Immer mehr orientierten sich die mongolischen Gesetze an chinesischen Vorbildern. Da die Beamten, die im 18. Jahrhundert Gesetze für die Mongolen formulierten, mehr und mehr dazu tendierten, diese so gut wie dasselbe aussagen zu lassen wie Bestimmungen der chinesischen Gesetzgebung, gab es von einem gewissen Zeitpunkt an keinen Grund mehr, gesonderte mongolische Gesetze zu erlassen. Während sich im Falle der Todesstrafe der Impuls, der zu einer Formalisierung der Gesetze führte auf den Shunzhi-Kaiser zurückführen läßt, können in den meisten Fällen die Umstände, die zu einer Angleichung an chinesisches Recht führten, nicht rekonstruiert werden. Es ist jedoch anzunehmen, daß im 18. Jahrhundert durch die Mitarbeit von Beamten des Strafministeriums am Entwurf mongolischer Gesetze die Aufnahme von Elementen des chinesischen Rechts in die Gesetzgebung für die Mongolen begünstigt wurde.

Nichtsdestoweniger sollten die mongolischen Bestimmungen, die während der Regierungszeit der frühen Qing-Kaiser erlassen worden waren, bis zum Ende der Dynastie in Kraft bleiben. Dieses bedeutete jedoch, daß innerhalb des Qing-Reiches zwei unterschiedliche Gesetzgebungskomplexe existierten. Die Qing standen somit vor der Frage, welche Kriterien angewandt werden sollten, um zu entscheiden, nach welchem Recht ein Fall behandelt werden sollte.[26]

Ursprünglich sollten die Bestimmungen des Mongolischen Gesetzbuches für „die Leute außerhalb der Mauer" gelten, ungeachtet dessen, ob sie die Straftat an einem Chinesen oder an einem Mongolen begangen hatten.[27] Ausschlaggebend für die Anwendung der Bestimmungen war also die Volkszugehörigkeit des Täters. 1749 reichte das Lifanyuan aber eine Eingabe ein, in der es empfahl, die Gesetzgebungen nicht mehr nach ethnischen,

---

26 Dasselbe Problem hatte sich schon während vorangegangener Fremddynastien in China gestellt. Dazu vgl. Franke, „Chinese Law in a Multinational Society", ders., „Jurchen Customary Law and the Chinese Law" u. Ratchnevsky, *Un Code des Yuan*.

27 Vgl. MG (Kangxi), S. 20v/21r. Ab wann dieser Grundsatz galt, ist unklar. Im Rahmen der mandschu-mongolischen Bestimmungen des Jahres 1631 war noch festgelegt worden, daß man nach dem territorialen Prinzip verfahren sollte. Dazu vgl. Weiers, „Mandschu-mongolische Strafgesetze 1631", S. 153/174.

sondern vielmehr nach territorialen Gesichtspunkten anzuwenden.[28] Das Lifanyuan begründete seinen Vorschlag damit, daß mongolische und chinesische Gesetze im Fall von Viehdiebstahl eine sehr unterschiedliche Bestrafung des Täters vorsahen: Während Mongolen mit der Todesstrafe zu rechnen hatten, sollten Chinesen nur Schläge mit Bambusstöcken erhalten. Vor diesem Hintergrund sei es, so das Lifanyuan, zu Fällen gekommen, in denen Mongolen Chinesen bestochen hatten, an ihrer Stelle die Schuld auf sich zu nehmen.

Allem Anschein nach wurde der Vorschlag des Lifanyuan nicht sogleich aufgegriffen; erst QL26 (1761) erhielt ein Gesetzesartikel kaiserliche Zustimmung, der besagte, daß alle Straftaten, die auf mongolischem Gebiet begangen worden waren, auf der Grundlage des Mongolischen Gesetzbuches geahndet werden sollten. Mongolen hingegen, die auf chinesischem Gebiet eine Straftat begangen hatten, sollten anhand der chinesischen Strafgesetze gemaßregelt werden.[29]

Die Konflikte, die sich aus dem Aufeinandertreffen von chinesischer und mongolischer Qing-Gesetzgebung ergaben, waren durch die Qianlong-zeitliche Weisung jedoch keineswegs bereinigt. Im Gegenteil, die Entscheidungen, die im Laufe der kommenden hundertfünfzig Jahre von Qing-Behörden gefällt wurden, belegen, daß die Anwendung der Gesetze nach territorialen Gesichtspunkten in einer Vielzahl von Fällen als nicht angemessen erachtet wurde.[30] Die Probleme ergaben sich in erster Linie aus der mongolischen Rechtsinstitution der Buße: Sollten z. B. Chinesen, die Opfer eines Diebstahls geworden waren, durch Überlassung von Haushalt, Viehbesitz und Familie des Täters entschädigt werden, obwohl es im chinesischen Rechtsdenken keine Tradition für eine solche Form der Privatstrafe gab? Nach welchem Recht sollten Chinesen bestraft werden, die in den mongolischen Gebieten eine Straftat an einem Chinesen begangen hatten? Wenn man in solchen Fällen auf die chinesische Gesetzgebung zurückgriff, wie sollte verfahren werden, wenn dasselbe Verbrechen von einer Gruppe von Personen begangen worden war, die sich aus Chinesen und

---

28 Vgl. *Shilu*, Gaozong, Kap. 342, S. 17b–19a (QL14, sechster Monat, *jichou* = 26.7.1749).

29 Vgl. *Menggu lüli*, Kap. XII (19), S. 104/105. Die Bestimmung geht auf ein sogenanntes „deliberation memorial" (dazu s. Punkt 5.2.) von Beamten des Strafministeriums und des Lifanyuan zurück, die über eine Eingabe des Anchachi von Shanxi beraten hatten.

30 Zu den in der zweiten Hälfte des 18. und im 19. Jahrhundert getroffenen Entscheidungen vgl. Shimada, *Shinchō Mōkorei no kenkyū*, S. 91–109.

Mongolen zusammensetzte? – Der Grundsatz, die Gesetze nach territorialen und nicht nach ethnischen Kriterien anzuwenden, war aufgestellt worden, um in einer konkreten Situation Abhilfe zu schaffen. Die Tatsache jedoch, daß in einer Vielzahl von Einzelentscheidungen gegen ihn verstoßen wurde, läßt darauf schließen, daß das territoriale Prinzip sich nicht gegen die grundsätzliche Auffassung eines *ius sanguinis* durchsetzen konnte.[31]

Erschwert wurde die Rechtspflege in den mongolischen Gebieten im 18. und 19. Jahrhundert weiterhin dadurch, daß es den mongolischen Regenten nicht erlaubt war, über die in ihrem Banner lebenden Chinesen Recht zu sprechen. Für die Rechtsprechung über diese Personen waren eigens dazu eingesetzte chinesische Beamte zuständig.[32] – Die Frage, wie die Qing–Behörden die Schwierigkeiten bewältigten, die sich aus dem Aufeinandertreffen zweier Gesetzgebungen innerhalb ihres Reiches ergaben, stellt eine Problematik dar, die hier nur gestreift werden konnte; die Behandlung dieser Frage muß einer gesonderten Untersuchung überlassen bleiben. Diese sollte sich dann allerdings nicht allein auf normative Quellen stützen, sondern auch Aktenmaterial und Reiseberichte[33] heranziehen.

Das Erlassen einer gesonderten Gesetzgebung zeigt, daß es in den Augen der frühen Qing-Kaiser für die Kontrolle und die Disziplinierung der Mongolen (und der tungusischen Völkerschaften, für die das Mongolische Gesetzbuch ebenfalls Geltung besaß), anderer Rechtsvorschriften bedurfte als für Chinesen. In Anlehnung an das chinesische Gesetzeskodex *Da Qing lüli*

---

31 In diesem Punkt ergibt sich eine Parallele zu den Liao (937–1125), die durch das Abschaffen des ethnischen Prinzips in den Jahren 994 und 1036 versuchten, in ihrem Reich eine Rechtsvereinheitlichung herzustellen. In der Rechtspraxis kehrte man jedoch sehr bald zum ethnischen Prinzip zurück. Vgl. Franke, „Jurchen Customary Law and the Chinese Law", S. 216.

32 Bereits in den 1720er Jahren soll in Urga ein Amt eingerichtet worden sein, das für die Verwaltung und Rechtsprechung über chinesische Händler zuständig war. Vgl. Sanjdorj, *Manchu Chinese Colonial Rule*, S. 34/35.

33 Den Missionaren Bermijn und Mostaert wurden in den Jahren 1905 und 1907 während ihres Aufenthalts im südlichen Ordos Gebiet zahlreiche Klageschriften unterbreitet: Dabei handelte es sich nahezu ausschließlich um Klagen von Mongolen, die Chinesen des Diebstahls bezichtigten. Allem Anschein nach trauten die Bestohlenen den Behörden nicht zu, ihre Belange in angemessener Weise zu vertreten: Sie unterbreiteten den Geistlichen förmliche Anklageschriben, in denen sie sie baten, Dieb und Bestohlenen einander gegenüberzustellen und für die Herausgabe der gestohlenen Dinge zu sorgen. Der Leser erhält den Eindruck, daß sich Chinesen in den mongolischen Gebieten in einem geradezu rechtsfreien Raum bewegten. Bearbeitet wurden die Klagen von Serruys, „A Question of Thievery".

wurde das Mongolische Gesetzbuch im 18. Jahrhundert auf chinesisch als *Menggu lüli* bezeichnet; dieses bedeutet, daß die Gesetzgebung für die Mongolen als eigenständiger Komplex neben die chinesische gestellt wurde.

Mit Blick auf die Qing-Dynastie läßt sich daher von einem „doppelten Rechtssystem" sprechen.[34] Es existierten – dieses läßt sich zumindest für das 17. und das 18. Jahrhundert sagen – zweierlei Ordnungen, die in sich eine Einheit darstellten und auf den Qing-Kaiser als Souverän zuliefen. Beim Qing-Kaiser lag die Autorität, sowohl über die chinesische Gesetzgebung zu entscheiden, wie auch für seine mongolischen Untertanen Gesetze zu erlassen. Die Beamten, die vom Qing-Kaiser mit dem Entwurf mongolischer Gesetze betraut worden waren, befanden sich in einem Dilemma: Sowohl was die Terminologie wie auch was die Differenzierung von Straftaten und Strafen anbetraf, waren sie gehalten, dem Standard chinesischer Qing-Gesetze zu genügen. Hierfür hatten sie in der mongolischen Gesetzgebungsgeschichte jedoch keine Vorbilder. Aus Mangel an anderen Anhaltspunkten orientierten sie sich an der chinesischen Gesetzgebung: Die Folge war eine Angleichung der mongolischen Gesetze an chinesische.

Die Tatsache, daß seit dem Ende des 17. Jahrhunderts die Qing-Kaiser Lücken in der Gesetzgebung für die Mongolen durch das Heranziehen von Bestimmungen des Strafministeriums gerecht zu werden versuchten, kann als eine Abkehr von der „zentralasiatischen Seite" ihrer Herrschaft gesehen werden. Wenn der Kangxi-Kaiser auch nur in Einzelfällen seiner Rolle als Gesetzgeber für die Mongolen nicht nachkam, so nahmen die Qing-Kaiser im 19. Jahrhundert die Rechte und Pflichten, die sich aus ihrer Souveränität über die Mongolen ergaben, überhaupt nicht mehr als solche wahr.

Ihr zentralasiatisches Erbe mit ihrer Position als chinesische Kaiser in Übereinstimmung zu bringen, stellte für die Qing seit dem späten 17. Jahrhundert ein Problem dar. Dieses geht aus den Bemühungen insbesondere des Qianlong-Kaisers hervor: Unter seiner Herrschaft wurden Versuche unternommen, die Vorgeschichte des Qing-Kaiserhauses neu zu schreiben;[35] auch sollte eine mandschurische Identität konstruiert werden, die der chinesischen Kultur als eigenständig gegenübergestellt werden konnte und aus der sich die Legitimität der Qing-Herrschaft in Zentralasien ergab.[36] Der

---

34 Vgl. Merry, „Law and Colonialism", S. 890 zu „dual legal systems".
35 Zu den Methoden der Geschichtsverfälschung, die bei der Erstellung des KGFL angewandt wurden, vgl. Weiers, „Der erste Schriftwechsel", S. 129.
36 Zu den Versuchen des Qianlong-Kaisers, die mandschurische Kultur zu bewahren bzw. zu rekonstruieren, vgl. Crossley, *Orphan Warriors*, S. 19–30. In seinem Artikel

Qianlong-Kaiser forderte z. B., daß in China lebende Mandschuren, nicht nur die mandschurische Sprache lernten, sondern auch schamanistische Riten pflegten und sich in der Kriegskunst übten.[37] Durch die Wertschätzung von Fähigkeiten, die die Qing-Kaiser mit ihren tungusischen Vorfahren verknüpften – z. B. des Bogenschießens und der Reitkunst – wurden jedoch auch Gemeinsamkeiten mit den Mongolen betont: Ebenso wie der Kangxi-Kaiser hielt der Qianlong-Kaiser jedes Jahr im Herbst im Muran-Jagdpark im nördlichen Jehol große Treibjagden ab, an denen auch eine bestimmte Anzahl mongolischer Edelleute teilzunehmen hatte.[38]

Wenn die Art und Weise, in der gerade der Qianlong-Kaiser glaubte, seine zentralasiatische Abstammung hochhalten zu müssen, aus heutiger Sicht auch widersprüchlich und aufgesetzt erscheint, so dürfte es doch kein Zufall sein, daß er der letzte Qing-Kaiser war, der dem Anspruch der Qing, gesetzgebende Gewalt über die Mongolen innezuhaben, Gewicht beimaß: Während seiner Regierungszeit wurden die Artikel des Mongolischen Gesetzbuches in Kapitel eingeteilt und das Werk in drei Sprachen erstellt und gedruckt. Seine Nachfolger setzten die Qing-Gesetzgebung für die Mongolen zwar nicht außer Kraft,[39] die existierenden Bestimmungen wurden jedoch nicht überarbeitet. Wenn man in Betracht zieht, daß die Gesetzgebung der Qing für die Mongolen Anfang des 19. Jahrhunderts auf eine fast zweihundertjährige Geschichte zurückblicken konnte, so wurde in der zweiten Hälfte der Dynastie mit einer „Gesetzgebungstradition" zwar nicht gebrochen (da sie in Kraft blieb), sie wurde jedoch nicht weiter gepflegt. Mit dem Verlust ihrer zentralasiatischen Identität war auch das Interesse der Qing-Kaiser geschwunden, für die mongolischen Völkerschaften unter ihrer Herrschaft gesonderte Gesetze zu entwerfen und somit die Aufgaben und Rechte, die sich aus ihrer Souveränität über die Mongolen ergaben, als solche wahrzunehmen.

„Emperor As Bodhisattva" stellt Farquhar dar, daß zum Selbstbild des Qianlong-Kaisers auch seine Darstellung als Mañjuśrī gehörte.

37   Vgl. Crossley, *Orphan Warriors*, S. 22/23 u. S. 28/29.

38   Unter seinen Nachfolgern wurde dieser Brauch jedoch nicht weiter gepfegt. Zur Muran-Jagd vgl. Veit, *Die vier Qane von Qalqa*, I, S. 59/60 u. Farquhar, *The Ch'ing Administration*, S. 101.

39   Unter dem Jiaqing-Kaiser wurden in Form eines Supplements sogar noch einige Bestimmungen an das Mongolische Gesetzbuch angefügt.

8. TRANSKRIPTION UND ÜBERSETZUNG AUSGEWÄHLTER ARTIKEL DES MONGOLISCHEN GESETZBUCHES AUS DER KANGXI-ZEIT

Vorbemerkung:

Die der Verfasserin vorliegende Xerokopie ist nicht immer von guter Qualität; z. T. wurden Zeilen nicht vollständig mitkopiert; das Original ist an einigen Stellen beschädigt. Die Passagen, die nicht mitkopiert wurden, wurden handschriftlich ergänzt. In der Transkription ist dieses durch eckige Klammern kenntlich gemacht.

Technisches: Erhöhte Schreibung ist durch ▲ gekennzeichnet. Zwei- oder dreifach erhöhte Schreibung wird durch ▲▲ bzw. ▲▲▲ wiedergegeben. Die Unterscheidung zwischen einfach, zweifach und dreifach erhöhter Schreibung ist jedoch nicht immer ganz eindeutig. So bewegt sich z. B. die Erhöhung des Wortes *jarlaγ* zwischen 3 cm (S. 1r-4v) und 1,5 cm (S. 112r&113r). Eine Birga, die einen neuen Artikel einleitet und (mit Ausnahme des ersten Artikels) stets am Anfang einer neuen Zeile steht, wird durch ○ wiedergegeben. Die in den Anmerkungen angegebenen Jahresdatierungen sind nicht dem Mongolischen Gesetzbuch, sondern dem KXHD und dem *Gujin tushu jicheng* (hierzu s. unter Punkt 4.3.) entnommen.

Orthographische Besonderheiten: Weitgehendes Fehlen diakritischer Punkte, keine Konsistenz beim Versehen bestimmter Worte mit diakritischen Punkten. Mitunter Schreibung von *j* für *č* und *č* für *j*. Gelegentlich getrennte Schreibung von Converbum modale z. B. *ariγul-un* (S. 40r) und *baγulγaγul-un* (S. 48r) bzw. Zusammenschreibung von Pluralsuffix *-nar*, z. B. *tayijinar* (S. 10v) und Genitivsuffix *-un*, z. B. mongγolun (S. 99r). Mitunter vokalharmonische Unregelmäßigkeiten, z. B. *ujeju* für *üjejü* (S. 58v). Komitativ und Dativ-Lokativ Suffixe im mongolischen Text stets *-dai/-dei* bzw. *-dur/-dür* bzw. *-du/-dü* geschrieben. Komitativsuffixe und Dativ-Lokativ Suffixe nach *-γ, -b, -s, -d, -g, -b, -r* in Umschrift jedoch als *-tai/-tei* bzw. *-tur/-tür* bzw. *-tu/-tü* wiedergegeben. Durchgehend Schreibung *jarlaγ* anstelle von *jarliγ*. Sowohl Schreibung *čaγaja* (S. 1r) wie *čaγaji* (112v/113r). *yal-a* auch als *yala* geschrieben. Durchgehend *tabunung* anstelle von *tabunang*. Auslaut des mandschurischen Titels „Bošoku" sowohl mongolisch *-qu* (S. 45r) wie mandschurisch *-kû* (S. 58r) geschrieben. Druckfehler sind in jedem einzelnen Fall kenntlich gemacht. Da es sich bei dem der

Verfasserin vorliegenden Exemplar um eine Xerokopie handelt, waren einige Stellen nicht deutlich lesbar. Auch solche Unklarheiten sind angemerkt.

Sprachliche Besonderheiten: 1.) Lautung: Hyperkorrekte Form *soloγan* (S. 63v) für *solon* (S. 50v). Wechsel von *e* und *ö/ü* in zweiter Silbe z. B. *köldejü* anstelle von *köldüjü* (S. 18v).

2.) Grammatik: Genitivsuffix *-yin* mitunter auch bei Worten, die nicht auf Vokale oder Diphthonge enden z. B. *qaraγul-yin* (S. 58r) und Akkusativsuffix *-i* nach auf Vokal auslautendem Wort *janggi-i* (S. 54v). Converbum conditionale mit Partikel *ber* vgl. *araljibasu ber* (S. 58v).

(1r) ▲▲▲ *boγda qaγan-u jarlaγ-iyar γadaγ-a-du olan ayimaγ-un mongγol ulus-tur yeke jasaγ čaγaja-yi tarqaγaγsan bülüge : qoyin-a jasaγsan nemegsen učir-i engke amuγulang-un jirγuduγar on : qaγučin jasaγ-un bičig-tür . nemen jasaju : γadaγ-a-du ayimaγ-un qosiγun-i jakiruγči vang . noyad . qosiγun-u tayiji . güng-üd . tayiji-nar-tur tarqaγabai : O nigen jüil . γadaγ-a-du mongγol-un jasaγ-un vang-ud . noyad-tur yeke törö-yin čaγulγan yarču yal-a sigükü . erkin sayid-i ilegebesü [jarlaγ-un bičig-tür qan tamaγ-a daruju ilegemü ulus-un jaq-a-dur kürbesü]* (1v) *jaq-a-yin ulus oduγsan sayid-un ner-e čola . učir siltaγan-i asaγču urida yaγaran odču . öber-ün öber-ün vang . noyad-tur ügülegtün : tere ulus-un vang . noyad tabun ber-e-yin γajar-tur uγtuγad . bügüde morin-ača bayuju . baraγun eteged-tür jergelen bayiγad :*

▲▲ *jarlaγ-un bičig-i önggeregüljü : morilan qoyin-a-ača güičen ireged :*

▲▲ *jarlaγ-iyar ilegegsen sayid jegün eteged-tür . uγtuγsan vang . noyad baraγun eteged-tür jergečen*

▲▲ *jarlaγ-un bičig-i emün-e-ben yabuγul : ger-tür-iyen kürügsen-ü qoyin-a . siregen deger-e küji sitaγaju . oduγsan sayid* (2r)

▲▲ *jarlaγ-un bičig-i siregen deger-e talbiju . jegün eteged-eče . baraγun jüg qanduju bayimu : tere vang . noyad nigen üy-e sögüdjü . γurban da mörgüged . sögüdügseger bayimu : oduγsan sayid .*

▲▲ *jarlaγ-un bičig-i siregen-eče abču daγudaqu bičigeči-dür öggüdkün : daγudaqu bičigeči bosuγsaγar daγudaγsan-u qoyin-a : oduγsan sayid*

▲▲ *jarlaγ-un bičig-i abču . siregen deger-e talbimu : vang . noyad basa nigen üy-e sögüdčü . γurban da mörgümü : oduγsan sayid*

▲▲ *jarlaγ-un bičig-i siregen-eče abču . vang . noyad-tur ögküi-dür . vang . noyad sögüdčü . qoyar γar-iyar [küliyejü] abuγad . öber-ün qariy-a-tu* (2v) *kümün-dür öggüged . nigen üy-e sögüdčü γurban da mörgümü : mörgügsen-ü qoyin-a :*

186

▲▲ jarlaɣ-un bičăg-i qadaɣalaqu kümün-dür öggüged . vang . noyad .
oduɣsan sayid qarilčan qosiyaɣad üy-e sögüdčü . qosiyaɣad üy-e mörgüged
: dumda čülüge talbiju : oduɣsan sayid jegün eteged-tür . vang . noyad
baraɣun eteged-tür saɣumu :

▲▲ jarlaɣ-iyar örüsiyen šangnaqu ba .

▲▲- kesig kürtegülkü ba : basa öber-e kereg-tür ilegegsen sayid . kiy-a-nar
odbasu . mön-kü jaq-a-yin ulus oduɣsan sayid-un učir siltaɣan-i (3r)
asaɣču : urida odču ügülegtün . vang . noyad yaɣaran qariy-a-tu tüsimed-
iyen tabun ber-e-yin ɣajai-dur¹ uɣtuɣulju : vang . noyad küriyen-eče ɣarču
uɣtuɣad . ger-tür kürügsen-ü qoyin-a örüsiyen šangnaqu ba

▲▲- kesig kürtegülküi-dür sögüdčü abuɣad . emüskü qubčasun bügesü
emüsčü .

▲▲ degedü-yin jüg qoyar üy-e sögüdčü . jirɣuɣan üy-e mörgümü : ed tavar
idekü idegen bolbasu . sögüdčü abuɣad . mön-kü qoyar üy-e sögüdüged .
jirɣuɣan üy-e mörgümü : vang . noyad oduɣsan sayid qarilčan nijeged üy-e
sögüdüged . [nijeged] üy-e mörgüged . mön-kü dumda čülüge talbiju . vang
. noyad (3v) jegün eteged-tür . oduɣsan sayid baraɣun eteged-tür saɣumu
: oduɣsan sayid-i üdekü inu . mön-kü uɣtuɣsan ɣajar-tur kürtel-e üdemü :
ɣadaɣ-a-du vang . noyad . qosiɣun-u tayiji . güng-üd kümün ilegejü . aliba
yaɣum-a kürgejü iregsen-dür .

▲▲ deger-e-eče örüsiyen šangnaqu ba

▲▲- kesig soyurqaɣad ilegebesü . ger-tür kürügsen-ü qoyin-a : vang . noyad
. ger-teče uɣtun ɣaruɣad . küliyejü abuɣad :

▲▲ degedü-yin jüg qoyar üy-e sögüdčü . jirɣuɣan üy-e mörgümü : tegün-eče
öber-e aliba yabudal-un yamun-u odqu üilen kereg bolbasu učir siltaɣan-i
(4r)

▲▲ jarlaɣ-un bičăg bičäjü : öber-ün öber-ün yabudal-un yamun-i sayid-i
ilegemü : jaq-a-yin ulus-un kümün . oduɣsan sayid-un ner-e . učir siltaɣan-i
asaɣču . yaɣaran öber-ün öber-ün vang . noyad-taɣan ügülegtün : vang .
noyad sonosuɣad sača qariy-a-tu tüsimed-yin tabun ber-e-yin ɣajar-tur
uɣtuɣul : uɣtuɣsan tüsimed morin-ača baɣuju . baraɣun eteged-tür
jergelen bayiju . ilegegsen bičäg-i önggeregüljü . qoyin-a-ača mori-ban
odču güičejü ireged . oduɣsan sayid jegün eteged-tür uɣtuɣsan tüsimed
baraɣun eteged-tür jergečen bičäg-i emün-e-ben [yabuɣul : ger-tür] kürküi-
dür . vang . noyad (4v) gerteče ɣarču uɣtuɣad . bičäg ögküi-dür bey-e-ben
böküyijü . qoyar ɣar-iyar küliyen abču . siregen-ü deger-e talbiɣad .

---

1 Druckfehler für ɣajar-tur.

da ɣudaɣsan-u qoyin-a . vang . noyad jegün eteged-tür oduɣsan sayid baraɣun eteged-tür saɣumu :

(1r) Durch die kaiserliche Weisung[2] des heiligen Qaɣan hat man an die mongolischen Völkerschaften der vielen Aimaɣ im Äußeren ein großes Gesetzeswerk verteilt. Die Dinge, die man später verbessert und hinzugefügt hat, fügte man im sechsten Jahr Kangxi (1667)[3] am alten Gesetzbuch verbessernd an und verteilte [dieses] an die Wang, Noyan, Bannertaiji, Gung und Taiji, die Bannerverwalter der Aimaɣ im Äußeren [sind]. Ein Artikel. Wenn bei den regierenden Wang und Noyan der Mongolen im Äußeren eine große Reichsversammlung[4] stattfindet und man einen hohen Würdenträger schickt, der Urteile spricht, dann schickt man, indem man auf ein kaiserliches Weisungsschreiben ein Siegel des Herrschers[5] drückt. Wenn [der Würdenträger] an die Grenze einer Völkerschaft gelangt, (1v) dann mögen sich die Grenzleute[6] nach dem Namen, dem Titel und dem Anliegen des angereisten Würdenträgers erkundigen und indem sie ihm vorauseilen, den eigenen Wang und Noyan Bescheid geben. Nachdem die Wang und Noyan jener Völkerschaft [ihm] auf eine Entfernung von fünf *ber-e*[7] entgegen-gekommen sind und nachdem sie sich auf der rechten Seite in einer Reihe aufgestellt haben, wobei alle von den Pferden abgestiegen sind, soll man, das kaiserliche Weisungsschreiben weiterleitend, nachdem man vollzählig [wieder] zu Pferde sitzt und sich auf den Weg macht, das kaiserliche Weisungsschreiben voranschicken, wobei der Würdenträger, den man durch eine kaiserliche Weisung geschickt hat, sich auf der linken Seite und die empfangenden Wang und Noyan auf der rechten Seite aufreihen! Nachdem man in der eigenen Jurte angelangt ist, wird man, indem man auf einem Tisch Räucherwerk anzündet und der angereiste Würdenträger (2r) das kaiserliche Weisungsschreiben auf dem Tisch niederlegt, [sich] von der linken Seite nach

---

2 Der mongolische Begriff *jarlaɣ*, der für eine Vielzahl chinesischer Termini wie z. B. *zhi, yü, zhao* stehen kann, wird in der vorliegenden Arbeit als „kaiserliche Weisung" übersetzt.

3 Datierung ist nicht mit einem Kasussuffix versehen.

4 *yeke törö-yin čiɣulɣan.*

5 Im mongolischen Text hier *qan* anstelle von *qaɣan* (S. 1r). Da diese Stelle jedoch in Umschrift des Kopisten vorliegt, muß offen bleiben, ob dieser sich hier irrte.

6 Vgl. parallele Stelle S. 4r *jaq-a-yin ulus kümün* „die Grenzleute; Leute, die im Bereich der Grenze siedeln."

7 Ca. 10km. *ber-e* ist ein nicht genau definiertes Längenmaß, das ungefähr 2 km entspricht. Vgl. *Mongolian-English Dictionary*, Lessing [Hrsg.], S. 99.

rechts wenden. Nachdem jene Wang und Noyan sich einmal niedergekniet und dreimal verneigt haben, bleiben sie niedergekniet. Indem der angereiste Würdenträger das kaiserliche Weisungsschreiben vom Tisch aufnimmt, möge er es an den Lautlese-Schreiber[8] geben. Nachdem der Lautlese-Schreiber es im Stehen laut vorgelesen hat, wird der angereiste Würdenträger das kaiserliche Weisungsschreiben nehmen und es auf den Tisch legen. Die Wang und Noyan werden wieder sich einmal niederknien und dreimal verneigen. Indem der angereiste Würdenträger das kaiserliche Weisungsschreiben vom Tisch aufnimmt, werden bei der Übergabe an die Wang und Noyan die Wang und Noyan, nachdem sie es kniend mit beiden Händen in Empfang genommen und an einen ihrer untergebenen (2v) Leute gegeben haben, sich einmal niederknien und dreimal verneigen. Nachdem sie sich verneigt haben, man das kaiserliche Weisungsschreiben an jemand zur Aufbewahrung[9] gegeben hat und die Wang und Noyan und der angereiste Würdenträger zweimal voreinander niedergekniet und sich zweimal voreinander verneigt haben, werden sich, indem man eine Pause macht, der angereiste Würdenträger an die linke Seite und die Wang und Noyan an die rechte Seite setzen.[10] Wenn anläßlich einer auf kaiserliche Weisung hin [vorgenommenen] großzügigen Verleihung, der Erweisung einer Wohltat oder auch anläßlich anderer Angelegenheiten ausgesandte Würdenträger oder Pfauenfeder tragende Leibwächter anreisen, mögen die Grenzleute sich nach dem Anliegen der angereisten Würdenträger (3r) erkundigen und indem sie vorausreiten, [ihrem Herrn] Bescheid geben. Indem die Wang und Noyan [ihnen] rasch ihre unterstellten Amtsträger auf eine Entfernung von fünf *ber-e* entgegengehen lassen, werden die Wang und Noyan, nachdem sie [sie] aus der Einfriedung [ihrer Jurte] heraustretend begrüßt haben, man in die Jurte gelangt ist und sie bei der großzügigen Verleihung oder der Erweisung der Wohltat [die Dinge] kniend entgegengenommen haben, wenn es sich um Kleidung handelt, sie anziehen und in Richtung des Höchsten zweimal niederknien und sich sechsmal verneigen. Wenn es sich um Gegenstände oder Speisen handelt, werden sie, nachdem sie sie kniend entgegengenommen haben, sich in gleicher Weise zweimal niederknien und sechsmal verneigen. Nachdem die Wang und Noyan und die angereisten Würdenträger einmal voreinander niedergekniet und sich einmal voreinander verneigt haben, werden, indem man in gleicher Weise eine Pause macht, die Wang und Noyan (3v) sich auf

---

8 *daγudaqu bičigeči-dür.*
9 Wörtl. „an die Person, die aufbewahrt."
10 Vgl. *Gujin tushu jicheng*, XXVI, S. 40, datiert CD1 (1636).

die linke Seite und die angereisten Würdenträger auf die rechte Seite setzen.[11]
Was die Verabschiedung der angereisten Würdenträger anbelangt, so wird
man sie bis zu dem Ort, an dem man sie empfangen hat, geleiten. Wenn,
nachdem Wang, Noyan, Bannertaiji oder Gung im Äußeren, indem sie
jemanden aussandten, sich [an uns] gewandt haben, um irgendwelche Dinge
zu erhalten, man von oben eine großzügige Verleihung oder eine Wohltat,
nachdem man sie gewährte, ausschickt, werden, nachdem man bei der Jurte
angelangt ist und die Wang und Noyan begrüßend aus der Jurte heraus-
getreten sind und die Dinge in Empfang genommen haben, sie sich in
Richtung des Höchsten zweimal niederknien und sechsmal verneigen. Wenn
hiervon abgesehen irgendwelche zu übermittelnden Angelegenheiten des
zuständigen Amtes anliegen, wird man, indem man das Anliegen (4r) als
kaiserliches Weisungsschreiben formuliert, Würdenträger des jeweiligen
Amtes schicken. Indem die Grenzleute sich nach dem Namen und dem
Anliegen der angereisten Würdenträger erkundigen, mögen sie rasch den
eigenen Wang und Noyan Bescheid geben. Gleich nachdem die Wang und
Noyan [hiervon] gehört haben, sollen sie unterstellte Amtsträger auf eine
Entfernung von fünf *ber-e* entgegengehen lassen! Indem die Empfangsbeamten[12] vom Pferd absteigen und sich auf der rechten Seite aufreihen, soll
man, indem man das Sendschreiben weiterleitet, nachdem man [wieder] auf
die Pferde gestiegen ist und sich auf den Weg macht, das Schreiben
voranschicken, wobei die angereisten Würdenträger auf der linken Seite und
die Empfangsbeamten sich auf der rechten Seite aufreihen! Bei der Ankunft
an der Jurte werden die Wang und Noyan, (4v) nachdem sie [die
Würdenträger] aus der Jurte heraustretend begrüßt haben, bei der Übergabe
des Schreibens sich niederbeugen und es mit beiden Händen in Empfang
nehmen und nachdem sie es auf den Tisch gelegt und man es vorgelesen hat,
werden die Wang und Noyan auf der linken Seite und die angereisten
Würdenträger auf der rechten Seite sitzen.

(4v) *O nigen jüil γadaγ-a-du mongγol-un ulus tende sigüjü ese baraγsan
yal-a-yin uǎr-tu irebesü urida öber-ün joriγ-iyar* ▲▲ *deger-e buu ayiladq-a
. yal-a-yin uǎr siltaγan biǎg biǎjü . γadaγ-a-du mongγol-un törö-yi
jasaγǎ yabudal-un yamun-dur ügülegtün :*

___

11 Sitzverteilung anders als auf S. 2v! Unklar, ob es sich um ein Versehen handelt oder
   die Sitzverteilung bei der Anreise eines *erkin sayid* anders sein sollte als bei der eines
   sayid oder *kiy-a*.
12 Wörtl. „die Beamten, die empfangen haben."

(4v) Ein Artikel. Falls jemand mit einer Strafsache kommt, die man, indem man im Gebiet der mongolischen Völkerschaften im Äußeren zu Gericht saß, nicht abgeschlossen hat, dann soll er nicht wie früher nach eigenem Ermessen eine Eingabe nach oben machen! Indem er die Strafsache und die Hintergründe [in Form] eines Schreibens darlegt, möge er dem Lifanyuan Bescheid geben.

(5r) O nigen ǰüil aliba ǰüg-eče dayisun ireǰü ǰaq-a-yin ulus-i dobtulbasu . aliba noyad ger mal-iyan dotoγsi bolγaγad . qariy-a-tu čerig bügüde-yi abču dobtuluγsan (5v) ǰüg-tür yaγaraǰu čuγla : ese čuγlabasu : vang-ud bolbasu ǰaγun aduγu . ǰasaγ-un noyad . qosiγun-u tayiǰi . güng-üd bolbasu dalan aduγu . tayiǰi nar bolbasu tabin aduγu abumu : čuγlaγsan-u qoyin-a dayilaqu-yi bügüdeger ǰöbleǰü medegtün : ǰasaγ ügei noyad . qosiγun-u tayiǰi tabunung-ud-i ese toγtaγaǰuqui : tüsimel man-u kelelčegsen anu . ǰasaγ ügei noyan . qosiγun-u tayiǰi . güng . tayiǰi tabunung-ud-i ese čuγlabasu mön-kü ene yosuγar bolγay-a kemen kelelčejüküi :

(5r) Ein Artikel. Wenn von irgendeiner Richtung her der Feind kommt und die Völkerschaften im Grenzbereich angreift, dann sollen die Noyan, nachdem sie Haushalte und Vieh nach innen verlegt haben, die Gesamtheit der ihnen unterstellten Truppen nehmen und sich eilig (5v) zu der Richtung hin, die man angriffen hat, versammeln! Wenn sie sich nicht versammeln, nimmt man, wenn es sich um Wang handelt, hundert Pferde, wenn es sich um regierende Noyan, Bannertaiji oder Gung handelt, siebzig Pferde und wenn es sich um Taiji handelt, fünfzig Pferde. Nachdem man sich versammelt hat, möge man gemeinsam den [bevorstehenden] Kampf besprechen und sich Klarheit verschaffen.[13] Hinsichtlich nicht-regierender Noyan, Bannertaiji und Tabunang hat man nichts festgesetzt. Unsere Beamten[14] haben folgendes vereinbart: Wenn nicht-regierende Noyan, Bannertaiji, Gung, Taiji oder Tabunang sich nicht versammeln, wollen wir in ebendieser Weise verfahren. So hat man gesagt.

(5v) O nigen ǰüil . bügüde yeke qosiγu bosbasu aliba qosiγu ilγal ügei čerig-ün yosubar mordaǰu neke vang-ud ese nekebesü ǰaγun aduγu . ǰasaγ-

---

13 Vgl. KXHD, Kap. 145, S. 14r. „Festgesetzt bei der Gründung des Reiches."
14 Wörtl. „unser Beamter." In der Wendung *tüsimel man-u,* i. e., wenn sich dieser Begriff auf Angehörige hauptstädtischer Behörden bezieht, *tüsimel* nicht als „Amtsträger", sondern als „Beamter" übersetzt.

un noyad qosiɣun-u tayiǰi . güng-üd bolbasu dalan aduɣu . (6r) tayiǰi-nar
bolbasu tabin aduɣu abumu :

(5v) Ein Artikel. Wenn ein ganzes großes Banner sich erhebt, dann sollen die
anderen Banner ohne eine Ausnahme den Regeln des Militärischen entsprechend zu Pferd steigen und es verfolgen! Wenn Wang die Verfolgung nicht
aufnehmen, nimmt man hundert Pferde, wenn es sich um regierende Noyan,
Bannertaiǰi oder Gung handelt, siebzig Pferde (6r) und wenn es sich um Taiǰi
handelt fünfzig Pferde.

(6r) O nigen ǰüil . qorin saɣadaɣ-tu kümün-eče doroɣsi bosbasu öber-ün
qosiɣun-iyan abun neke . qorin saɣadaɣ-tu kümün-eče degegsi bolbasu ken
oyir-a bolbasu . tere qosiɣun-u ǰasaɣ bariɣsan vang . noyad . bosqaɣul-un
teng-iyer mori . künesü bekileǰü . qamiɣasi odbasu . simdaǰu tultala nekegül
: vang-ud ese nekegülbesü qorin aduɣu . ǰasaɣ-un noyad . qosiɣun-u tayiǰi
. güng-üd bolbasu arban tabun aduɣu . tayiǰi-nar bolbasu arban aduɣu
abumu : bosba kemen yaɣaraǰu ayiladq-a : ese ayiladqabasu . vang-ud
bolbasu . arban aduɣu . (6v) ǰasaɣ-un noyad . qosiɣun-u tayiǰi . güng-üd
bolbasu doloɣan [mori] tayiǰi-nar bolbasu tabun mori abumu :

(6r) Ein Artikel. Wenn sich weniger als zwanzig Köcherträger erheben, soll
man sie mit dem eigenen Banner verfolgen! Wenn es mehr als zwanzig
Köcherträger sind, dann sollen jene Wang oder Noyan, die die Regierung
eines Banners übernommen haben, wer immer von ihnen in der Nähe ist,
Pferde und Proviant in der gleichen Menge wie [die Pferde und das Proviant]
der Aufständischen[15] bereitstellen und [die Aufständischen], wohin sie auch
gegangen sein mögen, verfolgen, bis sie sie unter Aufbietung aller Kräfte[16]
eingeholt haben! Wenn Wang [Aufständische] nicht verfolgen lassen, nimmt
man zwanzig Pferde, wenn es sich um regierende Noyan, Bannertaiǰi oder
Gung handelt, fünfzehn Pferde und wenn es sich um [einfache] Taiǰi handelt,
zehn Pferde. Man soll mit den Worten: „Es haben sich welche erhoben" rasch
ein Eingabe machen! Wenn jemand keine Eingabe macht, dann nimmt man,
wenn es sich um Wang handelt, zehn Pferde, (6v) wenn es sich um regierende
Noyan, Bannertaiǰi oder Gung handelt, sieben Pferde und wenn es sich um
[einfache] Taiǰi handelt, fünf Pferde.[17]

---

15 Wörtl. „der Flüchtlinge".
16 Wörtl. „indem man sich beeilt" bzw. „sich müht."
17 Vgl. KXHD, Kap. 142, S. 11v/12r. „Festgesetzt bei der Gründung des Reiches."

(7r) [O nigen jüil äγulγan äγulumu kemen jarlaγsan-dur vang-ud ese irebesü qorin aduγu . jasaγ-un noyad qosiγun-u tayiji . güng-üd bolbasu arban tabun aduγu . tayiji-nar bolbasu arban aduγu abumu . boljïyan-u edür ese kürči irebesü qonoγ toγalan mori abumu :]

(7r) Ein Artikel. „Wir werden eine Versammlung abhalten." Wenn Wang auf eine so lautende kaiserliche Weisung hin nicht erscheinen, [nimmt] man zwanzig Pferde; wenn es sich um regierende Noyan, Bannertaiji oder Gung handelt, nimmt man fünfzehn Pferde und wenn es sich um [einfache] Taiji handelt, zehn Pferde. Wenn jemand nicht am verabredeten Tag eintrifft, nimmt man die Tage [seiner Verspätung] zählend Pferde [von ihm].[18]

(7r) [O nigen jüil . öber-ün öber-ün qubiyaγsan nutuγ-tur . busu] (7v) vang-ud orobasu arban aduγu . jasaγ-un noyad . qosiγun-u tayiji . güng-üd bolbasu doloγan mori . tayiji-nar bolbasu . tabun mori : qaraču kümün bolbasu . erüke toγalan nijeged üker abumu :

(7r) Ein Artikel. Wenn andere Wang in den Weidegrund, den man den jeweiligen [Edelleuten] zugeteilt hat, (7v) eindringen, [nimmt] man zehn Pferde; wenn es sich um regierende Noyan, Bannertaiji oder Gung handelt, sieben Pferde, wenn es sich um [einfache] Taiji handelt, fünf Pferde und wenn es sich um Gemeine handelt, nimmt man pro Haushalt jeweils ein Rind.[19]

(7v) O nigen jüil . qubiyaγsan jisiyan-u nutuγ-ača vang-ud kedü γarbasu jaγun aduγu . jasaγ-un noyad . qosiγun-u tayiji güng-üd bolbasu dalan aduγu . tayiji-nar bolbasu . tabin aduγu abumu : oγorčaγ-i ken üjebesü üjegsen kümün tegün-i bey-e kiged . ger mal bügüde-yi abtuγai :

(7v) Ein Artikel. Wenn Wang wiederholt aus den Weidegründen,[20] die man ihnen zugeteilt hat, hinausziehen, [nimmt] man hundert Pferde; wenn es sich um regierende Noyan, Bannertaiji oder Gung handelt, nimmt man siebzig Pferde und wenn es sich um [einfache] Taiji handelt, fünfzig Pferde. Wenn jemand Einzelpersonen [bei diesem Vergehen] entdeckt, dann soll derjenige,

---

18 Vgl. KXHD, Kap. 142, S. 4r/v. „Festgesetzt bei der Gründung des Reiches."
19 Vgl. KXHD, Kap. 145, S. 13v. „Festgesetzt bei der Gründung des Reiches."
20 Wörtl. „Wechselweidegrund." Umfaßt Sommer-, Herbst-, Winter- und Frühlings-weiden.

der sie endeckt hat, diese Personen und die Gesamtheit ihrer Jurten und ihres Viehbesitzes nehmen.[21]

(7v) O nigen jüil . qoyar qaraču kümün quda bolbasu . tabun mori . tabun (8r) üker . tabin qoni ab : ene jasaγ-i ken ebdejü ilegü ögbesü ilegü mal-i jasaγ-tur abumu : dutayu abubasu yal-a ügei : kürgen ükübesü öggügsen mal-iyan qariγulju ab : ökin ükübesü qaγas-i inu ab : eǰige eke inu ögküy-e getele . kürgen inu yoluju ese abubasu öggügsen mal inu singgetügei : kelelǰegsen süi-yi qorin nasun-dur kürtele ese abubasu . ökin-i eǰige eke inu öber-ün duratu γajar-a ögtügei :

(7v) Ein Artikel. Wenn zwei Gemeine [ihre Familien] durch Heirat verbinden, soll [die Familie der Braut von der Familie des Bräutigams] fünf Pferde, fünf (8r) Rinder und fünfzig Schafe nehmen! Wenn jemand diese Regelung mißachtet und mehr gibt, nimmt man das überzählige Vieh zugunsten der Regierung. Wenn jemand weniger nimmt, [gibt es] keine Strafe. Wenn der Bräutigam stirbt, soll [seine Familie] das von ihr gegebene Vieh zurücknehmen! Wenn die Braut stirbt, soll sie die Hälfte zurücknehmen! Wenn die Eltern [der Braut] sagen: „Wir wollen sie ihm geben", aber der Bräutigam sie zurückweist und nicht nimmt, dann soll das von ihm gegebene Vieh im Besitz [der Familie der Braut] bleiben. Was die vereinbarte Verlobung angeht, so dürfen die Eltern der Braut, wenn [der Bräutigam] sie bis zu ihrem zwanzigsten Lebensjahr nicht genommen hat, [ihre Tochter] nach Belieben an einen [anderen] Ort geben.[22]

(9v) O nigen jüil . yal-a-yin mal-i abču öggügǰi yal-a-tu kümün-ü jasaγ-un elä nigen sidüleng üker ab : yal-a abuγǰi jasaγ-un elä tere mal-aǰa arban-aǰa nige . qorin-aǰa qoyar . γuǰin-aǰa γurba ab : tegün-eǰe ilegü abqu ügei:

(9v) Ein Artikel. Bei Einzug des Strafviehs[23] soll der Gesandte des Regenten, dem der Geber und Straftäter [untersteht], ein dreijähriges Rind nehmen! Der Gesandte des Regenten, dem der Nehmer der Strafe [untersteht], soll von jenem Vieh aus zehn [Stück Vieh] eines, aus zwanzig zwei und aus dreißig drei nehmen! Mehr als jenes wird er nicht nehmen.

---

21 Vgl. KXHD, Kap. 145, S. 13v/14r. „Festgesetzt bei der Gründung des Reiches."
22 Vgl. KXHD, Kap. 145, S. 1v/2r. „Festgesetzt bei der Gründung des Reiches."
23 Wörtl. „indem man das Strafvieh nimmt."

(10r)²⁴ nigen jüil . vang-ud qulaɣayiči-yi [darubasu yisün yisü . jasaɣ-un]
(10v) noyan . qosiɣun-u tayiji . güng-üd bolbasu [doloɣan yisü . baɣ-a]
tayijinar qulaɣayikibesü doloɣan yisü : qulaɣayiči-yi darubasu tabun yisün
mal abumu : qulaɣayiči-yi daruɣsan ba . qulaɣayikigsen-iyan ese
mederebesü abaɣ-a-yi siq-a : abaɣ-a-nar ügei bolbasu . abaɣ-a-nar-un
keüked-i siq-a kemejüküi : basa engke amuɣulang-un qoyaduɣar on tayiji-
nar-un bey-e qulaɣayikibesü . tayiji-yin jerge-yi ebdejü . em-e keüked-eče
öber-e . boɣol mal-iyan abču . mal-un ejen-dür ög : albatu-yi abču öber-ün
aq-a-nar degüner-tür ög kemejüküi : basa jasaɣ ügei noyan . qosiɣun-u
tayiji . güng-üd-i (11r) ese toɣtaɣaɣsan bügetel-e tayiji-nar-i yalalaqu anu
ketürkey-e boljuqui tüsimel²⁵ man-u kelelčegsen anu . jasaɣ ügei noyan .
qosiɣun-u tayiji . güng . tayiji . tabunung-ud-i mön-kü urida-yin yosuɣar
yalalay-a : qoyin-a toɣtaɣaɣsan anu tayijinar bey-e qulaɣayikibesü jerge-yi
ebdejü albatu-yi inu abuɣad ger mal-i keyiskeküi-yi bayisuɣai kemen
kelelčejüküi :

(10r) Ein Artikel. Wenn Wang Diebe decken, [nimmt] man 9x9 [Stück] Vieh;
wenn es sich um einen regierenden (10v) Noyan, Bannertaiji oder Gung
handelt, [nimmt man] 7x9 [Stück] Vieh; wenn einfache Taiji Diebstahl
begehen, nimmt man 7x9 [Stück] Vieh, wenn sie Diebe decken, 5x9 [Stück]
Vieh. Wenn jemand [die Tatsache], daß er Diebe gedeckt bzw. Diebstahl
begangen hat, abstreitet, soll man die Onkel väterlicherseits einem Eid
unterwerfen!²⁶ Wenn keine Onkel da sind, soll man die Kinder der Onkel
einem Eid unterwerfen!²⁷ So hat man gesagt. Darüberhinaus hat man im
zweiten Jahr Kangxi (1663) gesagt: Wenn Taiji in eigener Person Diebstahl
begehen, soll man sie des Taiji-Ranges entkleiden und ihnen mit Ausnahme
von Frau und Kindern ihre Leibeigenen und ihr Vieh nehmen und es dem
Eigentümer des Viehs geben! Ihre Untertanen soll man [von ihnen] nehmen
und ihren älteren und jüngeren Brüdern geben! Außerdem war man sich
einig: Hinsichtlich nicht-regierender Noyan, Bannertaiji oder Gung (11r) hat
man nichts festgesetzt, wohingegen man beim Bestrafen von Taiji übermäßig
[streng] war! Unsere Beamten haben folgendes vereinbart: Nicht-regierende
Noyan, Bannertaiji, Gung, Taiji und Tabunang wollen wir in ebender obengenannten Weise bestrafen! Später hat man folgendes festgesetzt: Wenn Taiji

24 Dieser Artikel ist nicht mit einer Birga versehen.
25 Bogen des -*m* fehlt.
26 Zu dieser Praktik vgl. Heuschert, „Die Entscheidung über schwierige Rechtsfälle."
27 Vgl. KXHD, Kap. 145, S. 8r. „Festgesetzt bei der Gründung des Reiches."

in eigener Person Diebstahl begehen, wollen wir, nachdem wir sie ihres Ranges entkleidet und ihre Untertanen von ihnen genommen haben, von der Zerstreuung ihres Haushaltes und ihres Viehbesitzes absehen.[28] So hat man vereinbart.

(11r) O nigen jüil . aliba yal-a-yi gerečilebe kemen [ösiyelejü] mal [abubasu] (11v) vang-ud bolbasu γurban yisü : jasaγ-un noyad . qosiγun-u tayiji . güng-üd bolbasu qoyar yisü : tayiji-nar bolbasu nigen yisün boda abuγad : ösiyelejü abuγsan mal-i qoyisi öber-ün ejen-dür qariγulju öggüged . tere kümün-ü duraalaγsan[29] γajar-a ilegemü kemejüküi : jasaγ ügei noyan . qosiγun-u tayiji . güng . tayiji . tabunung-i ese toγtaγajuqui : tüsimel man-u kelelčegsen anu . jasaγ ügei noyan . qosiγun-u tayiji . güng . tayiji . tabunung-ud aliba yal-a-yi gerečilebe kemen ösiyelejü mal abubasu yalalaqu yabudal-i mön-kü ene yosuγar bolγay-a :

(11r) Ein Artikel. Wenn jemand sich mit den Worten: „Der hat eine Straftat [gegen mich] bezeugt" an einer Person rächt und ihr Vieh wegnimmt, dann schickt man, (11v) nachdem man, wenn es sich um Wang handelt, 3x9 [Stück] Vieh, wenn es sich um regierende Noyan, Bannertaiji oder Gung handelt, 2x9 [Stück] Vieh und wenn es sich um [einfache] Taiji handelt, 1x9 [Stück] Vieh genommen hat und das aus Rache weggenommene Vieh an seine Eigentümer zurückgegeben hat, jenen Menschen[30] an einen Ort, den er sich ausgesucht hat. So hat man gesagt. Hinsichtlich nicht-regierender Noyan, Bannertaiji, Gung, Taiji und Tabunang hat man nichts festgesetzt. Unsere Beamten haben folgendes vereinbart: Wenn nicht-regierende Noyan, Bannertaiji, Gung, Taiji oder Tabunang mit den Worten: „Der hat eine Straftat [gegen mich] bezeugt" sich [an einer Person] rächen und ihr Vieh wegnehmen, dann wollen wir das Strafverfahren [gegen sie] in ebendieser Weise führen.

(11v) O nigen jüil . qulaγayiči-yi vang-ud jokičaju daruγad ese γarγabasu (12r) γurbaγad yisü : jasaγ-un noyad . qosiγun-u tayiji . güng-üd bolbasu qosiyaγad yisü : tayiji-nar bolbasu nijeged yisü abumu kemejüküi : jasaγ ügei noyad qosiγun-u tayiji . güng tayiji . tabunung-ud-i ese toγtaγajuqui

---

28 Zu diesem Amendement (Wenn Taiji in eigener Person...) vgl. KXHD, Kap. 145, S. 11r, datiert KX13 (1674).

29 Druckfehler für *duralaγsan*.

30 I.e. den Zeugen.

tüsimel man-u kelelǒegsen anu . jasaɣ ügei noyan . qosiɣun-u tayiji . güng
. tayiji . tabunung-ud qulaɣayiǎi-yi jokiǎaju daruju ese ɣarɣabasu ɣalalaqu
yabudal-i mön-kü ene qauli yosuɣar bolɣay-a :

(11v) Ein Artikel. Wenn Wang, nachdem sie sich mit Dieben abgesprochen und sie gedeckt haben, [die Sache] nicht ans Licht bringen, [nimmt man] (12r) jeweils 3x9 [Stück Vieh]; wenn es sich um regierende Noyan, Bannertaiji oder Gung handelt, nimmt man jeweils 2x9 und wenn es sich um [einfache] Taiji handelt, jeweils 1x9 [Stück Vieh].[31] So hat man gesagt. Hinsichtlich nicht-regierender Noyan, Bannertaiji, Gung, Taiji und Tabunang hat man nichts festgesetzt. Unsere Beamten haben folgendes vereinbart: Wenn ein nicht-regierender Noyan, Bannertaiji, Gung, Taiji oder Tabunang, indem er Diebe deckt und sich mit ihnen abspricht, [eine Sache] nicht ans Licht bringt, dann wollen wir das Strafverfahren entsprechend ebendieser Bestimmung führen.

(12r) O nigen jüil . nengjiküi-dür gereǎi abǎu nengji : ülü nengjigülkü
bügesü qulaɣai-yin keb-tü baɣtaɣamu :

(12r) Ein Artikel. Man soll [eine Strafsache] untersuchen, indem man bei der Untersuchung Zeugen nimmt! Wenn jemand keine Untersuchung durchführen läßt, fällt er unter die Regelungen zu Diebstahl.

(14v) O nigen jüil . aliba ɣal-a-yi gereǎilebesü . abuɣsan ɣal-a-aǎa gereǎi
(15r) qaɣas-i inu abumu :

(14v) Ein Artikel. Wenn jemand irgendeine Strafsache bezeugt, dann nimmt er als Zeuge (15r) die Hälfte der eingezogenen Strafe.

(15r) O nigen jüil . aliba ɣal-a abubasu öber-ün noyad . yisü toɣalan
nijeged abtuɣai : yisü ese kürbesü ülü abumu :

(15r) Ein Artikel. Wenn jemand eine Strafzahlung [für sich] nimmt, dann sollen seine eigenen Noyan für neun [Stück Vieh] jeweils eines nehmen. Wenn [die Anzahl der Tiere] nicht an neun heranreicht, nehmen sie nichts.

---

31   Vgl. KXHD, Kap. 145, S. 8r. „Festgesetzt bei der Gründung des Reiches."

(15r) O nigen jüil . vang-ud-un sigügsen jarγu-yi dakiju jarγulaγad . mön-kü vang-ud-un sigügsen yosuγar bolbasu jarγulaγsan kümün-eče yal-a nigen yisü : jasaγ-un noyad . qosiγun-u tayiji . güng-üd-ün sigügsen bolbasu . tabun boda . jangginar-un sigügsen bolbasu köl abtuγai:

(15r) Ein Artikel. Wenn jemand einen von Wang entschiedenen Fall noch einmal vor Gericht gebracht hat und [das Urteil] in ebender Weise, in der die Wang entschieden haben, [gefällt wird], dann soll man von demjenigen, der den Fall [erneut] vor Gericht gebracht hat, 1x9 [Stück] Vieh als Strafe [nehmen]; wenn regierende Noyan, Bannertaiji oder Gung [den Fall] entschieden haben, soll man fünf [Stück] Großvieh, wenn Janggi [den Fall] entschieden haben, ein Pferd[32] nehmen.[33]

(16v) O nigen jüil . jolbin mal-i γurba qonoγuljü köndelen jasaγ-un (17r) noyad . qosiγun-u tayiji . güng-üd-tür medegüljü bariγad . boda büri nigen qoni ab : unubasu tabun boda : minükei kemen qudal keleǰü abubasu γurban yisü : endegüreǰü abubasu nigen yisü : mal-un ejen ese γarbasu qadaγal-a : darubasu nigen yisün boda abumu :

(16v) Ein Artikel. Nachdem jemand verirrtes Vieh gefangen hat, soll er, indem er es drei Nächte bei sich aufnimmt und die zuständigen[34] regierenden (17r) Noyan, Bannertaiji oder Gung benachrichtigt, für ein [Stück] Großvieh ein Schaf nehmen! Wenn jemand [das Vieh] reitet, nimmt man fünf [Stück] Großvieh, wenn jemand es nimmt, indem er lügt und sagt: „Es ist meines", 3x9 [Stück Großvieh], wenn jemand es irrtümlich nimmt, 1x9 [als Strafe]. Wenn der Eigentümer des Viehs nicht herauskommt, soll man es aufbewahren! Wenn jemand [eine andere Person] deckt, nimmt man 1x9 [Stück] Großvieh.[35]

(17r) O nigen jüil jolbin mal-i jiγulčin kümün buu bari : baribasu qulaγai-yin keb-tü baγtaγaqu : qoni bügesü mön edür bariγad qonoγuljü . qorin-ača doroγsi nigen ab : olan bolbasu qori-bar toγalaju nijeged ab :

---

32 Wörtl. „ein Bein." Zum Begriff *köl mori* vgl. Ausführungen unter Punkt 6.1.1.
33 Vgl. KXHD, Kap. 145, S. 1v. „Festgesetzt bei der Gründung des Reiches."
34 Wörtl. „die benachbarten."
35 Vgl. KXHD, Kap. 145, S. 7v. „Festgesetzt bei der Gründung des Reiches."

198

(17r) Ein Artikel. Reisende dürfen verirrtes Vieh nicht fangen! Wenn sie es fangen, wird man sie unter die Regelungen zu Diebstahl fallen lassen. Wenn es sich um Schafe handelt, dann soll man, nachdem man sie am selben Tag gefangen hat, sie bei sich aufnehmen und wenn es weniger als zwanzig [sind], eines nehmen! Wenn es mehr sind, soll man für jeweils zwanzig [Schafe] eines nehmen![36]

(17r) O nigen jüil aliba yal-a-yi tus yal-a-tu kümün [jar γul-a :] (17v) köndelen kümün jar γulabasu . jar γu sigükü sayid köl morin-i inu ab :

(17r) Ein Artikel. Der Mensch, dem die jeweilige Strafzahlung [zusteht], soll die Strafsache vor Gericht bringen! (17v) Wenn eine andere Person [die Sache] vor Gericht bringt, nimmt der Recht sprechende Würdenträger ihr ihr Pferd[37] ab.[38]

(17v) O nigen jüil . aliba yal-a γarbasu qoyar yal-a-tu kümün tus-iyar buu keleléǎ . keleléǎjü barabasu . noyad bolbasu γurban yisü : qaraču kümün bolbasu nigen yisün boda abumu : qariy-a-tu qosi γun-u jasa γ-un noyan-aǎǎ elǎ abǎu . yal-a-tu kümün-ü jasa γ-un noyan-dur kürǎu keleléǎ : qoyar qonotala elǎ ese ögbesü tere jasa γ-un noyan-aǎǎ qono γ to γalan sidüleng üker ab : yala ta γulqu-yin[39] urida . ula γ-a . sigüsü idekü ügei : yala ta γuljü abqu bolbasu yala-tu qosi γun-aǎǎ ula γ-a unuju . üde (18r) qono γ-tu sigüsü ideijü kelelǎejü ab : abu γǎ jasa γ-un elǎ kedün yisün yisü bolbasu qula γayiǎǎ-aǎǎ . γurban-aǎǎ ilegü abqu ügei : qaraqu nigen mori . yala bariju öggügǎ jasa γ-un elǎ kedün yisü bügesü yala-yin mal-aǎǎ nigen sidüleng üker abtu γai : arban qonotala yala ta γuljü ese ögbesü : yala-tu qosi γun-u vang-ud bolbasu arban adu γu : jasa γ-un noyad . qosi γun-u tayiji . güng-üd bolbasu dolo γan mori tayiji-nar bolbasu tabun mori-yi sürüg-eǎ bariju ab : tere abu γsan adu γu-yi buliyaju abubasu qolba γalaju ab : ker-be ese ta γulbasu ayiladqay-a ire :

(17v) Ein Artikel. Wenn eine Strafsache ans Licht kommt, dann darf man gegen zwei [hierin verwickelte] Straftäter nicht einzeln verhandeln! Wenn man [über einen einzelnen] verhandelnd [das Verfahren] zum Abschluß

---

36 Vgl. KXHD, Kap. 145, S. 7v. „Festgesetzt bei der Gründung des Reiches.“
37 Wörtl. „Bein-Pferd.“ Zu diesem Begriff s. auch unter Punkt 6.1.1.
38 Vgl. KXHD, Kap. 145, S. 1v. „Festgesetzt bei der Gründung des Reiches.“
39 Für *tul γaqu-yin*.

bringt, nimmt man, wenn es sich um Noyan handelt, 3x9 [Stück Großvieh] und wenn es sich um Gemeine handelt, 1x9 [Stück] Großvieh. Man soll [über die Sache] verhandeln, indem man vom regierenden Noyan des betreffenden Banners Gesandte nimmt und sich an den regierenden Noyan des Straftäters wendet! Wenn jemand keine Gesandten aufbietet und zwei Nächte hierüber vergehen, dann soll man für jede Nacht von jenem regierenden Noyan ein dreijähriges Rind nehmen! Vor Erhebung der Anklage wird man keine Pferde [in Anspruch nehmen] und sich nicht [wie in offizieller Sendung] mit Verpflegung versorgen. Wenn man Anklage erhebt und eine Strafe einzuziehen ist, sollen [die Gesandten], indem sie verhandeln, Pferde des beschuldigten Banners reiten und sich [dort] mittags (18r) und abends mit Verpflegung versorgen! Der Gesandte des Regenten desjenigen, der [die Strafe für sich] nimmt wird, wieviele 9x9 [Stück Vieh] es auch sein mögen, nicht mehr als drei [Stück Vieh] vom Dieb nehmen. Die *qaraqu*[40] [Gebühr beträgt] ein Pferd. Wenn man die Strafe einzieht,[41] soll der Gesandte des Regenten des Gebers, um wieviele Neun es sich auch handeln mag, vom Strafvieh ein dreijähriges Rind nehmen. Wenn jemand [die Strafzahlung] nicht entrichtet und indem man Anklage erhebt, hierüber zehn Nächte vergehen, dann soll man aus der Herde des Banners, das die Strafzahlung [zu entrichten hat], wenn es sich um Wang handelt, zehn Pferde, wenn es sich um regierende Noyan, Bannertaiji oder Gung handelt, sieben Pferde und wenn es sich um [einfache] Taiji handelt, fünf Pferde nehmen! Wenn jemand jenes eingezogene Vieh [wieder] raubt, soll man das Doppelte nehmen! Falls jemand nicht [der Form entsprechend] Anklage erhebt, soll man mit den Worten: „Ich möchte eine Engabe machen" kommen!

(18v) *O nigen jüil . yabudal-un kümün-dür qonoγ ese ögči köldejü ükübesü oro bosqaγad nigen yisü : ese ükübesü sidüleng üker abumu : qonoγuluγad ed mal yaγum-a qulaγai-du abtabasu ger-ün ejen tölögülümü:*

(18v) Ein Artikel. Wenn jemand einem Reisenden keine Übernachtung gewährt und [der Reisende] erfriert, [nimmt man], nachdem man denjenigen einen Ersatzmann hat stellen lassen, 1x9 [Stück Vieh]; wenn [der Reisende] nicht stirbt, nimmt man ein dreijähriges Rind. Wenn, nachdem jemand [einen Reisenden] hat übernachten lassen, diesem von Dieben Gegenstände oder

---

40 Die Bedeutung dieses Wortes ist unklar.
41 Wörtl. „indem man die Strafe nimmt."

Vieh gestohlen werden, dann läßt man den Eigentümer der Jurte eine Entschädigung leisten.

(18v) O nigen jüil . vang-ud-i qaraču kümün ilete dayaribasu yurban (19r) yisü : jasay-un noyad . qosiyun-u tayiji . güng-üd-i bolbasu qoyar yisü : tayiji-nar-i bolbasu nigen yisü : dalda kelelčebesü jergečegüljü mede : ünen bügesü mön egüber bolqu : erkin sayid-i qariyabasu nigen yisü : meyiren-ü janggi-nar-i qariyabasu doloyan boda : jalan-u janggin-nar-i qariyabasu tabun boda : sumun-u janggi-nar-i qariyabasu yurban boda abumu : keme jüküi : jasay ügei noyan . qosiyun-i tayiji . güng . tayiji . tabunung-ud-i ese toytayajuqui : tüsimel man-u kelelčegsen anu . jasay ügei noyan . qosiyun-u tayiji . güng . tayiji . tabunung-ud-i qaraču kümün ilete dayaribasu dayariysan kümün-i (19v) yalalaqu yabudal-i mön-kü ene yosuyar yalalay-a . yal-a-yin mal-i dayariydaysan kümün-dür ögküy-e :

(18v) Ein Artikel. Wenn Gemeine Wang offen beleidigen, [nimmt man] 3x9 [Stück Vieh]; (19r) wenn sie regierende Noyan, Bannertaiji oder Gung [offen beleidigen], 2x9 [Stück Vieh] und wenn sie [einfache] Taiji [offen beleidigen], 1x9 [Stück Vieh]; wenn sie [die Beleidigung] heimlich zueinander sagen, soll man [die Sache] in gleicher Weise ahnden! Wenn [das Gesagte] der Wahrheit entspricht, wird man auch in dieser Weise verfahren. Wenn jemand hohe Würdenträger beschimpft, [nimmt man] 1x9 [Stück Vieh]; wenn jemand Meiren-ü Janggi beschimpft, nimmt man sieben [Stück] Großvieh, wenn jemand Jalan-u Janggi beschimpft, fünf [Stück] Großvieh, wenn jemand Sumun-u Janggi beschimpft, drei [Stück] Großvieh.[42] So hat man gesagt. Hinsichtlich nicht-regierender Noyan, Bannertaiji, Gung, Taiji und Tabunang hat man nichts festgesetzt. Unsere Beamten haben folgendes vereinbart: Wenn Gemeine nicht-regierende Noyan, Bannertaiji, Gung, Taiji oder Tabunang offen beleidigen, dann wollen wir (19v) das Strafverfahren gegen denjenigen, der die Beleidigung ausgesprochen hat, in ebendieser Weise führen! Das Strafvieh wollen wir demjenigen geben, der beleidigt worden ist.

(19v) O nigen jüil . jebe sumu . serege . yodoli bičg ügei bügesü ali üjegsen kümün sidüleng üker ab :

---

42 Vgl. KXHD, Kap. 145, S. 2r. „Festgesetzt bei der Gründung des Reiches."

(19v) Ein Artikel. Wenn eine Spitze habende Pfeile, Pfeile mit mehreren Spitzen oder Pfeile mit Hornspitze keine Beschriftung haben, dann soll derjenige, der dieses bemerkt hat, [von dem Betreffenden] ein dreijähriges Rind nehmen!

(19v) O nigen jüil . arban ger-tür nigen daruγa talbi : ese talbibasu . vang-ud bolbasu arban aduγu . jasaγ-un noyad . qosiγun-u tayiji . güng-üd bolbasu doloγan mori . tayiji-nar bolbasu tabun mori abumu :

(19v) Ein Artikel. Über zehn Jurten soll man einen Vorsteher einsetzen! Wenn jemand keinen [Vorsteher] einsetzt, dann nimmt man, wenn es sich um Wang handelt, zehn Pferde, wenn es sich um regierende Noyan, Bannertaiji oder Gung handelt, sieben Pferde und wenn es sich um Taiji handelt, fünf Pferde.[43]

(19v) O nigen jüil . jasaγ-un noyad . qosiγun-u tayiji . güng-üd (20r) qonoγ-tu qoni id . üker idebesü . yala inu tabun boda : sigüsü tasulbasu üker ab : jasaγ ügei noyad sigüsü idebesü mori ab :

(19v) Ein Artikel. Bei einer Übernachtung sollen regierende Noyan, Bannertaiji und Gung (20r) Schafsfleisch essen! Wenn sie Rindfleisch essen, [soll] ihre Strafe fünf [Stück] Großvieh [betragen]. Wenn jemand ihnen Verpflegung verweigert, soll man ein Rind nehmen! Wenn nicht-regierende Noyan sich mit Verpflegung versorgen, soll man ein Pferd nehmen!

(20r) O nigen jüil . itegel-tü temdeg-tü elči ulaγ-a unuju qonoγ-tu sigüsü ide : sigüsü tasulbasu üker ab : ulaγ-a tasulbasu γurban yisü : aduγu-ban buruγulaγulbasu nigen yisü : itegel-tü temdeg ügei elči ulaγ-a unuju sigüsü idebesü bariγad külijü yabudal-un yamun-dur kürge : jasaγ-un noyad-un kereg-tür yabuqu elči-yi noyad jančibasu γurban yisü : qaraču (20v) kümün jančibasu nigen yisün boda abumu :

(20r) Ein Artikel. Ein Gesandter mit beglaubigtem Abzeichen soll [anderer Leute] Pferde reiten und sich bei der Übernachtung mit Verpflegung versorgen! Wenn jemand ihm die Verpflegung verweigert, soll man ein Rind nehmen! Wenn jemand ihm Pferde verweigert, [nimmt man] 3x9 [Stück Vieh], wenn jemand seine Pferde davontreibt, [nimmt man] 1x9 [Stück Vieh].

43   Vgl. KXHD, Kap. 145, S. 2v. „Festgesetzt bei der Gründung des Reiches."

Wenn ein Gesandter ohne beglaubigtes Abzeichen [anderer Leute] Pferde reitet und sich mit Verpflegung versorgt, dann soll man, nachdem man ihn ergriffen hat, ihn fesseln und an das zuständige Amt ausliefern![44] Wenn Noyan einen Gesandten schlagen, der in den Angelegenheiten eines regierenden Noyan unterwegs ist, dann [nimmt man] 3x9 [Stück Großvieh]; wenn Gemeine ihn (20v) schlagen, nimmt man 1x9 [Stück] Großvieh.[45]

(20v) O nigen jüil . mala γ-a-ača ilegü γaru γsan ačuγ : nabta γar äkibä-tü mala γ-a : isegei-ber qayi älaju kigsen mala γ-a : su γubar büselegsen ba . murui sibergel . eyimü jüil-i emüsküi ba . kereglekü kümün-i ken üjebesü noyad bolbasu mori ab : qaraču kümün bolbasu sidüleng üker ab :

(20v) Ein Artikel. Wenn jemand eine Person sieht, deren Kordelquaste zu weit über die Hut[krempe] hinüberhängt, die einen Hut mit herunterhängenden Ohrenklappen [trägt], die einen Filzhut trägt, den man [am Rand] abgeschnitten hat, die sich unter den Achselhöhlen gegürtet hat oder die ihre Haube schief aufhat oder ähnliches, dann soll er, wenn es sich um Noyan handelt, ein Pferd nehmen! Wenn es sich um Gemeine handelt, soll er ein dreijähriges Rind nehmen!

(20v) O nigen jüil . yeke kerem-ün dotoraki kümün . kerem-ün γada γ-a-du kümün-dür aliba yala kibesü : dotoraki jasa γ-iyar bola γamu[46] : kerem-ün γada γ-a-du kümün . dotoraki kümün-dür aliba yala kibesü γada γ-a-du jasa γ-iyar bol γamu : naiman qosi γun-u γada γ-a-du (21r) mong γol . olan sürügbän[47] γada γ-a-du ulus-un jasa γ-iyar bolqu :

(20v) Ein Artikel. Wenn ein Mensch aus dem Inneren der Großen Mauer an einem Menschen aus dem Äußeren der [Großen] Mauer eine Straftat begeht, dann verfährt man anhand der Regelungen des Inneren. Wenn ein Mensch aus dem Äußeren der [Großen] Mauer an einem Menschen aus dem Inneren eine Straftat begeht, dann verfährt man anhand der Regelungen des Äußeren.[48]

---

44 Vgl. KXHD, Kap. 144, S. 3v. „Festgesetzt bei der Gründung des Reiches."
45 Vgl. KXHD, Kap. 145, S. 2r. „Festgesetzt bei der Gründung des Reiches."
46 Druckfehler für *bol γamu*.
47 Schlecht zu lesen.
48 Wörtl. „anhand der Regelungen im Äußeren."

Die Mongolen im Äußeren der acht Banner[49] (21r) und die Viehhirten wird man anhand der Gesetze der Völkerschaften im Äußeren [richten].[50]

(21r) O nigen jüil . yala-yin yisün-i kemjiy-e qoyar mori . qoyar sar . qoyar ünige . qoyar sidüleng . nigen birayu : tabun-i kemjiy-e nigen sar . nigen ünige . nigen sidüleng . qoyar birayu : yala-yi abču öggügči elči . yala-tu kümün-eče nigen sidüleng üker ab :

(21r) Ein Artikel. Das Maß der Strafneun [umfaßt] zwei Pferde, zwei Bullen, zwei Kühe, zwei dreijährige Rinder und ein zweijähriges Kalb. Das Maß der Fünf [umfaßt] einen Bullen, eine Kuh, ein dreijähriges Rind und zwei zweijährige Kälber. Wenn man die Strafe einzieht,[51] soll der Gesandte des Gebers vom Straftäter ein dreijähriges Rind nehmen![52]

(21v) O nigen jüil . ayan aba kiged . čiyulyan ba . aliba yabudal-dur odču gederü ergiküi-dür jergeben ülü küliyen . urida ger-tür-iyen uruysilabasu . vang-ud bolbasu arbayad aduyu : jasay-un noyad . qosiyun-u tayiji . güngüd bolbasu doloyad mori . tayiji-nar bolbasu tabuyad mori . kedün nököd bolbasu kümün büri-yin köl morin-i abumu (22r) keme jüküi : jasay ügei noyan qosiyun-u tayiji güng tayiji tabunung-ud ese toytayajuqui : tüsimel man-u kelelčegsen anu . jasay ügei noyan . qosiyun-u tayiji . güng tayiji . tabunung-ud . ayan aba kiged . čiyulyan ba . aliba yajar-tur odču gedergü ergiküi-dür . jergeben ülü küliyen . urida ger-tür uruysilabasu . yalalaqu yabudal-i mön-kü ene yosuyar bolyay-a :

(21v) Ein Artikel. Wenn jemand, nachdem man eine Treibjagd gemacht hat oder zu einer Versammlung oder sonst irgendwelchen Angelegenheiten angereist ist, mit der Rückkehr nicht auf seine Leute wartet und sich vorzeitig auf den Heimweg macht, dann nimmt man, wenn es sich um Wang handelt, je zehn Pferde, wenn es sich um regierende Noyan, Bannertaiji oder Gung handelt, je sieben Pferde, wenn es sich um [einfache] Taiji handelt, je fünf Pferde und wenn es sich um ein paar Männer handelt, von jedem ein Pferd.[53] (22r) So hat man gesagt. Hinsichtlich nicht-regierender Noyan, Bannertaiji,

---

49 Dazu s. unter Punkt 2.2.
50 Vgl. KXHD, Kap. 145, S. 1r. „Festgesetzt bei der Gründung des Reiches."
51 Wörtl. „indem man die Strafe nimmt."
52 Vgl. KXHD, Kap. 145, S. 1r/v. „Festgesetzt bei der Gründung des Reiches."
53 Vgl. KXHD, Kap. 145, S. 13v. „Festgesetzt bei der Gründung des Reiches."

Gung, Taiji und Tabunang hat man nichts festgesetzt. Unsere Beamten haben folgendes vereinbart: Wenn nicht-regierende Noyan, Bannertaiji, Gung, Taiji oder Tabunang, nachdem man eine Treibjagd gemacht hat oder zu einer Versammlung oder einen anderen Ort angereist ist, mit der Rückkehr nicht auf ihre Leute warten und sich vorzeitig auf den Heimweg machen, dann wollen wir das Strafverfahren [gegen sie] in ebendieser Weise führen!

(22r) O nigen jüil . vang . jasaɣ-un noyan . qosiɣun-u tayiji . güng-üd-tür ergügsen čola-yi bürin-iyer ese kelebesü . nigen yisün boda abumu kemejüküi : jasaɣ ügei noyan . qosiɣun-u tayiji . güng-üd-i ese (22v) toɣtaɣajuqui . tüsimel man-u kelelčegsen anu . jasaɣ ügei noyan . qosiɣun-u tayiji . güng-üd-ün ergügsen čola-yi bürin-iyer ese kelebesü . ese kelegsen kümün-i yalalaqu yabudal-i mön-kü ene yosuɣar bolɣay-a : yal-a-yin mal-i vang-ud-tur ögküy-e :

(22r) Ein Artikel. Wenn jemand Wang, regierende Noyan, Bannertaiji oder Gung nicht mit der gesamten [Länge] des ihnen verliehenen Titels anredet, nimmt man 1x9 [Stück] Großvieh. So hat man gesagt. Hinsichtlich nicht-regierender Noyan, Bannertaiji und Gung hat man nichts (22v) festgesetzt. Unsere Beamten haben folgendes vereinbart: Wenn jemand den verliehenen Titel von nicht-regierenden Noyan, Bannertaiji oder Gung nicht in seiner gesamter [Länge] nennt, dann wollen wir das Strafverfahren gegen diese Person[54] in ebendieser Weise führen! Das Strafvieh wollen wir an die Wang geben!

(22v) O nigen jüil . on büri qabur-un čaɣ-tur jasaɣ-un vang . noyad . qosiɣun-u tayiji . güng-üd öber-ün öber-ün qosiɣun-u tayiji-nar ba . čerig-ün kümün-i nigen ɣajar-a čuɣlaɣulju . quyaɣ tuɣulɣ-a jer jebes-i jasaɣul-un qarbuɣulju üje : üjejü ese jasaɣulbasu . ayan mordaju čuɣlaɣsan bolǰiyan-u ɣajar-a bügüde-yi (23r) üjeküi-dür . aliba jebseg dutaqu maɣu boluɣad : jebseg büri ner-e-ben[55] ese bičigülbesü ba : morin-u del segül-dü bičg ese uyaɣulbasu . tamaɣ-a ese daruɣulbasu jokin-i inu medejü yala kelelčemü kemejüküi : yalalaqu yabudal-i ilɣaju ese toɣtaɣajuqui : tüsimel man-u kelelčegsen anu . ali qosiɣun-u čerig-ün jebseg dutaqu maɣu bolbasu . tere qosiɣun-u jasaɣ-un vang-ača yal-a ɣurban yisü . noyan . qosiɣun-u tayiji . güng-üd-eče qosiyaɣad yisü . tayiji nar-ača nigen yisü .

---

54 Wörtl. „die Person, die nicht genannt hat."
55 Schlecht zu lesen.

jebseg dutaɣu maɣu kümün-eče tabun boda-yi jasaɣ-tur abuy-a : čerig-ün kümün-ü tuɣulɣ-a-ein[56] gejigebä . debel-ün aru-dur bičig ese (23v) qadaɣsan ba . čerig-ün jebseg äder-eče degegsi bičig ügei bolbasu ɣurbaɣad yisü . mori-dur tamaɣ-a ese daruɣsan ba . bičig ese uyabasu nigen biraɣu abuɣad . bariɣsan kümün-dür ögküy-e :

(22v) Ein Artikel. Jedes Jahr im Frühling sollen regierende Wang, Noyan, Bannertaiji und Gung die Taiji und Soldaten ihres jeweiligen Banners an einem Ort versammeln und indem sie sie Rüstungen, Helme und Waffen reparieren und sie schießen lassen, sollen sie [alles] inspizieren! Wenn jemand bei der Inspektion[57] [die schadhaften Dinge] nicht reparieren läßt oder (23r) bei der Inspektion aller am vereinbarten Ort, an dem man sich zusammengefunden hat, um eine Treibjagd zu machen, irgendwelche Waffen mangelhaft oder unbrauchbar sind, jemand nicht auf allen Waffen seinen Namen hat schreiben lassen, jemand an Mähne und Schweif der Pferde keine Beschriftung hat hängen lassen oder ihnen keine Siegel aufgedrückt hat, dann wird man, indem man weiß, was sich gehört, eine Strafe vereinbaren. So hat man gesagt. Man hat nichts festgesetzt, wodurch man das Strafverfahren differenziert hätte. Unsere Beamten haben folgendes vereinbart: Wenn das Kriegsgerät irgendeines Banners mangelhaft oder unbrauchbar ist, dann wollen wir vom regierenden Wang jenes Banners als Strafe 3x9 [Stück Vieh], von Noyan, Bannertaiji oder Gung je 2x9 [Stück Vieh], von [einfachen] Taiji 1x9 [Stück Vieh] und von demjenigen, dessen Waffen mangelhaft und unbrauchbar sind, fünf [Stück] Großvieh nehmen und an die Regierung [geben]. Wenn am Nackenschutz des Helmes oder am Rückenteil des Deels eines Soldaten keine Beschriftung (23v) eingenäht ist oder auf Kriegsgerät und den Fußfesseln der Pferde keine Beschriftung ist, wollen wir je 3x9 [Stück Vieh] und wenn Pferden kein Siegel aufgedrückt bzw. keine Beschriftung angehängt worden ist, ein zweijähriges Kalb nehmen und an denjenigen geben, der [den Betreffenden] dingfest gemacht hat.[58]

(29r) O nigen jüil . aliba bosču odqu bosqaɣul-i vang-ud üjegseger ilegebesü . arban ger . jasaɣ-un noyad . qosiɣun-u tayiji . güng-üd bolbasu doloɣan ger . tayiji-nar bolbasu tabun ger . qaraču kümün bolbasu ɣurban

---

56 Druckfehler für *tuɣulɣ-a-yin.*
57 Wörtl. „indem er inspiziert."
58 Zu diesem Amendement (Wenn das Kriegsgerät irgendeines Banners mangelhaft...) vgl. KXHD, Kap. 142, S. 10r/v, datiert KX13 (1674).

yisün boda abumu : bosqaɣul-dur qalum[59] *ked kümün ükübesü olja bui bügesü mön-kü orolaju nigen kümün öggüged : qolbaɣ-a ɣurban yisün boda öggümü : olja ügei bügesü . bosqaɣul-yin jasaɣ-un vang . noyad-aĉa orolaju ɣurban yisün boda abĉu öggümü :*

(29r) Ein Artikel. Wenn Wang Aufständischer,[60] die rebellieren und sich davonmachen, gewahr sind und sie weiterziehen lassen, dann [nimmt] man zehn Haushalte; wenn es sich um regierende Noyan, Bannertaiji oder Gung handelt, nimmt man sieben Haushalte, wenn es sich um [einfache] Taiji handelt, fünf Haushalte und wenn es sich um Gemeine handelt, 3x9 [Stück] Großvieh. Wenn beim Heranrücken an Aufständische Menschen ums Leben kommen, dann gibt man, falls Besitz da ist, nachdem man [der Familie des Getöteten] einen Mann als Ersatz gegeben hat, ein Doppel von 3x9 [Stück] Großvieh [an sie].[61] Wenn kein Besitz da ist, nimmt man von den regierenden Wang oder Noyan der Aufständischen [einen Mann] als Ersatz[62] und 3x9 [Stück] Großvieh und gibt sie [an die Familie des Getöteten].[63]

(29v) O nigen jüil . bosqaɣul-dur medegseger mori unuɣulju ilegebesü . vang-ud . jasaɣ-un noyad qosiɣun-u tayiji . güng-üd tayiji-nar bolbasu ulus-i inu bügüde abumu qaraĉu kümün bolbasu ĉabĉiju alaɣad . ger mal-i inu keyiskemü kemejüküi : ulus abumu kemegsen-eĉe öber-e . yerü ergügsen ĉola basa tüsimed-i ese toɣtaɣajuqui : tüsimel man-u kelelĉegsen anu . aliba qosiɣu-yi jakiruɣsan ba . ese jakiruɣsan vang . noyan . qosiɣun-u tayiji . güng . tayiji . tabunung-ud ɣadaɣ-a-du ulus-tur bosĉu odqu bosqaɣul-dur medegseger mori unuɣulju ilegebesü . ergügsen ĉola-yi (30r) ebdejü ulus-i inu abuy-a : jingse-tü tüsimed bolbasu[64] *köbĉidejü alaɣad . ger mal-i keyiskey-e : qaraĉu kümün bolbasu ĉabĉiju alaɣad mön-kü ger mal-i keyiskey-e kemen kelelĉejüküi :*

(29v) Ein Artikel. Wenn jemand um Aufständische[65] weiß und sie weiterziehen läßt, indem er ihnen Pferde gibt, dann nimmt man, wenn es sich

---

59   Zu dieser Form s. Ramstedt, *Über die Konjugation des Khalkha-Mongolischen*, S. 94 „Nomen descriptionis."

60   Wörtl. „Flüchtlinge".

61   Vgl. KXHD, Kap. 142, S. 12r. „Festgesetzt bei der Gründung des Reiches."

62   Wörtl. „indem man Ersatz schafft."

63   Zu diesem Amendement vgl. KXHD, Kap. 142, S. 12v. datiert KX5 (1666).

64   Erste Zeile S. 30r ist schlecht zu lesen.

65   Wörtl. „Flüchtlinge".

um Wang, regierende Noyan, Bannertaiji, Gung oder [einfache] Taiji handelt, ihnen ihre Völkerschaften in ihrer Gesamtheit ab. Wenn es sich um Gemeine handelt, dann zerstreut man, nachdem man sie durch Enthauptung getötet hat, ihren Haushalt und ihren Viehbesitz. So hat man gesagt. Abgesehen davon, daß man gesagt hat: „Man nimmt ihnen die Völkerschaften", hat man hinsichtlich der verliehenen Titel und der Amtsträger überhaupt nichts festgesetzt. Unsere Beamten haben folgendes vereinbart: Wenn Wang, Noyan, Bannertaiji, Gung, Taiji oder Tabunang, ob sie nun ein Banner verwaltet haben oder nicht, um Aufständische, die rebellieren und sich zu Völkerschaften im Äußeren davonmachen, wissen und sie weiterschicken, indem sie ihnen Pferde geben, dann wollen wir sie des ihnen verliehenen Titels (30r) entkleiden und ihnen ihre Völkerschaften nehmen! Wenn es sich um Amtsträger mit *Jingse*-[Knopf][66] handelt, wollen wir, nachdem wir sie durch Strangulierung getötet haben, ihren Haushalt und ihren Viehbesitz zerstreuen! Wenn es sich um Gemeine handelt, wollen wir, nachdem wir sie durch Enthauptung getötet haben, in gleicher Weise ihren Haushalt und ihren Viehbesitz zerstreuen! So hat man vereinbart.

(30r) O nigen jüil . ayil jayur-a yabuqu bosqayul-i ken baribasu bosqayul-un ejen-ece birayu abču bariysan kümün-dür öggüged . bosqayul-i jayun tasiyur jančmui : bosqayul-i darubasu . daruysan kümün-ece nigen yisün boda abču bosqayul-un ejen-dür öggümü : bosqayul-i daruysan kümün-ü arban ger-ün daruy-a-aca nigen yisün boda abču bosqayul-un ejen-ü (30v) arban ger-ün daruy-a-dur öggümü :

(30r) Ein Artikel. Wenn jemand Flüchtlinge, die zwischen den Ail umherziehen, ergreift, dann schlägt man, nachdem man vom Herrn der Flüchtlinge ein Kalb genommen und es an denjenigen gegeben hat, der sie ergriffen hat, die Flüchtlinge mit einhundert Peitschenhieben. Wenn jemand Flüchtlinge deckt, dann nimmt man 1x9 [Stück] Großvieh von ihm[67] und gibt sie an den Herrn der Flüchtlinge. Vom Vorsteher der Zehnjurtenschaft desjenigen, der Flüchtlinge gedeckt hat, nimmt man 1x9 [Stück] Großvieh und gibt sie (30v) an den Vorsteher der Zehnjurtenschaft des Herrn der Flüchtlinge.[68]

---

66 Knopf, der an der Kopfbedeckung befestigt war und den Rang der Person anzeigte.
67 Wörtl. „von demjenigen, der gedeckt hat."
68 Vgl. KXHD, Kap. 142, S. 12r/v. „Festgesetzt bei der Gründung des Reiches."

208

(30v) O nigen jüil . aliba jüg-eče irekü bosqaɣul-i aliba noyad učarabasu terigülejü iregsen bosqaɣul-i qoyar qonoɣ-un dotor-a yaɣaraju yabudal-un yamun-dur kürgegül . qoyar qonoɣ-ača önggeregülbesü : vang-ud bolbasu arban aduɣu . jasaɣ noyad bolbasu doloɣan mori : baɣ-a noyad bolbasu tabun mori abumu :

(30v) Ein Artikel. Wenn Noyan auf Flüchtlinge stoßen, die aus irgendeiner Richtung herbeikommen, dann sollen sie die Anführer der Flüchtlinge[69] binnen zwei Tagen rasch ans zuständige Amt ausliefern! Wenn sie hierüber mehr als zwei Tage vergehen lassen, nimmt man, wenn es sich um Wang handelt, zehn Pferde, wenn es sich um regierende Noyan handelt, sieben Pferde und wenn es sich um kleine Noyan handelt, fünf Pferde.[70]

(30v) O nigen jüil . irekü bosqaɣul-i alaɣsan kümün-i vang-ud darubasu . arban ger . jasaɣ-un noyad bolbasu doloɣan ger . tayiji-nar darubasu alabasu . tabun ger songɣuju abumu : alaba kemen gerečilegä (31r) kümün-dür vang-ud-ača arban aduɣu jasaɣ-un noyad-ača[71] doloɣan mori : tayiji-nar-ača tabun mori abču öggüged ali duralaɣsan noyad-tur ečütügei : meljibesü abaɣ-a-yi inu siq-a : qaraču kümün irekü bosqaɣul-i uɣtuju alabasu . terigülegä kümün-i čabäju alaɣad : dörben[72] yisün . boda : bisin-eče inu kedün kümün bolbasu ɣurbaɣad . yisün boda abču . tuslaju iregsen noyan-dur öggümü : tuslaɣsan noyan-i ese ɣarbasu jasaɣ-tur abču gerečilegä kümün-dü qayas-i inu öggümü kemejüküi : jasaɣ ügei noyan . qosiɣun-u tayiji güng tayiji tabunung-ud tüsimed-i ese toɣtaɣajuqui : (31v) tüsimel man-u kelelčegsen anu . jasaɣ ügei noyan . qosiɣun-u tayiji güng . tayiji . tabunung-ud-i mön-kü ene yosuɣar bolɣay-a : basa aliba tüsimed irekü bosqaɣul-i uɣtuju alabasu terigülegä nigen kümün-i köbčädejü alaɣad busud-i tüsimel-i ebdejü ɣurbaɣad yisün boda abuy-a kemen kelelčejüküi :

(30v) Ein Artikel. Wenn Wang Leute, die herbeikommende Flüchtlinge getötet haben, decken, [nimmt man] zehn Haushalte und wenn es sich um regierende Noyan handelt, sieben Haushalte; wenn [einfache] Taiji [Mörder] decken oder selbst [Flüchtlinge] töten, wählt man fünf Haushalte aus und

---

69 Wörtl. „die Flüchtlinge, die herbeigekommen sind, indem sie anführten."
70 Vgl. KXHD, Kap. 142, S. 13r/v. „Festgesetzt bei der Gründung des Reiches."
71 Erste Zeile von S. 31r schlecht zu lesen.
72 Schlecht zu lesen: *durban*?

nimmt sie ihnen ab. (31r) Nachdem man an einen Zeugen, der gesagt hat: „Jener hat getötet" von Wang zehn Pferde, von regierenden Noyan sieben Pferde und von [einfachen] Taiji fünf Pferde gegeben hat, soll er zu Noyan gehen, die er sich selber ausgesucht hat. Wenn [die Angeschuldigten] es abstreiten, soll man ihre Onkel väterlicherseits vereidigen! Wenn Gemeine, indem sie auf Flüchtlinge treffen, diese töten, dann nimmt man, nachdem man den Anführer durch Enthauptung getötet hat, 4x9 [Stück] Großvieh [aus seinem Besitz] und von den anderen, wieviele es auch gewesen sein mögen, je 3x9 [Stück] Großvieh und gibt es an den Noyan, der hierfür zuständig seiend herbeigekommen ist. Wenn der Noyan, in dessen Zuständigkeit [die Sache] gefallen wäre, nicht in Erscheinung getreten ist, dann nimmt man [das Strafvieh] zugunsten der Regierung und gibt die Hälfte an den Zeugen.[73] So hat man gesagt. Hinsichtlich nicht-regierender Noyan, Bannertaiji, Gung, Taiji, Tabunang und Amtsträgern hat man nichts festgesetzt. (31v) Unsere Beamten haben folgendes vereinbart: Hinsichtlich nicht-regierender Noyan, Bannertaiji, Gung, Taiji und Tabunang wollen wir in ebendieser Weise verfahren! Weiterhin, wenn Amtsträger, indem sie auf Flüchtlinge treffen, diese töten, dann wollen wir, nachdem wir einen Anführer durch Strangulierung getötet haben, die anderen ihres Amtes entheben und jeweils 3x9 [Stück] Großvieh von ihnen nehmen! So hat man vereinbart.

(31v) O nigen ǰüil . vang-ud öber-e qosiɣun-u kümün-i ǰorimaɣ-iyar alabasu . alaɣsan kümün-ü teng-iyer orolan kümün tölögülüged tabin aduɣu : ǰasaɣ-un noyad bolbasu . ɣučin aduɣu tayiǰi-nar bolbasu qorin aduɣu : abumu : qaračú kümün bolbasu qariɣu čabčiǰu (32r) alamu kemeǰüküi : ene yal-a-yin ǰüil könggen bolǰuqui tüsimel[74] man-u kelelčegsen anu . aliba qosiɣu-yi ǰakiruɣsan ba . ese ǰakiruɣsan vang . noyad öber-e qosiɣun-u kümün-i ǰorimaɣ-iyar alaqu ba . ösiyeleǰü geged . arɣa-bar alaqu . ügeseǰü alaqu bolbasu . alaɣsan kümün-ü teng-iyer oro kümün tölögümü[75] . vang-ud bolbasu ǰaɣun aduɣu : noyan qosiɣun-u tayiǰi güng-üd bolbasu . dalan aduɣu : tayiǰi . tabunung-ud bolbasu tabin aduɣu : qaračú kümün bolbasu čöm čabčiǰu alayad . em-e keüked-eče öber-e ger mal-i keyiskeǰü alaɣdaɣsan (32v) kümün-ü em-e keüked-tür ögküy-e kemen kelelčeǰüküi :

---

73 Vgl. KXHD, Kap. 142, S. 13r. „Festgesetzt bei der Gründung des Reiches."
74 Erste Zeile von S. 32r schlecht zu lesen.
75 Druckfehler für *tölögülümü*.

(31v) Ein Artikel. Wenn Wang Leute eines anderen Banners vorsätzlich töten, dann [nimmt man], nachdem man sie als Wiedergutmachung einen dem Getöteten gleichwertigen Ersatzmann hat stellen lassen, fünfzig Pferde; wenn es sich um regierende Noyan handelt, nimmt man dreißig Pferde und wenn es sich um [einfache] Taiji handelt, zwanzig Pferde. Wenn es sich um Gemeine handelt, (32r) dann tötet man sie als Ausgleich durch Enthauptung. So hat man gesagt. Dieser Strafartikel sah eine milde [Strafe] vor. Unsere Beamten haben folgendes vereinbart: Wenn Wang oder Noyan, ob sie nun ein Banner verwaltet haben oder nicht, Leute eines anderen Banners vorsätzlich töten oder indem sie an ihnen Rache üben, sie durch Hinterlist töten oder sie, indem sie sich [mit anderen] absprechen, töten, dann läßt man sie als Wiedergutmachung einen dem Getöteten gleichwertigen Ersatzmann stellen. Wenn es sich um Wang handelt, [nimmt man] hundert Pferde, wenn es sich um Noyan, Bannertaiji oder Gung handelt, siebzig Pferde und wenn es sich um [einfache] Taiji oder Tabunang handelt, fünfzig Pferde. Wenn es sich um Gemeine handelt, dann wollen wir, nachdem wir sie sämtlichst durch Enthauptung getötet haben, ihren Haushalt und ihren Viehbesitz mit Ausnahme ihrer Frau und ihrer Kinder zerstreuen und an die Frau und die Kinder des Getöteten (32v) geben![76] So hat man vereinbart.

(32v) O nigen jüil . engke amuɣulang-un arban dörbedüger on namur-un dumdadu sar-a-dur toɣtaɣaɣsan anu . aliba alaqu yal-a-tu kümün-i
▲▲ *tayisung quvangdi-yin toɣtaɣaɣsan yosuɣar qosiɣu jakiruɣči jasaɣ-un vang . noyad köndelen jasaɣ-un vang noyad-tur ügülejü sigüjü alatuɣai : köndelen jasaɣ-un vang . noyad-tur ügülejü sigükü ügei alabasu . joriɣ-iyar alaɣsan yosuɣar yalalay-a : [baɣ-a tayiji-nar qaraču kümün . albatu gerün kübüd-i] (33r) [...][77] öber öber-ün jasaɣ-un vang[78] noyan-dur učir-i ɣarɣaju ügületügei : vang noyad mön-kü köndelen jasaɣ-un vang noyad-tur ügülejü sigüjü alatuɣai . čiɣulɣan neyilejü sigüjü alaqu yal-a-tu kümün bolbasu darui čiɣulɣan neyilegsen ɣajar-a sigügsen yosuɣar alatuɣai . alaqu yal-a-tu kümün-i jolijü abqu mön-kü*
▲▲ *tayisung quvangdi-yin toɣtaɣaɣsan yosuɣar bolɣay-a :*

---

76 Zu diesem Amendement (Wenn Wang oder Noyan, ob sie nun ein Banner verwaltet haben oder nicht...) vgl. KXHD, Kap. 145, S. 6v/7r, datiert KX13 (1674).
77 Unleserlich.
78 Erste Zeile von S. 33r schlecht zu lesen.

▲▲ *tayisung quvangdi-yin toγtaγaγsan anu . yal-a-tu kümün-i ken joliju abubasu . γurban yisün-ü boda ögčü joliju ab : (33v) em-e keüked-i joliqu anu . öber-iyen durabar-iyar boltuγai kemejüküi :*

(32v) Ein Artikel. Folgendes hat man im mittleren Herbstmonat des vierzehnten Jahres der Kangxi-Zeit (1675) festgesetzt: Entsprechend [den Bestimmungen], die der Kaiser Taizong[79] festgesetzt hat, sollen regierende Wang und Noyan, die Bannerverwalter [sind], über Leute, die sie mit der Todesstrafe [belegen wollen], das Urteil sprechen und sie töten, indem sie den benachbarten regierenden Wang und Noyan Bescheid geben. Wenn sie das Urteil nicht sprechen, indem sie den benachbarten regierenden Wang und Noyan Bescheid geben und [Leute] töten, dann wollen wir sie nach den Bestimmungen zu vorsätzlichem Mord bestrafen! Wenn einfache Taiji Gemeine, Untertanen oder Hausbedienstete [töten], (33r) dann soll man, indem man die Sache ans Licht bringt, den jeweiligen regierenden Wang oder Noyan Bescheid geben. Die Wang oder Noyan sollen das Urteil sprechen und sie töten, indem sie in ebendieser Weise den benachbarten regierenden Wang oder Noyan Bescheid geben. Indem man zu einer Versammlung zusammenkommt und Urteile spricht, soll man, wenn da Leute sind, die mit der Todesstrafe [belegt sind], sie sogleich am Ort, an dem man zur Versammlung zusammengekommen ist, auf die Weise, zu der man sie verurteilt hat, töten.[80] Ebenso wollen wir das Auslösen von Leuten, die mit der Todesstrafe [belegt sind], in der Weise, die der Kaiser Taizong festgesetzt hat, vonstatten gehen lassen! Der Kaiser Taizong hat folgendes festgesetzt: Wenn jemand einen Straftäter auslöst, soll er ihn auslösen, indem er 3x9 [Stück] Großvieh gibt! (33v) Was das Auslösen von Frau und Kindern anbelangt, so soll man nach eigenem Ermessen verfahren. So hat man gesagt.

(36v)[81] nigen jüil . vang-ud öber-ün öber-ün qariy-a-tu albatu ba . ger-ün boyol-yuγan irtü üjügür-tü mesen-iyer qadquju . čabčiju alaqu ba . jorimaγ-iyar alaqu ba . ösiyelejü alaqu ba . soγtuqu-bar alaγsan bügesü . yala inu dočin[82] adaγu . noyad qosiγun-u tayiji . güng-üd bolbasu yučin adaγu . tayiji-nar bolbasu γurban yisün boda abču alaγdaγsan kümün-ü törögsen aq-a degüü-ner-tür inu öggüged : em-e keüked-i qamtubar

---

79 Tempelname des Hung Taiji.
80 Vgl. KXHD, Kap. 145, S. 4v, datiert KX14 (1675).
81 Dieser Artikel ist nicht mit einer Birga versehen.
82 Druckfehler für *döčin*.

qosiɣun-u dotor-a duralaɣsan ɣajar-tur ilegemü : basa jančiqui-dur endegdejü ükübesü ükügsen siltaɣan-i bey-e-(37r)ber ɣarɣaju kelebesü ösiy-e ügei bügesü ɣarɣaqu ügei yala-yin[83] *mori kiged . boda-yi jasaɣ-tur abumu : ejen inu boɣol-yuɣan alabasu . qosiɣun-u ejen . meyiren-ü jangginar bolbasu . ɣurbaɣad yisün boda . jalan-u janggi . sumun-u janggi-nar bolbasu qosiyaɣad yisün boda . qaraču kümün bolbasu nijeged yisün boda abumu kemejüküi . qosiɣun-u ejen-eče doroɣsi . qaraču kümün-eče degegsi . yalalaqu-yi toɣtaɣaɣsan-ača öber-e . alaldaɣsan*[84] *kümün-ü em-e keüked-i kerkijü bolɣaqu ba . basa tabunung-ud albatu ger-ün boɣol-i alabasu . yalalaqu yabudal-i mön-kü . ese toɣtaɣajuqui : tüsimel man-u kelelčegsen (37v) anu . tabunung-ud albatu gei-ün*[85] *boɣol-i alabasu . yalalaqu yabudal-i mön-kü tayijüi*[86]*-un yosuɣar bolɣay-a . qosiɣun-u ejed-eče doroɣsi qaraču kümün-eče degegsi öbei*[87] *öber-ün ger-ün boɣol-i irtü üjügür-ün mese-ber qadquju čabčiju qarbuju alaqu ba . soɣtuju alaqu kiged . jorimaɣ-iyar alaqu . ösiyelejü alaqu . bolbasu . qosiɣun-u ejen . meyiren . jangginar bolbasu ɣurbaɣad yisün boda . jalan-u janggi . sumun-u janggi . orolan kögegči-ner bolbasu . qosiyaɣad yisün boda . qaraču kümün bolbasu . nijeged yisün boda abču . alaɣdaɣsan kümün-ü em-e keüked-tür ögči aq-a-nar degüner-tei čöm qosiɣun-u dotor-a ɣarɣay-a . basa (38r) [...]*[88] *jasaɣ-un noyad-tur ügülekü ba . ösiy-e siltaɣan ügei bolbasu ɣarɣaqu ügei . yal-a-yin mal-i jasaɣ-tur abuy-a kemen kelelčejüküi :*

(36v) Ein Artikel. Wenn Wang ihnen unterstehende Untertanen oder ihre Hausklaven getötet haben, indem sie sie mit einer scharfen, spitzen Waffe gestochen oder geschnitten haben, wenn sie sie vorsätzlich getötet haben, wenn sie sie aus Rache getötet haben oder wenn sie sie in Trunkenheit getötet haben, dann [nimmt] man ihnen als ihre Strafe vierzig Pferde; wenn es sich um Noyan, Bannertaiji oder Gung handelt, nimmt man dreißig Pferde, wenn es sich um einfache [einfache] Taiji handelt, 3x9 [Stück] Großvieh und gibt [das Strafvieh] an die leiblichen älteren und jüngeren Brüder des Getöteten; die Frau und die Kinder schickt man gemeinsam an einen Ort innerhalb des Banners, den sie sich ausgesucht haben. Wenn, indem sich beim Schlagen vertan wurde, jemand stirbt und [der Schuldige] die Gründe des

83 Erste Zeile von S. 37r schlecht zu lesen.
84 Bogen des zweiten -*l* fehlt.
85 Druckfehler für *ger-ün*.
86 Druckfehler für *tayijinar*.
87 Druckfehler für *öber*.
88 In der vorliegenden Kopie wurde die erste Zeile von S. 38r nicht mitkopiert.

Totschlags in eigener Person (37r) offenlegt und es sich nicht um einen Racheakt handelt, dann läßt man [die Verwandten des Getöteten] sich nicht an einen anderen Ort begeben und die zur Strafe [eingezogenen] Pferde bzw. das Großvieh nimmt man zugunsten der Regierung.[89] Wenn ein Herr seinen Sklaven tötet, nimmt man, wenn es sich um Bannerhauptleute oder Meiren-ü Janggi handelt, je 3x9 [Stück] Großvieh, wenn es sich um Jalan-u Janggi oder Sumun-u Janggi handelt, je 2x9 [Stück] Großvieh und wenn es sich um Gemeine handelt, je 1x9 [Stück] Großvieh. So hat man gesagt. Abgesehen davon, daß man die Bestrafung für Bannerhauptleute bis hin zu Gemeinen festgelegt hat, [hat man nicht festgelegt], wie man mit der Frau und den Kindern des Getöteten verfährt und das Strafverfahren, wenn Tabunang Untertanen oder Haussklaven töten, hat man auch nicht festgelegt. Unsere Beamten haben folgendes vereinbart: (37v) Wenn Tabunang Untertanen oder Haussklaven töten, wollen wir das Strafverfahren [gegen sie] in der gleichen Weise wie bei Taiji führen! Wenn von Bannerhauptleuten bis hin zu Gemeinen jemand seinen eigenen Haussklaven tötet, indem er ihn mit einer scharfen, spitzen Waffe sticht, schneidet oder beschießt oder ihn in betrunkenem Zustand tötet, ihn vorsätzlich tötet oder indem er an ihm Rache nimmt, tötet, dann wollen wir, wenn es sich um Bannerhauptleute oder Meiren-ü Janggi handelt, je 3x9 [Stück] Großvieh, wenn es sich um „Jalan-u Janggi, Sumun-u Janggi oder Orolan Kögegči handelt, je 2x9 [Stück] Großvieh und wenn es sich um Gemeine handelt, je 1x9 [Stück] Großvieh nehmen und [das Strafvieh] an die Frau und die Kinder des Getöteten geben.[90] [Die Frau und die Kinder] gemeinsam mit den älteren und jüngeren Brüdern wollen wir alle sich innerhalb des Banners an einen anderen Ort begeben lassen! Darüberhinaus, (38r) [...][91] wenn jemand den regierenden Noyan Bescheid gibt und es kein Racheakt war, dann wollen wir [die Verwandten des Getöteten] sich nicht an einen anderen Ort begeben lassen und das Strafvieh zugunsten der Regierung nehmen![92] So hat man vereinbart.

(38r) O nigen jüil noyad-un kegür-i köndebesü čabaju alamu . qaraču kümün-ü yasun-i ayudalabasu nigen yisün boda abumu . önggeregsen kümün-dür (38v) oboy-a bosqasuyai kemegäd bui bolbasu bosqatuyai :

---

89   Vgl. KXHD. Kap. 145, S. 5v. „Festgesetzt bei der Gründung des Reiches."
90   Im mongolischen Text hier Converbum imperfecti in satzabschnittabschließender Position.
91   In der vorliegenden Kopie wurde die erste Zeile von S. 38r nicht mitkopiert.
92   Zu diesem Amendement (Wenn Tabunang Untertanen oder Haussklaven töten...) vgl. KXHD. Kap. 145, S. 7r, datiert KX13 (1674).

mongɣol-un yosubar niɣuǰu talbisuɣai kemegčid bolbasu . öber-n⁹³ öber-ün eǰen-ü dura medetügei : ükügsen kümün-dür mori buu ala . yodur buu qadqu . ɣool-un olum-dur ba . aɣula-yin kütel-dür kib ǰalama tormusu buu uyaɣtun . ǰasaɣ-ača eteged yabuɣčid-i ken üǰebesü üǰegsen kümün tabun boda ab kemeǰüküi : önggeregsen kümün-ü oboɣ-a aɣudalaɣsan kümün-ü yal-a-yin kündü könggen-i ilɣaǰu ese toɣtaɣaǰuqui tüsimel man-u kelelčegsen anu tüsimel ba . qaraču kümün vang noyad qosiɣun-u tayiǰi (39r) güng-üd-ün kegür-i köndebesü terigülegsen nigen kümün-i čabčiǰu⁹⁴ alaɣad em-e keüked-i ger mal-i keyiskeǰü . busud-i ǰaɣuɣad tasiɣur ǰančiǰu ɣurbaɣad yisün boda abču öm kegür-ün eǰen-dür ögküy-e : qaraču kümün . tayiǰi tabunung-ud-un kegür-i aɣudalabasu terigülegsen nigen kümün-i köbčideǰü alay-a busud-i ded bolɣaǰu ǰaɣuɣad tasiɣur ǰančiǰu . qosiyaɣad yisün boda abču kegür-ün eǰen-dür ögküy-e . tüsimed-ün kegür-i aɣudalabasu terigülegsen nigen kümün-i ǰaɣun tasiɣur ǰančiǰu . yal-a ɣurban yisün boda . busud-i ǰaɣuɣad tasiɣur ǰančiǰu . niǰeged (39v) yisün boda abču . kegür-ün eǰen-dür ögküy-e . qaraču kümün-ü kegür-i aɣudalabasu terigülegsen nigen kümün-i ǰaɣun tasiɣur ǰančiǰu nigen yisün boda . busud-i nayaɣad tasiɣur ǰančiǰu niǰeged yisün boda-yi abču kegür-ün eǰen-dür ögküy-e :

(38r) Ein Artikel. Wenn jemand die Leiche von Noyan [in ihrer Ruhe] stört, tötet man ihn durch Enthauptung. Wenn jemand die Knochen von Gemeinen ausgräbt, nimmt man 1x9 [Stück] Großvieh. Wenn da welche sind, die sagen: „Wir wollen für den Verstorbenen (38v) einen Oboo errichten," dann sollen sie einen Oboo errichten. Wenn da welche sind, die sagen: „Wir wollen [den Leichnam] nach mongolischer Sitte an einen verborgen gehaltenen [Ort] tun",⁹⁵ dann sei [die Entscheidung hierüber] in das Ermessen des jeweiligen Herrn gestellt. Für Verstorbene soll man keine Pferde schlachten! Man soll keine *yodur*-[Fähnchen]⁹⁶ aufstellen! An Furten und an Gebirgspässen möge man keinen *kib*-[Seidenstoff]⁹⁷, keine fünffarbigen Stoffstreifen und kein *tormusu*-[Papier]⁹⁸ anbinden! Wenn jemand Personen beobachtet, die den

93 Druckfehler für *öber-ün*.
94 Erste Zeile von S. 39r schlecht zu lesen.
95 Wörtl. „niederlegen, indem wir es geheimhalten."
96 An einer Stange befestigte Stoffstücke, die eine religiöse Aufschrift tragen.
97 Seide minderer Qualität, die in religiösen Zeremonien verwendet und vor religiöse Bilder gehangen wird.
98 Mit Gebeten beschriftetes Papier, das an einer Stange oder an einem Pfeilschaft befestigt ist.

Regelungen zuwider handeln, dann soll derjenige, der dieses beobachtet hat, fünf [Stück] Großvieh nehmen! So hat man gesagt. Man hat nichts festgelegt, wodurch man die Härte der Strafe für diejenigen differenziert hätte, die den Oboo eines Verstorbenen abgetragen haben. Unsere Beamten haben folgendes vereinbart: Wenn Gemeine [die Ruhe] von Leichen von Wang, Noyan, Bannertaiji (39r) oder Gung stören, wollen wir den Anführer durch Enthauptung töten und seine Frau und seine Kinder und seinen Haushalt und seinen Viehbesitz zerstreuen![99] Indem wir die übrigen mit jeweils hundert Peitschenhieben schlagen, wollen wir je 3x9 [Stück] Großvieh von ihnen nehmen und es sämtlichst an die Familie des Verstorbenen[100] geben! Wenn Gemeine die Leichen von Taiji oder Tabunang ausgraben, wollen wir den Anführer durch Strangulierung töten! Indem wir die übrigen als Mitläufer mit jeweils hundert Peitschenhieben schlagen, wollen wir jeweils 2x9 [Stück] Großvieh von ihnen nehmen und es an die Familie des Verstorbenen geben! Wenn jemand die Leiche von Amtsträgern ausgräbt, [wollen] wir den Anführer mit hundert Peitschenhieben schlagen und 3x9 [Stück] Großvieh als Strafe [nehmen]; indem wir die übrigen mit jeweils einhundert Peischenhieben schlagen, wollen wir je 1x9 [Stück] (39v) Großvieh von ihnen nehmen und es an die Familie des Verstorbenen geben! Wenn jemand die Leiche von Gemeinen ausgräbt, [wollen wir] den Anführer mit hundert Peitschenhieben schlagen und 1x9 [Stück] Großvieh als Strafe [nehmen]; indem wir die übrigen mit jeweils achtzig Peischenhieben schlagen, wollen wir je 1x9 [Stück] Großvieh von ihnen nehmen und es an die Familie des Verstorbenen geben![101]

(39v) O nigen ǰüil lam-a-nar-yin ayimaγ . böge iduγan-u ayimaγ ǰasaγ-aǰa eteged yosun-dur ülü ǰokiqu samaγun yabudal-iyar yabubasu alaqu ǰanǰiqu yalalaqu-yi kündü könggen-i ilγaǰu yalalamu keme ǰüküi : basa lam-a bandi kemegǰi em-e keüked-eǰe γaruγsan kümün . ünen sayin yabudal-i bütügeküi-yin tula (40r) bolai burqan-i takiǰu nom ungsiǰu bey-e-ben ari γulǰu[102] saγubasu ǰokimu . bey-e-yi ülü ari γul-un burqan-i ülü takin . nom-i ülü ungsin ǰasaγ-aǰa eteged . busu ǰüil-ün samaγun yabudal-iyar qaγurmaγlaqu ba . nom ungsimu kemen kümün-ü ger-tür önǰi ǰü qonoqu ba

---

99 Im mongolischen Text hier Converbum imperfecti in satzabschnittabschließender Position.

100 Wörtl. „an den Herrn der Leiche."

101 Zu diesem Amendement (Wenn Gemeine [die Ruhe] von Leichen von Wang...) vgl. KXHD, Kap. 145, S. 11r/v, datiert KX13 (1674).

102 Erste Zeile von S. 40r schlecht zu lesen.

. baγ-a keüked-tür ner-e ögkü kiged . ebedčin jasamu kemen eke-yi inu qamtubar abču irekü ba . saγuγsan sum-a-dur-iyan[103] kereg ügei emes-i qalγaγč kiged . ene jerge-yin samaγu jüil-ün yabudal-i yabubasu . mön-kü alaqu janaqu yalalaqu-yi (40v) kündü könggen-i ilγaju yalalamu kemejüküi : tüsimel man-u kelelčegsen anu lam-a-nar kümün-ü ger-tür önjijü qonoqu ba saγuγsan süm-e-dür kereg ügei emes-i qalγaγč-yi yalalaqu yabudal-i qoyin-a kelelčejü toγtaγaγsan anu . qalγaγsan lam-a bandi-yi jaγun tasiγur janaγ-a . kümün-ü ger-tür qonoγsan lam-a bandinar-i lam-a bandi-yi inu ebdejü jasaγ-tur abuγad ilγasuγai kemen toγtaγaγsan-u tula . lam-a-nar kümün-ü ger-tür emes-i qalγaγč-yi inu yalalamu kemegsen yabudal-i bayisuγai : busu qauli-yi mön-kü aγuγuluγ-a kemen kelelčejüküi

(39v) Ein Artikel. Wenn die Gruppe der Lamas oder die Gruppe der Schamanen und Schamaninnen sich entgegen den Regelungen nicht an die Ordnung hält oder ungebührliche Dinge tut, dann bestraft man sie, indem man die Härte von Bestrafungen wie Töten oder Auspeitschen abwägt. Leute, die sich Lama oder ordinierter Mönch nennen und die Frau und Kinder verlassen haben, sind dazu da, wahrhaftige und gute Taten zu tun. (40r) Es schickt sich, daß sie ihre Tage verbringen, indem sie den Buddha verehren, die Schriften lesen und sich selbst läutern. Man bestraft sie, indem man in gleicher Weise die Härte von Bestrafungen wie Töten oder Auspeitschen abwägt, wenn sie ungebührliche Dinge wie diese tun: Verstoß gegen die Regelungen, indem sie sich nicht selbst vervollkommnen, den Buddha nicht verehren und die Schriften nicht lesen oder Betrug durch andere ungebührliche Dinge; Übernachtung in der Jurte von Leuten mit der Begründung: „Ich lese die Schriften"; gemeinsames Kommen mit einer Frau mit der Begründung: „Ich gebe dem Baby einen Namen" oder „Ich heile ihre Krankheit"; unnötiges Einbestellen[104] von Frauen in den von ihnen bewohnten Tempel. (40v) So hat man gesagt. Unsere Beamten haben folgendes vereinbart: Hinsichtlich der Übernachtung von Lamas in der Jurte von Leuten oder dem unnötigen Einbestellen von Frauen in den von ihnen bewohnten Tempel, hat man, indem man zu einem späteren Zeitpunkt über das Strafverfahren übereinkam, folgendes festgesetzt: Lamas und ordinierte Mönche, die [Frauen] einbestellt haben, wollen wir mit hundert Peitschenhieben schlagen! Lamas und ordinierte Mönche, die in der Jurte von Leuten übernachtet haben, wollen wir des Lama bzw. Mönchs-[Ranges] entheben und nachdem

103 Druckfehler für *süm-e-dür-iyen*.
104 Wörtl. „Herankommen lassen."

wir sie zugunsten der Regierung genommen haben, Unterscheidungen treffen. Weil man das so festgesetzt hat, wollen wir die Anordnung: „Man wird [das Übernachten] in der Jurte von Leuten und das Einbestellen von Frauen durch Lamas bestrafen" aufheben. [Die Regelung dieser Frage] wollen wir die andere Bestimmung enthalten lassen! So hat man vereinbart.

(42v) O nigen jüil . ile ɣaruɣsan qulaɣayiǎ-yi bariǰu aǎa getele ese ögǎi aldabasu . vang-ud bolbasu yisün yisü . jasaɣ-un noyan qosiɣun-u tayiǰi güng-üd bolbasu doloɣan yisü . tayiǰinar bolbasu tabun yisü abumu kemeǰüküi : jasaɣ ügei noyan . qosiɣun-u tayiǰi güng : tayiǰi tabunung-ud-i ese toɣtaɣaǰuqui : tüsimel man-u kelelǎegsen anu . jasaɣ ügei noyan . qosiɣun[105] *tayiǰi . güng . tayiǰi . (43r) tabunung-ud . ile ɣaruɣsan qulaɣayiǎ-yi bariǰu aǎa getele ese ögǎi aldabasu yalalaqu yabudal-i mönkü ene yosuɣar bolɣay-a kemen kelelǎeǰüküi :*

(42v) Ein Artikel. Wenn jemand einen eindeutig entlarvten Dieb ergreift und während es: „Bring ihn her" heißt, ihn nicht ausliefert und entkommen läßt, nimmt man, wenn es sich um Wang handelt, 9x9 [Stück Vieh], wenn es sich um regierende Noyan, Bannertaiǰi oder Gung handelt, 7x9 [Stück Vieh] und wenn es sich um Taiǰi handelt, 5x9 [Stück] Vieh. Hinsichtlich nicht-regierender Noyan, Bannertaiǰi, Gung, Taiǰi und Tabunang hat man nichts festgesetzt. Unsere Beamten haben folgendes vereinbart: Wenn nicht-regierende Noyan, Bannertaiǰi, Gung, Taiǰi oder (43r) Tabunang einen eindeutig entlarvten Dieb ergreifen und während es: „Bring ihn her" heißt, ihn nicht ausliefern und entkommen lassen, wollen wir das Strafverfahren in ebendieser Weise führen! So hat man vereinbart.

(44r) O nigen jüil qulaɣayiǎ-yi baribasu . qulaɣayiǎ-yin jasaɣ-un vang noyad . jangginar-tur kürgeǰü qataɣalaɣul : arban ger-ün kümün . (44v) qulaɣabasu arban ger-ün daruɣ-a-aǎa nigen mori ab . qulaɣayiǎ-yi arban ger-ün daruɣ-a ɣarɣabasu . gereǎi yosuɣar ab . arban ger-ün kümün-ü mal qulaɣai-du abtabasu yal-a abubasu arban ger-ün daruɣ-a tere yal-a-aǎa nigen mori ab kemeǰüküi

(44r) Ein Artikel. Wenn jemand einen Dieb ergreift, dann soll man, indem man ihn den regierenden Wang, Noyan oder J̌anggi des Diebes übergibt, ihn in Gewahrsam halten! Wenn jemand aus einer Zehnjurtenschaft (44v)

---

105 Schlecht zu lesen.

Diebstahl begeht, dann soll man vom Vorsteher der Zehnjurtenschaft ein Pferd nehmen! Wenn der Vorsteher der Zehnjurtenschaft den Dieb entlarvt hat, dann soll er entsprechend der Ordnung für Zeugen [die Hälfte des Strafviehs] nehmen! Wenn durch Diebstahl jemandem aus einer Zehnjurtenschaft etwas weggenommen wird und man die Strafe [hierfür] einzieht, dann soll der Vorsteher der Zehnjurtenschaft von jener Strafe ein Pferd nehmen! So hat man gesagt.

(44v) O nigen jüil aliba alaqu yala-tu kümün-i qataγalaju aldabasu qataγalaγsan janggin-dur γurban yisün boda . funde bošoqu-dur qoyar yisün boda abuγad čola-yi inu ebdemü : baγ-a bošoqu-yi jaγun tasiγur . quyaγ-un kümün-i nayan tasiγur jančimu : (45r) alalγan-dur ese kürügsen yala-tu kümün-i qataγalaju aldabasu janggin-dur qoyar yisün boda . funde bošoqu-dur nigen yisün boda abumu . baγ-a bošoqu-yi nayan tasiγur quyaγ-un kümün-i jiran tasiγur jančimu aldaγuluγsan yala-tu kümün-i köndelen kümün baribasu . janggin bošoqu-ača abuγsan yala-yin mal-i bariγsan kümün-dür öggümü : ese bariγdabasu yala-yin mal-i jasaγ-un vang noyad-tur öggümü :

(44v) Ein Artikel. Wenn jemand eine Person, die zur Todesstrafe [verurteilt ist], indem er sie in Gewahrsam hält, entkommen läßt, dann enthebt man, nachdem von einem Janggi,[106] der ihn in Gewahrsam gehalten hat, 3x9 [Stück] Großvieh und von einem Orolan Kögegči[107] 2x9 [Stück] Großvieh genommen hat, ihn seines Titels. Einen einfachen Kögegči schlägt man mit hundert und einen Wachmann mit achtig Peitschenhieben. (45r) Wenn jemand eine Person, die man zu einer Strafe geringer als Tötung [verurteilt hat], indem er sie in Gewahrsam hält, entkommen läßt, dann nimmt man von einem Janggi 2x9 [Stück] Großvieh und von einem Orolan Kögegči 1x9 [Stück] Großvieh. Einen einfachen Kögegči schlägt man mit achtzig und einen Wachmann mit sechzig Peitschenhieben. Wenn eine andere Person den entflohenen Straftäter ergreift, dann gibt man das Strafvieh, das man von dem Janggi oder Kögegči eingezogen hat an denjenigen, der [den Straftäter] ergriffen hat. Wenn er nicht ergriffen wird, nimmt man das Strafvieh zugunsten der regierenden Wang oder Noyan.[108]

---

106 Dativ-Lokativ. Wörtl. „einem Janggi [eine Strafe auferlegend]."
107 Im mongolischen Text wird Titel in mandschurischer Sprache genannt.
108 Vgl. KXHD, Kap. 145, S. 9r, datiert KX2 (1663).

(45r) O nigen ǰüil alaqu yala-tu qulaγayiči-yi aliba kümün buliyabasu
kedün kümün bolbasu niǰeged yisün boda . aldabasu terigülegči kümün-i
(45v) čabčiǰu alamu . alalγan-dur ülü kürkü qulaγayiči-yi aldabasu
terigülegči kümün-dür γurba yisün . bisin-eče niǰeged yisü abumu :

(45r) Ein Artikel. Wenn Leute einen Dieb, den man zur Todesstrafe [verur-
teilt hat], gewaltsam befreien, dann [nimmt man], je nachdem, wieviele Leute
es waren, jeweils 1x9 [Stück] Großvieh. Wenn [der Dieb] entkommt, (45v)
tötet man den Anführer durch Enthauptung. Wenn ein Dieb entkommt,
dessen [Strafe] geringer als Tötung ist, [legt man] dem Anführer [eine Strafe]
von 3x9 [Stück Vieh auf] und nimmt von den übrigen jeweils 1x9 [Stück
Vieh].[109]

(47v) O nigen ǰüil . aliba yabudal-un kümün-i endegüber baγulγabasu .
tabun boda abumu kemegsen-i engke amuγulang-un tabudu γar on . ǰasaǰu
qulaγayiči ba . maγu samaγun kümün-i ger-tür baγulγabasu tabun boda
abumu kemeǰüküi : ene ǰüil öber-e bolǰuqui : tüsimel man-u kelelčegsen anu
aliba yabudal-un kümün-i endegüber baγulaγaγčid-i[110] (48r) unuγsan
unuγ-a-yi baγulγaγul-un abqu-yi kelelčeǰüküi maγu samaγun kümün-i ger-
tür baγulγabasu tabun boda abumu kemegsen anu ǰokiqu ügei . egün-i
ǰasaǰu mön-kü uridu yosu γar aliba yabudal-un kümün-ü unuγsan unuγ-a-yi
öber-ün qulaγuγdaγsan gegegdegsen mal kemen endegüreǰü baγulγaǰu
abubasu . tabun boda abču abtaγsan kümün-dür ögküy-e kemen
kelelčeǰüküi:

(47v) Ein Artikel. „Wenn jemand unberechtigt Reisende absteigen läßt, nimmt
man fünf [Stück] Großvieh." Indem man dieses[111] im fünften Jahr Kangxi
(1666) überarbeitete, hat man gesagt: „Wenn jemand Diebe oder böse,
charakterlose Menschen in seiner Jurte absteigen läßt, nimmt man fünf
[Stück] Großvieh." Diesen Artikel hat man geändert. Unsere Beamten haben
folgendes vereinbart: Mit den Personen, die unberechtigt Reisende absteigen
lassen, (48r) hat man [die Personen] gemeint, die, indem sie [Reisende]
absteigen lassen, [den Reisenden] die Pferde abnehmen, die [diese] geritten
haben. Daß man gesagt hat: „Wenn jemand böse, charakterlose Menschen in
seiner Jurte übernachten läßt, nimmt man fünf [Stück] Großvieh", paßt nicht.

---

109 Vgl. KXHD, Kap. 145, S. 11v, datiert KX13 (1674).
110 Druckfehler für *baγulγaγčid-i*.
111 Wörtl. „das Gesagte."

Indem man dieses überarbeitete, hat man der ursprünglichen Bestimmung entsprechend [folgendes] vereinbart: Wenn Leute die Reitpferde von Reisenden nehmen, indem sie lügen und sagen: „Das ist Vieh, das mir selbst gestohlen wurde oder verloren gegangen ist", dann wollen wir fünf [Stück] Großvieh von ihnen nehmen und es an denjenigen geben, dem [das Vieh] weggenommen wurde! So hat man vereinbart.

(48r) O nigen ǰüil qorčan-u tüsiy-e-tü čan vang . ǰoriɣtu čan vang aliba yala-dur torbasu bügüde-yi ǰasaɣ-tur abumu : (48v) qorčan-u arban qosiɣun-u ǰasaɣ-un vang noyad qosiɣun-u tayiǰi güng-üd . ǰasaɣ-tur abqu yala-ača mori abqu yala bolbasu . arban mori-ača nige mori . yisün-i yala bolbasu yisüged büri niǰeged mori-yi ǰasaɣ-tur abumu . ǰasaɣ-tur abuɣsan yosuɣar baraɣun ɣar-un tabun qosiɣun-u vang noyad-un yala bolbasu . tüsiy-e-tü čan vang abtuɣai . ǰegün ɣar-un tabun qosiɣun-u vang . noyad-un yala bolbasu ǰoriɣtu čan vang abtuɣai : tegün-eče ülegsen boda-yi baraɣun ɣar-un yala bolbasu baraɣun ɣar-un tabun qosiɣun-u (49r) vang noyad qosiɣu toɣalan . ǰegün ɣar-un yala bolbasu . ǰegün ɣar-un tabun qosiɣun-u vang . noyad qosiɣu toɣalan qubiyaǰu abuɣad : baɣ-a tayiǰi-nar ǰasaɣ-tur abqu yala-dur morin-iyar torbasu arban mori-ača nigen mori : yisün-i yala bolbasu yisün-eče nigen mori abumu : tegün-eče ülegsen boda-yi ǰasaɣ-un vang noyad qosiɣun-u tayiǰi qubiyaǰu abtuɣai : qaraču kümün mori abqu yala-tu bolbasu : arba-bar toɣalaǰu niǰeged mori . yisün-i yala bolbasu . yisü toɣalan niǰeged mori-yi ǰasaɣ-tur abumu : tegün-eče ülegsen mal-i (49v) qosiɣun-i ǰakiruɣči ǰasaɣ-un noyad yala-tu kümün-ü eǰen qoyaɣula qubiyaǰu abtuɣai . baɣarin-u očir vang . aru qorčan qoyar ǰasaɣ-un vang neyileǰü yal-a sigütügei : aoqan . naiman ene qoyar ǰasaɣ neyileǰü yal-a sigütügei : qoyar ongniɣud-un ǰasaɣ-un vang noyan neyileǰü yal-a sigütügei . qoyar tümed-ün noyan qosiɣun-u tayiǰi neyileǰü yal-a sigütügei : qoyar baɣarin kesigten ene qoyar ǰasaɣ-un vang qosiɣun-u tayiǰi . tayiǰi neyileǰü yal-a-yi sigütügei : qoyar ǰarɣud-un ǰasaɣ-un noyad neyileǰü yal-a-yi sigütügei : qoyar üǰümüčin-ü ǰasaɣ-un (50r) vang noyan . neyileǰü yal-a-yi sigütügei . qoyar qaɣučad-un ǰasaɣ-un vang neyileǰü yal-a-yi sigütügei . qoyar abaɣ-a-yin ǰasaɣ-un vang neyileǰü yal-a-yi sigütügei . qoyar sünid-ün ǰasaɣ-un vang neyileǰü yal-a-yi sigütügei dörben keüked . qalq-a-yin darqan čan vang . maɣumingɣan ǰasaɣ-un tayiǰi norbu ene ɣurban ǰasaɣ-un vang . tayiǰi neyileǰü yal-a-yi sigütügei ɣurban urad-un ǰasaɣ-un güng neyileǰü yal-a-yi sigütügei . ordos-un giyün vang gürü qosiɣun-u tayiǰi sereng . gürüsikib ene ɣurban ǰasaɣ-un vang qosiɣun-u tayiǰi neyileǰü yal-a-yi sigütügei noyan sonom . qosiɣun-u tayiǰi darǰa güng dügüreng ene ɣurban

(50v) jasaɣ-un noyan qosiɣun-u tayiǰi güng neyileǰü yal-a-yi sigütügei .
eden-ü jasaɣ-tu abqu yala bolbasu jasaɣ-tur abuɣad ülegsen mal-i neyileǰü
sigügsen vang noyad qosiɣun-u tayiǰi . güng . tayiǰi-nar qubiyaǰu abtuɣai .
köke qota-yin tümed-ün qoyar qosiɣu solon daɣur eden-i jasaɣ-tur abqu .
yala bolbasu čöm jasaɣ-tur abumu kemeǰüküi . tüsimel man-u kelelčegsen
anu . ilɣabasu qalq-a-ača oroǰu iregsen abaɣanar-un sereng mergen noyan
. qosiɣun-u tayiǰi tusikiǰab-i qoyar qosiɣu bolɣaǰuqui . ede sin-e-yin tula
abaɣ-a-luɣ-a neyileǰü dörben (51r) qosiɣun-u vang noyad . qosiɣun-u tayiǰi
yal-a-yi sigütügei : eden-ü jasaɣ-tur abqu yal-a bolbasu jasaɣ-tur abču
ülegsen mal-i sigügsen vang noyan . qosiɣun-u tayiǰi qubiyaǰu abtuɣai
kemen kelelčeǰüküi :

48r) Ein Artikel. Wenn der Tüsiyetü Čin Wang[112] oder der Joriɣtu Čin
Wang[113] der Qorčin in eine Strafsache hineingeraten, dann nimmt man das
Ganze zugunsten der Regierung. (48v) Wenn regierende Wang, Noyan,
Bannertaiǰi oder Gung der zehn Banner der Qorčin mit der Wegnahme von
Pferden bestraft werden, dann nimmt man von der Strafzahlung zugunsten
der Regierung aus zehn Pferden ein Pferd und wenn es sich um eine
Neunerstrafe handelt, für jede Einheit von neun [Stück Vieh] jeweils ein Pferd
zugunsten der Regierung. Das zugunsten der Regierung Genommene soll der
Tüsiyetü Čin Wang nehmen, wenn es sich um eine Strafe von Wang oder
Noyan der fünf Banner des rechten Flügels handelt. Wenn es sich um eine
Strafe von Wang oder Noyan der fünf Banner des linken Flügels handelt, soll
der Joriɣtu Čin Wang es nehmen. Das hieraufhin übriggebliebene Großvieh
[nehmen], wenn es sich um eine Strafe des rechten Flügels handelt, (49r) die
Wang und Noyan der fünf Banner des rechten Flügels, indem sie die Banner
zählend [es sich teilen] und wenn es sich um eine Strafe des linken Flügels
handelt, nehmen es, indem sie die Banner zählend es sich teilen, die Wang und
Noyan der fünf Banner des linken Flügels.[114] Wenn einfache Taiǰi zu einer
Strafzahlung zugunsten der Regierung in Form von Pferden verurteilt
werden, nimmt man[115] aus zehn Pferden ein Pferd und wenn es sich um eine
Neunerstrafe handelt, ein Pferd aus neun [Stück Vieh]. Das hieraufhin

---

112 Titel der Regenten des mittleren Banners des rechten Flügels der Qorčin.
113 Titel der Regenten im bzw. des mittleren Banners des linken Flügels der Qorčin.
    Später als Banner des Darqan Čin Wang bezeichnet.
114 Im mongolischen Text hier Converbum perfecti in satzabschnittabschließender
    Position.
115 Wahrscheinlich sind der Tüsiyetü Čin Wang und der Joriɣtu Čin Wang der Qorčin
    gemeint.

übriggebliebene Großvieh sollen, indem sie es sich teilen, die regierenden Wang, Noyan und Bannertaiǰi nehmen. Wenn Gemeine mit der Wegnahme von Pferden bestraft werden, nimmt man für zehn Pferden jeweils ein Pferd und wenn es sich um eine Neunerstrafe handelt, für neun [Stück Vieh] jeweils ein Pferd zugunsten der Regierung. Das hieraufhin übriggebliebene Vieh (49v) sollen die das Banner verwaltenden regierenden Noyan und der Herr des Straftäters nehmen, indem sie es sich teilen. Der Očir Wang der Baγarin und der regierende Wang der Aru Qorčin sollen gemeinschaftlich Straftaten richten. Die beiden Regierenden der Aoqan und der Naiman sollen gemeinschaftlich Straftaten richten. Die regierenden Wang und Noyan der beiden Ongniγud sollen gemeinschaftlich Straftaten richten. Der Noyan und der Bannertaiǰi der beiden Tümed sollen gemeinschaftlich Straftaten richten. Die beiden regierenden Wang und Bannertaiǰi und der Taiǰi der beiden Baγarin und der Kesigten sollen gemeinschaftlich Straftaten richten. Die regierenden Noyan der beiden J̌arud sollen gemeinschaftlich Straftaten richten. Die regierenden (50r) Wang und Noyan der beiden Üǰümüčin sollen gemeinschaftlich Straftaten richten. Die regierenden Wang der beiden Qaγučid sollen gemeinschaftlich Straftaten richten. Die regierenden Wang der beiden Abaγa sollen gemeinschaftlich Straftaten richten. Die regierenden Wang der beiden Sünid sollen gemeinschaftlich Straftaten richten. Die Dörben Keüked, der Darqan Čin Wang[116] der Qalqa und der regierende Taiǰi der Muumingγan Norbu[117], diese regierenden Wang und Taiǰi, sollen gemeinschaftlich Straftaten richten. Die regierenden Gung der drei Urad sollen gemeinschaftlich Straftaten richten. Der Giyün Wang Gürü[118] und die Bannertaiǰi Sereng[119] und Gürüsikib[120] der Ordos sollen gemeinschaftlich

---

116 Titel der Regenten des Inneren Qalqa Banners vom rechten Flügel.

117 Nach *Čing ulus-un üy-e-yin mongγol qosiγu čiγulγan* S. 132, 1672 zum *Taiǰi* ersten Grades erhoben, 1723 gestorben.

118 Ordos linker Flügel mittleres Banner. Nach *Čing ulus-un üy-e-yin mongγol qosiγu čiγulγan* S. 150/151, 1657 zum *Törö-yin Giyün Wang* erhoben, 1692 gestorben.

119 Ordos linker Flügel vorderes Banner. Nach *Čing ulus-un üy-e-yin mongγol qosiγu čiγulγan* S. 163/164, 1649 zum *J̌asaγ Qosiγun-u Beise* erhoben, 1676 gestorben.

120 Ordos linker Flügel hinteres Banner. Nach *Čing ulus-un üy-e-yin mongγol qosiγu čiγulγan* S. 158, 1657 zum *J̌asaγ Qosiγun-u Beise* und 1680 zum *Törö-yin Beile* erhoben, 1704 gestorben.

Straftaten richten. Der Noyan Sonom[121], der Bannertaiǰi Darǰa[122] und der Gung Dügüreng,[123] diese (50v) regierenden Noyan, Bannertaiǰi und Gung, sollen gemeinschaftlich Straftaten richten. Wenn es bei diesen zu einer Strafzahlung zugunsten der Regierung kommt, dann sollen, nachdem man [einen Teil des Viehs] zugunsten der Regierung genommen hat, die Wang, Noyan, Bannertaiǰi, Gung und Taiǰi, die gemeinschaftlich Recht gesprochen haben, das übriggebliebene Vieh nehmen, indem sie es sich teilen. Wenn es bei den beiden Bannern der Tümed von Hohhot oder bei den Solonen oder den Daγuren zu einer Strafzahlung zugunsten der Regierung kommt, dann nimmt man es sämtlichst zugunsten der Regierung. So hat man gesagt. Unsere Beamten haben folgendes vereinbart: Wenn man genau ist, hat man [hierüber hinaus] die beiden Banner des Sereng Mergen Noyan[124] und des Dosikiǰab[125] der aus Qalqa herbeigeflohenen Abaγanar geschaffen. Weil diese neu hinzugekommen sind, sollen sie gemeinschaftlich mit den Abaγa, also die Wang, Noyan und Bannertaiǰi der vier (51r) Banner [zusammen], Straftaten richten. Wenn es bei diesen zu einer Strafzahlung zugunsten der Regierung kommt, sollen, nachdem man zugunsten der Regierung genommen hat, die Wang, Noyan und Bannertaiǰi, die Recht gesprochen haben, das übriggebliebene Vieh nehmen, indem sie es sich teilen. So hat man vereinbart.

(51r) O nigen ǰüil γadaγ-a-du mongγol-un aliba alalγan-u kündü yala-tu kümün amiban γarsuγai kemen
◢◢ *ongind-tur*[126] *sögüdkü ba . yabudal-un yamun-dur sögüddügsen bolbasu amin-i inu abur-a : em-e kübegün-i buu qaγačaγul : ger mal bui bolbasu abču yala-yin eǰen-dür öggümü :*

121 Ordos rechter Flügel mittleres Banner. Nach *Čing ulus-un üy-e-yin mongγol qosiγu čiγulγan* S. 153, 1663 zum J̌asaγ Törö-yin Beile und 1677 zum Törö-yin Giyün Wang erhoben, 1682 gestorben.

122 Wahrscheinlich identisch mit Darǰiy-a. Ordos rechter Flügel vorderes Banner. Nach *Čing ulus-un üy-e-yin mongγol qosiγu čiγulγan* S. 161, 1661 zum J̌asaγ Qosiγun-u Beise und 1677 zum Törö-yin Beile erhoben, 1694 gestorben.

123 Ordos rechter Flügel hinteres Banner. Nach *Čing ulus-un üy-e-yin mongγol qosiγu čiγulγan* S. 156, 1672 zum J̌asaγ Ulus-un Tüsiy-e Güng erhoben, 1707 gestorben.

124 Abaγanar rechter Flügel. Zogen 1666 in das Gebiet des rechten Flügels der Abaγa. Nach *Čing ulus-un üy-e-yin mongγol qosiγu čiγulγan* S. 122/123, Sereng Mergen Noyan 1667 zum J̌asaγ Törö-yin Beile erhoben, 1684 gestorben.

125 Abaγanar linker Flügel. Nach *Čing ulus-un üy-e-yin mongγol qosiγu čiγulγan* S. 124/125, Düng Israb 1665 zum Ulus-tur Tusalaγči Gung und im gleichen Jahr zum J̌asaγ Qosiγun-u Beise erhoben, 1681 gestorben.

126 Druckfehler. Rekonstruiert als *ong γun-dur*.

Ein Artikel. Wenn jemand der Mongolen im Äußeren, den man zu einer Strafe so schwer wie Tötung [verurteilt hat], sagt: „Ich möchte mit meinem Leben davonkommen", dann soll man, wenn er an der Gedenkstätte der Ahnen kniet und man ihn am zuständigen Amt hat knien lassen, ihm sein Leben schenken! Frau und Sohn soll man nicht [von ihm] trennen! Wenn Haushalt und Vieh da ist, nimmt man es und gibt es an den Geschädigten.[127]

(51v) ○ nigen jüil . γadaγ-a-du mongγol-un er-e-yi γurbaduγar on . nigen üy-e kemjiyelemü . er-e kemjiyeleküi-dür darubasu daruγsan er-e-yi jasaγtur abumu . daruγsan er-e-yin arban ger-ün toγalaju qosiγu-yi jakiruγci jasaγ-un vang . noyan nijeged ger abumu . gereči-yi duralaγsan γajar-a ilegemü . er-e daruγsan yala-yi gerečilebesü . ön[128] kemjiyelegsen jil gereči le . kemjiyeleküi-dür nigen qoyar quruγu ese küyügsen[129] keüked-i qoyar γurban jil boluγsan-u qoyin-a gerečilebesü . qoyar γurban-yin on dotor-a keüd kedün quruγu öscü . kemjiyen-ü modun-ača ilegüü bolqu (52r) inu olan . ker-ber qoyar γurban jil boluγsan-u qoyin-a gerečilebesü gereči-yi yabuča ügei bolγamu kemejüküi . jakiruγči tüsimed-i yalalaqu yabudal-i ese toγtaγajuqui : tüsimel man-u kelelčegsen anu er-e kemjiyeleküi-dür . kinaju . ilγaγsan ügei osoldaju er-e daruγsan qosiγun-u ejen qariy-a-tu meyiren-ü jangginar-tur γurbaγad yisü qariy-a-tu jalan-u janggi . sumun-u jangginar-tur yal-a qosiyaγad yisü orolan kögegči-dür yal-a nijeged yisün boda abču gereči-dür ögküy-e . baγ-a kögegči arban ger-ün daruγ-a-yi (52v) jaγuγad tasiγur jančiy-a köke qota-yin qoyar qosiγun-u tümed-ün mongγol-ud-tur vang noyad ügei aliba jüil-ün alba-yi čöm dotor abqu-yin tula busu mongγol-ud-tur adalidqabasu ülü bolumu : eyimü-yin tula ene qoyar qosiγun-u ulus er-e kemjiyeleküi-dür . er-e darubasu qariy-a-tu qosiγun-u ejen . meyiren-ü janggi-dur yal-a tabun yisü qariy-a-tu jalan-u janggi-dur yal-a γurban yisü . sumun-u janggi-yi sumun-u janggi-ača ebdejü qoyar yisü . orolan kögegči-yi orolan kögegči-yi inu ebdejü (53r) nigen yisün boda abču gereči-dür ögcü gereči daruγsan sumun-u er-e-yi iǰaγur-un sumun-dur aγuγuluy-a ger-ün boγol jaruča mongγol er-e bolbasu jasaγ-tur abuy-a kemen kelelčejüküi :

(51v) Ein Artikel. Alle drei Jahre einmal zählt man die Männer der Mongolen im Äußeren. Wenn jemand bei der Zählung einen Mann unterschlägt, nimmt

---

127 Wörtl. „an den Herrn der Strafzahlung."
128 Druckfehler für *mön*.
129 Druckfehler für *kürügsen*.

man den Mann, den er unterschlagen hat, zugunsten der Regierung. Wenn die unterschlagenen Männer zehn Haushalte ausmachen,[130] nimmt man vom das Banner verwaltenden regierenden Wang oder Noyan jeweils einen Haushalt.[131] Den Zeugen schickt man an einen Ort, den er sich ausgesucht hat.[132] Wenn jemand die Straftat des Versteckens von Männern bezeugt, dann soll er es in dem Jahr, in dem die Zählung stattgefunden hat, bezeugen! Es geschieht häufig, daß Kinder, die bei der Zählung [das Maß] um ein oder zwei Finger nicht erreicht hatten, wenn nach ein oder zwei Jahren jemand über sie Zeugnis abgibt, sie innerhalb dieser zwei oder drei Jahre mehrere Finger gewachsen und größer als das Meßholz sind. (52r) Falls jemand, nachdem zwei oder drei Jahre vergangen sind, Zeugnis gibt, betrachtet man das Zeugnis als unwirksam. So hat man gesagt. Hinsichtlich des Strafverfahrens gegen verwaltende Amtsträger hat man nichts festgesetzt. Unsere Beamten haben folgendes vereinbart: Von Bannerhauptleuten und unterstellten Meiren-ü J̌anggi,[133] die bei der Zählung der Männer nicht genau untersucht und keine Unterscheidungen getroffen haben, sondern nachlässig waren und Männer unterschlagen haben, [wollen wir] je 3x9 [Stück Vieh] [nehmen]; von unterstellten J̌alan-u J̌anggi und Sumun-u J̌anggi wollen wir als Strafe je 2x9 [Stück Vieh] und von Orolan Kögegči als Strafe je 1x9 [Stück] Vieh nehmen und an den Zeugen geben! Einfache Kögegči und Vorsteher einer Zehnjurtenschaft wollen wir (52v) mit jeweils hundert Peitschenhieben schlagen! Weil es bei den Mongolen der beiden Tümed Banner von Hohhot keine Wang und Noyan gibt und man die verschiedenen Abgaben alle ins Innere einzieht, geht es nicht an, daß man sie mit den anderen Mongolen gleichstellt. Deshalb: Wenn jemand bei der Zählung der Männer der Völkerschaften dieser beiden Banner Männer unterschlägt, dann [wollen wir] von einem unterstellten Bannerhauptmann oder Meiren-ü J̌anggi als Strafe[134] 5x9 [Stück Vieh] und von einem unterstellten J̌alan-u J̌anggi 3x9 [Stück Vieh] [nehmen]; Sumun-u J̌anggi [wollen wir] [ihres Ranges] als Sumun-u J̌anggi entheben und 2x9 [Stück Vieh] nehmen, Orolan Kögegči wollen wir [ihres Ranges] als Orolan Kögegči entheben (53r) und 1x9 [Stück Vieh]

---

130 Wörtl. „indem man zählt."

131 Da *jasaγ-un wang noyan* nicht mit einem Ablativsuffix versehen ist, liegt zunächst nahe, dieses Satzglied als Subjekt zu übersetzen. Aus dem KXHD (s. u.) geht jedoch hervor, daß es der regierende Wang oder Noyan ist, der bestraft wird.

132 Vgl. KXHD, Kap. 142, S. 5v. „Festgesetzt bei der Gründung des Reiches."

133 Wörtl. „Für Bannerhauptleute und unterstellte Meiren-ü J̌anggi [ist die Strafe]..."

134 Wörtl. „für unterstellte Bannerhauptleute und Meiren-ü J̌anggi ist die Strafe..."

nehmen.[135] [Das Strafvieh] wollen wir an den Zeugen geben und den Zeugen und den Mann aus der Pfeilschaft, den man unterschlagen hat, [weiter] in ihrer angestammten Pfeilschaft wohnen lassen! Wenn da mongolische Männer als Haussklaven oder Dienstleute sind, wollen wir sie zugunsten der Regierung nehmen! So hat man gesagt.[136]

(53v) O nigen ǰüil čaɣaǰilaɣsan ɣaǰar-tur qulaɣču[137] oroɣad bulaɣ-a görügelekü ba . orqudui erigăd-i bariɣdabasu . öber-ün öber-ün eǰed medegsebei[138] ilegebesü . görügelegsen kümün ba . köl mal . görügeleǰü oluɣsan bulaɣ-a orqudui bügüde-yi ǰasaɣ-tur abumu : medegseber ilegegsen eǰed vang-ud bolbasu doloɣad yisün boda . ǰasaɣ-un noyad . qosiɣun-u tayiǰi . güng-üd bolbasu . tabuɣad yisün boda : tayiǰi-nar bolbasu . ɣurbaɣad yisün boda . qaraču kümün bolbasu (54r) niǰeged yisün boda abumu . görügeăn kümün sanaɣ-a-bar qulaɣču čaɣaǰilaɣsan aǰar-tur[139] oroǰu bariɣdabasu . terigülegă kümün-i köbčădeǰü alamu : bisin-i inu ǰaɣun tasiɣur ǰanăǰu görügeleǰü oluɣsan ɣaɣum-a bügüde-yi bürin-e ǰasaɣ-tur abumu kemeǰüküi : ǰasaɣ ügei noyan . qosiɣun-u tayiǰi güng tayiǰi tabunung-ud-i ese toɣtaɣaǰuqui : tüsimel man-u kelelčegsen anu . ǰasaɣ ügei noyan . qosiɣun-u tayiǰi . güng . tayiǰi . tabunung čaɣaǰilaɣsan ɣaǰai-tur[140] kümün ilegeǰü bulaɣ-a görügelekü ba orqudui erigăd-i yalalaqu yabudal-i mön-kü (54v) ene yoluɣar[141] bolɣay-a . aliba tüsimeel[142] čaɣaǰilaɣsan ɣaǰar-tur kümün ilegeǰü bulaɣ-a görügelekü ba . orqudui erigăd-i ɣurbaɣad yisün boda-yi ǰasaɣ-tur abuy-a kemen kelelčeǰüküi

(53v) Ein Artikel. Wenn jemand ergriffen wird, der Zobel jagt oder Ginsengwurzeln sucht, nachdem er wildernd in verbotenes Gebiet eingedrungen ist, dann nimmt man, wenn sein Herr ihn bewußt geschickt hat, denjenigen, der gejagt hat, das Reittier[143] und die Zobel und Ginsengwurzeln, die er gejagt

---

135 Im mongolischen Text hier Converbum imperfecti in satzabschnittabschließender Position.
136 Zu diesem Amendement (Von Bannerhauptleuten und unterstellten Meiren-ü J̌anggi, die bei der Zählung...) vgl. KXHD, Kap. 142, S. 6v/7r, datiert KX13 (1674).
137 Für *qulaɣuǰu*.
138 Druckfehler für *medegseber*.
139 Druckfehler für *ɣaǰar-tur*.
140 Druckfehler für *ɣaǰar-tur*.
141 Druckfehler für *yosu ɣar*.
142 Druckfehler für *tüsimel*. Bogen des *-m* fehlt
143 Wörtl. „Bein-Vieh."

bzw. gefunden hat, alles ohne Ausnahme zugunsten der Regierung. Wenn die Herren, die ihn bewußt geschickt haben, Wang sind, nimmt man je 7x9 [Stück] Großvieh, wenn es regierende Noyan, Bannertaiji oder Gung sind, je 5x9 [Stück] Großvieh, wenn es Taiji sind, je 3x9 [Stück] Großvieh und wenn es Gemeine sind, (54r) je 1x9 [Stück] Großvieh. Wenn ein Jäger aus eigenem Antrieb wildernd in verbotenes Gebiet eindringt und ergriffen wird, dann tötet man den Anführer durch Strangulierung. Indem man die übrigen mit hundert Peitschenhieben schlägt, nimmt man die Gesamtheit der erjagten und gefundenen Dinge gänzlich zugunsten der Regierung[144]. So hat man gesagt. Hinsichtlich nicht-regierender Noyan, Bannertaiji, Gung, Taiji und Tabunang hat man nichts festgesetzt. Unsere Beamten haben folgendes vereinbart: Wenn nicht-regierende Noyan, Bannertaiji, Gung, Taiji oder Tabunang Leute an verbotene Orte schicken,[145] wollen wir das Strafverfahren wegen Jagens von Zobeln und Suchens von Ginsengwurzeln (54v) in ebendieser Weise führen! Wenn Amtsträger Leute an verbotene Orte schicken, wollen wir wegen Jagens von Zobeln und Suchens von Ginsengwurzeln jeweils 3x9 [Stück] Großvieh zugunsten der Regierung nehmen. So hat man vereinbart.

(54v) O nigen ǰüil aliba qudalduǎn-i yabuɣulbasu . ǰasaɣ-un vang . noyad qosiɣun-u eǰen meyiren-ü ǰanggi-dur keleǰü nige ǰanggi-i inu terigün bolɣaǰu . arban kümün-eǎe degegsi neyilegülǰü yabuɣul . qudalduǎn-dur terigün ügei yabuɣuluɣad köndelen kümün-dür bariɣdabasu ba ese bügesü kereg siltaɣan ɣarbasu qosiɣun-i qadaɣalaɣǎi vang noyad . qosiɣun-u eǰen . meyiren-ü ǰanggi . ǰalan-u ǰanggi . (55r) sumun-u ǰanggi samaɣu-bar yabuɣsan kümün bügüde-yi yala kelelǎemü . basa uruɣ töröl-dür yabuɣulqu ba kereg siltaɣan bui boluɣad yabuɣǎi kümün bolbasu öber-ün öber-ün qosiɣun-i qadaɣalaɣǎi[146] vang noyad . qosiɣun-u tayiǰi . güng . ese bügesü qosiɣun-u eǰen . meyiren-ü ǰangginar-tur keleǰü . odqui-dur uǎir-a siltaɣan-iyan biǎig biǎiǰü abun oduɣtun : biǎig abǎu oduɣsan kümün inaɣsi ǎanaɣsi yabuqui-dur qulaɣai qudal samaɣu üile ɣarbasu . biǎig öggügǎ vang . noyad qosiɣun-u eǰen . meyiren-ü ǰangginar-i[147] yala kelelǎemü : ker-ber qaɣurmaɣ-iyar (55v) biǎig biǎiǰü yabuɣad bariɣdabasu kündüde yalalamu:

---

144 Mögliche Übersetzung auch: „nimmt man die Gesamtheit der erjagten und gefundenen Dinge zugunsten der allumfassenden Regierung."

145 Wörtl. „indem sie schicken."

146 Druckfehler für *qadaɣalaɣǎi*.

147 Schlecht zu lesen.

(54v) Ein Artikel. Wenn man Kaufleute reisen läßt, soll man, indem [die Betreffenden] den regierenden Wang oder Noyan, Bannerhauptleuten oder Meiren-ü J̌anggi Bescheid geben, sie reisen lassen, indem man ihren J̌anggi zum Anführer macht und sie [zu einer Gruppe] von mehr als zehn Leuten zusammenschließt! Wenn, nachdem jemand Leute ohne einen Anführer in Handelsangelegenheiten hat reisen lassen, sie von anderen Leuten [wegen ungebührlichen Verhaltens] ergriffen werden oder sich irgendwelche Unfälle ereignen,[148] spricht man die für das Banner Verantwortung tragenden Wang oder Noyan, die Meiren-ü J̌anggi, die J̌alan-u J̌anggi, (55r) die Sumun-u J̌anggi und die Leute, die sich ungebührlich verhalten haben, allesamt schuldig. Auch wenn da ein Reisender ist, der zu seinen Verwandten reisen möchte und ein Grund [hierfür] vorliegt, soll man, indem [der Betreffende] den für sein Banner Verantwortung tragenden Wang, Noyan, Bannertaiǰi oder Gung bzw. dem Bannerhauptmann oder dem Meiren-ü J̌anggi Bescheid gibt, ihm bei der Abreise ein Schreiben ausstellen, das über den Grund seiner [Reise Auskunft gibt], und mit dem er sich auf den Weg machen möge. Wenn ein Reisender, dem man ein Schreiben ausgestellt hat, auf dem Hin- oder auf dem Rückweg Diebstahl, Betrügereien oder sonstige ungebührliche Dinge anzettelt, dann spricht man die Wang, Noyan, den Bannerhauptleute oder Meiren-ü J̌anggi, die diejenigen waren, die ihm das Schriftstück ausgestellt haben, schuldig. Wenn jemand ergriffen wird, der gereist ist,[149] indem er sich betrügerisch ein Schreiben ausstellte, (55v) bestraft man ihn streng.

(55v) O nigen ǰüil . γaday-a-du mongγol-un vang-ud-ača doroγsi qaraču kümün-eče degegsi kümün buliyaldun ǰaγaldubasu ey-e-ber ǰasaγǎ-yin terigün on-ača inaγsi-yi sigümü . ey-e-ber ǰasaγǎ-yin terigün on-ača ǎnaγsi-yi ülü sigümü .

(55v) Ein Artikel. Wenn [Leute] der Mongolen im Äußeren angefangen von Wang bis hin zu Gemeinen sich streiten und Prozesse führen, richtet man [die Fälle, in denen] seit dem ersten Jahr der Shunzhi-Zeit (1644) [prozessiert wird]. [Die Fälle], die jenseits des ersten Jahres der Shunzhi-Zeit reichen, richtet man nicht.

---

148 Mögliche Übersetzung auch: „oder die Sache [auf anderem Wege] ans Tageslicht kommt."
149 Wörtl. „nachdem er gereist ist."

(58r) O nigen jüil qalq-a ögeled-ün elči aliba qosiɣun-u qaraɣul-yin tus-iyar irebesü tere qaraɣul-un janggin bošoqu[150] *ba quyaɣ-i ɣarɣaju tere tus-yin qosiɣun-du kürgeged tusiyalɣa*[151] *öggümü : (58v) tegün-eče ulam ulam-iyar öber-ün öber-ün qosiɣun-u nutuɣ-ača ɣarɣan kürgejü iregseger bayan süm-e-yin qaɣalɣan-dur kürgemü : ene jaɣur-a aliba qosiɣun-u nutuɣ-tu qulaɣai-du abtabasu čngdalan ilɣaju ünen bolbasu tölögülümü . ünen ügei bolbasu dangsan-dur temdeglejü ɣaruɣsan-i ujaju*[152] *kelelčey-e . kerbe ečgsen mori . temege-yi araljibasu ber mön-kü ene kürgegči kümün-i gereči bolɣaju bičig bičejü ner-e sumu-yi temdegle :*

(58r) Ein Artikel. Wenn Gesandte der Qalqa oder der Oiraten jeweils zu den Wachposten eines Banners kommen, schickt man einen Janggi, Kögegči oder Wachmann jenes Wachpostens aus; nachdem jene sie dann bis zum jeweiligen Banner geleitet haben, ...[153] (58v) [Die Gesandtschaft] daraufhin nach und nach aus den Weidegründen des eigenen Banners herausführend, geleitet man sie, bis sie am Tor von Bayan Süme[154] ankommt. Wenn auf dieser Wegstrecke in den Weidegründen irgendeines Banners etwas durch Diebstahl entwendet wird, dann läßt man, indem man strenge Untersuchungen durchführt, wenn es die Wahrheit ist, Schadenersatz leisten. Wenn es nicht die Wahrheit ist, wollen wir [die Sache] im Register verzeichnen und indem wir den Ausgang [der Untersuchungen] berücksichtigen, [die Beilegung der Sache] beraten! Wenn sie die ermüdeten Pferde und Kamele austauschen, soll man, indem man ebendiesen sie Geleitenden zum Zeugen macht, ein Schreiben ausstellen und den Namen und die Pfeilschaft verzeichnen![155]

(60r) O nigen jüil . nigen jaɣun tabin er-e-yi nigen sumu bolɣaju . jirɣuɣan sumu-dur nigen jalan-u janggi talbimu kemejüküi :

(60r) Ein Artikel. Hundertfünfzig Männer schließt man zu einer Pfeilschaft zusammen und über sechs Pfeilschaften setzt man einen Jalan-u Janggi. So hat man gesagt.[156]

---

150 Auslaut wie mandschurisches *-kû* geschrieben.
151 Letzter Teil des Wortes unleserlich.
152 Druckfehler für *üjejü*.
153 Da mongolischer Text unleserlich ist, muß weiteres offen bleiben.
154 Heutiges Zhangjiakou.
155 Vgl. KXHD, Kap. 144, S. 4v, datiert KX8 (1669).
156 Vgl. KXHD, Kap. 142, S. 2r, datiert SZ16 (1659).

230

(60v) Ō *nigen jüil . γadaγ-a-du mongγol-dur γurban jil-un eǰüs-tür nigente či γulγan γarču jarγu sigüjü . er-e kemjiyelen toγtaγajuqui :*

(60v) Ein Artikel. Man hat festgesetzt, daß am Ende von drei Jahren bei den Mongolen im Äußeren jeweils eine Versammlung stattfindet und man die Rechtsfälle richtet und die Männer schätzt.[157]

(60v) Ō *nigen jüil . γadaγ-a-du mongγol-un vang . noyad-tur jergeǰel-ün ämeg-ün terigün kiy-a-yi doton-a-du*[158] *vang . noyad-un yosu γar talbijuqui : γadaγ-a-du mongγol-un qosiγun-u ejen . meyiren-ü janggi . jalan-u janggi . sumun-u janggi . orolan kögegǰi-ner-tür dotor-a qosiγun-u ejen . meyiren-ü janggi . jalan-u janggi . sumun-u janggi . orolan* (61r) *kögegǰiten-eče nijeged jerge ba γura γulju jingse debisker ögčüküi :*

(60v) Ein Artikel. An die Wang und Noyan der Mongolen im Äußeren hat man von den Rangabzeichen ihnen die der Pfauenfeder tragenden Leibwächter ersten Ranges in derselben Weise verliehen wie den Wang und Noyan im Inneren. An Bannerhauptleute, Meiren-ü Janggi, Jalan-u Janggi, Sumun-u Janggi und Orolan Kögegči der Mongolen im Äußeren hat man *Jingse*-[Knopf] und Sitzkissen gegeben, indem man sie jeweils um eine Rangstufe niedriger setzte als Bannerhauptleute, Meiren-ü Janggi, Jalan-u Janggi, Sumun-u Janggi und Orolan Kögegči im Inneren.[159]

(62r) Ō *nigen jüil . qalq-a-yin tayijinar . dörben jaγun erüke-eče degegsi abču oroju irebesü . terigülegsen nigen tayiji-yi terigün jerge-yin tayiji bolγamu : γurban jaγun erüke-eče degegsi bolbasu . terigülegsen nigen tayiji-yi ded jerge-yin tayiji bolγamu : qoyar jaγun erüke-eče doroγsi nigen jaγun erüke-eče degegsi bolbasu . terigülegsen nigen tayiji-yi γutaγar jerge-yin tayiji bolγamu : jaγun erüke-dür ese kürbesü . dötüger jerge-yin tayiji bolγamu : busu tayijinar-i* (62v) *öber öber-ün abču iregsen erüke-yin toγ-a üjejü toγtaγaγsan yosu γar jerge öggümü : basa qalq-a-yin qan . jasaγ-un noyad-un törögsen aq-a degüü keüked irebesü . abču iregsen erüke-yi üjejü il γaqu-yi bayiju öber-e*

▲▲ *jarlaγ-i γuyumu kemejüküi : egün-i . tüsimel man-u keleičegsen anu . engke amu γulang-un arbaduγar on jun-u dumdadu sar-a-ača qalq-a-yin*

---

157 Vgl. KXHD, Kap. 142, S. 4r. „Festgesetzt bei der Gründung des Reiches."
158 Schlecht zu lesen.
159 Vgl. KXHD, Kap. 142, S. 2r/v, datiert SZ18 (1661).

bosqaɣul irebesü . küliyejü ebkü[160] *ügei-yin tula . ene toɣtaɣaɣsan qauli-yi*
bayilɣay-a kememü :

(62r) Ein Artikel. Wenn Taiǰi der Qalqa mehr als vierhundert Haushalte mit-
bringend [in unser Gebiet] hineinkommen, dann macht man den Taiǰi, der [die
Leute] angeführt hat, zum Taiǰi ersten Grades. Wenn es mehr als dreihundert
Haushalte sind, macht man den Taiǰi, der [die Leute] angeführt hat, zum Taiǰi
zweiten Grades. Wenn es weniger als zweihundert und mehr als hundert
Haushalte sind, macht man den Taiǰi, der [die Leute] angeführt hat, zum Taiǰi
dritten Grades. Wenn [ihre Anzahl] nicht an hundert Haushalte heranreicht,
macht man [den Taiǰi, der die Leute angeführt hat], zum Taiǰi vierten Grades.
Den anderen Taiǰi [in ihrem Gefolge] (62v) verleiht man den Bestimmungen
entsprechend Ränge, indem man die Anzahl der Haushalte, die sie
mitgebracht haben, betrachtet. Wenn leibliche Brüder oder Kinder von Qalqa
Qanen oder von regierenden Noyan kommen, dann sieht man von die
mitgebrachten Haushalte betrachtenden Differenzierungen ab und bittet um
eine andere kaiserliche Weisung. So hat man gesagt. Diesbezüglich haben
unsere Beamten folgendes vereinbart: Weil man seit dem mittleren Sommermonat des zehnten Jahres Kangxi (1671), wenn Flüchtlinge der Qalqa kommen, sie nicht aufnimmt, wollen wir diese so festgesetzte Bestimmung aufheben! So sagt man.[161]

(63r) O nigen ǰüil . tus
▲▲ *ǰarlaɣ-iyar ǰaruqu ba . yaɣaraǰu ǰaruqu kiged . yabudal-un yamun-aǰa*
aliba ǰüil-ün kereg-i qosiɣu toɣoriǰu ǰarlaqu ba . (63v) qaraɣul ergikü
kiged . ▲ ǰuu örlegen[162] *kürgekü ene ǰerge-yin kereg-tür dotor-a-aǰa ulaɣ-a*
unuɣulǰu . kerem-ün ɣadan-a ulaɣ-a unuqu itegeltü temdegtü biǰig ilegemü
: ǎɣulɣan ɣarbasu . kerem-ün ɣadan-a ulaɣ-a unuqu itegeltü temdegtü
biǰig ilegemü : ǰalayid . dörbed . ɣorlos . sibege . soloɣan daɣur . ninggüde
. ɣoolǎn-dur ǰarubasu . ǎɣ-un sayin maɣu-yi ilɣaqu ügei dotor-a-aǰa
ulaɣ-a unuɣulǰu . yabudal-un yamun-u tamaɣ-a daruɣsan biǰig ögǰü dotor-
a-aǰa ulaɣ-a öggügsen yosuɣar (64r) kerem-ün ɣadan-a ulaɣ-a unuɣulumu
: qorǎn-u ǰirɣuɣan qosiɣu . üǰümüǎn . qaɣuǎid . urad . ordos ene arban
yisün qosiɣun-dur ǰun namur bolbasu köl-iyer ǰarumu : ebül qabur bolbasu

---

160 Druckfehler für *abqu.*
161 Zu diesem Amendement (Weil man seit dem mittleren Sommermonat...) vgl. KXHD,
   Kap. 142, S. 14r, datiert KX10 (1671).
162 Dieses Wort ist unklar. Möglicherweise Druckfehler für *örtegen.*

. *kerem-ün γadan-a ulaγ-a unuqu-yin učir yabudal-un yamun-u tamaγ-a*
daruγsan bičig öggümü : qaračin . tümed . aoqan . naiman . ongniγud .
baγarin . jarγud . čaqar kesigten . aru qorčin-u juljaγ-a giyün vang abaγ-a
abaγanar . dörben keüked . jasaγ-un norbu tayiji . qalq-a-yin darqan čin
vang. köke qota ene qorin jirγuγan qosiγu (64v)
▲▲ *mukden siregetü küriyen-ü jerge-yin γajar-a jarubasu čaγ-un sayin*
maγu-yi ilγaqu ügei köl mori-bar jarumu kemejüküi :

(63r) Ein Artikel. In Angelegenheiten wie dem Entsenden durch eine
entsprechende kaiserliche Weisung[163], dem eiligen Entsenden und dem
Entsenden, indem man vom zuständigen Amt aus von Banner zu Banner reist
und Angelegenheiten verschiedener Art bekanntgibt, (63v) dem Rundgang
auf Wache oder dem Überbringen[164] einer kaiserlichen Proklamation[165] gibt
man, indem man [die Betreffenden] Pferde aus dem Inneren reiten läßt, ihnen
ein Schreiben mit, das ein beglaubigtes Zeichen hat und das sie außerhalb der
Großen Mauer zum Reiten von Pferden [berechtigt]. Wenn eine Versammlung stattfindet, gibt man [den Betreffenden] ein Schreiben mit, das ein
beglaubigtes Zeichen hat und das sie außerhalb der Großen Mauer zum
Reiten von Pferden [berechtigt]. Wenn man jemanden zu den Jalaid, den
Dörbed, den Gorlos, den Sibege, den Solonen, den Daγuren, nach Ningguta
oder zu den Golčin schickt, dann läßt man, ohne Unterscheidungen zu treffen,
ob die Jahreszeit günstig oder ungünstig ist, ihn Pferde aus dem Inneren
reiten und und indem man ihm ein Schreiben gibt, auf das man ein Siegel des
zuständigen Amtes gedrückt hat, läßt man ihn - in gleicher Weise, wie man
ihm Pferde aus dem Inneren gegeben hat - (64r) außerhalb der Großen Mauer
Pferde reiten. Zu den sechs Bannern Qorčin, den Üjümüčin, den Qaγučid,
den Urad und den Ordos diesen [insgesamt] neunzehn Bannern, schickt man,
wenn es Sommer oder Herbst ist, per eigenem Pferd.[166] Wenn es Winter oder
Frühling ist, gibt man wegen des Reitens von Pferden außerhalb der Großen
Mauer [dem Betreffenden] ein Schreiben, auf das man ein Siegel des
zuständigen Amtes gedrückt hat. Wenn man zu den Qaračin, den Tümed, den
Aoqan, den Naiman, den Ongniγud, den Baγarin, den Jarud, den Čaqar,[167]

---

163 Im KXHD, Kap. 142, S. 8v *zhi* „Dekret."
164 Da Begriff *örlegen* nicht geklärt werden konnte, bleibt Übersetzung unklar.
165 Im KXHD, Kap. 142, S. 8v *zhao* „Proklamation."
166 Im KXHD, Kap. 142, S. 8v-9v wird *ulaγ-a* als *yima* „Postpferd" und *köl* als *benshen
   ma* „eigenes Pferd" wiedergegeben.
167 Im KXHD, Kap. 142, S. 9v werden an dieser Stelle statt der Čaqar die Sünid genannt.

den Kesigten, dem Ĵulĵaγ-a Giyün Wang[168] der Aru Qorčin, den Abaγ-a, den Abaγanar, den Dörben Keüked, dem regierenden Norbu Taiĵi[169] [der Muumingγan], dem Darqan Čin Wang[170] der Qalq-a und [zu den Tümed von] Hohhot diesen [insgesamt] sechsundzwanzig Bannern (64v) oder an Orte wie Mukden oder Siregetü Küree schickt, schickt man ohne Unterscheidungen zu treffen, ob die Jahreszeit günstig oder ungünstig ist, per eigenen Pferden. So hat man gesagt.[171]

(64v) O nigen ĵüil . qulaγai-du abtaγsan mal-i eber aman ügüler-e ireged öber-ün abtaγsan mal yisü-yi darui olbasu qulaγai-yin yal-a baγtaγaqu bui:

(64v) Ein Artikel. Wenn, nachdem jemand gekommen ist, um hinsichtlich des Viehs, das ihm von Dieben genommen wurde, Anzeige zu erstatten, man dann die Anzahl Vieh findet und [sich herausstellt, daß dieses Vieh] von ihm selbst genommen worden ist, wird derjenige unter die Strafe für Diebe fallen.

(64v) O nigen ĵüil . qorčin-u arban qosiγun-u ulus . qar-a (65r) mören . γoolčin . soloγan-dur bulaγ-a qudalduĵu abqu ba . köndelen uγtuĵu qudalduĵu abqu kiged . ĵasaγ-ača eteged medegseger qudalduγ-a ilegebesü . vang-ud bolbasu yisün yisü : ĵasaγ-un noyan . qosiγun-u tayiĵi . güng-üd bolbasu . doloγan yisü . baγ-a tayiĵinar bolbasu . tabun yisün boda abumu : qudalduγ-a abču oduγsan terigülegsen kümün-i qulaγai-yin yal-a bolγaĵu köbčedeĵü alamu : busud-tur γurbaγad yisü . abčisan[172] qudalduγ-a-yi čöm ĵasaγ-tur abumu kemeĵüküi : ĵasaγ ügei noyan . qosiγun-u tayiĵi . güng . busu qosiγun-u (65v) vang . noyan . qosiγun-u tayiĵi . güng . tayiĵi . tabunung . tüsimel . qaraču kümün-i ese toγtaγaĵuqui : tüsimel man-u kelelčegsen anu γadaγ-a-du mongγol-un aliba qosiγun-u qosiγu-yi ĵakiruγsan ba . ese ĵakiruγsan vang noyan . qosiγun-u tayiĵi güng . tayiĵi . tabunung . tüsimel . qaraču kümün . γoolčin soloγan-tan-dur bulaγ-a

---

168 Nach *Čing ulus-un üy-e-yin mongγol qosiγu čiγulγan* S. 88/89, 1648 zum Ĵasaγ Qosiγun-u Beise und 1651 zum Törö-yin Giyün Wang erhoben, 1678 gestorben.

169 Nach *Čing ulus-un üy-e-yin mongγol qosiγu čiγulγan* S. 132, 1672 zum Taiĵi ersten Grades erhoben, 1723 gestorben.

170 Titel der Regenten des Inneren Qalqa Banners vom rechten Flügel.

171 Vgl. KXHD, Kap. 142, S. 8v-9v, datiert KX9 (1670). Dort werden jedoch keine Namen von Regenten erwähnt! Auf die Muumingγan wird mit Namen der Völkerschaft verwiesen.

172 Für *abčiraγsan*.

qudalduju abquɣulur-a joriɣ-iyar ilegekü ba . köndelen uɣtuju qudalduju
abubasu ene yosuɣar bolɣay-a tüsimel bolbasu ɣurbaɣad yisü . qaraču
kümün bolbasu qosiyaɣad yisün boda-yi jasaɣ-tur (66r) abuy-a kemen
kelelǧejükü :

(64v) Ein Artikel. Wenn jemand bei den Völkerschaften der zehn Banner der
Qorčin, am Amur, (65r) bei den Golčin oder bei den Solonen Zobelfelle an-
kauft oder sie kauft, indem andere [die Ware] in Empfang nehmen oder wenn
man - um den Verstoß gegen die Regelungen wissend - jemand in
Handelsdingen schickt, dann nimmt man, wenn es sich um Wang handelt, 9x9
[Stück Großvieh], wenn es sich um regierende Noyan, Bannertaiji oder Gung
handelt, 7x9 [Stück Großvieh] und wenn es sich um einfache Taiji handelt,
5x9 [Stück] Großvieh. Den Anführer, der gereist ist, um die Zobelfelle
anzukaufen, tötet man, indem man die Strafe für Diebe [über ihn] verhängt,
durch Strangulierung. Über die anderen [verhängt man eine Strafe von] je
3x9 [Stück Vieh] und nimmt die Handelsware, die sie sich angeeignet haben,
sämtlichst zugunsten der Regierung.[173] So hat man gesagt. Hinsichtlich nicht-
regierender Noyan, Bannertaiji und Gung (65v) sowie hinsichtlich Wang,
Noyan, Bannertaiji, Gung, Taiji, Tabunang, Amtsträgern und Gemeiner
anderer Banner hat man nichts festgesetzt. Unsere Beamten habe folgendes
vereinbart: Wenn Wang, Noyan, Bannertaiji, Gung, Taiji, Tabunang,
Amtsträger oder Gemeine irgendeines Banners der Mongolen im Äußeren, ob
sie nun ein Banner verwaltet haben oder nicht, absichtlich jemanden
ausschicken, um ihn bei den Golčin und Solonen Zobelfelle ankaufen zu
lassen oder wenn sie [Zobelfelle] ankaufen, indem andere [die Ware] in
Empfang nehmen, so wollen wir in ebendieser Weise verfahren! Wenn es sich
um Amtsträger handelt, wollen wir jeweils 3x9 [Stück Großvieh] und wenn
es sich um Gemeine handelt, jeweils 2x9 [Stück] Großvieh zugunsten der
Regierung (66r) nehmen! So hat man vereinbart.

(66v) O nigen jüil . aliba ǎɣulɣan ǔɣlaqu ba . jarlaju quriyaqui-dur
ɣadaɣ-a-du mongɣol-un qosiɣun-u ejen meyiren-ü janggin . jalan-u janggi
. sumun-u janggi . orolan kögegǎ . baɣ-a kögegǎ . arban ger-ün daruɣ-a-
nar ese irebesü qosiɣun-u ejed-tür tabuɣad mori . meyiren-ü jangginar-tur
dörbeged mori . jalan-u jangginar-tur ɣurbaɣad mori . sumun-u jangginar-
tur qosiyaɣad mori . orolan kögegǎ-ten-dür nijeged mori baɣ-a kögegǎ-
ten-dür nijeged sar . arban ger-ün daruɣ-a-nar-tur nijeged sidüleng üker .

---

173 Vgl. KXHD, Kap. 145, S. 2v, datiert SZ4 (1647).

(67r) bolǰiyan-u edür ese kürčü irebesü qosiɣun-u eǰed-tür dörbeged mori .
meyiren-ü ǰangginar-tur ɣurbaɣad mori . ǰalan-u ǰangginar-tur qosiyaɣad
mori . sumun-u ǰangginar-tur niǰeged mori . orolan kögegči-ten-dür niǰeged
sar . baɣ-a kögegči-ten-dür niǰeged sidüleng üker . arban ger-ün daruɣ-a-
nar-i qorin doloɣan tasiɣur ǰančiy-a : naiman qosiɣun-u negükü mongɣol-
un qosiɣu-yi ǰakiruɣči ǰanggi . soloɣan-u bügüde-yi ǰakiruɣči terigün-yi
ɣadaɣ-a-du mongɣol-un meyiren-ü ǰanggi-yin yosuɣar ded ǰanggi ded
ǰakiruɣči (67v) terigün-yi ǰalan-u ǰanggi-yin yosuɣar . sumun-u ǰanggi .
orolan kögegči . baɣ-a kögegči . arban ger-ün daruɣ-a-yi ɣadaɣ-a-du
mongɣol-un sumun-u ǰanggi . orolan kögegči . baɣ-a kögegči . arban ger-
ün daruɣ-a-yin yosuɣar yalalamu kemen ayiladqaǰu toɣtaɣaǰuqui :

(66v) Ein Artikel. Wenn bei Einberufung einer Versammlung oder einer
Zusammenkunft, bei der etwas bekanntgegeben wird, ein Bannerhauptmann,
Meiren-ü J̌anggi, J̌alan-u J̌anggi, Sumun-u J̌anggi, Orolan Kögegči, einfache
Kögegči oder Vorsteher einer Zehnjurtenschaft der Mongolen im Äußeren
nicht erscheinen, [verhängt man] über Bannerhauptleute [eine Strafe] von
jeweils fünf Pferden, über Meiren-ü J̌anggi [eine Strafe] von jeweils vier
Pferden, über J̌alan-u J̌anggi [eine Strafe] von jeweils drei Pferden, über
Sumun-u J̌anggi [eine Strafe] von jeweils zwei Pferden, über Orolan Kögegči
[eine Strafe] von jeweils einem Pferd, über einfache Kögegči [eine Strafe]
von jeweils einem Bullen und über Vorsteher einer Zehnjurtenschaft [eine
Strafe] von jeweils einem dreijähriges Rind. (67r) Wenn jemand nicht am
verabredeten Tag eintrifft, [wollen wir] über Bannerhauptleute [eine Strafe]
von jeweils vier Pferden, über Meiren-ü J̌anggi [eine Strafe] von jeweils drei
Pferden, über J̌alan-u J̌anggi [eine Strafe] von jeweils zwei Pferden, über
Sumun-u J̌anggi [eine Strafe] von jeweils einem Pferd, über Orolan Kögegči
[eine Strafe] von jeweils einem Bullen, über einfache Kögegči [eine Strafe]
von jeweils einem dreijährigen Rind [verhängen] und Vorsteher einer
Zehnjurtenschaft mit siebenundzwanzig Peitschenhieben schlagen! Die J̌anggi
der umherziehenden Mongolen der acht Banner, die ein Banner verwalten
und die Häuptlinge der Solonen, die die Gesamtheit [ihres Stammes]
verwalten, [bestraft man] ebenso wie Meiren-ü J̌anggi der Mongolen im
Äußeren; stellvertretende J̌anggi und stellvertretende verwaltende (67v)
Häuptlinge [bestraft man] ebenso wie J̌alan-u J̌anggi; Sumun-u J̌anggi,
Orolan Kögegči, einfache Kögegči und Vorsteher einer Zehnjurtenschaft
bestraft man ebenso wie Sumun-u J̌anggi, Orolan Kögegči, rangniedrige

Kögegči und Vorsteher einer Zehnjurtenschaft der Mongolen im Äußeren.[174]
Indem man eine so lautende Eingabe gemacht hat, hat man [dieses]
festgesetzt.

(67v) O nigen jüil . yaday-a-du mongyol-ud-un aliba yal-a bolbasu öber
öber-ün qosiyun-u vang . noyad-tur jayaldu. ese barabasu . vang noyad
kümün-i qamtu ilegejü yabudal-un yamun-dur jayaldur-a ir-e . vang noyad-
tur (68r) jayalduqu ügei ketürkei-e yabudal-un yamun-dur jayaldur-a
irebesü . yal-a-yin jöb buruyu-yi ülü asayun . barijü qoyisi öber-ün ejen-
dür ögküy-e kemen ayiladqaju jarlajuqui : barijü öggügči anu kündü
boljuqui : tüsimel man-u kelelčegsen anu . aliba kümün . jasay-un vang
noyad-tur jayalduqu ügei . vang noyad-un kümün ügei ketürkei-e yabudal-
un yamun-dur irebesü barijü ögkü-yi bayiju sigükü ügei qoyisi jasay-tur
jayaldu kemen ilegey-e kemen kelelčejüküi :

(67v) Ein Artikel. Wenn bei den Mongolen[175] im Äußeren eine Straftat
vorliegt, dann sollen [die Betreffenden] bei den Wang und Noyan ihres
Banners Klage führen! Wenn man [die Sache] so nicht beendet, dann sollen,
indem die Wang und Noyan die Leute[176] gemeinsam schicken, sie zum
zuständigen Amt kommen, um Klage zu führen! Wenn [Leute], ohne bei den
Wang und Noyan (68r) Klage zu führen, unmittelbar zum zuständigen Amt
kommen, um Klage zu führen, dann wollen wir, in der Strafsache nicht nach
richtig und falsch fragend, sie ergreifen und zurück an ihren Herren geben![177]
Indem man eine so lautende Eingabe gemacht hat, hat man das so bekanntgegeben. Die Ergreifung und die Rückgabe [an den eigenen Herren] waren
schwierig. Unsere Beamten haben folgendes vereinbart: Wenn jemand ohne
bei den regierenden Wang oder Noyan Klage zu führen und so, als ob es
keine Wang oder Noyan [gäbe], unmittelbar zum zuständigen Amt kommt,
wollen wir, indem wir vom Ergreifen und Zurückgeben [an den eigenen
Herren] absehen, ohne ein Urteil zu sprechen, ihn mit den Worten: „Bring die
Klage beim Regenten vor!" zurückschicken. So hat man vereinbart.

(68v) O nigen jüil . aliba jüg-eče oryoju iregsen bosqayul-i (69r) kürgejü
iregsen kümün-dür nigen tory-a jiryuyan qar-a büs šangnamu kemejüküi :

---

174 Vgl. KXHD, Kap. 142, S. 4v/5r, datiert KX8 (1669).
175 Pluralsuffix *-ud* zeigt an, daß hier die Menge der Bevölkerung gemeint ist.
176 Gemeint sind wahrscheinlich die klagenden Parteien.
177 Vgl. KXHD, Kap. 145, S. 2v/3r, datiert SZ8 (1651).

(68v) Ein Artikel. An jemand, der gekommen ist, um aus irgendeiner Richtung herbeigeflohene Flüchtlinge (69r) auszuliefern, gibt man als Belohnung einen [Ballen] Seide und sechs [Ballen] einfaches Tuch. So hat man gesagt.

(71v) O nigen jüil . qalq-a-aǧa orγoju iregsen kümün-i qoyisi ilegeküi-dür ǧaγ-tur neyilegül-ün debel malaγ-a γutul-dur oyimusu-tai ömüdü ebül bolbasu elbengkü (72r) daqu nemejü šangnamu . mori ügei bolbasu γutaγar jerge-yin mori nijeged šangnamu kemejüküi : ilγabasu ögeled-ün bosqayul-i qoyisi ilegeküi-dür mön-kü qalq-a-yin bosqayul-un yosuγar ayiladqaju toγtaγajuqui :

(71v) Ein Artikel. Leute, die von den Qalqa herbeigeflohen sind, beschenkt man beim Zurückschicken entsprechend der Jahreszeit mit einem Deel, einem Hut, Stiefeln mit Socken darin und Hosen und fügt, wenn es Winter ist, ein Waschbärenfell (72r) und einen Mantel mit Pelzbesatz hinzu. Wenn sie kein Pferd haben, beschenkt man sie mit jeweils einem Pferd der dritten Kategorie.[178] So hat man gesagt. Indem man eine Eingabe gemacht hat, hat man festgesetzt, daß, wenn man Unterscheidungen trifft, man Flüchtlinge der Oiraten beim Zurückschicken in derselben Weise [behandelt] wie Flüchtlinge der Qalqa.

(72r) O nigen jüil . mayu γai-tu ebedčid-tür bariγdabasu talbiju oduγsan ba . basa jam-dur orkiju oduγsan ögeled qalq-a-yin kümün-i tügejü . qoyisi ilegeküi-dür ǧaγ-tur neyilegül-ün debel ömödü . malaγ-a γutul-dur oyimosu-tai saγarin-u debse emegel-dür jemseg-tei qajaγar qudurγ-a (72v) toqom sirdeg-tei ögküy-e . mori ügei bolbasu . unu γulju ilegemü . jam-dur orkiju oduγsan kümün-i tejigejü yabudal-un yamun-dur kürgejü iregsen kümün-dür kökigül-ün qoyar torγ-a . arban qar-a bös šangnamu :

(72r) Ein Artikel. Wenn man Leute der Oiraten oder der Qalqa aufsammelt,[179] die, als sie von einem bösen Unglück oder einer Krankheit heimgesucht wurden, [alles] verloren haben und weggegangen sind, oder solche, die auf dem Weg [sind], [ihre Heimat] aufgegeben haben und weggegangen sind, dann wollen wir ihnen beim Zurückschicken entsprechend der Jahreszeit einen Deel, Hosen, einen Hut, Stiefel mit Socken darin, einen Sattelüberzug

---

178 Vgl. KXHD, Kap. 144, S. 6r, datiert SZ18 (1661).
179 Wörtl. „Indem man aufsammelt."

aus Leder, einen Sattel mit Zierwerk daran, Zaumzeug, Schweifriemen, (72v) eine Satteldecke und einen Sattelschutz geben Wenn sie kein Pferd haben, schickt man sie zu Pferd [zurück]. An den Menschen, der die Leute unterstützend, die auf dem Weg [sind], [ihre Heimat] aufgegeben haben und weggegangen sind, gekommen ist, um sie an das zuständige Amt auszuliefern, gibt man - seine Tat anerkennend - als Belohnung zwei [Ballen] Seide und zehn [Ballen] einfaches Tuch.

(72v) O nigen jüil . qoyitu . sir-a süm-e-dür olan quvaraγ-ud-i nom-i ungsiγulju . nigen mingγan lang mönggü-yi yabudal-un yamun-ača abču šangnamu keme jüküi : qoyin-a jil büri quvaraγ-ud-i dörben jaγun bolγay-a kemen ayiladqaju toγtaγajuqui :

(72v) Ein Artikel. Indem man vom zuständigen Amt tausend Silbertael nimmt, gibt man, um die zahlreichen Geistlichen die Schriften lesen zu lassen, eine Spende an das nördliche Gelbe Kloster. So hat man gesagt. In Zukunft wollen wir [dort] jedes Jahr vierhundert Geistliche [die Schriften] lesen lassen![180] Indem man eine so lautende Eingabe gemacht hat, hat man [dieses] festgesetzt.

(73r) O nigen jüil . quyaγ tuγulγ-a . numu sumu . čerig-ün jer jebseg-i ögeled qalq-a-dur buu qudaldu kemen jarlajuqui : γadaγ-a-du döčin yisün qosiγu . naiman qosiγun-u negükü mongγol . čaqar-un arad . γadaγ-a-du ögeled qalq-a-yin jerge-yin arad-tur čerig-ün jer jebseg qudalduqu ba . basa töröl uruγ-tur ögküi-yi bariγdabasu . esebesü kümün barju gerečilebesü vang-ud bolbasu jaγun aduγu . noyan . qosiγun-u tayiji . güng-üd bolbasu dalan aduγu . tayiji (73v) tabunung-ud bolbasu . tabin aduγu . qaraču kümün bolbasu terigülegsen kümün-i köbčide jü alaγad . ger mal-i keyisken . ded kümün kedün bui bügesü . čöm jaγu γad tasiγur jančiju . γurban yisün boda abču gerečilegsen kümün-dür yal-a-yin ger mal-ača nigen qayas-i abču öggün . ülegsen ger mal-i jasaγ-tur abun . gereči kerber öber-ün ejen-i gerečilebesü . öber ejen-eče γarγan . basa döčin yisün qosiγun-u vang noyan qosiγun-u tayiji güng-üd . qaraču kümün . ging qotan-dur (74r) irejü yabudal-un yamun-dur ügülekü ügei čerig-ün jer

180 Vgl. KXHD, Kap. 144, S. 6r, datiert SZ14 (1657): „Die die Schriften lesenden Lamas des nördlichen Gelben Klosters sollen jedes Jahr eine Belohnung von tausend Silbertael erhalten, die vom Finanzministerium(!) kommen soll."

jebseg qudalduǰu abčaqu-yi[181] *kerem-ün qaγalγ-a-dur nengǰiküi-dür bariγdabasu . ǰasaγ-un vang-ud bolbasu γurbaγad yisü tayiǰi tabunung qosiγun-u̇ eǰen meyiren-ü ǰanggin . ǰalan-u ǰanggi . sumun-u ǰanggi . kiy-a-nar tüsimed bolbasu niǰeged yisü . qaraču kümün bolbasu nayan tasiγur ǰančimu kemeǰüküi : ǰasaγ ügei vang noyan . qosiγun-u tayiǰi . güng-üd-i ese toγtaγaǰuqui . tüsimel man-u kelelčegsen anu . ǰasaγ ügei vang noyan qosiγun-u tayiǰi (74v) güng . tayiǰi tabunung-ud čerig-ün ǰer ǰebseg-i yabudal-un yamun-dur ügüleкü ügei abčaqu-yi kerem-ün qaγalγ-a-dur nengǰiǰü bariγdabasu . yalalaqu yabudal-i mön-кü ene yosuγar bolγay-a . abčaqu čerig-ün ǰer ǰebseg-i čöm ǰasaγ-tur abuy-a kemen kelelčeǰüküi :*

(73r) Ein Artikel. Man soll Kriegsgerät wie Rüstungen, Blei und Pfeil und Bogen nicht an die Oiraten oder die Qalqa verkaufen! So hat man bekanntgegeben. Wenn [jemand, der zu den] neunundvierzig Bannern im Außeren, den umherziehenden Mongolen der acht Banner oder den Leuten der Čaqar [gehört], dabei ergriffen wird, daß er Kriegsgerät an Leute wie die Oiraten oder die Qalqa im Äußeren verkauft oder es an seine Verwandten gibt oder wenn jemand [einen anderen] ergreifend dieses bezeugt, dann [nimmt man], wenn es sich um Wang handelt, hundert Pferde, wenn es sich um regierende Noyan, Bannertaiǰi oder Gung handelt, siebzig Pferde und wenn es sich um Taiǰi (73v) oder Tabunang handelt, fünfzig Pferde; wenn es sich um Gemeine handelt, zerstreut man, nachdem man den Anführer durch Strangulierung getötet hat, seinen Haushalt und seinen Viehbesitz;[182] je nachdem wieviele Mitläufer dabei waren, nimmt man, sie sämtlichst mit jeweils hundert Peitschenhieben schlagend, 3x9 [Stück] Großvieh von ihnen und gibt die eine Hälfte der Strafhaushalte und des Strafviehs an denjenigen, der [die Sache] bezeugt hat;[183] die übriggebliebenen Haushalte und das übriggebliebene Vieh nimmt man zugunsten der Regierung;[184] falls der Zeuge gegen seinen eigenen Herren ausgesagt hat, entfernt man ihn von seinem Herren;[185] wenn Wang, Noyan, Bannertaiǰi, Gung oder Gemeine der neunundvierzig Banner bei der

181 Für *abčiraqu-yi*.
182 Im mongolischen Text hier Converbum modale in satzabschnittabschließender Position.
183 Im mongolischen Text hier Converbum modale in satzabschnittabschließender Position.
184 Im mongolischen Text hier Converbum modale in satzabschnittabschließender Position.
185 Im mongolischen Text hier Converbum modale in satzabschnittabschließender Position.

Untersuchung am Tor der Großen Mauer dabei ergriffen werden, daß sie, indem sie in die Hauptstadt (74r) kommen, [dort], ohne dem zuständigen Amt Bescheid zu geben, Kriegsgerät kaufen und es mitführen, [nimmt man], wenn es sich um regierende Wang handelt, je 3x9 [Stück Vieh], wenn es sich um Taiǰi, Tabunang, Bannerhauptleute, Meiren-ü J̌anggi, J̌alan-u J̌anggi, Sumun-u J̌anggi, Pfauenfeder tragende Leibwächter oder Amtsträger handelt, je 1x9 [Stück Vieh]. Wenn es sich um Gemeine handelt, schlägt man sie mit jeweils achtzig Peitschenhieben.[186] So hat man gesagt. Hinsichtlich nicht-regierender Wang, Noyan, Bannertaiǰi und Gung hat man nichts festgesetzt. Unsere Beamten haben folgendes vereinbart: Wenn, indem man am Tor der Großen Mauer eine Untersuchung vornimmt, nicht-regierende Wang, Noyan, Bannertaiǰi (74v) Gung, Taiǰi oder Tabunang, dabei ergriffen werden, daß sie, ohne dem zuständigen Amt Bescheid zu geben, Kriegsgerät mitführen, dann wollen wir das Strafverfahren in ebendieser Weise führen! Das mitge-führte Kriegsgerät wollen wir sämtlichst zugunsten der Regierung nehmen! So hat man vereinbart.

(80r) [O nigen ǰüil köke qotan-u tümed-ün qoyar qosiɣun-dur] (80v) ǰil büri dörben čaɣ-un alba nigen ǰaɣun ǰiran ɣurban mori abumu kemen toɣtaɣaǰuqui:

(80r) Ein Artikel. Den beiden Bannern der Tümed von Hohhot, (80v) legt man jedes Jahr als Abgabe der vier Jahreszeiten hundertdreiundsechzig Pferde auf. So hat man festgesetzt.

(99r) O nigen ǰüil . ɣadaɣ-a-du mongɣolun döčin yisün qosiɣu-yi nigen ǰil qabur ǰun namur ebül ene dörben čaɣ-tur qosiɣu büri niǰeged kümün iregülǰü medege abquɣulumu keme ǰüküi :

(99r) Ein Artikel. Im Frühling, im Sommer, im Herbst und im Winter - vier-mal im Jahr - läßt man die neunundvierzig Banner der Mongolen im Äußeren Informationen empfangen, indem man aus jedem Banner jeweils eine Person kommen läßt. So hat man gesagt.

---

186 Zu diesem Amendement (Wenn [jemand, der zu den] neunundvierzig Bannern im Äußeren...) vgl. KXHD, Kap. 145, S. 14r/v, datiert KX5 (1666). Dort aber nur gesagt, daß man an Qalqa, Oiraten etc. kein Kriegsgerät verkaufen darf, nicht spezifiziert, an wen sich Verbot richtet.

(112r)[187] *nigen ǰüil engke amuɣulang-un qorin naimaduɣar on ebül-ün*
terigün sar-a-yin sin-e-yin ǰirɣuɣan-a . biǰig-ün erkin tüsimel isangɣa .
arantai . biǰig-ün ded tüsimel kayimbu . ǰudun-a . mayitu singɣan . boǰi . gu
ši lung . vang gu čang . ulamǰilan ded tüsimel unda-dur
▲▲ *ǰarlaɣ baɣulaɣaɣsan anu . ükei*[188] *qulaɣuɣsan batu-yin ger mal-i*
keyiskeǰü . üker-ün eǰen šoɣodui lam-a-dur[189] *ögküy-e kemeǰüküi : lam-a*
kümün öber-ün yaɣum-a-yi[190] *(112v) kümün-dür ögkü bisiu . batu-yin*[191] *ger*
mal-i lam-a-dur ögküy-e kemegsen anu ǰokiqu [ügei][192] *ene ger mal-i ǰasaɣ-*
tur abun keleldü kemebe : egünče qoyisi ene ǰerge-yin lam-a-nar-un kereg-i
döm ene metü keleldü kemebe :

(112r) Ein Artikel. Am sechsten des ersten Wintermonats des achtundzwanzigsten Jahres Kangxi (17. November 1689) hat man an die Großsekretäre Isangɣa und Arantai, die Kanzlisten Kaimbu, J̌uduna, Maitu, Singɣa,
Boǰi, Guo Shilong, Wang Guochang und den nachgestellten Beamten für
Boten[dienste] Unda folgende kaiserliche Weisung erlassen:[193] „Ihr habt
gesagt: >Wir wollen den Haushalt und den Viehbestand des Batu, der Rinder
gestohlen hat, auflösen und an den Herren der Rinder, den Lama Soɣodui,
geben<. Ist es denn nicht so, daß Lamas ihre eigenen Dinge (112v) an die
Leute geben? Daß man gesagt hat: >Wir wollen Haushalt und Viehbestand
des Batu an den Lama geben<, paßt nicht. Beratet [und entscheidet diese
Angelegenheit], indem ihr diesen Haushalt und den Viehbestand zugunsten
der Regierung nehmt!" So sprach [der Kaiser]. „Von jetzt an beratet [und
entscheidet] solcherlei Lamaangelegenheiten grundsätzlich in dieser Art!" So
sprach [der Kaiser].

(112v)[194] *nigen ǰüil engke amuɣulang-un qorin yisüdüger on . qabur-un*
dumdadu sar-a-dur toɣtaɣaɣsan anu . egünče qoyisi ɣadaɣ-a-du mongɣol-

---

187 Dieser Artikel ist nicht mit einer Birga versehen.
188 Druckfehler für *üker.*
189 Schlecht zu lesen.
190 Schlecht zu lesen.
191 Schlecht zu lesen.
192 Unleserlich.
193 In den *Kangxi qijuzhu,* III, S. 1905 wird unter diesem Datum zwar nicht diese, jedoch
    eine andere kaiserliche Weisung zitiert, in dem u. a. die Großsekretäre Yisang'a und
    Alantai und die Kanzlisten Kaiyinbu, Zhuduna, Maitu, Guo Shilong, Xi'an, Boji und
    Wang Guochang genannt werden.
194 Dieser Artikel ist nicht mit einer Birga versehen.

ud mori üker-ün jerge-yin mal-i buliyaqu qulaγuqui-dur kümün-i (113r)
alabasu jasaγ-un yabudal-un yamun-u čaγajin-u bičig-ün yosuγar torγay-a
: kümün-i alaγsan ügei . qoor kibesü čöm γadaγ-a-du mongγol-un törö-yi
jasaqu yabudal-un yamun-u čaγajin-u bičig-ün yosuγar bolγay-a kememü:

(112v) Ein Artikel. Folgendes hat man im mittleren Frühlingsmonat des
neunundzwanzigsten Jahres Kangxi (1690) festgesetzt: Von jetzt an wollen
wir Mongolen im Äußeren,[195] wenn sie beim Rauben oder Stehlen von Vieh
wie Pferden oder Rindern einen Menschen (113r) töten, entsprechend dem
Gesetzbuch des Strafministeriums bestrafen! Wenn sie keinen Menschen
getötet, aber jemanden verletzt haben, wollen wir grundsätzlich entsprechend
dem Gesetzbuch des Lifanyuan verfahren! So sagt man.

(113r)[196] nigen jüil engke amuγulang-un qorin tabuduγar on jun-u terigün
sar-a-yin arban naiman-a bičig-ün erkin tüsimel gioro-yin ledehun ded
tüsimel labaγ mučengge-dür (113v)
▲▲ *jarlaγ baγulaγaγsan anu . egünče qoyisi alaqu-yi aγučilan orγoju .*
jaγun tasiγur jančaju boγol bolγ-a[197] kemegsen yal-a-tu kümün-i negükü
γajar-un naiman qosiγu . köke qotan-u tümed-ün qoyar qosiγun-ača öber-e
: döčin doloγan qosiγun-u bolbasu . öber öber-ün qariy-a-tu ejed-tür
tusiyaju ögčü masi baγ-a ügegü arad-tur boγol ögtügei urida dotoγ-a-du
kereg-i bügüde jakiruγči yamun-dur tusiyaju öggügsen . qorčan-u (114r)
jasaγ-un darqan vang efu bandi-yin qosiγun-u dayidu-tan-i qoyisi abču .
öber-ün qariy-a-tu vang-tur tusiyaju ögčü . masi baγ-a ügegü arad-tur
boγol ögtügei kemebe :

(113r) Ein Artikel. Am achtzehnten des ersten Sommermonats des
fünfundzwanzigsten Jahres Kangxi (10. Mai 1686) hat man an den Groß-
sekretär Ledehun aus dem Gioro [Clan] und die Kanzlisten Labaγ[198] und
Mučengge (113v) folgende kaiserliche Weisung erlassen: „Von jetzt an soll
man, wenn man [Leuten] die Hinrichtung erläßt und sie [mit dem Leben]
davonkommen[199], sie mit hundert Peitschenhieben schlagen und sie zu
Sklaven machen! Man hat gesagt, daß man abgesehen von den acht Bannern

---

195 Pluralsuffix *-ud* zeigt an, daß hier die Menge der Bevölkerung gemeint ist.
196 Dieser Artikel ist nicht mit einer Birga versehen.
197 Schlecht zu lesen.
198 Da die mandschurischen Namen in mongolischer Umschrift wiedergegeben werden,
   ist ihre Lesung nicht eindeutig.
199 Wörtl. „indem man [Leuten] die Hinrichtung erläßt."

der Siedlungsgebiete[200] und den beiden Bannern der Tümed von Hohhot die Straftäter, wenn sie von den siebenundvierzig Bannern[201] sind, an ihre zuständigen Herren überantworten und sie an sehr niedrige und arme Leute als Sklaven geben soll. Die Daidu-Leute,[202] die dem Banner des regierenden Darqan Wang Efu Bandi[203] (114r) der Qorčin [angehören], und die man zuvor an das Samtverwaltungsamt der Angelegenheiten im Inneren[204] überantwortet hatte, soll man, indem man sie zurücknimmt, ihrem eigenen zuständigen Wang überantworten und an sehr niedrige und arme Leute als Sklaven geben." So hat man gesagt.

---

200 Oben als *naiman qosiɣun-u negükü mongɣol* „umherziehende Mongolen der acht Banner." S. auch unter Punkt 2.2.

201 Allem Anschein nach wird hier auf eine Entscheidung Bezug genommen, die aus einer Zeit stammt, in der es noch nicht neunundvierzig Banner gab, sondern erst siebenundvierzig.

202 Mit *dayidu* war ursprünglich die Yuan-zeitliche Hauptstadt gemeint, später wurde das Bedeutungsspektrum dieses Begriffes auf Dokumente ausgeweitet, die in Peking ausgestellt worden waren. Im 17. Jahrhundert wurde *dayidu* auch als Clanname gebraucht. Die Anführer dieser Clane müssen einst im Besitz einer großen Anzahl in Peking ausgestellter Beglaubigungsschreiben gewesen sein. Auch wenn die Erinnerung an seine Herkunft nicht mehr vorhanden war, galt *dayidu* dennoch als ein ehrenvoller Name. Vgl. Serruys, „Ta-tu, Tai-tu, Dayidu". S. 87/88 u. ders., *Sino-Mongol Relations*, S. 361/362.

203 Qorčin mittleres Banner vom linken Flügel. Nach *Čing ulus-un üy-e-yin mongɣol qosiɣu či ɣulɣan*, S. 33, 1669 zum Darqan Čin Wang erhoben, 1710 gestorben. Seit 1690 als *Erkilegsen Said* an der Spitze des Lifanyuan.

204 Chin. Neiwufu. In der englischsprachigen Literatur als „Imperial Household Department."

9. GLOSSAR

Alantai	阿蘭泰
anchashi	按察使
ban falü jin jiandao	頒法律禁奸盜
ben shen ma	本身馬
bitieshi	筆帖式
bianjing kashao	邊境卡哨
bianyi	邊裔
binke qinglisi	賓客清吏司
bingchen	丙辰
bingwu	丙午
bingyin	丙寅
buwang	捕亡
chaogong	朝貢
chaoji	朝集
Chunke'er	春科爾
dalisi	大理寺
Da Ming lü	大明律
Da Qing lüli	大清律例
daozei	盜賊
dingce	丁册
dingli	定例

Dushikou	獨石口
duanyu	斷獄
faqian yanzhang difang	發遣煙瘴地方
fangxun	防汛
fuguogong	輔國公
fuji taoren	撫輯逃人
gengyin	庚寅
gongxian	貢獻
Gubeikou	古北口
gusha	故殺
guanxian	官銜
guimao	癸卯
Guo Shilong	郭世隆
hukou chaiyao	戶口差徭
huiji	會集
huimeng xingjun	會盟行軍
jichou	己丑
jiao yi chongdang kuchai	交驛充當苦差
jueji	爵級
junfa	軍法
junwang	郡王
Kaiguo fanglüe	開國方略
Kaiyinbu	凱音布

Kangxi huidian	康熙會典
lama li	喇嘛例
li	例
Lifanyuan	理藩院
Lifanyuan zeli	理藩院則例
lixing qinglisi	理刑清吏司
ling	令
ling xi zun wochao zhidu	令悉遵我朝制度
luxun qinglisi	錄勛清吏司
lü	律
lun fa ru lü	論法如律
Maitu	邁圖
Menggu lü	蒙古律
Menggu lüli	蒙古律例
Menggu lüshu	蒙古律書
Menggu yamen	蒙古衙門
mousha	謀殺
Neisanyuan	內三院
Neiwufu	內務府
qinchai dachen	欽差大臣
qinwang	親王
Qingshigao	清史稿
renming	人命

renxu	壬戌
rouyuan qinglisi	柔遠清吏司
sanfasi	三法司
Shahukou	殺虎口
shang ban chiyu	上頒敕諭
shangji	賞給
shangshu	尚書
shenming yuefa	申命約法
shi'e	十惡
Shilu	實錄
shougao	首告
tiaoli	條例
tu	徒
Wang Guochang	王國昌
Wenguan	文館
wuwu	戊午
Xi'an	西安
Xifengkou	喜峰口
xinwei	辛未
xing	刑
xingli	刑例
xuanbu qinding falü	宣布欽定法律
Xuanfu	宣府

yanjin taoren	嚴禁逃人
yanlai	宴賚
yidi	驛遞
yifu zouzhe	議覆奏摺
yima	驛馬
Yisang'a	伊桑阿
yizhengwang dachen	議政王大臣
yizou dingli	議奏定例
yu	諭
zafan	雜犯
zeli	則例
zeidao	賊盜
Zhangjiakou	張家口
zhao	詔
zhenguogong	鎮國公
zhi	旨
Zhuduna	朱都納

10. QUELLEN- UND LITERATURVERZEICHNIS

Ahmad, Zahiruddin: *Sino-Tibetan Relations in the Seventeenth Century*, Rome 1970.

Alinge, Curt: *Mongolische Gesetze. Darstellung des geschriebenen mongolischen Rechts (Privatrecht, Strafrecht u. Prozeß)*, (Leipziger rechtswissenschaftliche Studien 87), Leipzig 1934.

Aubin, Françoise: „Les sanctions et les peines chez les Mongols", *Recueils de la société Jean Bodin pour l'histoire comparatives des institutions* 58 (1991), S. 242–293.

Ayalon, David: „The Great *Yāsa* of Chingiz Khān: a re-examination, A", *Studia Islamica* 33 (1971), S. 97–140.

Barkmann, Udo: „Die manjurische Banneradministration in der Qalq-a-Mongolei des 18.–19. Jahrhunderts", *Archív Orientálni* 56 (1988), S. 27–41.

Bartlett, Beatrice S.: *Monarchs and Ministers. The Grand Council in Mid-Ch'ing China, 1723–1820*, Berkeley, Los Angeles u. London 1991.

Bawden, Charles R.: „A Case of Murder in Eighteenth Century Mongolia", *Bulletin of the School of Oriental and African Studies* 32,1 (1969), S. 71–90.

Bawden, Charles R.: „A Document Concerning Chinese Farmers in Outer Mongolia in the Eighteenth Century", *Acta Orientalia Academiae Scientiarum Hungaricae* 36,1–3 (1982), S. 47–55.

Bawden, Charles R.: „A Juridical Document From Nineteenth-Century Mongolia", *Zentralasiatische Studien* 3 (1969), S. 225–256.

Bawden, Charles R.: „The Investigation of a Case of Attempted Murder in Eighteenth-Century Mongolia", *Bulletin of the School of Oriental and African Studies* 32,3 (1969), S. 571–592.

Bawden, Charles R.: „The Mongol Rebellion of 1756–1757", *Journal of Asian History* 2 (1968), S. 1–31.

Bayantala meng shi ziliao jicheng (Zusammenstellung historischer Materialien des Bayantala-Bundes), Gō Minoru [Hrsg.], Bd. 1, Zhangjiakou 1942.

Bičurin, N. Ja.: *Zapiski o Mongolii*, 2 Bde., S. Peterburg 1828. (Konnte nicht eingesehen werden).

Bira, Š.: „A Sixteenth Century Mongol Code", Rashidonduk/Veit [Übers.], *Zentralasiatische Studien* 11 (1977), S. 7–34.

Bodde, Derk u. Clarence Morris: *Law in Imperial China. Exemplified by 190 Ch'ing Dynasty Cases*, (Harvard Studies in East Asian Law 1), Cambridge, Mass. 1967.

Borg, Carl-Friedrich von der: *Denkwürdigkeiten über die Mongolei*, Berlin 1832. (Konnte nicht eingesehen werden).

Brandt, Ahasver von: *Werkzeug des Historikers. Eine Einführung in die historischen Hilfswissenschaften*, 10. Aufl., Stuttgart u. a. 1983.

Bükü ulus-un mongγol qaγučin nom-un γarčig (Katalog alter mongolischer Bücher im ganzen Land), Hohhot 1979.

Bünger, Karl: „Die normativen Ordnungen in China und ihr Verhältnis untereinander", *Ostasienwissenschaftliche Beiträge zur Sprache, Literatur, Geschichte, Geistesgeschichte, Wirtschaft, Politik und Geographie*, (Veröffentlichungen des Ostasien-Instituts der Ruhr-Universität Bochum 11), Wiesbaden 1974, S. 169–180.

Bünger, Karl: „Entstehen und Wandel des Rechts in China", *Entstehung und Wandel rechtlicher Traditionen*, W. Fikentscher, H. Franke u. O. Köhler [Hrsg.], (Veröffentlichungen des Instituts für Historische Anthropologie e. V. 2), Freiburg u. München 1980, S. 439–472.

„Chalchyn šinė oldson caaz-ėrchėmžijn dursgalt bičig" (Die kürzlich in der Qalqa-Mongolei aufgefundenen Rechtsdokumente), Pėrlėė, H. [Hrsg.], *Monumenta Historica Instituti Historiae Academiae Scientiarum Reipublicae Populi Mongolici* 6,1, Ulan Bator 1973, S. 4–139, ed. sub: *Mongol ba töv azijn ornuudyn sojolyn tüüchėnd cholbogdoh chojor chovor survalž bičig* (Zwei einmalige Quellen zur Kulturgeschichte der Mongolen und der zentralasiatischen Gebiete), Ulan Bator 1974.

Chen Guangguo u. Xu Xiaoguang: „Qingdai Menggu xingshi lifa de benzhi he neirong shixi" (Analyse der Natur und des Inhalts der mongolischen Strafgesetzgebung während der Qing-Zeit), *Minzu yanjiu* 1991 (3), S. 58–65.

Ch'en, Paul Heng-chao: *Chinese Legal Tradition under the Mongols. The Code of 1291 as Reconstructed*, Princeton 1979.

Cheng, Chongde: „Qingdai qianqi Menggu diqu de nongmuye fazhan ji Qingchao de zhengce" (Die Entwicklung der Viehzucht und der Landwirtschaft in den mongolischen Gebieten zu Beginn der Qing-Zeit und die Politik der Qing), *Qingdai bianjiang kaifa yanjiu* (Studien zur Erschließung der Grenzregionen während der Qing-Zeit), Ma Ruheng u. Ma Dazheng [Hrsg.], Peking 1990, S. 162–188.

Chiodo, Elisabetta u. Klaus Sagaster: „The Mongolian and Tibetan Manuscripts on Birch Bark from Xarbuxyn Balgas: A Preliminary Description", *Zentralasiatische Studien* 25 (1995), S. 28–41.

Chuv'sgalyn ömnöch mongol dach' gazryn charilcaa (Die Grund[besitz]-verhältnisse in der Mongolei vor der Revolution), Šarchuu, C. u. Nacagdorž, Š. [Hrsg.], Ulan Bator 1975.

Classen, Peter: „Zur Einführung", *Recht und Schrift im Mittelalter*, P. Classen [Hrsg.], (Vorträge und Forschungen 23), Sigmaringen 1977, S. 7–12.

Čimeddorji: *Die Briefe des K'ang-hsi-Kaisers aus den Jahren 1696–97 an den Kronprinzen Yin-ch'eng aus mandschurischen Geheimdokumenten. Ein Beitrag zum ersten Dsungarenkrieg der Ch'ing 1690–1697*, Phil. Diss. Bonn 1989.

Čing ulus-un üy-e-yin mongγol qosiγu či̓γulγan (Mongolische Banner und Bünde während der Qing-Dynastie), Namsarai [Hrsg.], Tongliao 1984.

Conner, Alison Wayne: *The Law of Evidence During the Ch'ing Dynasty*, (PhD Thesis) Connell Univ. 1979.

Corradini, Piero: „Civil Administration at the Beginning of the Manchu Dynasty. A Note on the Establishment of the Six Ministries (liu-pu)", *Oriens Extremus* 9 (1962), S. 133–158.

Crossley, Pamela K.: „*Manzhou yuanliu kao* and the Formalization of the Manchu Heritage", *Journal of Asian Studies* 46 (1987), S. 761–790.

Crossley, Pamela K.: *Orphan Warriors. Three Manchu Generations and the End of the Qing World*, Princeton 1990.

Dabringhaus, Sabine: *Das Qing-Imperium als Vision und Wirklichkeit. Tibet in Laufbahn und Schriften des Song Yun (1752–1835)*, (Münchener Ostasiatische Studien 69), Stuttgart 1994.

Da Qing huidian (Gesammelte Statuten der Qing-Dynastie), 162 Kap., ed. 1690 (Blockdruck aufbewahrt in der Harvard-Yenching Bibliothek).

Da Qing lichao shilu (Wahrhafte Aufzeichnungen der Qing-Dynastie), 4485 Kap., ed. Tokyo 1937–1938.

de Rachewiltz, Igor: „Some Reflections on Činggis Qan's Ĵasaγ", *East Asian History* 6 (1993), S. 91–104.

Dendüb: *Mongγol erte edüge-yin qauli ča̓γaĵin-u teüke-yin sedüb debter* (Studie der Geschichte mongolischer Bestimmungen und Gesetze von der Frühzeit bis heute), Ulan Bator 1936. (Konnte nicht eingesehen werden).

Diestelkamp, Bernhard: „Einige Beobachtungen zur Geschichte des Gesetzes in vorkonstitutioneller Zeit", *Zeitschrift für Historische Forschung* 10 (1983), S. 385–420.

Dylykov, S. D.: „'Khalkha Djirum'. A Monument of XVIII Century Mongolian Feudal Law", *XXV International Congress of Orientalists. Papers Presented by the USSR Delegation*, Moskva 1960, S. 1–5.

Erler, Adalbert: „Privatstrafe", *Handwörterbuch zur Deutschen Rechtsgeschichte*, A. Erler u. E. Kaufmann [Hrsg.], Bd. 3, Berlin 1984, Sp. 1993–1998.

Fairbank, J. K. u. Têng S. Y.: „On the Ch'ing Tributary System", *Harvard Journal of Asiatic Studies* 6 (1941), S. 135–246.

Fang, Chao-ying: „A Technique for Estimating the Numeral Strength of the Early Manchu Military Forces", *Harvard Journal of Asiatic Studies* 13 (1950), S. 192–215.

Farquhar, David M.: „Emperor as Bodhisatva in the Governance of the Ch'ing Empire", *Harvard Journal of Asiatic Studies* 38 (1978), S. 5–34.

Farquhar, David M.: „Mongolian Versus Chinese Elements in the Early Manchu State", *Ch'ing-shih Wen-t'i* 2,6 (1971), S. 11–23.

Farquhar, David M.: „The Origins of the Manchus' Mongolian Policy", *The Chinese World Order. Traditional China's Foreign Relations*, J. K. Fairbank [Hrsg.], Cambridge, Mass. 1968, S. 198–205.

Farquhar, David M.: *The Ch'ing Administration of Mongolia up to the 19th Century*, (PhD Thesis) Cambridge, Mass. 1960.

Franke, Herbert: „Chinese Law in a Multinational Society: The Case of the Liao (907–1125)", *Asia Major, Third Series* 5,2 (1992), S. 111–127.

Franke, Herbert: „Jurchen Customary Law and the Chinese Law of the Chin Dynasty", *State and Law in East Asia. Festschrift Karl Bünger*, D. Eikemeier u. H. Franke [Hrsg.], Wiesbaden 1981, S. 215–233.

Franke, Herbert: *Studien und Texte zur Kriegsgeschichte der Südlichen Sungzeit*, (Asiatische Forschungen 102), Wiesbaden 1987.

Franke, Wolfgang: „The Veritable Records of the Ming Dynasty (1368–1644)", *Historians of China and Japan*, W. G. Beasley u. E. G. Pulleyblank [Hrsg.], (Historical Writing of the Peoples of Asia), London 1961, S. 60–77.

Fuchs, Walter: *Beiträge zur Mandjurischen Bibliographie und Literatur*, (Mitteilungen der Deutschen Gesellschaft für Natur- und Völkerkunde) Tokyo 1936.

Fuchs, Walter: „Der russisch-chinesische Vertrag von Nertschinsk vom Jahre 1689 – eine textkritische Betrachtung", *Monumenta Serica* 4 (1939/40), S. 546–593.

Futaki, Hiroshi: „A Study of the Newly Discovered Juridical Documents of Khalkha-Mongolia", *Journal of Asian and African Studies* 21 (1981), S. 49–73.

Futaki, Hiroshi: „Haruha jiromu no seiritsukatei ni tsuite" (Die Entstehung des Qalqa Jirum), *Hitotsubashi kenkyū* 8,1 (1983), S. 60–75.

Futaki, Hiroshi: „Yakuchū shirakaba hōden (II)" (Eine Studie der kürzlich in der Qalqa-Mongolei aufgefundenen Rechtstexte auf Birkenrinde, II), *Mongoru kenkyū, Bulletin of the Japan Association of Mongolian Studies* 12 (1981), S. 50–63.

Futaki, Hiroshi: „Yakuchū shirakaba hōden (III)" (Eine Studie der kürzlich in der Qalqa-Mongolei aufgefundenen Rechtstexte auf Birkenrinde, III), *Mongoru kenkyū, Bulletin of the Japan Association of Mongolian Studies* 14 (1983), S. 12–27.

Γadaγadu mongγol-un törö-yi jasaqu yabudal-un yamun-un engke amuγulang-un üy-e-dü 1693 on-du keblegsen, dotor-a 1629 on-ača ekileged udaγ-a daraγ-a qaγad-un üy-e-dü jarlaγsan čaγaja-ud-i jasamjilaγsan mongγol-un čaγajan-u bičig (Mongolisches Gesetzbuch, in welchem die Gesetze korrigiert sind, die seit dem Jahr 1629 während der aufeinanderfolgenden Regierungsperioden verkündet worden sind und welches im Jahre 1693 veröffentlicht worden ist vom Amt, welches [zuständig ist] für die Regulierung der rechtlichen Ordnung der Mongolen im Äußeren), Titelvermerk, unter dem in Staatsbibliothek Ulan Bator undatierter Blockdruck des Mongolischen Gesetzbuches aus der Kangxi-Zeit aufbewahrt wird.

[Jarliγ-iyar toγtaγaγsan] γadaγadu mongγol-un törö-yi jasaqu yabudal-un yamun-u qauli jüil-ün bičig (Bestimmungen des Lifanyuan), 2 Bde., (Mongolische Version der Daoguang-Ausgabe des *Lifanyuan zeli*), ed. Hohhot 1989.

Gilmour, James: *Among the Mongols*, London 1888.

Golstunskij, K. F.: *Mongolo-ojratskie zakony 1640 goda, dopolnitel'nye ukazy Galdan-Chun-Tajdžija i zakony, sostovlennye dlja volžskich Kalmykov pri kalmyckom Chan Donduk-Daši*, S. Peterburg 1880. (Konnte nicht eingesehen werden).

Goody, Jack: *The Logic of Writing and the Organization of Society*, (Studies in Literacy, Family, Culture and the State), Cambridge 1986.

Griffiths, John: „What is Legal Pluralism?", *Journal of Legal Pluralism* 24 (1986), S. 1–55.

Grupper, Samuel M.: „Manchu Patronage and Tibetan Buddhism During the First Half of the Ch'ing Dynasty", *The Journal of the Tibet Society* 4 (1984), S. 47–75.

[Qinding] gujin tushu jicheng (Sammlung von Zeichnungen und Büchern aus Gegenwart und Vergangenheit), Chen Menglei [Hrsg.], 110 Bde., ed. Taipei 1964.

Haenisch, Erich: „Ein mandschu-mongolisches Diplom für einen lamaistischen Würdenträger", *Monumenta Serica* 13 (1948), S. 317–330.

Haenisch, Erich: „Das Ts'ing-shi-kao und die sonstige chinesische Literatur zur Geschichte der letzten 300 Jahre", *Asia Major* 6 (1930), S. 403–444.

Haenisch, Erich: *Die Geheime Geschichte der Mongolen aus einer mongolischen Niederschrift des Jahres 1240 von der Insel Kode'e im Kerulen-Fluß*, Leipzig 1941.

Hagihara, Mamoru: „Jūhasseiki haruha mongoru ni okeru hōritsu no suii" (Der Rechtswandel in der Qalqa-Mongolei im 18. Jahrhundert), *Tōyōshi kenkyū* 49 (1990), S. 114–138.

Hagihara, Mamoru: „Shinchō no Mōkorei – >Mōko ritsurei< >Rihan-in sokurei<" (Mongolisches Recht während der Qing-Zeit – >*Menggu lüli*< und >*Lifanyuan zeli*<), *Chūgoku hōseishi* (1993), S. 623–656. (Konnte nicht eingesehen werden).

Hagihara, Mamoru: „Shindai Mongoru ni okeru keiji-teki saiban no jirei – Shinchō Mōkorei jikkōsei no shōmei o chūshin ni shite" (Gerichtsfälle in der Mongolei während der Qing-Zeit. Ein Beweis der praktischen Anwendung des Mongolischen Gesetzbuches der Qing-Dynastie), *Shigaku Zasshi* 97,12 (1988), S. 1–38.

Hauer, Erich: *Handwörterbuch der Mandschusprache*, Wiesbaden 1952.

Hauer, Erich: *Huang-Ts'ing K'ai-kuo Fang-lüeh. Die Gründung des mandschurischen Kaiserreiches*, Berlin/Leipzig 1926.

Heissig, Walther: „Die Čaɣadai-'Bilig' und ihre Historizität", *Tractata Altaica. Festschrift Denis Sinor*, W. Heissig [Hrsg.], Wiesbaden 1976, S. 277–290.

Mongolische Ortsnamen II. Mongolische Manuskriptkarten in Facsimilia, W. Heissig [Hrsg.], (Verzeichnis der orientalischen Handschriften in Deutschland, Suppl. 5,2), Wiesbaden 1978.

Heissig, Walther: *Die Pekinger lamaistischen Blockdrucke in mongolischer Sprache*, (Göttinger Asiatische Forschungen 2), Wiesbaden 1954.

Heissig, Walther: *Die Zeit des letzten mongolischen Großkhans Ligdan (1604–1634)*, (Rheinisch-Westfälische Akademie der Wissenschaften, Vorträge G235), Opladen 1979.

Heissig, Walther: „Ein mongolischer zeitgenössischer Bericht über den Ölöteneinfall in Tibet und die Plünderung von Lhasa 1717", *Zeitschrift der Deutschen Morgenländischen Gesellschaft* 104 (1954), S. 391–411.

Heissig, Walther: „Über mongolische Landkarten. Teil I", *Monumenta Serica* 9 (1944), S. 123–173.

Heuschert, Dorothea: „Die Entscheidung über schwierige Rechtsfälle bei den Mongolen des 16.–19. Jahrhunderts. Zum Beweismittel des siqaɣa(n)", *Zentralasiatische Studien* (1996), S. 49–83.

Huang Qing kaiguo fanglüe, s. Hauer, *Huang-Ts'ing K'ai-kuo Fang-lüeh*.

Huc, Evariste Régis u. Joseph Gabet: *Travels in Tartary, Thibet and China 1844–1846*, New York 1852, 2 Bde. (Nachdruck New York 1987).

Hummel, Arthur W.: *Eminent Chinese of the Ch'ing Period (1644–1912)*, 2 Bde., Washington 1944 (Nachdruck Taipei 1991).

Jagchid, Sechin: „Jindai Menggu zhi difang zhengzhi zhidu" (Das politische System auf lokaler Ebene der heutigen Mongolei), *Beijing daxue shehui kexue jikan* 6,3 (ohne Jahresangabe), S. 703–736.

Ix caaz. (>velikoe yloženie<). Pamjatnik Mongol'skogo feodal'nogo prava xvii v., S. D. Dylykov [Hrsg.], Moskva 1981.

Jagchid, Sechin: „The Manchu Ch'ing Policy Towards the Mongolian Religion", *Tractata Altaica. Festschrift Denis Sinor*, W. Heissig [Hrsg.], Wiesbaden 1976, S. 301–319.

Janssen, Wilhelm: „>...na gesetze unser lande...<. Zur territorialen Gesetzgebung im späten Mittelalter", *Gesetzgebung als Faktor der Staatsentwicklung*, Tagung d. Vereinigung für Verfassungsgeschichte in Hofgeismar am 21./22. März 1983, (Der Staat, Beiheft 7), Berlin 1984, S. 7–61.

Jiu Manzhou dang (Altmandschurische Akten), 10 Bde., ed. Taipei 1969.

Kaiguo fanglüe, s. Hauer, *Huang-Ts'ing K'ai-kuo Fang-lüeh*.

Kanda, Nobuo: „From *Man Wen Lao Tang* to *Chiu Man-chou Tang*", *Memoirs of the Research Department of the Toyo Bunko* 38 (1980), S. 71–94.

Kanda, Nobuo: „Present Stage of Preservation of Manchu Literature", *Memoirs of the Research Department of the Toyo Bunko* 26 (1968), S. 63–95.

Kangxi huidian, s. *Da Qing huidian* (Gesammelte Statuten der Qing-Dynastie).

Kangxi qijuzhu (Tägliche Aufzeichnungen über das Stehen und Sitzen des Kangxi-Kaisers), 3 Bde., ed. Peking 1984.

258

Kaufmann, Ekkehard: „Friedensgeld", *Handwörterbuch zur Deutschen Rechtsgeschichte*, A. Erler u. E. Kaufmann [Hrsg.], Bd. 1, Berlin 1971, Sp. 1296/1297.

Kaufmann, Ekkehard: „Strafe, Strafrecht", *Handwörterbuch zur Deutschen Rechtsgeschichte*, A. Erler u. E. Kaufmann [Hrsg.], Bd. 4, Berlin 1990, Sp. 2011–2029.

Kessler, Lawrence D.: *K'ang-hsi and the Consolidation of Ch'ing Rule, 1661–1681*, Chicago u. London 1976.

Kowalewski, J. E.: *Dictionnaire Mongol-Russe-Français*, 3 Bde., Kasan 1844–1849 (Nachdruck Taipei 1993).

Krader, Lawrence: *Social Organization of the Mongol-Turkic Pastoral Nomads*, (Uralic & Altaic Series 20), The Hague 1963.

Krause, H.: „Gesetzgebung", *Handwörterbuch zur Deutschen Rechtsgeschichte*, A. Erler u. E. Kaufmann [Hrsg.], Bd. 1, Berlin 1971, Sp. 1606–1620.

Lee, James: „Homicide et peine capitale en Chine à la fin de l'empire. Analyse statistique préliminaire des données", *Études chinoises* 10 (1991), S. 113–134.

Lee, Robet H. G.: *The Manchurian Frontier in Ch'ing History*, (Harvard East Asian Series 43), Cambridge, Mass. 1970.

Legrand, Jacques: *L'administration dans la domination Sino-Mandchoue en Mongolie Qalq-a. Version mongole du Lifan Yuan Zeli*, (Memoires de L'Institute des Hautes Etudes Chinoises 2), Paris 1976.

Legrand, Jacques: „Sur l'identification d'un manuscrit mongol conservé à la Bibliothèque Nationale de Paris", *Études Mongoles* 5 (1974), S. 131–134.

Li, Huan: *Guochao qixian leizheng* (Klassifizierte Zeugnisse über berühmte Männer der [Qing]-Dynastie), ohne Ortsangabe 1890.

Li, Yushu: *Wai Meng zhengjiao zhidu kao* (Untersuchungen zum politischen und kirchlichen System in der Äußeren Mongolei), Taipei 1962.

[Qinding] lifanyuan zeli, s. Ɣadaɣadu mongɣol-un törö-yi jasaqu yabudal-un yamun-u qauli jüil-ün bičig (Bestimmungen des Lifanyuan).

Linke, Bernd-Michael: *Zur Entwicklung des mandjurischen Khanats zum Beamtenstaat. Sinisierung und Bürokratisierung der Mandjuren während der Eroberungszeit*, (Sinologica Coloniensia 12), Wiesbaden 1982

Lipovtsov, Stepan: *Uloženie kitajskoj palaty vnešnich snošenii*, S. Peterburg 1828.

Liu, Xueling: „Menggu fa wenhua shi" (Geschichte der mongolischen Rechtskultur), *Nei Menggu daxue xuebao (zhexue shehui kexue ban)* 1991 (2), S. 103–112.

Ma, Fengchen: *Qingdai xingzheng zhidu yanjiu cankao shumu* (Bibliographie zum Studium des Verwaltungssystems während der Qing-Zeit), Peking 1935.

MacCormack, Geoffrey: *Traditional Chinese Penal Law*, Edinburgh 1990.

Mancall, Mark: *Russia and China: Their Diplomatic Relations to 1728*, Cambridge, Mass. 1971.

Manžijn darangujllyn üeijn mongolyn surguul', 1776–1911 (Mongolische Schulen in der Zeit der mandschurischen Unterdrückung, 1776–1911), Šarchuu, C. [Hrsg.], Ulan Bator 1965.

Manžijn türémgijlégädijn üe déch mongolyn émégtéjčüüdiin darlagdal, 1764–1833 (Die Unterdrückung mongolischer Frauen in der Zeit der mandschurischen Vorherrschaft, 1764–1833), Ulan Bator 1958.

Meijer, M. J.: „The Autumn Assizes in Ch'ing Law", *T'oung Pao* 70 (1984), S. 1–17.

Meisezahl, R. O.: „Die Handschriften in den City of Liverpool Museums (I)", *Zentralasiatische Studien* 7 (1973), S. 221–284.

Menggu lü (Mongolische Gesetze), 12 Kap., Manuskript, aufbewahrt in der Harvard-Yenching Library.

Menggu lüli. shi er juan fu zeng li, (Mongolische Gesetze und Bestimmungen. 12 Kap. mit ergänzenden Bestimmungen), (Guoxue wenku 32), Peking (ohne Jahresangabe).

Merry, Sally Engle: „Law and Colonialism", *Law & Society Review* 25,4 (1991), S. 889–922.

Metzger, Thomas A.: *The Internal Organization of Ch'ing Bureaucracy. Legal, Normative, and Communication Aspects*, (Harvard Studies in East Asian Law 7), Cambridge, Mass. 1973.

Michael, Franz: *The Origin of Manchu Rule in China*, Baltimore 1942.

Miller, Robert James: *Monasteries and Culture Change in Inner Mongolia*, (Asiatische Forschungen 2), Wiesbaden 1959.

Mongγol ǎγajin-u bičig (Mongolisches Gesetzbuch), 12 Kap., Manuskript, unter dem Titel „*Menggu lüli*" aufbewahrt in der Bibliothèque Nationale, Paris.

Mongolian-English Dictionary, F. D. Lessing et al. [Hrsg.], Berkeley, Los Angeles u. London 1960, (Nachdruck Bloomington 1995).

Morgan, David: *The Mongols*, (The Peoples of Europe), Cambridge, Mass. u. Oxford 1996.

Morgan, David: „The 'Great Yāsā of Chingiz Khān' and Mongol Law in the Īlkhānate", *Bulletin of the School of Oriental and African Studies* 49,1 (1986), S. 163–176.

Nacagdorž, Š.: *Manžijn èrchšéèld bajsan üeijn chalchyn churaanguj tüüch, 1691–1911* (Kurze Geschichte Qalqas zur Zeit der mandschurischen Herrschaft, 1691–1911), Ulan Bator 1963.

Nehlsen, Herrmann: „Buße (weltliches Recht)", *Lexikon des Mittelalters*, R.-H. Bautier [Hrsg.], Bd. 2, München u. Zürich 1983, Sp. 1144–1149.

Nehlsen, Hermann: „Zur Aktualität und Effektivität germanischer Rechts-aufzeichnungen", *Recht und Schrift im Mittelalter*, P. Classen [Hrsg.], (Vorträge und Forschungen 23), Sigmaringen 1977, S. 449–502.

Oirad čayaja, Dorunatib [Hrsg.], Hohhot 1986.

Olbricht, Peter: *Das Postwesen in China unter der Mongolenherrschaft im 13. und 14. Jahrhundert*, (Göttinger Asiatische Forschungen 1), Wiesbaden 1954.

Olbricht, Peter u. Elisabeth Pnks: *Meng-ta Pei-lu und Hei-ta Shih-lüeh. Chinesische Gesandtenberichte über die frühen Mongolen 1221 und 1237*, (Asiatische Forschungen 56), Wiesbaden 1980.

Oxnam, Robert B.: *Ruling from Horseback: Manchu Politics in the Oboi Regency, 1661–1669*, Chicago u. London 1975.

Pallas, Peter Simon: *Sammlungen historischer Nachrichten über die mongolischen Völkerschaften*, 2 Bde., St. Petersburg 1776 (Nachdruck Graz 1980).

Petech, Luciano: *China and Tibet in the Early 18th Century*, Leiden 1972.

Petitions of Grievances Submitted by the People. 18th-beginning 20th Century, Rashidonduk, Š. u. Veronika Veit [Übers.], (Asiatische Forschungen 44), Wiesbaden 1975.

Pučkovskij, L. S.: *Mongol'skie, buryat-mongol'skie i ojratskie rukopisi i ksilografy Instituta vostokovedenija I: Istorija, pravo*, Moskva/Leningrad 1957.

Poppe, Nicholas: *Grammar of Written Mongolian*, (Porta Linguarum Orientalium, Neue Serie 1), Wiesbaden 1954.

Puyraimond, Jeanne-Marie et al.: *Catalogue du fonds mandchoue*, Paris 1979.

„Qalq-a jirum", Nasunbaljur, Č. [Hrsg.], *Monumenta Historica Instituti Historiae Academiae Scientiarum Reipublicae Populi Mongolici 2,2*, Ulan Bator 1962.

Qalq-a jirum, Dorunatib [Hrsg.], Hohhot 1989.

Qingchao tongdian (Enzyklopädische Geschichte der Institutionen der Qing-Dynastie), ed. Taipei 1963

Qingchao tongzhi (Enzyklopädische Geschichte der Institutionen der Qing-Dynastie), ed. Taipei 1963.

Qingchao wenxian tongkao (Enzyklopädische Geschichte der Institutionen der Qing-Dynastie), 3 Bde., ed. Taipei 1963.

Qingdai bianzheng tongkao (Untersuchung der Verwaltung der Grenzregionen während der Qing-Zeit), Chen Bingguang et al. [Hrsg.], [Nanjing] 1934.

Qingdai de bianjiang zhengce (Die Politik der Qing-Dynastie in den Grenzregionen), Ma Ruheng u. Ma Dazheng [Hrsg.], Peking 1994.

Qingdai zhongyang guojia jiguan gaishu (Übersicht über die zentralen Staatsorgane während der Qing-Zeit), Li Pengnian et al. [Hrsg.], Peking 1989.

Qingshigao jiaozhu (Korrigierter und annotierter Entwurf der Geschichte der Qing), 16 Bde., ed. Taipei 1986–1990.

Ramstedt, G. J.: *Über die Konjugation des Khalkha-Mongolischen*, (Mémoirs de la Société Finno-Ougrienne 19), Helsingfors 1903.

Ratchnevsky, Paul: *Činggis-Khan. Sein Leben und Wirken*, (Münchener Ostasiatische Studien 32), Wiesbaden 1983.

Ratchnevsky, Paul: „Die mongolische Rechtsinstitution der Buße in der chinesischen Gesetzgebung der Yüan-Zeit", *Studia Sino-Altaica. Festschrift für Erich Haenisch zum 80. Geburtstag*, H. Franke [Hrsg.], Wiesbaden 1961, S. 169–179.

Ratchnevsky, Paul: „Die Yasa (Jasaq) Činggis-khans und ihre Problematik", *Sprache, Geschichte und Kultur der altaischen Völker*, G. Hazai u. P. Zieme [Hrsg.], (Schriften zur Geschichte und Kultur des Alten Orients 5), Berlin 1974, S. 471–487.

Ratchnevsky, Paul: *Un Code des Yuan*, 3 Bde., (Bibliothèque de l'Institut des Hautes Études chinoises 4), Paris 1937–1977.

Riasanovsky, V. A.: *Fundamental Principles of Mongol Law*, Tientsin 1937.

Rosner, Erhard: *Die 'zehn schimpflichen Delikte' im chinesischen Recht der Yüan-Zeit*, Phil. Diss. München 1964.

Rosner, Erhard: „Eine Verfügung des Ch'ien-lung-Kaisers zur Aufnahme von Flüchtlingen aus dem Jahre 1747", *China. Dimensionen der Geschichte, Festschrift für Tilemann Grimm anläßlich seiner Emeritierung*, P. M. Kuhfus [Hrsg.], Tübingen 1990, S. 245–256.

Ruegg, David S.: „mchod yon, yon mchod and mchod gnas/yon gnas: On the Historiography and Semantics of a Tibetan Religio-social and a Religio-political Concept", *Tibetan History and Language. Studies dedicated to Uray Géza on his Seventieth Birthday*, E. Steinkellner [Hrsg.], (Wiener Studien zur Tibetologie und Buddhismuskunde 26), Wien 1991, S. 441–453.

Sagaster, Klaus: „Zwölf Mongolische Strafprozessakten aus der Khalkha-Mongolei (Teil 1)", *Zentralasiatische Studien* 1 (1967), S. 79–135.

Sanjdorj, *Manchu Chinese Colonial Rule in Northern Mongolia*, London 1980.

Sazykin, Aleksej Georgievic: *Katalog mongol'skich rukopisej i ksilografov Instituta Vostokovedenija Akademii Nauk SSSR*, Bd. 1, Moskva 1988.

Schorkowitz, Dittmar: *Die soziale und politische Organisation bei den Kalmücken (Oiraten) und Prozesse der Akkulturation vom 17. Jahrhundert bis zur Mitte des 19. Jahrhunderts*, (Europäische Hochschulschriften 19/B), Frankfurt/Main u. a. 1992.

Schulze, Reiner: „Geschichte der neueren vorkonstitutionellen Gesetzgebung. Zu Forschungsstand und Methodenfragen eines rechtshistorischen Arbeitsgebietes", *Zeitschrift der Savignystiftung für Rechtsgeschichte, Germ. Abt.* 98 (1981), S. 157–235.

Schulze, Reiner: „Satzung (gesetzgebungsgeschichtlich)", *Handwörterbuch zur Deutschen Rechtsgeschichte*, A. Erler u. E. Kaufmann [Hrsg.], Bd. 4, Berlin 1990, Sp. 1305–1310.

Sebes, Joseph S.J.: *The Jesuits and the Sino-Russian Treaty of Nerchinsk (1689). The Diary of Thomas Pereira S.J.*, Rom 1961.

Serruys, Henry: „A Note on Arrows and Oaths Among the Mongols", *Journal of the American Oriental Society* 78 (1958), S. 279–294.

Serruys, Henry: „A Question of Thievery", *Zentralasiatische Studien* 10 (1976), S. 287–309.

Serruys, Henry: „Bayan Süme: Mongol Name of Hsüan-fu", *Ural-Altaische Jahrbücher NS* 3 (1983), S. 166–169.

Serruys, Henry: „Mongol 'qoriγ': Reservation", *Mongolian Studies. Journal of the Mongolian Society* 1 (1974), S. 76–91.

Serruys, Henry: „Oaths in the Qalqa J̌irum", *Oriens Extremus* 19 (1972), S. 131–141.

Serruys, Henry: „Pei-lou Fong-sou. Les coutumes des esclaves septentrionaux", *Monumenta Serica* 10 (1945), S. 117–208.

Serruys, Henry: „Prisons and Prisoners in Traditional Mongolia", *Central Asiatic Journal* 27 (1983), S. 279–287.

Serruys, Henry: Rezension Jacques Legrand, L'administration dans la domination Sino-Mandchoue en Mongolie Qalq-a, *Central Asiatic Journal* 22 (1978), S. 146–151.

Serruys, Henry: „Ta-tu, Tai-tu, Dayidu", *Chinese Culture* 2 (1960), S. 73–96.

Serruys, Henry: „The Čaqar Population During the Ch'ing", *Journal of Asian History* 12,1 (1978), S. 58–79.

Serruys, Henry: *Sino-Mongol Relations during the Ming II: The Tribute System and the Diplomatic Missions (1400–1600)*, Bruxelles 1967.

Serruys, Henry: „'Three Affairs'. A Juridical Expression in Mongol", *Mongolian Studies. Journal of the Mongolian Society* 8 (1983/84), S. 59–64.

Shimada, Masao: „Cong Qinglü >hua wai ren you fan< tiao, kan Menggu Lüli he Mengguren de fa xiguan" (Untersuchung des *Menggu Lüli* und der mongolischen Rechtsgewohnheiten unter dem Gesichtspunkt des Qing-Statuts zu Straftaten von Ausländern), *Bulletin of the Institute of China Border Area Studies (Bianzheng yanjiusuo nianbao)* 3 (1972), S. 1–14.

Shimada, Masao: *Shinchō Mōkorei no kenkyū* (Untersuchungen des Qing-zeitlichen *Menggu Li*), Tokyo 1982.

Shimada, Masao: „Studies in the Effectivity of the Ch'ing Mongol Laws", *Proceedings of the 35th PIAC, Sept. 12–17, 1992 in Taipei*, Ch'en Chieh-hsien [Hrsg.], Taipei 1993.

Simon, W. u. G. H. Nelson: *Manchu Books in London. A Union Catalogue*, London 1977.

Sonomdagva, C.: *Manžijn zachirgaand bajsan üeijn ar mongolyn zasag zachirgaany zochion bajguulalt, 1691–1911* (Aufbau der Verwaltung in der nördlichen Mongolei unter der Herrschaft der Mandschus, 1691–1911), Ulan Bator 1961.

Spuler, Bertold: *Die Mongolen in Iran. Politik, Verwaltung und Kultur in der Ilchanzeit 1220–1350*, 4. Aufl., Leiden 1985.

Spuler, Bertold: *Die Goldene Horde. Die Mongolen in Rußland 1223–1502*, (Das Mongolische Weltreich 2), Leipzig 1943.

Symons, Van Jay: *Ch'ing Ginseng Management: Ch'ing Monopolies in Microcosm*, Tempe 1981.

Szynkiewicz, Slawoj: „Settlement and Community among the Mongolian Nomads. Remarks on the Applicability of the Terms (1)", *East Asian Civilizations. New Attempts at Understanding Traditions*, 1: Ethnic Identity and National Characteristics, W. Eberhard, K. Gawlikowski u. C.-A. Seyschab [Hrsg.], Wien 1982.

Tayama, Shigeru: *Shin jidai ni okeru Mōko no shakai seido* (Das Gesellschaftssystem der Mongolei in der Qing-Zeit), Tokyo 1954.

Têng, Ssu-yü u. K. Biggerstaff: *An Annotated Bibliography of Selected Chinese Reference Works*, (Harvard-Yenching Institute Studies 2), 3. Aufl., Cambridge, Mass. 1971.

Tongki fuka sindaha hergen i dangse 'The Secret Chronicles of the Manchu Dynasty' 1607–1637 A.D., Kanda, N. et al. [Hrsg.], 7 Bde., (The Toyo Bunko Publication Series C,12), ed. Tokyo 1955–1963.

Torbert, Preston M.: *The Ch'ing Imperial Household Department. A Study of its Organization and Principal Functions, 1662–1796*, (Harvard East Asian Monographs 71), Cambridge, Mass. u. London 1977.

Veit, Veronika: „Die Mongolen: Von der Clanföderation zur Volksrepublik. Versuch der Analyse wirtschaftlicher und gesellschaftlicher Gegebenheiten eines Hirtennomadenvolkes", *Die Mongolen. Beiträge zu ihrer Geschichte und Kultur*, M. Weiers et al. [Hrsg.], Darmstadt 1986, S. 155–180.

Veit, Veronika: *Die vier Qane von Qalqa. Ein Beitrag zur Kenntnis der politischen Bedeutung der nordmongolischen Aristokratie in den Regierungsperioden K'ang-hsi bis Ch'ien-lung (1661–1796) anhand des biographischen Handbuches Iledkel šastir aus dem Jahre 1795*, 2 Bde., (Asiatische Forschungen 111), Wiesbaden 1990.

Vladimircov, B.: *Le régime social des Mongols. Le féodalisme nomade*, Paris 1948.

Wang, Zhonghan: „Qingchu baqi Menggu kao" (Untersuchungen über die Mongolen der acht Banner in der frühen Qing-Zeit), Wang Zhonghan [Hrsg.], *Qingshi za kao* (Verschiedene Untersuchungen zur Qing-Geschichte), Peking 1957, S. 117–146.

Wang, Zhonghan: „Qingdai ge bushu zeli jingyanlu" (Auflistung der Zeli verschiedener Ministerien und Ämter während der Qing Zeit, in die [der Verfasser] Einsicht genommen hat), Wang Zhonghan [Hrsg.], *Qingshi xukao* (Weitere Untersuchungen zur Qing-Geschichte), Taipei ohne Jahresangabe, S. 284–313.

Wang, Zhonghan: „Shilun lifanyuan yu Menggu" (Versuch einer Diskussion des Lifanyuan und der Mongolen), *Qingshi yanjiuji* (Zusammenstellung von Forschungen zur Qing-Geschichte), Bd. 3, Chengdu 1984, S. 166–179

Weiers, Michael: „Der erste Schriftwechsel zwischen Khalkha und Mandschuren und seine Überlieferung", *Zentralasiatische Studien* 20 (1987), S. 107–139.

Weiers, Michael: „Der Mandschu-Khortsin Bund von 1626", *Documenta Barbarorum. Festschrift für Walther Heissig zum 70. Geburtstag*, K. Sagaster u. M. Weiers [Hrsg.], (Societas Uralo-Altaica 18), Wiesbaden 1983, S. 412–435.

Weiers, Michael: „Die Kuang-ning Affaire, Beginn des Zerwürfnisses zwischen den Mongolischen Tsahar und den Mandschuren", *Zentralasiatische Studien* 13 (1979), S. 73–91.

Weiers, Michael: „Die Mandschu-Mongolischen Strafgesetze vom 16. November 1632", *Zentralasiatische Studien* 19 (1986), S. 88–126.

Weiers, Michael: „Die Vertragstexte des Mandschu-Khalkha Bundes von 1619/20", *Aetas Manjurica T. 1. Miszellen zur mandschurischen Sprache, Literatur und Geschichte im 17. und 20. Jahrhundert*, M. Gimm, G. Stary, M. Weiers [Hrsg.], Wiesbaden 1987, S. 119–165.

Weiers, Michael: „Gesetzliche Regelungen für den Außenhandel und für auswärtige Beziehungen der Mongolen unter Kangxi zwischen 1664 und 1680", *Zentralasiatische Studien* 15 (1981), S. 27–49.

Weiers, Michael: „Mandschu-Mongolische Strafgesetze aus dem Jahre 1631 und deren Stellung in der Gesetzgebung der Mongolen", *Zentralasiatische Studien* 13 (1979), S. 137–190.

Weiers, Michael: „Mongolenpolitik der Mandschuren und Mandschupolitik der Mongolen zu Beginn der dreißiger Jahre des 17. Jahrhunderts", *Zentralasiatische Studien* 22 (1989–1991), S. 256–275.

Weiers, Michael: „Nurhacis Verlautbarungen über die Staatsführung aus dem Jahre 1622 und ihre Überlieferung", *Aetas Manjurica T. 3. Historische und bibliographische Studien zur Mandschuforschung*, M. Gimm, G. Stary, M. Weiers [Hrsg.], Wiesbaden 1987, S. 432–478.

Weiers, Michael: „Zum Mandschu-Kharatsin Bund des Jahres 1628", *Zentralasiatische Studien* 26 (1996), S. 84–121.

Weiers, Michael: „Zum Verhältnis des Ch'ing-Staats zur lamaistischen Kirche in der frühen Yung-cheng Zeit", *Zentralasiatische Studien* 21 (1988[1989]), S. 115–131.

Weiers, Michael: „Zur Stellung und Bedeutung des Schriftmongolischen in der ersten Hälfte des 17. Jahrhunderts", *Zentralasiatische Studien* 19 (1986), S. 38–67.

Wieacker, Franz: „Zur Effektivität des Gesetzesrechtes in der späten Antike", *Festschrift für Herrmann Heimpel* Bd. 3, (Veröffentlichungen des Max-Planck-Instituts für Geschichte 36/III), Göttingen 1972, S. 546–566.

Willoweit, Dietmar: *Rechtsgrundlagen der Territorialgewalt. Landes-obrigkeit, Herrschaftsrechte und Territorium in der Rechtswissenschaft der Neuzeit*, (Forschungen zur Deutschen Rechtsgeschichte 11), Köln u. Wien 1975.

Wu, Silas H. L.: *Communication and Imperial Control in China. Evolution of the Palace Memorial System 1693–1735*, Cambridge, Mass. 1970.

Xalxa Džirum. Pamjatnik Mongol'skogo feodal'nogo prava xviii v., S. D. Dylykov [Hrsg.], Moskva 1965.

Xiao, Daheng: *Peilu fengsu*, vgl. Serruys, Henry: „Pei-lou Fong-sou".

Xu, Xiaoguang: „Qingchao dui Menggu de sifa shenpan zhidu" ([Die Politik] der Qing-Dynastie gegenüber Justiz und Rechtwesen der Mongolen), *Nei Menggu daxue xuebao (zhexue shehui kexue ban)* 1989 (1), S. 68–75.

Xu, Xiaoguang: „Wo guo shaoshu minzu lishi shang fazhi de chuantong tezheng" (Besonderheiten der Rechtstraditionen der nationalen Minderheiten unseres Landes in der Geschichte), *Minzu yanjiu* 1993 (3), S. 7–11.

Yakhontov, K.: „The Manchu Books in Leningrad", *Information Bulletin* (International Association for the Study of the Cultures of Central Asia) 16 (1989), S. 127–135.

Yang Xuandi u. Liu Haibin: „Qingchao dui Menggu diqu shixing fazhi tongzhi de ji ge wenti" (Einige Fragen zur Ausübung der Kontrolle über das Rechtssystem in den mongolischen Gebieten durch die Qing), *Nei Menggu shida xuebao (zhexue shehui kexue ban)*, 1991 (2), S. 98–103.

Yates, Lawrence E.: *Early Historical Materials of the Bayantala League*, Phil. Diss. Bonn 1986.

Zhang Jinfan u. Guo Chengkang: *Qing ruguan qian guojia falü zhidu shi* (Geschichte des staatlichen Rechtswesens der Qing vor der Eroberung Chinas), Shenyang 1988.

Zhao, Yuntian: „>Menggu lüli< he >Lifanyuan zeli<" (Das *Menggu lüli* und das *Lifanyuan zeli*), *Qingshi yanjiu* 1995 (3), S. 106–110.

Zhao, Yuntian: *Qingdai de lifanyuan* (Das Lifanyuan der Qing-Zeit), Peking 1992. (Konnte nicht eingesehen werden).

Zhao, Yuntian: „Qingdai lifanyuan chu tan" (Erste Untersuchungen zum Qing-zeitlichen Lifanyuan), *Zhongyang minzu xueyuan xuebao* 1982 (1), S. 18–26.

Zhao, Yuntian: *Qingdai Menggu zhengjiao zhidu* (Das politische und kirchliche System in der Mongolei während der Qing-Dynastie), Peking 1989.

Zhang, Mu: *Menggu youmuji* (Aufzeichnungen über die mongolischen Viehzüchter), 16 Kap., (Zhongguo bianjiang congshu), ed. Taipei 1965.

Zhang, Weiren: *Zhongguo fazhi shi shumu* (An Annotated Bibliography of Chinese Legal History), 3 Bde., (Institute of History and Philology Academia Sinica Special Publication 67), Taipei 1976.

Zheng, Qin: „Qingchao tongzhi bianjiang shaoshu minzu quyu de falü cuoshi" (Gesetzliche Maßnahmen der Qing-Dynastie zur Beherrschung der Gebiete der Grenzvölker), *Minzu yanjiu* 1988 (2), S. 30–40.

Zheng, Qin: „Qingdai duo minzu tongyi guojia he fazhi" (Das einheitliche Reich und Rechtssystem verschiedener Völker unter der Qing-Dynastie), *Lishi daguanyuan* 1991 (1), S. 6/7.

11. INDEX